中華民國課程與教學學會2013年度專書

大學課程與教學的改革與創新

李隆盛 主編

黃政傑	吳麗君	王　海	曾　錚
王嘉陵	李紋霞	陳毓文	林弘昌
高台茜	林于揚	鄧鈞文	凃雅玲
戴國政	陳慧蓉	張仁家	蕭錫錡
吳俊憲	吳錦惠	張逸民	李淑貞
楊坤原	張賴妙理	鄧宗聖	劉唯玉
陳得文	陳琦媛	楊育儀	楊秀全
李隆盛	王秋絨	王育文	李珮瑜

合著

五南圖書出版公司 印行

理事長序

　　1990年代以來，國內大學擴增快速，校數和招生名額大幅成長，促成普及型高教體系的建立，提高全民接受高等教育的機會，惟好景不長，旋即面臨社會少子趨勢，學齡人口逐年降低，顯示大學供過於求的現象。各大學遭遇生源的嚴重競爭，有的大學經營不善，即將在更高一波高教學齡學生短少之際退出市場，因此如何調節整合現有高教機構，乃成為刻不容緩的課題。不僅如此，在擴增及緊縮的過程中，大學教育品質更受到質疑和批判。影響品質的因素很多，做為大學教育核心的課程與教學，成為有識者共同關注的對象，咸認為改革及創新大學課程與教學，是提升大學教育品質不可或缺的環節，於是乃積極開始啟動。

　　在大學招生不足、生存與發展危機的內部動力外，教育部推動的大型計畫獎補助、私校獎補助及大學校務評鑑、系所評鑑、教師評鑑等措施，加上服務學習、數位學習、產學合作、夥伴協作、國際招生與國際交流合作等改革方向，都是大學課程教學改革與創新的帶動力量。期間，大學課程改革創新包含了通識教育、志工及服務學習、課程地圖、課程教學計畫和評鑑、表現本位的學習、生涯地圖輔導與就業、產學合作教學、校內外實習、專題設計與製作、認證課程等；大學教學改革創新則出現了合作學習、案例教學、問題本位教學、體驗教學、業師協同教學等。大學各項創新，不單重視課程教學計畫及資源條件的設

計、發展與實施，更朝向學生學習成果的實際展現。各大學既競爭又合作，展現不同的特色。

　　有鑑於此，本學會2013年度專書以「大學課程與教學的改革與創新」為主題，邀請臺灣師範大學李隆盛教授主編，得到專家學者熱烈投稿響應，各篇文章均經匿名雙審查和修訂後再編輯出版，相信本書必能提供國內外大學創新改革課程與教學的參考。值本書即將面世時刻，特代表本學會感謝李隆盛教授不辭辛勞，承擔本書主編之重責大任，如期完成使命，功不可沒。其次感謝本書各文作者，勤於研究，惠賜鴻文，共襄盛舉，也要感謝各文審查學者認真審查的奉獻。再次感謝五南圖書出版公司應允出版本書，讓讀者有福氣讀到本書。最後特別感謝本書莊雅惠編輯助理、五南編輯出版團隊及本學會理監事和秘書處全體同仁之辛勞。

中華民國課程與教學學會理事長
靜宜大學教育研究所講座教授

黃政傑

2013年12月

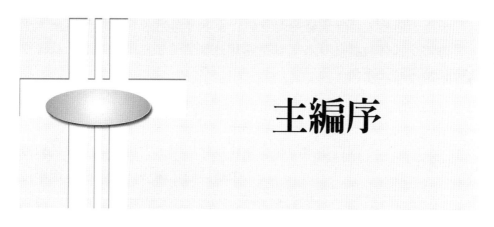

主編序

　　聯合國教科文組織（UNESCO）於1998年提出的「二十一世紀世界高等教育宣言：願景與行動」（World Declaration on Higher Education for the Twenty-first Century: Vision and Action），主張高等教育的首要任務在「透過適切資格要求、提供整合高階知識與技能的專業訓練、以及運用持續因應當前和未來社會需求調整的課程和內容，教育出人類活動各部門所需的高素質畢業生和負責任公民。」所以，大學校院的課程與教學在教育人才方面，扮演非常重要的角色。

　　將近十年來，我國大學校院的課程與教學在教學卓越計畫和校務、院系所班制以及教師評鑑的引導和要求之下，有了很多改革與創新的現有成果和未來需求，很值得分享、推廣、檢討和辨識。

　　感佩黃政傑理事長領導的中華民國課程與教學學會以「大學課程與教學的改革與創新」為學會2013年專書。本人在擔任財團法人高等教育評鑑中心基金會執行長期間受邀主編本專書，採邀稿和徵稿並行方式，文稿盡可能兼顧理論與實務（theory into practice, TIP）和介紹與評論可供校院標竿的國內、外改革與創新實務。共收錄20篇文稿，大分為課程篇和教學篇各10篇，各篇文稿均經雙盲同儕審查（double-blind peer review）後再由作者做必要的修訂程序。

　　相信本專書有助讀者瞭解大學課程與教學改革與創新新猷的理念、現況、課題與對策，進而裨益大學課程與教學之進展。

　　本書之編成，得作者撰稿和修稿、審查者提供文稿增刪補正意見，非常感謝！又得助理莊雅惠小姐和課程與教學學會祕書處方志華教授等大力協助，誌此申謝。

國立臺灣師範大學科技應用與人力資源發展學系教授

中華民國工業科技教育學會理事長

李隆盛　謹誌

2013年12月

目次

第二篇　教學篇

PART1

課程篇

大學課程與教學創新的問題及展望

黃政傑
靜宜大學教育研究所講座教授
中華民國課程與教學學會理事長

　　大學課程與教學創新，是當前全球大學追求卓越的過程中，十分重視的方向。舉例言之，歐洲教育文化委員會有鑑於高等教育課程創新的重要性，選擇了醫學、法律、工程、師資培育及歷史五個學術領域，探討歐洲各國高教機構的課程改革發展情形，評估其進展和影響，做為未來各國合作行動的參考（Curriculum Reform Project Team, 2006）。在高教辦學競爭壓力下，不少國家出現企業型大學（Corporate University）的經營思維和手法，為全球化產業培養具有競爭力的人才，課程設計重在培養學生可遷移的能力而不是傳統的學術科目課程，這方面造成的衝擊和爭議很大（Progler, 2010）。澳大利亞維多利亞大學為因應學生年輕化、高齡化及其在教育、文化、語言和經濟上的多元性，提出2012-2016的大學策略性計畫，進行課程及相關的組織、人力、校園和基礎建設等改革（Victoria University, 2012）。該大學的課程創新在培育學生做一個終身學習者，能在全球各地工作，成為有自信、能創新、重倫理、尊重人的本地或全球公民，並能解決當前社會中各式各樣具有挑戰性的重大問題。在國際高教發展課程與教學創新的氛圍底下，

國內大學自廣設高中大學政策推動以來，高教資源稀釋，爲求提高教育品質，亦在課程、教學創新上積極努力。本文探討大學擴增與大學課程、教學創新關係，進而檢討大學課程、教學創新的內部和外部動力，分析創新遭遇的問題，並提出改進之建議。

一　大學課程與教學創新的需求

影響大學課程與教學創新的因素很多，其中大學擴增最值得重視。首先是大學擴增下大學生的數量產生很大改變（教育部，2013a）。二十多年來國內高教最受注目的是大學擴增問題，全國大專院校在1991學年共計123所，其中大學21所，學院29所，專科學校73所，大學和學院合計50所；學士班學生數25萬餘人，專科生31萬餘人，前者約爲後者的八成。到2012學年度大專院校合計162所，大學120所，學院28所，專科只剩15所，大學和學院高達148所，學士班學生數130萬餘人，專科生5萬餘人，學士生是專科生的26倍左右。這段時間大學（含獨立學院）校數成長兩倍多，學生數量成長五倍以上，專科學校則大幅萎縮。

其次是大學資源不足、品質降低及定位偏差問題。二十餘年來，高教資源有限的狀況下，大部分大學是由專科學校改制、改名而來，另有少數新設大學，問題出在大學擴增不只是新設大學的資源投入不足、教育品質低落，還有改制、改名大學未能確實轉型發展，以及資源不足下老大學擴增學校規模而降低教育品質。大學擴增不單是造成大學教育品質降低，更嚴重的是大學定位偏差或方向不明，各大學未能就其辦學宗旨邁向多元卓越，辦學失去特色。

再次是帶動技職學生升學及技職教育扭曲。大學擴增促進了大學教育普及化，幾乎到了想讀大學就有機會入學的境地，高中生原來就走升學路線，近二十多年來連高職生也紛紛升讀大學，爲了升學競爭，高職紛紛調整其教育目標和課程與教學。早期高職畢業生習得一技之長後大都先就業，以後想進修大學學位再以半工半讀方式或暫停工作升學，現在則絕大多數都直接升入大學。

　　還有，大學擴增造成各校招生短兵相接，大學生的異質性大幅擴充，即量變造成質變。大學擴增不只是大學校數增加，更重要的是各校搶著增設熱門學系、學程，招生人數大幅成長，大學經營導向市場化路線，招生競爭白熱化，但也造成人才培育方向的偏差。大學只求招滿學生，不計考生素質，導致許多基礎學力不足的學生，紛紛幻化成為失敗的大學生。

　　大學擴增下，各大學品質差距落差擴大。許多大學招生不足，學費收入降低，只好力求節約支出的原則辦學；政府另以獎勵大學教學卓越計畫（簡稱教卓計畫）挹注部分大學的教育活動開銷，試圖以競爭性經費引導大學課程教學改革走向。成效如何，尚待通盤驗證，而許多未取得教卓計畫的大學，爭取不到經費補助，無奈地坐看教育品質低落下去。

　　大學擴增造成學生為學費煩惱而不能專注所學。大學擴增到頂點後，國內面臨少子化的衝擊，學齡人口逐年減少，各大學處於招生不足的困境，且在往後的年度少子衝擊愈來愈大，招生嚴重不足的大學，除了循著傳統的甄選入學、指定科目考試入學招生外，最後還經由單獨招生的途徑，爭取最後還未有學校就讀的考生入學，至於考生畢業學校不管是高中、高職、綜高都在所不計，原來想去就業的學生被鼓勵去升學。少數成績優良的考生，可以爭取到大學發給獎助學金，家境不足以負擔學費和生活費者，只好申請就學貸款，入學後再找打工機會，賺取生活費和學費，不能專心學習。

　　最後大學招收國際學生入學，校內出現新的學習需求。為瞭解決大學招生不足問題，主管機關以國際招生來因應，除提供臺灣獎學金外，尚以提升國內大學在國際大學排名成績來吸引外國學生，各大學也紛紛祭出國際學生獎助學金做為招生手段。各大學另又著眼於中國大陸學生（簡稱陸生），一方面開辦短期研修班，讓陸生來臺就讀半年或一年，二方面招收陸生修讀學位。大學生的異質性，不單在本地生，也在於國際生，大學創新課程和教學以資因應實有必要。

二　大學課程與教學創新的內部動力

　　大學課程、教學創新受到內外部動力的牽引。內部動力主要是學系轉型發展，多半是招生狀況不佳，為了爭取更多的考生，而關閉舊的學系，成立新的學系，或把舊學系轉型發展，開發新的課程，留用合適的現任教師，但配合新學系課程的需要，再調動他系教師增聘新的老師任教。不過，大學若只是改個吸引人的系名，其他沒什麼改變，就是換湯不換藥，很快會被看穿。其次是增設對高中高職學生具有吸引力的學系（含學程），全新規劃課程，進用師資。其三是根據學生（含畢業生）的課程滿意度和建議來改進。由於少子化衝擊及大學經營的競爭，學生已被視為大學的「寶貝」，有了學生才會有學費收入，進而才能支付學校經營的各種開銷，正常經營的大學都會藉由各種管道，蒐集學生對於校務經營及學習安排的意見，學生也常藉此提出對課程和教學的看法，甚或要求學校改進。其四是各學系新聘教師，安排任教課程，其中在新聘教師公告時即列出授課科目之需要，但新聘教師進來後，授課內容可能會有所調整以符合其專長和觀點，也可能會要求其開設所擅長的科目，因而造成課程的改變。

　　內部動力牽引造成的改變通常不會很大，因為現有師資的專長、觀點、興趣會限制改變的幅度，大學教師面對各種改變的要求，難免先保護自己所開的課程，讓自己的授課符合聘約規定的時數，即便是舊有學系轉型為新的學系，也都會事先保障現任教師的授課科目，所以改變不會太大，有時與改革的期望產生很大的落差。至於新設學系課程常與校內現有學系的課程銜接，師資也會先由現有師資調用，不足時再對外招聘，以免對現有教師衝擊太大。大學內部動力牽引課程、教學創新的另一阻力來自經費，沒有足夠的經費支持時，許多創新改革便難以發動。改革的士氣也很重要，重視課程與教學創新的教師和學校行政及學術團隊，會設法塑造校內改革的文化及氣氛，透過創新提升教育品質，追求教育卓越，在有限的經費內力求達成改革使命。而改革士氣的激勵及改革文化的形成，都有賴於大學校內有效的課程領導。

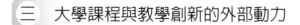
三 大學課程與教學創新的外部動力

　　大學課程與教學創新的外部動力牽引，其力量比起內部動力來得大。這部分主要有幾方面。其一為大學評鑑，包含校務評鑑及系所評鑑，評鑑內容涵蓋大學課程及教學的規劃、實施與改革，也觀察大學課程及教學發展的機制，評鑑作業要求大學先進行自我評鑑及自我改進，再實施外部委員的訪視評鑑，提供改進建議，追蹤改進情形。大學評鑑對大學課程與教學創新的影響很大，主因是評鑑結果公開，影響大學的聲望和招生，且評鑑成績作為教育決策之用，包含系所班組及招生人數調整、競爭性計畫評比、學雜費調整審核、大學改制改名等，大學十分看重。

　　其二，為促進大專校院國際交流合作，教育部訂定「國內大專校院選送學生出國研修或國外專業實習補助要點」，補助大專校院遴選在校生出國研修或實習，其中規定依目的性之不同，分為三類補助類型（教育部，2013d）：1.學海飛颺：選送優秀學生赴國外研修；2.學海惜珠：選送清寒優秀學生赴國外研修；3.學海築夢：選送學生赴國外先進或具發展潛力的企業和機構進行職場實習，但不包括大學實驗室。以學海築夢計畫為例，該計畫係為鼓勵學生踴躍出國進修，由大學專任教師擔任計畫主持人，與海外企業機構合作，選送學生出國實習。每一計畫參與人數以15人為上限（含計畫主持人及共同主持人），得擇定數個國家至多五個專業機構實習（不含大陸、港、澳地區），研習時間不得少於30天，最高以一年為限。凡審查通過者，教育部補助來回機票及生活費，實際核給的獎學金額依教育部核獎結果為準，申請的大學編列配合款，不得少於教育部核定補助金額的10%。

　　這類海外研修及實習計畫，激發學校強烈的參與意願，紛紛提出計畫申請，以提供學生國際學習經驗，雖未能影響全體大學生的學習，但確能讓大學的課程與教學多元化，吸取國際經驗再回國與同學分享。此外國內大學亦自行策劃辦理學生海外研修及實習，參加學生除了專業領域的學習，尚可學習外國文化及語言，拓展國際視野及與國外傑出研究人才的交流機會（中央通訊社，2013）。

其三為大學教學卓越計畫，這個政策的影響幾乎及於所有的大學校院。教育部於2004年12月訂定「獎勵大學教學卓越計畫」（簡稱教卓計畫），並於2005年度編列10億元經費，由各校提出計畫爭取，期透過競爭性的獎勵機制，鼓勵大學提升教學品質並發展國內教學卓越大學典範，2006年度經費擴增為每年50億元，期望提升所有大學的教學水準（教育部，2013b）。教卓計畫的申請必須符合的條件有師資、學生、課程規劃、教學品質管控機制四方面，必須建置完成教師專業成長輔導措施及專責單位、教師評鑑制度（含教師獎勵措施及淘汰機制）、學生基本能力指標及學生選課機制、落實課程委員會運作、定期檢討評估系所課程機制、全校教學單位定期評鑑及追蹤評鑑。各大學所提教卓計畫，必須兼含全校性教學提升及重點學門領域教學改進計畫。

教卓計畫的目的在於藉由政策導正傳統大學「重研究、輕教學」的傾向，帶動大學改進教學品質的風氣，使教學品質的改善確實反映在學生學習成效上，以提升學生素質。另外，教卓計畫為有效整合高等教育資源，亦規劃成立跨校教學資源中心計畫，建置教學資源共享平臺，計畫目標為：1.協助大學深化各項教學品質改進措施；2.引導大學發展特色，促進大學校際功能區隔及定位分類，滿足高等教育多元化發展的需求；3.以校際競合機制全面提升教學品質，促進教學資源、經驗及成果的分享及傳承（教育部，2013b）。檢視教卓計畫的推動策略，整體而言該計畫係以發展適合校內師生的教學品質改進為重點，強化各校協助教師教學專責單位的專業性，發展長期投入教學的教師專業成長社群，以確實發揮改善教師教學的功能、改善教學評量及教師評鑑的公正客觀及信效度。在學生學習面，配合校、院、系的教育目標，發展學生核心能力指標、強化共同與通識課程的具體措施，發展完善的學習成效評估機制。

其四，在技職教育這一端，除推動一般高教體系的教學卓越計畫外，尚推出所謂「發展典範科技大學計畫」（簡稱典範計畫）（教育部，2013c）。典範計畫影響面不大，因為每年補助的學校只是個位數，競爭力中下的學校不會去申請。該計畫之中指出，教卓計畫所追求的卓越，重在教師教學品質與學生學習成效面的提升，對於導引技專校

院在師資、課程、人才培育及產學研發等各項制度面，回歸技職教育務實致用的效果有限。教育部乃於2013年另以典範計畫來增進學校與產業的連結，協助產業發展與提升，藉由補助產學連結較佳的科大，引導其強化產業創新研發的環境，實現技職高教致力追求的產學合作、人才培育特色目標，提升科技校院兼具教學品管機制及產學無縫接軌培育人才的效益，同時增進學校創新研發的能量。典範計畫要求得到補助的科大將技職教育核心價值當作最重要的發展根基，重新檢視學校師資、教學與課程定位的務實致用，加強實務教學對實作能力與競爭力的效果，進而帶動技職體系改革。

　　據此，典範計畫的績效指標及評估基準，除產學計畫、專利件數及技轉金、就業率和薪資水準等項目的成長外，與課程、教學有關者包含：應屆畢業生畢業前修習校外實習課程的比例成長20%（每年平均成長約5%）、在學生取得計畫相關職業證照人數、在學學生參與國際或全國性競賽獲獎人數、畢業生對學校所學運用於職場的滿意度等（教育部，2013c）。在實務課程規劃和落實上，要求建立課程定期檢討機制，配合系、科、所及學程教育目標調整課程，修訂核心能力指標，使課程切合產業人力需求。課程規劃委員會應邀請業界專家參與討論以瞭解產業需求，定期蒐集畢業生對學校課程和教學的意見作為修正課程之用。典範計畫尚要求校外實習訂為必修課程並列為畢業門檻，建置校級校外實習課程推動機制，評估各實習課程效益，充分保障學生相關權益。為配合課程創新，專任師資具備業界經驗人數比例、業界專家擔任協同教學師資課程比例、新聘專業科目教師應具有業界實務經驗年資、進用專業技術教師教授實務課程等指標都要成長，此外，並應推動跨校性策略聯盟。

　　由這兩個計畫的內容觀之，教卓計畫和典範計畫實際上是應該合一的，典範計畫所強調的實務課程、校外實習、證照取得、校外競賽等課程活動的強化，實際上都是課程的部分，都是教卓計畫可涵蓋的重點，大學對課程若未有整體規劃，不但是資源浪費，顯示出來的成果也只是零碎片斷的，故不宜把實習和技術實務另切出來做。改進之道是在教卓計畫的申請條件中，把發展技職教育應具特色的改革期望訂進來即

可，這樣，所有的科技校院才不會走錯路。從目前各校教卓計畫活動中可見，已經有不少學校這麼做，只是做得較爲零碎，缺乏整體改革的構想，這可進一步鼓勵及引導。至於在實務課程規劃和落實上所要求的工作要項，現有教卓計畫都已涵蓋在內，沒必要重複。

現階段技職體系另立典範計畫，由獲得補助的少數科大在執行過程中融合其教卓計畫進行改革，實施成果做爲未來其他技專校院的典範，實際上分開的計畫要融合談何容易。且因未來有多少預算可支應其他科大加入典範計畫是個疑問，經費充裕的科大可做的事，經費少的常做不來，要其他科大效法有兩個大計畫支持的科大，恐難有說服力。至於產學研發、專利、技轉等項的強化，不少科大都已超過能量，甚至出現科技校院產學合作計畫造假的報導，這是要立即去解決的問題。與其責成幾個科大再擴充計畫產能，不如要求各科大量能參與較爲實際。

四　大學課程與教學的問題

在內外部動力的影響下，國內大學的課程與教學創新可說如火如荼，展現以往未見的成果，例如課程發展機制的建立、課程地圖及科目計畫的發展、職涯發展的輔導、教學評鑑的實施、學校活動的充實等都是。但在亮麗的外表下，其實還是隱藏了不少值得討論的問題。

(一) 教卓政策問題

雖然教育政策上注意到大學課程與教學對學習的重要性，但教卓計畫的推動並不是針對所有的大學邁向卓越，年年拿到計畫經費的大學相當固定，而從未拿到教卓計畫經費的大學空有課程、教學創新理想，卻乏經費支持，只能把想做的計畫束諸高閣。教卓計畫的經費挹注，對於獲得計畫補助的大學而言，似乎是個無底洞，計畫內容雖訂有教卓經費終止時如何讓卓越教學永續發展的規劃，實際上卻是教卓計畫一直延續，以後這些大學若真的沒有教卓補助，將如何永續卓越，確實令人憂心。現在仍有一大群抱著希望的大學，年復一年提出其教卓計畫申請，結果一再失望，課程與教學創新因缺乏外力支持只能停滯。照規定未拿到教卓計畫補助的大學，可申請區域教學資源中心的經費，從組織

制度、教師專業、課程規劃、學生成就、校際間資源共享或校際交流等層面，去提升教學品質，但實際上都只是增加辦活動的零星經費，及參加開不完的各種會議而已。教卓計畫經費補助已變成製造人為品質差距的機器，尚未能引導全體大學的課程教學改革。

(二) 教卓改革的技術化及形式化問題

為追求績效，教卓計畫的政策訂定了許多量化指標，而成果常從指標角度蒐集資料表現之（教育部，2013b）。例如第二期教卓計畫成果報告提到具體績效有：1.成立發展教師教學知能專責單位，有效提供教師教學支援；2.建立落實教師評鑑辦法，反映至教師升等獎汰機制，其中又包含：(1) 引發大學重視教學品質，改變大學傳統教學風氣，(2) 深化教學基本核心指標，確保大學教學品質。教學基本核心指標包含：建立學生輔導機制、發展學生核心能力及畢業門檻指標、建置完善的畢業生長期追蹤機制、辦理全校性教學評量、課程大綱 100%上網、課程委員會納入校外人士及學生代表（含畢業生）機制、課程定期檢討評估、教師實務能力提升、學生實務能力提升等。若這些指標都屬重要，其中大部分所表達的也只是有無問題，偏於技術性，很快可達成目標，但各項目的內涵層次不同，重要性不一，在有無之上，其卓越的性質和程度則是另外一回事，可惜這常是不受重視的。

(三) 辦了許多不知有無卓越性的活動

經查獎勵大學教學卓越計畫網站最新消息，發現2007至2013年8月，共公告20,556筆活動資料，絕大多數是大學的教育活動，大都採取外掛於正式課程方式，邀請學生和教師參與（教育部，2013e）。抽樣分析這些教育活動的性質，內容五花八門，包含有專題演講、座談會、營隊、學程、證照考試、競賽、產業應用、參訪、實習、國際交流、自主學習團體、志工、交換生、工作坊、說明會、企畫製作、畢業展、校外教學、工讀教育、助理講習、公民論壇、成果展、經驗分享、產業實務參訪、英語課程、學程、專業倫理課程、行動研究工作坊、生涯團體、關懷社區部落活動、暑期實習、就業媒合、國際香包製作體驗及

舞會、學生專題結合實習、資訊能力認證、經典人文講座、通識能力講座、國際語言文化講座、孫子兵法與成功學講座、雇主座談會、異國美食、系週會、影片賞析、職涯講座、英語戲劇比賽、英語口說模擬考、數位能力認證、企業徵才、多益高分講座、科技與智慧生活講座、社團、外配子女課輔、水上安全教育講座。看起來大學該辦的活動，都規劃在教卓計畫中來辦，也因爲有錢贊助，活動辦得多、常見過度頻繁或不符學生需要及無味增加教師負擔的情事。以專題演講或講座而言，最怕是沒有聽眾，主辦單位常拜託老師帶學生來聽講，原來該上的課程反而荒廢，而學生到底有多少收穫則是另外一回事。更嚴重的是很平常的活動，像CSI犯罪調查的影片欣賞、社團活動項目，都成爲教學卓越的分支計畫。

(四) 學習爲的是檢定或考試

　　大學擴增以來，學生素質降低常受批評，其中英語文能力低落更受注目，此外技術實務能力在大學不受重視，以致學生所學以知識爲主，實際的操作能力並未學會。因而，大學課程與教學創新常以英語文檢定及各類證照考試爲焦點，大學設定學生在英語文方面的畢業門檻，開設相關課程教導學生英語檢定及證照考試的能力，尚編列獎學金或補助學生相關報名費用予以獎勵。英語文固然重要，但有不少學生對它已經失去興趣，對其他外國語文反而喜愛，課程與教學創新只限於英語文無助於全體學生的學習與發展。再則，證照考試的準備，常採取訓練或補習方式，與大學教育的目標和精神脫節，許多學生考了好幾種證照，但之後未再精熟或深化，也只是流於形式化，技術實務能力未持續發展，等到職場工作時用處是很有限的。各大學包含科技校院在內，對於實習、實務、實作、實驗的教學，若未加強規劃去改進，便失去教卓計畫的價值。

(五) 教育標準及學習士氣問題

　　對不少大學而言，全校動員把考生招進來就讀，招生是校務最重要的工作。但重要的不只如此，學生入學後還要設法留住，別讓他們有所

不滿而離開學校,這其中最為核心的是課程與教學,授課教師對學生百般呵護,不敢要求學生達到既定標準的表現,生怕學生因而跑掉,屆時得挑起一切責任。有時部分教師採取較嚴格的教學態度和行動,學校行政部門或董事會就有人提出警告,讓這些老師又縮手不管。或者,有的老師怕自己照標準要求,學生串聯起來不選他的課,或者在教學意見調查時,打下不好的成績讓老師好看。現在社會各界關心大學生學習態度不積極,學習成效差,找替身上課,上課睡覺或缺席,生活習慣欠佳,凡此種種,大學教育標準鬆弛及未能激勵學習士氣難脫責任。

(六) 學校定位及課程教學配合問題

國內大學大致分成學術及技職兩大類,前者招收普通高中學生為主,後者以高職生為對象,但後來大學競爭生源,兩類大學乃交叉招收高中高職學生,一則想把素質高的學生招進來,提高大學的競爭力,二則希望把學生招足。這二十多年來,實際運作的走向,技職大學產生學術化的辦學走向,教育目標模仿普通大學重學術的思維,學系學程設置、課程教學及學習評鑑、師資進用甚至研究服務,有許多循著普通大學的路線。此外,有部分普通大學為求生存,出現技職化的現象,向技職教育傾斜。大學定位不單純是整個大學的事,也是關係部分學系或學院生存發展的事,不論如何,大學的定位必須清楚而正確,按著定位的強項去經營,展現特色,規劃適切的課程教導學生,這才有競爭力可言。不論如何定位,各大學對社會及產業變遷和需求必須要有所回應,課程、教學、師資都要進行必要的調整。

(七) 適性教育及課程銜接問題

既然當前各大學招生的實際現象比諸以往有很大的改變,入學學生具有多元性,一則會有高中生、高職生(還有綜高生)入學,二則依入學方式的差異,有不同特長的學生入學,三則為招足學生,甚至在學生素質上出現很大的差距,不如以往具有較高的同質性,四則國際生(含陸生)入學就讀,增加新的學習需求。簡言之學生的經驗有別,能力有異,興趣分殊,未來的生涯發展方向也有不同的規劃,因而過去

把大學生入學後的學習完全框在同一個學系，要求修習大量系內必修和選修課程，已是不合時宜的做法，必須有所改變，以全校各系課程及跨校課程來滿足學生的不同需求，是應該努力的創新方向。由於學生的異質性提高，大學與高中高職的課程銜接有必要特別重視，提出因應之道。

(八) 課程與教學創新趕流行的問題

雖然依照大學法的規定，大學課程自主，但近二十多年來，大學的課程、教學實際上亦出現趨同現象，大學之間互相參考彼此的課程、教學設計，各大學的教師會回頭去學習自己畢業學校的課程、教學安排，設有博士班的強勢大學，其課程、教學設計更難免主宰其他大學的課程、教學樣貌。大學評鑑的實施，評鑑委員來自強勢大學者眾，常會以自己學校的課程、教學為例，要求受評校系進行課程、教學創新。

不過，國內有史以來最大的課程、教學創新仍非教卓計畫莫屬，該計畫以大量經費補助做為後盾要求大學進行課程、教學創新，其推動造就了課程、教學創新固有其成效所在，卻也建造了課程、教學的流行花車，有時強推課程地圖及職涯地圖的建置，有時力推第一哩路和最後一哩路，每個大學的教卓計畫學來學去以趕上流行，否則便難以通過，而未得到教卓計畫補助的大學也趕緊建置，以便爭取未來的機會。現在全國各大學都有課程地圖和職涯地圖，每個大學都規劃有第一哩路、最後一哩路，此外大學也流行推動校內書院、史懷哲計畫、志工計畫，可謂玲瑯滿目，可惜其內容的價值、品質、運作、檢討、維護及改進卻常乏人聞問。教卓計畫也明確要求各申請的大學，必須建立大學學生的核心能力指標及學習成效評估機制，各大學各學系還要趕上尖峰課程（capstone course）這類時尚。

大學做為高等教育機構，其課程與教學創新是爭取行政機關的經費補助去執行，不同階段有不同的流行，未好好評估其適切性、價值性、可行性，只為了錢，由少數寫計畫的人照規定提出計畫，計畫通過後再邊走邊打。這樣的改革若不知道整體的課程、教學創新理想應該如何，實施的過程和成果如何，是否確實有助於學生學習及整體發展，就

會失去大學課程自主及教學改革的眞義。

五　大學課程與教學創新的展望

(一) 全體大學的課程與教學創新宜納爲高教政策的目標

由於教卓計畫及典範計畫都是人民辛勤工作的稅金支應，期待各拿到計畫的大學務必做好課程、教學的創新和改革，以提升學生的學習成果，才對得起納稅人。在高教資源短缺的時代，這筆錢必須撙節使用，政府應評估專案計畫實施的效益性及永續性。高教政策應做到全體大學卓越，而不是少數大學卓越，或只是拉大大學卓越的差距。由於各大學資源緊縮的情形愈來愈嚴重，政府有責任挹注經費於尚未得到教卓計畫補助的大學，讓它們好好改善其課程、教學活動，也讓所有大學生不論在那個大學就讀，都能獲得優質的教育。

(二) 課程與教學創新應重實質有效的經驗分享及永續發展

對於教卓計畫的課程、教學創新，宜進行整體的內涵分析及效益分析，審視各大學所做的改革爲何，實施成效如何，學習成果如何，是否符應本計畫原先的目的。在審視過程中，對於各大學具有特色的課程、教學創新，宜採取有效的方法分享給各大學，對於實施時所遭遇的問題，也不怕自曝其短，好好找出來改善。教卓計畫現階段的重要使命，在於如何讓已經取得多年經費補助的大學，自負責任永續發展，另外如何將有限經費用在需要幫助的大學去追求課程與教學的卓越。

(三) 課程與教學創新應落實學生學習成效

拿到教卓計畫的大學，要眞正做到課程與教學的卓越化，同時要教導學生展現學習成效。教卓計畫的錢要用在該用的地方，千萬不可爲消耗經費而辦效益欠佳的活動，否則錢花完了，大學仍未卓越，而這筆補助經費不可能一直存在，這時該大學競爭力只有下滑的路可走，也失去了該筆經費的價值。

(四) 課程與教學創新的支持應有變通管道

　　未得到教卓計畫補助的大學，實際上也有不少教學卓越的學校，它們並不輸給拿到教卓計畫補助的大學，這類學校千萬別灰心，而要維持鬥志，力求創新與卓越。大學在教卓計畫之外，還有其他管道，可取得有用資源來促進課程、教學的創新及改進。大學要有競爭力，一定要在課程、教學上卓越，只要有心追求卓越，可用的經費即便不多，只要好好規劃實施，還是可以辦出品質。有許多改革根本不要花什麼大錢，像徵詢在校生和畢業生對課程和教學的改進意見，或者像課程上網的事，只要建置系統的經費，其後做好維護即可。重點在於教師授課科目的教學計畫及執行品質，上網則是再簡單不過的事。

(五) 課程與教學創新要有整體藍圖及階段步驟

　　課程與教學創新固可分階段規劃實施，但一定先要形成整體改革的觀點，再思考各年度改革的重點，最後還是要導出改革後的整體樣貌。課程教學創新絕不是前一年做一樣，後一年做另一樣，換來換去。政策上提倡的改革方向，一定要經過審慎規劃，確認改革的價值性和可行性，且要留給各大學最大的彈性，以因應不同大學的差別條件及其所要發展的特色。各大學也要審視自身的狀況，評估改革的必要性及可行性，切不可先把計畫寫得美輪美奐，等經費下來再傷腦筋要怎麼辦，結果像是盲人騎瞎馬，弄得整個學校雞飛狗跳，許多改革都白做了。

(六) 課程與教學創新宜整體規劃校外實習和實務課程

　　校外實習和實務課程不論是普通大學或科技大學，各院系都必須下功夫，讓學生的學習能結合理論和實務，且發展出實做能力，這才能應付職場上的需要，當然學生所要學習的不單是技術、實務或知識，態度和品德也很重要。例如某大建築系推動「校外深度實習制度」，爭取五家國際知名建築師事務所提供實習機會，選拔優秀學生赴這些海外企業實習，體驗企業文化，加強學生理論與實務的整合，以強化職場專業技

能，增進就業競爭力與拓展就業機會。這部分的改革絕不是單純開出幾個學分的實務課程或校外實習那麼簡單，而是要針對課程架構和內容重新規劃，才能產生整體的效果。

(七) 課程與教學創新宜建立良性改革文化支持

因社會、科技、知識變遷很快，大學課程與教學若不改變一定落伍，培養出來的學生不會有競爭力，學生和社會就會不滿意。課程需要持續改革，各大學必須建立良性文化來支持改革。改革的動力固可來自校外的競爭性計畫，也可由校外參觀及研習得到啟示，而大學內部教師虛心接納學生、家長、校友、產業、社區人士的建言，也很重要。因此具有改革動力的大學，必須發展其校內外的有效互動的網絡，從互動中觀摩學習和回應。

(八) 課程與教學創新應回應學生的多元性和差異性

國內大學教育發展到普及化階段，各大學生源多元化，學生的異質性變大，課程、教學必須回應異質學生的需要。大學都要把每個學生當作獨特的個體看待，指導其修習所需的課程，成功學習，走出自己的路。最重要的是學生招進來之後，對其學術基礎的程度要有所瞭解，並規劃適當的課程引導其修習。對於高中高職專業背景不同的學生，要安排適性課程的話，原則上必修學分數宜減少，增加選修時間，且宜開放全校各系及跨校課程，指導學生修習，才能滿足學生的不同需求。其中，生涯輔導及選課輔導也必須落實。在國內大學追求國際交流合作，招收國際學生的時刻，課程與教學的創新切不可忽略國際生的特殊需求，也要注意國際生和本地生的融合教育。

(九) 課程與教學創新應建立適切的教育標準並落實執行

各大學校系對於學生的教育宜訂定合適的標準，並依標準執行，這些都訂在學則及校系的相關規章上，而學生行為表現的指導也有校規可循，校規不合時宜應修改，但訂下來之後應執行，切不可形同虛設。各大學教師評鑑，採用學生教學意見調查結果的比重應有合宜的規範，以

免教師不敢要求學生的課業及行為。學校對成績評分標準應訂定準則做為憑據，董事會、校長、行政幹部與學系教師亦應建立教育標準的共識，大家一致地執行。若只為留住學生而毫無教育標準可言，則校園學習風氣敗壞，教育成效低落，學生能力未培養出來，結果反而刺激成績好的學生跑掉，導致未來招到的學生素質愈來愈低，反而得不償失。

(十) 課程與教學創新宜符應大學的定位

大學的定位要明確，且合乎辦學理念及辦學條件，在課程與教學的安排上配合定位方向，才能達成教育目標，也才能辦出特色，而具有吸引力和競爭力。大學教育和職業訓練不同，鼓勵學生參加專業證照考試或語言能力檢定固然有其意義，但大學教育不應停止於通過考試或檢定，而應引導學生邁向更寬闊及永無止境的學習。大學實施產學合作教育，可讓學生學習技術實務，結合理論與應用，未來學生畢業也可能選擇合作的產業就業。但大學提供這項教育，絕不是為某一特定的公司培養員工，這必須是很明確的，且大學培育學生，也要指導他們檢討產業的問題及改進之道。

六　結語

國內大學課程與教學創新，要衡酌學生特質、社會變遷、產業需求和辦學理念，聽取校內外意見，把握改革創新的時效，以符應社會和學生的需要。但大學要定位自身的方向，自主選擇該走的路，要有自己的理想和理念，千萬不要人云亦云，且要不斷評估自己的選擇，調整自己的腳步。校外有不少機會讓大學得到辦學的資源，但大學必須明智決定是否要爭取這些資源，若要爭取，這些資源的使用也要同時激勵學校整體發展。大學不必什麼資源都要，絕不可去爭取阻礙或扭曲學校發展的資源。有了資源的支持，要讓大學的課程、教學與眾不同，發展出有別於其他大學的特色，這需要大學內部全體教職員生建立共識，一起努力。雖然國內大學辦學競爭很激烈，但各大學的課程與教學創新仍宜把握「共善」觀念，與其他大學分享和合作，共同追求卓越，才能提升各自的優質性。

參考文獻

一、中文部分

中央通訊社（2013.8.26），東海舉辦首屆美國喬治亞理工學院暑期研習營—國際交流邁向頂尖，取自http://www.cna.com.tw/postwrite/Detail/132006.aspx#.UhwoMtI3CSo

教育部（2012），教育部補助獎勵大學教學卓越計畫及區域教學資源中心計畫實施要點修正規定，取自http://www.csal.fcu.edu.tw/edu/program_download.asp

教育部（2013a），大專校院概況—1991學年度，取自https://stats.moe.gov.tw/files/main_statistics/u.xls

教育部（2013b），教育部獎勵大學教學卓越計畫網站，緣起與宗旨，取自http://www.csal.fcu.edu.tw/edu/program_petition.asp

教育部（2013c），發展典範科技大學計畫（行政院102年3月12日院臺教字第1020013028號函核定）。取自http://www.ey.gov.tw/Upload/RelFile/27/697390/10bf7292-47e1-4976-8633-ac15f4600fa2.pdf

教育部（2013d），教育部鼓勵國內大專校院選送學生出國研修或國外專業實習網站，取自http://www.studyabroad.moe.gov.tw/102/newlst.php

教育部（2013e），教育部獎勵大學教學卓越計畫網站，最新消息，取自http://www.csal.fcu.edu.tw/edu/program_index.asp?page=1028&SID=

二、外文部分

Curriculum Reform Project Team. (2006). *The Extent and Impact of Higher Education Curricular Reform across Europe: Final Report to the Directorate-General for Education and Culture of the European Commission.* The Netherlands: Center for Higher Education Policy Studies (CHEPS), University of Twente.

Progler, J. (2010). Curriculum reform in the corporate university: From the disciplines to transferrable skills. 社会システム研究，21, 95-113.

Victoria University (2012). *The VU Agenda and Blueprint for Curriculum Reform: Capabilities for the Future.* Melbourne, Australia: Victoria University.

從影子看大學的教與學
──補習班的啓示

吳麗君
國立臺北教育大學教育學系教授

 壹 **爲什麼要研究大學生的補習現象**

一 延燒的補習文化

　　補習被Bray（2003）喻爲影子教育，影子反映的是實體，因此，從補習班來反觀大學的教與學是可行且值得嘗試的取徑，但卻是目前在研究上人煙罕至的道路。相對地，在大學實務現場，補習班的傳單到處可見，它們張貼在教室中、走廊的公布欄上、餐廳，它們散落在教室的桌上、被塞在教室的抽屜裡。2005年11月我個人服務機構的系導師會議中同事提到：大四應屆畢業班學生，每班大概有三分之二左右的學生在校外的補習班補習。有的補美語打算出國深造、有的爲了高普考而進補習班、有的爲了考教師甄試而補習、也有學生爲了考國內研究所而補習。一位任教於北區教育大學的朋友在2006年初的時候告訴我，她的學校裡碩士班一年級20名學生中頂多只有3至4位沒有補習而進到研究所。時序進入2013年，在我個人熟悉的教育領城裡，學生爲了考教師甄試或國內研究所而進補習班者依然。在教育類科之外的大學生爲了進

研究所、考證照或參加國家考試而進補習班者也絡繹不絕，頂尖大學法律系的學生在訪談時說，他班上有七成左右的同學在補習；私立校院商學系所的受訪學生也說只要以國內研究所為目標，而不以參加推甄為目標的同學幾乎都在補習。

同事於日前告訴我一個更駭人聽聞的消息一已經有研究生為了論文而找上補習班協助，補習在臺灣所攻占的領土又向外擴張了。補習的文化在我們生活的周遭流盪著、延燒著，影響著高等教育機構的教與學，但是我們卻視而不見，在看似和諧共處的表象下我們忽略了什麼呢？我想更清楚地看見這一個「補習現象」，這是此一探索的起點。

二　因為不瞭解所以我探究

雖然身為高等教育機構的一員，但是「象牙塔」並非外在社會影響勢力的絕緣體。在這個補習文化興盛的脈絡裡進行教學，若無視於補習的存在，即使不是不稱職，至少是一種對文化不夠敏銳的表徵。課程設計與教學必須敏於文化脈絡並做出適切的回應（Wu, 2004）。身為高等教育機構的教師該如何回應這個我們所置身的補習文化呢？圍繞著高等教育階段的這些補習現象，從學生那兒我們多少知道一些片斷的故事，但是都非常的表淺而且零碎。因此，從我個人的社會位置出發，這個探究是一項必做的功課。

進一步思索這一個議題之前，我思及巴西教育家Freire（1979）的論述，他在“Education for Critical Consciousness”乙書把人區分為兩種，一種是能與脈絡統整的的人，他／她不但具備適應現實的能力，而且能夠進行抉擇進而轉化現實。這種統整的人可以成為主體（subject）；第二種人則只是被動地適應脈絡，他／她充其量只是一個客體（object）。Freire（1979）的這一段論述進一步豐富了我的想法。任教於高等教育機構的老師，要成為統整的主體，不但要適切的回應補習充斥的社會脈絡，還必須進行抉擇並做出必要的轉化。但是要改變什麼呢？如何改變呢？ Fish, Kopelmam和Schneilder（1994）在《超越馬基維利》乙書說：「我們愈瞭解人們看待事情的方法，就愈有能力去改

變他們」。因此，近距離凝視臺灣的補習現象是必須的準備。

從敘事的角度切入，Chase（2005: 671）認爲敘事的研究必須更努力、更廣泛地思考：我們爲誰而寫？向誰傾訴？如何寫？如何傾訴？個人以爲不僅敘事的研究應該考慮這些面向，任何研究都該把這些問題放入視野。Richardson和Pierre（2005: 960）認爲研究者花了長時間寫成的作品，如果沒有讀者，沒有對世界造成一點兒影響，唯一成就的只是自己的生涯，著實是愚蠢、自戀的行徑。因此，除了滿足個人知性上的好奇，並且爲自己的教學而進行探索之外，我打算爲誰而寫呢？爲高等教育機構中認眞看待自己教學的同儕而寫、爲高等教育機構中的莘莘學子而寫、爲辛苦掏補習費給子女的家長而探究、也爲關心高等教育的社會大衆及決策者而寫。

這一個探究從我自身的社會位置出發，以高等教育階段的學生補習爲研究田野，企圖從中提煉出不同的語彙來觀看高等教育機構，希冀研究結果能夠給予高等教育機構的同仁、學生以及政策者不同的「看見」。

三　本探究的焦點

談到高等教育階段的補習，有千萬個疑問湧上我心頭，身爲一個大學教師我感到好奇的提問實在很多，但一個小小的探究所能承載的有限。因此，本文僅從「課程與教學」的視角出發，首先想解開的困惑是「大學生爲什麼要去補習？」，從大學老師的角色出發，這個關切背後的焦慮是「大學教師未盡職責所以學生需要向補習班求救嗎？」換個角度說，我想看清楚「補習班」在高等教育階段扮演什麼角色；接著，以質性研究者最常扮演的角色「學習者」切入，我希望從補習班的探究得到啓示以提升大學的教學品質。

簡言之，本文的目的有二：

(一) 探究補習班在高等教育階段扮演的角色爲何？

(二) 從課程與教學的面向切入，探究補習班對高等教育機構的啓示爲何？

貳　先前的理解

　　臺灣地區的補習文化在我們的生活世界中延燒，民國90年之後，國內針對中小學教育階段之補習探究的學位論文如雨後春筍般，用補習班為關鍵字，可以找到650筆的碩士論文。但細看這些論文以高等教育階段的學生之補習為焦點的探究仍是鳳毛麟角，分別是莊文萍（1993）的〈大專生參加升研究所補習班之決策行為研究〉、陳炳棋（2005）的〈大學生選擇升學研究所補習班之消費行為〉和劉孟寧（2012）的〈臺北市研究所補習班服務品質與滿意度之研究─以臺北市大專院校學生為例〉。這三篇的屬性均偏向經營管理，而非從教育的視角切入。就大學生的補習而言，是一個截至目前（2013年9月）為止在臺灣依然低度研究的教育現象，這一塊知識版圖等待著被開發與建構。

　　在西方補習班亦有日漸增加的趨勢，特別是華人、韓國移民聚居之處，如加拿大（Scott, 2004），另外，臺灣補習班也現身在美國加州（Lee, 2000）。Lee（1999）在比較美國學生和亞洲學生於國際學術測驗上的不同時，也將焦點由教室的教學轉移到亞洲盛行的課後補習。西方世界對補習這個主題進行探索的文獻也在增加之中，在ProQuest中，可以發現留學美國者，探討其母國之補習現象的論文，例如賓州州立大學的Lee（2006）探討韓國的補習文化後指出，學生家長想要其子女進入有聲望的好大學是補習在南韓興盛的原因，而非南韓公立學校的教育品質不佳。Yu（2011）在哥倫比亞大學的博士論文以量化調查指出：在中國大陸，整體而言學生參加課外補習對於學生大學入學考的成績並沒有影響。Lee（2000）在南加州以質性取向研究臺灣補習中心裡臺灣移民及臺裔美人的補習經驗，該研究的發現之一是：南加州臺灣補習中心能有效型塑學生的教育表現。

　　在ERIC亦有幾篇有趣的論文和補習有關，但絕大多數以中小學階段的補習為探究對象，例如Acedo 和 Popa（2003）的研究提到：羅馬尼亞因為教育改革的失敗，而使中等教育階段的補習盛行。Scott（2004）也探討在加拿大地區補習開始盛行的現象，並比較補習與不補

習的學生家長間之異同等等。另藉由滾雪球的資料蒐尋方式也發現了一些亞洲地區的相關研究，這些研究探討的區域有印度、韓國、日本、香港、馬來西亞、孟加拉（Bangladesh）、新加坡，甚至東非的模里西斯（Mauritius）、羅馬尼亞、斯里蘭卡等等。這些研究報告有不少係官方報告書、會議文章、國際組織的專案報告等等，有許多資料在臺灣不易閱讀到全文，但透過題目及相關線索可以得知：這些探究依然對焦於中、小學階段。雖然，我不敢說：圍繞著高等教育階段的補習現象是絕無僅有的「臺灣奇蹟」，但可以肯定的是，這應該是稀有而且是目前未經深入探究的一種社會文化現象。

 方法設計

以紮根理論為研究取向，借用「觀看」的譬喻，本節簡要描述研究設計及研究的對象二者。

一　觀看的方式－研究設計

研究補習班的相關議題時，重要的困擾之一是，在商業利益的考量下，不容易協商進入觀察，即便同意，在訪談時也可能語帶保留，這一個限制在過去文獻（Bray, 2003）已經提及。面對這個限制以及倫理的考量，本研究以來自高等教育機構的學生之訪談為主；另亦諮詢一位曾經任教補習班，深諳大學生補習現象的老師。此外，我亦透過相關文本進行探究，這些文本包含補習班網頁上的訊息、傳單、補習班的課本、講義、教學光碟等等。在訪談的部分，除了我個人進行訪談之外，研究助理也以學生／同儕的身分進行部分的訪談，這些訪談含面對面的訪談及運用資訊科技所進行者，如在Facebook上進行訪談。此外，我個人也請有意願的研究生協助填答開放問卷。共進行正式個別訪談12次、正式團體訪談5次、另收回開放問卷35份、以及難以用數量清楚表徵的許多非正式訪談，例如：在下課和大學生或研究生聊他們補習的情形，課餘和同事們閒聊他們對於補習的觀感等等。

從探究者切入，這一個小研究至少具有雙重的視野，一個是來自高

等教育機構的研究者，亦即我自己；第二個是來自高等教育機構的學生，即研究助理。後結構主義認為自我與社會科學處於持續性共同創造的關係（Richardson, 2005:960），易言之，研究者與研究對象的關係會影響到他們所共同建構出來的故事，因此以表現文本（performance text）的觀點來看待研究是重要的一個視角。這個概念進一步帶出了田野工作進行者這一個議題，就本探究而言，除了我個人之外，前後有五位研究助理協助部分的訪談及文件的蒐集，在工作期間兩位是大四的學生，另三位是研究所學生，他們都有補習的經驗。這一個「僱用的研究者」之議題已出現在國外文獻，但國內目前還沒有深刻的面對此一議題。就本研究的經驗來看，個人認為研究助理分別從大學生及研究生的視角豐富了本探究的觀照；此外，也彌補了我個人因為大學教職不方便進出補習班觀察的限制。

三　觀看的對象

本文僅對焦大學部學生的補習議題，但訪談的對象含目前正在補習的大學生，及具有補習經驗的研究生。團體訪談的學生主要來自教育學院，故在個別訪談時刻意邀請來自不同大學且不同學院的學生，以增加參與者之異質性，惟質性研究無法像量化研究從人口的面向來要求其代表性。

本探究在建構的派典上採「紮根理論」取向，故「理論取樣」乃背後指導原則。易言之，以理論的建構為基本關懷來邀請參與者，囿於篇幅不詳述紮根理論之細節。本文分析的資料來源跨2006到2013年，資料蒐集集中於兩個時間點，分別是2006和2013，這與研究者企圖拉長時間來瞭解此一議題的變化有關，但跨時間的比較非本文的旨趣所在。就參與的受訪學生來看，囿於研究經費的限制，絕大多數來自北部地區，故其補習班亦絕大多數位於臺灣北部，因倫理及政治考量在本文不羅列其所來自之補習班的名字。值得一提的是，本文所探究的補習班僅對焦於專業學習範圍的補習班，並以協助學生考研究所或專業證照、國家考試為主，未含納留學前的語言補習或其他技藝類補習班。

肆 近身觀看高等教育階段的補習現象

不管從探究的內容或數量來看，目前針對高等教育階段的學生在校外補習所進行的研究幾乎是一片荒原，在荒原上我轉而向內檢視自己對於補習的先見與偏見。在我的求學歷程中雖然也曾補習，但僅限於為了考托福而補美語，以及小學時代班導師把部分學生留下來加強課業以便應考私立初中的收費補習，惟兩者的時間都很短。很坦誠地說，我對於「補習」這一個語彙有著糾結矛盾的情感，其中多少有著負面的意象，無可避免地補習讓我聯想到「考試文化」、「窄化的教育」、「疲勞轟炸」以及「依賴的學習者」等等。Bray（2003）甚至使用「貪污」的概念來看待學校教師以收費方式為自己的學生補習這件事。相關研究或論述對於補習或補習班有負面描敘者也不在少數（例如簡成熙和洪仁進，2000；楊慧美，2001；薛錦彰，2003; Kim & Lin, 2002）。但是補習工業能存在一定有它的原因，例如支撐的結構因素或相應的社會文化因素等等。

莊文萍（1994）以大專生為對象的研究指出：有60.6%的學生肯定補習班對自己的幫助。柯正峰（1988）的研究也認為升大學文理補習班有存在的必要性和功能。Wu（2004）在探究臺灣中小學階段的補習和邊緣學生時也發現，就中學而言補習對部分學生確實具有「補救效果」，它能預防學習落後的學生成為教室的客人。Bray（2003）亦在討論補習的書籍中公允地呈現補習所具的正面功能，另Haag（2001）非常難能可貴地使用實驗研究的方式，以122人為實驗組進行9個月的補習，另122人為控制組，結果顯示：相對於控制組而言，實驗組在實際表現以及動機和情意面向都有改善。

本探究首先見到的亦是大學生對補習班的肯定，茲詳述如下：

一 大學生肯定補習班的功能

「大學生肯定高等教育階段補習的功能」，這是在本探究跨2006至2013在兩個時間點皆獲得資料飽和的論述。從本研究的訪談及開

放問卷的論述來看，補習受到肯定的聲浪遠遠大於被否定的聲音，例如：「我自己轉跑道，接觸新的領域，有這些〈補習班〉[1]老師引導，幫助很大」（大教008，06，問卷）[2]；一位明星大學化學系為了投考本系研究所而進補習班的受訪者提到：「〈現在的補習〉比我高中時的補習有用一點，就是像是補化學的話，他教很多東西，就是你會學到很多考試的方法，比如說有些解題方法，他會教很多解題方法，以前學校老師沒有教」（大化01，13，訪談）。

　　在本研究裡相對而言，否定補習班功能的只有極少數，例如：一位代課中的老師用e-mail告訴我她沒有補習的原因是「潛意識裡排斥補習吧？覺得坐在那裡排排坐聽講的感覺很不舒服」（大教02，06，e-mail），但是她還是買了補習班的函授講義。惟大學生很清楚補習班的功能是有限的，化學系的高材生在受訪時說：「如果你是想要學到東西的話〈補習班〉當然是不好。但如果是要考試的話，因為你要在半年之間就準備好，……好像除了這種方法之外，目前也想不到什麼其他比較好的方法」（大化01，13，訪談）。學生清楚地知道，她能從補習班和大學獲得不同的東西，這種互補的角色關係應該是補習班存活下去重要的原因之一；但學習和考試在她腦袋裡似乎是關係不大的兩種遊戲，年輕學子的這種認知是值得教育界深思的課題。

二　「轉銜的鷹架」—補習班扮演的角色

　　綜觀來自田野的資料，高等教育階段校外補習班的功能被界定為「轉銜的鷹架」是資料飽和的一個建構，轉銜有三種類型，一是「跨界的轉銜」，如外文系畢業轉考教育研究所，為了快速掌握另一個新學門之相關訊息，是學生補習的重要原因。二是「相近系所的轉銜」，如教育系畢業生投考心理諮商研究所，補足既有知能的落差是此類學生進

---

[1]　在引用的語句中使用〈　〉的符號，表示〈　〉內之文字係本文作者為了提升可讀性，在不影響既有意義的情況下所加入之文字。

[2]　大教008，06，問卷：表示第八位大學部教育類科的學生在2006年的開放問卷中的資料。

補習班的原因。三是「大學教學與校外考試的轉銜」，例如師資培育科系的學生爲了通過教師甄試而進補習班，以求在激烈的競爭中勝出。又如法律系學生爲了考律師執照而進補習班亦爲同一類型的轉銜。

在轉銜的視野下，有落差才有補習班存在的空間，實徵資料發現，大學生轉銜至研究所或國考、證照考試歷程出現的落差有下列四種：

(一) 轉銜歷程的四種落差

1. 學生個人的落差

此一落差主要肇因於學生個人因素，例如平日不用功故需要補習班的協助，或轉考不同領域的研究所，以及太忙沒有充裕的準備時間等等，例如一位碩班學生提到當年補習的原因是「代課很忙，幾乎沒有時間好好準備，而補習班已經把資料都準備好了」（研教001，13，訪）。「時間的壓迫」把學生推向補習班是跨2006至2013的訪談中不斷重複出現的論述。

2. 教學的落差

教學落差是高等教育機構首需面對與檢討的議題，它通常肇因於「師資不佳」，下面是例子之一：

> 「受訪者：我是輔導組的，我的輔導原理卻……，我都沒有學到什麼，然後我期末考還作弊，就是那一門課我根本在發呆。
>
> 研究助理：因爲老師的關係嗎？還是……
>
> 受訪者：我覺得老師蠻大的部分，因爲那個老師快退休了，……他上課講那種大陸腔我也聽不懂他在講什麼。」（研教001，06，訪）

除了「師資不佳」，一位來自財務金融所的受訪者在訪談中比較大學教授和補習班名師的不同，他認爲補習班名師除了「表達能力佳」之外，在「教學上花比較多的時間」且「教學策略佳」，他說：「蠻多名師講義都是自己編的，他有自己的書，這套東西是他非常非常熟的東西，他不看也能……講得很清楚；可是像大學老師都是用外國原文書

嘛，就算他以前是用這本書，自己在學習上課，很多PowerPoint也是廠商給的，然後他可能再修訂……那你說他能講得多清楚……而且重點是像大學教授，不會講完一個很重要的觀念，然後就開始跟你說一些例子或題目什麼[3]，通常這都是你往後你下課自己去看的，或自己去想的東西。可是補習班不一樣的是，他通常講完一個觀念會馬上帶你去實作一個題目這樣子，那你可以馬上就瞭解，那個熟悉度就會差很多」（碩商01，13，訪）。

教學落差的訪談讓我想起杜威早在1910年就使用賣（selling）這一個概念來看待教學，沒有買方、沒有購買行為則沒有賣的事實發生。同理，如果學生沒有學習則教學也不成立（Eisner, 1994, p.158）。諷刺的是商業色彩濃厚的補習班似乎比較容易接收杜威這一個買賣的譬喻，而比較在乎學生在教學裡的接收情形。

從田野資料可以將教學落差的原因歸納為兩類，分別是：教師個人因素、制度性因素，而制度因素造成的教學品質不良亦可歸類為「結構的落差」，故此類例證將於下一個段落說明。

3. 結構的落差

結構的落差主要來自組織的因素，例如學校層級因為資源不足或控制開課成本故無法開設充分的課程，學生無法搶到課，故只好求救於補習班。另一個結構落差來自我們對大學教師的角色期待，一位受訪學生說：「大學很多教授是他講的你真的聽不懂他在說什麼」，他接著說：「可是，我必須要說現在大學，就（匿校名）來講，因為給老師論文壓力很大，所以你說他要花很多時間在教學上面，然後又要想辦法能講得讓所有學生都聽得懂，那是很困難的。可是補習班的那些老師，…他的工作就是讓大家會寫這些題目，然後能有辦法瞭解它意義或內涵，所以他們在口條或者是教學的排程上面，脈絡和清晰度都會比大學教授好（碩商01，13，訪）。

---

[3] 從一位大學老師的角度出發，看到這個訪談時，我清楚知道他說的當然不是通例，至少我個人和周遭我認識的許多大學老師並非如此，但無可諱言這也的確是發生在當前大學教學的森羅萬象之一。

這一位受訪學生一針見血地點出了當前大學制度的重要缺失，無怪乎Ramsden（2003）在 "*Learning to teach in high education*" 乙書強調，藉由聆聽學生的聲音可以改善我們的教學。

4. 功能的落差

大學的功能和各類考試之不合轍所形成的落差謂之「功能落差」，例如：大學教育的目的不在於為研究所考試或律師考試作準備，故此類落差的形成似乎是可以接受的。一位商學院研究生在比較大學和補習班時提到：「學校不會教得那麼難，補習班會教得比較難，因為〈研究所入學〉考試，考得比較難。」他接著說：「教法……就是〈補習班〉老師……會真的針對考古題會常考的那幾題去強調，……學校……是比較強調那種…… 比較基礎一點」（碩商01，13，訪）。一位教育類科學生甚至直白地說：「經過補習後發現，大學課程所學很少能應用於考試上」（大教004，06，問卷）。

在教育相關的補習中，協助學生考「教師甄試」依然蓬勃發展，這一類的補習是讓師資培育者感到不安的，因為師資培育的任務就在於養成專業的「初任教師」，如果學生還得向「補習班」尋求協助，是否意謂著師培機構未善盡職責呢？在不安中補教業者的談話讓我看到激烈的競爭是把學生推向補習班的重要推手，補教界的王（匿）老師在2007年受訪時說「去年那個教檢的錄取率又變成不到百分之六十，促使補習班的招生又增加了」（補教01，07，訪）。這份不安也讓我看到Kwok（2004:69）所謂「認知落差」（cognitive gap）的概念，Kwok 認為考試與正規學校教學之間存在著認知上的落差，而補習班在教學的技巧以及講義內容的呈現上，在在都有助於學生去面對校外的公開考試。換言之，如果我們同意Kwok的觀察，則補習班扮演的是減少認知落差的銜接角色。

唯「認知落差」從何而來呢？在「認知落差」這個概念的引導下，我請教在補習班任教，同時也在大學兼課的王老師，我的疑惑是：他在補習班的教學型態和在一般大學課堂上的教學型態相同嗎？他在一般大學所教的學生在面對校外考試時是否也會有Kwok所謂的「認知落差」存在呢？他說：他在大學課堂上的教學型態當然不同於補習班的教

學，因為「時間」因素不同，在大學可以有比較充裕的時間做探索，而補習班的時間結構迫使他必須在很短的時間做重點式的講解。他以西洋教育史為例，「在大學裡我可能會讓學生看蘇格拉底、柏拉圖等大師的照片，著重啟發；在補習班教學我會把各種考試的歷屆考題拿來，分析常犯的錯誤，提醒同學如何作答等等，所以在兩個地方上課的型態當然會不同」（補教01，07，訪）。從這一個回答來看，Kwok所謂「認知落差」似乎是必然存在的，而且「認知落差」的存在並不意謂著師資培育者失職，就像受訪者所說「其實只上〈大學〉老師的課去參加考試是不足的……，我就情願去補習，因為補習老師上得快……相對我可以學更多，那在學校，因為老師要顧慮所有人的能力嘛，那當然他上得就會慢一點，而且又不是每個人都要考研究所」（研教001，06，訪）。

前一段訪談內容讓我想起日本學者北村一行對於日本補習教育與學校系統之互補關係的分析時說，日本公立學校強調平等及齊一的價值，惟成績優秀的學生不會滿足於學校緩慢的進度，此時補習班提供了較高深的知識給優秀者，而成績較差者又因補習班獲得補救。多虧補習班的存在，日本的學校才得以繼續維持其平等和齊一的原則（宋明順譯，1988）。Lee（1999）所謂「互補式的配合」這一個概念也進入我的視野，惟個人引用此論述並沒有為大學脫罪的企圖，面對補習現象身處高等教育機構的我們有太多值得省思與改進之處。

(二) 轉銜歷程的四種鷹架

檢視補習班宣傳單上的諸多語言，可以看到它們在轉銜大學教育和考試之間所進行的努力，例如：

> 「學理清晰分明，將各家龐雜的理論綜合成易懂、易記憶的樹狀圖」
> 「幫助學生規劃讀書進度，以有效提供學生閱讀方向」
> 「考古題蒐羅完整，重點解說後，同學當收舉一反三之效」
> （某補習班宣傳單）。

此外，翻閱補習班所出版的書籍、講義後我發現這些「考試用書」和大學中所使用的「知識用書」[4]確實不同，考試用書的撰寫綱舉目張，並輔以圖表做出一目了然的整理，這些考試用書有助於學生掌握架構；但從另一個角度看，則見到「去脈絡」之弊。如果是本科系的大學生，在學校的學習已掌握基本脈絡，則補習班的考試用書或能發揮「對焦」之效。惟再三翻閱這些補習班的考試用書，我總覺得它們像「維他命」，或老祖母替孫子先行「咀嚼」過的食糜。

　　此外，「考試用書」和「知識用書」這樣的語彙讓我想起Lee（1999）所謂「互補式的配合」之概念，Lee比較美、日兩國的數學教學後發現：美國學校中的數學教學倚重基本技能的部分，而日本學校的數學教學則重視的是「瞭解」，惟日本的補習班則強調數學的基本技能，Lee認為這兩個系統「互補式的配合」是日本教育的優勢。國內高等教育階段的補習班和高等教育機構的教學似乎也隱約可見「互補式配合」的身影。下面是例子之一：

> 「與其說學校正規教育它給我的是很純粹知識內容，倒不如說它是一種啟發而已，因為老師本身他不是為了考試而教你，所以他給你的我覺得比較多的是那種啟發，讓你有興趣。那如果你真正需要一些實質的知識去應付考試，我覺得那就是要靠自己再去努力，或者就是，就像我就自己去補習這樣子」（研教001，06，訪）。

學生在不同大學的受教經驗不同，上面的訪談只是存在的可能之一，但從中我看到「啟發」與「知識記憶」的互補，這個互補的型態和前述補教界的王老師所說的例子非常相近。

　　提到「互補式的配合」下面還有一個同中有異的例子，一位大四的學生說：「大學的教學以報告居多，理論方面的學習比較少，只有少數的教授會教給學生知識性的東西，我覺得自主學習的成分很高；補

4　該用語乃直接引用自受訪者，借用紮根理論的視角是所謂的「實境編碼」。

習班老師多講述，知識很有系統化、架構化的教給學生，幫助學生學習，讓我們獲得理論方面的知識。」他在問卷中又說「其實自己非常不喜歡補習……但透過補習，理論方面的學習比較充實！挺有收穫」（大教001，05，問卷）。另一位教育類研究生也提到：「〈大學裡的〉教授會比較重視實務面之教學，理論課程因排課時數及相關因素影響，較無法深入探討，故決定利用補習補充自己缺漏之處」（研教010，06，問卷）。在這裡我看到另外兩種互補的型式，一個是教學內涵（理論／實務）的互補，另一個是教學法（講述／自主學習）的互補。從互補的角度進一步凝視補習班所提供的鷹架內涵，我看見下面四種：

1. 訊息提供

「之前去〈補習〉的原因……應該是覺得補習班可以提供較完整的資訊。畢竟在補習之前，我自己對考試內容不熟悉」（大教002，05，問卷）。

2. 知識的教導和加強

「〈補習班〉幫助統整、抓重點，上了很多學校沒教的內容」（大教004，05，問卷）。

3. 技能的教導和練習

「補習最大的收穫讓我學會考試的技巧，要得高分的關鍵就是平均分配題目的行數、破題法、大標題分明、結論反差等，會讓老師覺得寫的很不錯喔！」（某補習班經典叢書最新版）

4. 情意面的支持

此一鷹架含來自補習班老師的鼓勵及補習班的境教等等，受訪者提到，他會受到補習班環境的影響「因為你會看，旁邊都是你的敵人（笑）……真的氣氛會有差……所有人一起讀書，你就會有那個動力去往上爬」（碩商1，13，訪）。另外一種則是來自人的影響，「補習班老師會進行精神喊話，回去後就會特別奮發努力」（研教011，05，訪）。這一個探究看見大學生在轉銜時的落差，而補習班給大學生的鷹架在訊息之外，尚提供知識、技能和情意的支持，這種互補式的配合，讓影子教育——補習班找到存活的利基。此一探究重寫了個人過去對於補習班的「部分先見」，但探究之初對大學之教與學的關懷並未改寫。

伍 從影子回看大學的教與學

「重要的不是看見什麼,而是怎麼看」(吳莉君譯,2005),觀看影子有各種不同的方式和立場,我站在什麼立場看大學生的補習現象呢?本文以大學老師向補習班「借鑑」的心情來回看高教機構的教與學,故不免嚴苛,背後是華人「嚴以律己」的精神。固然我也清楚補習班所造成的種種負面效應,例如:學生為了上補習班的課而草率應付大學的課堂,甚至翹課,在補習班的轉銜便道可能弱化學生主動探究的知能等等,限於篇幅未能在本文討論。但藉由補習班的視野,可以清楚感受到大學教學品質有頗大的改善空間。

一 大學教學品質的改善

大學教學品質有改善空間,這一個論述並不新奇,從本探究所建構的概念出發,能否看見不同的方略呢?本節首先將以補習班提供的四個鷹架來思維大學可能提供的延展性服務。其次以回應四個落差來思維、架構大學可能的改善作為。

(一) 從補習班提供的鷹架回看大學

1. 訊息的提供

提供並系統整理考試的相關訊息是補習班給予考生的鷹架之一,而且受到學生肯定。事實上,訊息提供並不是一件很困難的工作,而這也是大學中的學習、就業輔導應該做的事。一位研究生從補習的經驗回看大學教育提出的建議是:

> 「老師應該要先對研究所考試,除了自己學校要考什麼之外,
> 對這個市場要有一些初步的瞭解,在上課的時候你可以比較明確
> 去指引那些想要考研究所的學生說,除了我教的之外,你還應該
> 去多學點什麼,就是很明確跟他們講,讓他們有個方向可以自己
> 去努力。然後,也可以在比如說大二或大三的時候就跟他們講,目

前的方向有哪些，比如說如果你要考研究所，你唸完之後你可以幹嘛……」（研教001，06，訪）

從這一段論述我看到：大學的功能固然不在服務高普考或研究所，但這些考試是大學進行課程與教學時必須放入視野的外在社會脈絡，身為大學教師須敏銳地覺知其間的關係，藉由訊息提供及分析這麼一個簡單的舉措應有助於銜接大學課堂教學與校外考試之間的落差，為學生鋪設最後一里路，這是一個藉由教學的媒介來進行學生輔導的工作，也是目前我們在大學做得不夠理想之處。

2. 知識的教導和加強

從你的補習經驗回頭看國內高等教育之課程、教學等等，你的建議是什麼呢？面對這一個提問，學生的反應例舉如下：

「大學的學校教育紛雜無系統，沒有架構，讓學生不知道在學什麼」（大教011，05，問卷）

「高等教育的師資也要進行進修，以提高教學品質，教學方式要更加強師生互動」（大教006，05，問卷）

面對這些來自學生的批評，我看到國內的大學教育在教學面向能改善的空間著實很大。

補教界王老師分享他進入補習班的經驗時說：「一開始去教的那個教材，我要去上三個小時的話，那個教材至少要編個三五天以上。那個補習班的老師，他為了生存，他要有辦法把他的教材和一些時事、生活經驗、還有一些笑話來做一些連結，把課程包裝得很好。上課就是不能夠讓學生睡著，打瞌睡。而且你要能夠講笑話，又要能夠把教材組織得很好，講到什麼樣的內容，就能夠跟什麼樣的一個社會議題或者是時事，或者是個人本身的以前的教學經驗或生活經驗來做連結，讓學生一聽就懂」（補師001，06，訪談）。他接著告訴我：

「補習班它遵守的是叢林法則。公立學校是動物園法則，動物

園呀，被豢養的。如果說你在那邊〈指學校〉，你很用功投入，跟你沒有用功投入，所獲得的報酬是一樣的。在補習班不一樣，那個真的是叢林法則，學生覺得你上課不好，他一下子就走出去了；不然就那個，集體叫補習班把老師做掉，換老師，這個是商業界的叢林法」（補師001，06，訪談）。

在大學教師肩頭已相當沉重的研究壓力下，如果再引進「叢林法則」以提升教學品質當然不是明智之舉，但這一個補習議題也引導著我們進一步思考大學教師在「研究」及「教學」這兩者間該如何取得合宜的平衡，方是學子之福、社稷之福。

3. 技能的教導和練習

從補習班回望體制內的大學，個人的第一個學習是：大學教師在教學的面向仍有諸多改進的空間，從學生的聲音我個人有相當多的省思。下面是幾個相關的例子，一位研究所的同學在開放問卷中寫道：「在教學的部分似乎忽略了教學生如何自學，如何批判……」（研教003，06，問卷）；一位碩一的研究生也說：「大學課程（應）加強學生培養自己組織、統整的能力，而不要只讓學生分組報告，或做小組作業」（研教008，06，問卷）。另一位學生說：「我覺得準備考試時會很依賴講義，或老師整理的重點，這表示有可能這正是我們缺乏的能力，不知道怎麼使知識系統，有效率地吸收。其實這是讀書很重要的能力，應該要加以訓練的」（研教004，06，問卷）。這一些論述讓我看到：至少有部分高等教育機構未培養學生應具備的認知技能，這個教學上的落差讓補習班有了生機。

至於考試技能的部分是補習班所提供的鷹架中深受學生肯定的，唯個人以為如果大學的學習輔導、就業輔導等徹底落實，這一個區塊並不難處理。我瞭解英國很多大學會在新生入學階段辦理一系列讀書技能工作坊，例如：如何作筆記、如何寫報告等等。在大學各層級的努力以及大學教師具有覺知與共識的前提下，考試技能並不難以融入教學的方式來處理。

4. 情意面的鼓勵和支持

在研究、出版之外，如果大學教師對於學生的輔導這一個面向是真心重視的，那麼大學生在畢業前的轉銜階段應該能夠得到較多來自於老師的「精神鼓勵」、「心理支持」等情意面的互動。遺憾的是在研究獨大的當前大學生態下，教學平庸化，大學導師的功能似乎只剩下儀式般的請導生吃便當／飯。無怪乎受訪者之一提到：他考上研究所之後第一個想到的是寫謝卡給補習班老師，至於大學的老師他從沒告訴他們這個好消息，因為沒有意義可言（研教001，06，訪）。我想起《小王子》乙書裡的話：

> 因為我對我的火山有用，
> 而且對我的花有用，
> 我才擁有它們。

用這個邏輯來推論，當我們對學生有用的時候，我們才擁有學生。顯然有很多任職高等教育機構的老師並未擁有他們的學生。這是個令人驚悚的推論，我從補習班這一個影子面鏡子看到今日高等教育之諸多病癥。

(二) 大學對「轉銜落差」的回應

大學生在轉銜歷程如果沒有太大的落差，則學生對於補習班的需求應該會減少，故表1以本研究所建構的四個落差為軸，以臺灣為脈絡來建構大學可能的改善措施，並邀請讀者一起來豐富這個表單。

「功能的落差」中含攝Kwok（2004: 69）所謂「認知落差」，Kwok 認為考試與正規學校教學之間存在著認知上的落差，而補習班在教學及講義內容的呈現上，在在都以協助學生去面對公開考試為主。在訪談中學生使用「考試用書」、「知識用書」這樣的語彙，同時大學生在訪談中清楚表示去補習班為的就是「面對考試」，莊文萍（1993）的研究亦指出大學生補習的主要動機，乃希望取得較好的機會考上研究所。從這些訊息可以看見考試和學習二者的異化，但是從教育的窗口望

表1　大學教學回應「轉銜落差」的作為

落差的類別	大學的可能改善作為
學生個人的落差	1. 加強大學導師功能，落實大學生的學習輔導。 2. 以制度面的設計細緻地鷹架大學生的學習與成長，如學生數位學習檔案的建構與學習輔導的結合、開設學習知能工作坊等等。
教學的落差	1. 聘請「優於教學」的大學師資，進用新教師不以「研究表現」為唯一考量。 2. 在博士養成階段，對於未來有意至大學任教者給予教學相關知能的涵育，並在協助下給予實務教學的經驗和學習（Schuster, 1993） 3. 以多元方式強化大學教師的教學知能。
結構的落差	以多層級的方式強化教學在高等教育機構的重要性，如給予教學面向足夠的資源、重視教學用書的出版、升等及教師評鑑或系所、校務評鑑等「高風險的評鑑機制」中加重「教學」乙項之分數的權重。
功能的落差	1. 從「互補式配合」的角度看，功能的落差似乎非大學之過，但大學如何自我界定或再界定，在協商與再協商的歷程大學仍可以有所作為。 2. 改善各種重要考試，以評量形式的改變來帶動教學的調整。

出去二者該是密切攜手的夥伴，用Broadfoot（1996）的話來說，宜以評量文化來取代考試文化，在評量文化中，教學與評量應該是「你泥中有我，我泥中有你」的整合存在。

　　但另一方面，來自田野的資料及相關理論（Madas, 1999）均讓我看見「高風險的評量」（如高普考試／教甄／教檢／研究所入學考）之形式是可以引發良性改變的切入點，這個思維可以從下面的田野資料得到支撐的力量。一位碩士班的學生說：

　　　　「我們進研究所以後，老師還是問我們為什麼要補習，他們還是對補習產生很不好的感覺，可是事實就是證明，補習比自己念有用！我們目前的考試，它所考出來的就是這樣，你有補習的人就是比那個你自己念的強，你能怎麼辦？有的老師可能教了他〈學生〉三年，就覺得這個〈學生〉非常有潛力，未來在學術界可能可以發光發亮，可是，在考試的時候就是考不出來啊，在那個老師用三十

秒看你考卷的時候，他怎麼去看說你是個有潛力的人？他怎麼看出說你是經過補習去修飾過後你看起來像是個有潛力的人？對啊，那我覺得，一方面也是考試制度造成的啊，因為我覺得那個補習的確是有用，而且它的金錢是我可以負荷的。所以，與其去苦讀十年，我可能會情願花十個月去那邊補習。」（研教001，06，訪）

簡言之，目前是我們的評量設計為補習班招攬生意，影子的譬喻頗傳神。如何讓高風險的評量有鑑別力，而且在「評量驅動教學」的引導下，不會把學生逼向僅重視「知識記憶」的死胡同也是我們今後該努力的方向之一。

評量形式驅動補習班的教學，從補教界王老師的訪談也再次得到驗證。他說：「教甄教檢的選擇題都很死，考題會限制學生的創造力；教育類所〈入學考題〉大部分都是申論題，學生比較能夠發揮自己的意見」。Little（1990）討論評量時建構兩個概念，一個是輔助性角色，另一是限制性角色，我們要把高風險的評量設計成具有輔助性的角色，輔助學生去做知性的主動探索，而不要讓高風險的評量成為限制性的角色，把學生限制在記憶知識的胡同，並推向補習班。我深知「評量驅動教學」這一個策略是有限的（吳麗君，2003），但它不失為回應補習現象可能的一步棋。測試的課程（tested curriculum）對教與學所展現的影響是不容小覷的。

Ramsden（2003）主張高等教育機構教學品質提升必須有多種層級的介入，除了教師個人層級的努力之外，教師團隊、課程架構、系所、學校層級等等均須放入視野。放在臺灣的脈絡下，個人覺得還得外加「國家層級」。當結構落差和Little（2009）的兩個概念（輔助性角色和限制性角色）相遇，我個人的體會是大學的結構對於老師的教學也發揮輔助性角色或限制性角色，目前臺灣高教社群「哀/I」鴻遍野就是對教學具限制性角色的一個機制。當系統中所有層級都扮演「輔助性角色」，共同為教師的教學改進而努力，大學教學品質的提升才有希望。

陸 未濟──能擺脫影子嗎？

幾米在他的繪本《如果我可以許一個願望》乙書中有一段文字寫道：

> 「憂鬱的奇奇都不笑
> 有一天他說他想真正
> 一個人靜一靜
> 希望他的影子也離開他」
> 但畫面上奇奇的身後卻拉出一個好長好長的影子

補習被 M. Bray（2003）喻爲影子教育，我們有機會擺脫影子，好好靜一靜嗎？

這一個探究，改寫了部分個人對於補習班的「先見」，但我掛念最深的憂慮依然存在──「補習班在架構一條通往考試的銜接便橋時，會不會也把學生讓渡給了被動呢？」即便是「主動的被動」也是許多高等教育界同仁的憂心。從「影子教育」的譬喻切入，從補習班在基調上是「考試工業」來進行思考，如果我們耽心補習班把學生餵養成「茶來伸手，飯來張口」的「資訊吞食者」而非「知識的探究者」，那麼能掌控影子動向的高等教育（如課程、教學和研究所入學考）和公部門的相關機制（如高普考試／教甄／教檢）就該起而採取行動。誠如受訪者提到，以推甄方式入研究所者通常不會求助於補習班，這也應證評量對教學的後浪效應值得放入視野，而評量的調整對補習班的生存亦值得深思與進一步觀察。

「未濟」是易經的最後一卦，但卻有「未完成」、「待續」、「再起」的意涵。看見補習班的影子特質，瞭解補習和正規教育的「互補式配合」，回到幾米的繪本，我們或許無法完全的擺脫影子，但我們瞭解在大學採取一些措施肯定可以讓影子不要拉得太長，讓我們的下一代學得更好。

參考文獻

一、中文部分

宋明順譯（1988）。日本的補習班。教育資料文摘，21(2) :67-74。

貝磊（2002/1999）比較教育學的方法論與焦點。載於貝磊，古鼎儀主編，香港與澳門的教育與社會：從比較角度看延續與變化（189-202）。香港：香港大學比較教育研究中心。

吳莉君譯（2005）。觀看的方式。臺北市：麥田。

莊文萍（1994）大專生參加升研究所補習班之決策行為研究。東吳大學管理學研究所碩士論文，未出版，臺北市。

陳炳棋（2005）。大學生選擇升學研究所補習班之消費行為。輔仁大學，應用統計所碩士論文。

楊慧美（2002）分析國三學生對補習班與學校教學的看法及其與基本學測自然科之表現的關係。國立臺灣師大科教所碩士論文，未出版，臺北市。

簡成熙和洪仁進（2000）臺灣地區升學競爭問題之比較研究。載於亞洲儒家文化圈（地區）升學競爭問題之比較研究—國際學術研討會會議手冊，臺北：國立臺灣師範大學。

劉孟寧（2012）。臺北市研究所補習班服務品質與滿意度之研究—以臺北市大專院學生為例。國立交通大學，經營管理研究所碩士論文。

薛錦彰（2003）未補習而有高學習成就學生之研究—以醫學系學生為例。國立中正大學教育研究所碩士論文，未出版，嘉義市。

二、外文部分

Acedo, C. & Popa, S. (2003) Reforming the curriculum in Romanian secondary education in the 1990s. *International Journal of Educational Reform*,12(2) : 117-134.(EJ671323)

Bray, M.(2003). *Adverse effects of private supplementary tutoring*. UNESCO: International Institute for Educational Planning.

Broadfoot, P.(1996). *Education, assessment and society*. Buckingham: Open University.

Chase, S.(2005). Narrative inquiry-Multiple lenses, approaches, voices. In N. K. Denzin & Y. S. Lincoln(Eds.), *The Sage handbook of qualitative research* (3rd.ed.)(651-679). Thousand Oaks: Sage.

Eisner, E. W. (1994). *The educational imagination- On the design and evaluation of school programs*. (3rd. ed.)New York: Macmillan College Publishing Com.

Fish,R.,Kopelmam, E. & Schneilder, A. K.(1994). *Beyond Machiavelli*. London: Harvard University .

Freire, P. (1998/1979). Education for critical consciousness. New York: Continuum.

Haag, L. (2001). *Is private tutoring effective? An evaluation study*. (http://www.psycontent. com/abstracts/hh/zpp/2001/01/body-zpp1501038.html,2005/11/28)

Kim, S. & Lee , J. H.(2002) *Private tutoring and demand for education in South Korea*. (www.kdischool/ac.kr/download/Faculty_resume/tutor4.pdf,2005/12/25)

Kwok, P. (2004). Examination-oriented knowledge and value transformation in East Asia cram schools. Asia Pacific Education Review, 5(1): 64-75.

Lee, C. J. (2000). *Educational experiences of Taiwanese American and Taiwanese immigrant students: The effect of buxiban centers in southern California*. PhD Thesis, Carlifornia.

Lee, J. (1999). Missing links in international education studies: Can we compare the U.S. with East Asian countries in the TIMISS? *International electronic Journal for leadership in learning, 3*(18) (http://www.ucalgary.ca/~iejill/volume3/lee.html,2005/11/28)

Lee, S. (2006). *Prestige-oriented view of college entrance and shadow education in South Korea: Factors influencing parent expenditures on private tutoring*. PhD thesis, The Pennsylvania State University (UMI no.3343696).

Little, A. (1990). The role of assessment-Re-examined in international context. In P. Broadfoot, R. Murphy, & H. Torranco (Eds.), Changing educational assessment (pp.9-22). London: Routledge.

Madas,G. F. (1999).The influence of testing on curriculum . In M. T. Early & K. J. Rahage (Eds.), *Issues in curriculum: A selection of chapters from past NSSE yearbooks*. Illions: NSSE.

Ramsden, P. (2003). *Learning to teach in higher education*(2nd ed). London: Routledge Falmer.

Richardson, L. & Pierre, E.(2005).Writing: A method of inquiry. In N. K. Denzin &Y. S. Lincoln(Eds.), *The Sage handbook of qualitative research* (3rd. ed.) (959-978). Thousand Oaks: Sage.

Scott, D.(2004). School choice by default? understanding the demand for private tutoring in

Canada. American Journal of Education, 110(3):233.(EJ696305)

Schuster, J. H.(1993). Preparing the next generation of faculty: The graduate school's opportunity. InL. Richlin, *Preparing Faculty for new conceptions of scholarship* (pp.27-38).San Francisco: Jossey-Bass.

Wu, L. J.(2004). Disaffection and cramming -The story from Taiwan. *The international Journal on School Disaffection*, 2(1) :15-20.

Yu, Z.(2011). *The determinants of national college entrance exam performance in China-With an analysis of private tutoring*. PhD thesis, University of Columbia.(UMI no.3450128)

誌謝

感謝國科會的經費支持。

感恩參與專案的助理盡心盡力進行訪談工作。

衷心感謝所有研究參與者慷慨地給予時間以協助本研究的完成。

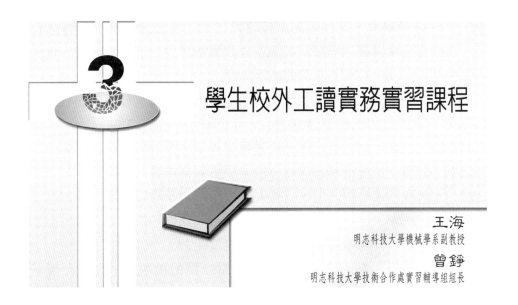

學生校外工讀實務實習課程

王海
明志科技大學機械學系副教授

曾錚
明志科技大學技術合作處實習輔導組組長

　　明志科技大學實施三明治教學，推動工讀實務實習課程，安排學生至國內外實習合作公司參與全職專業工讀實習一年，期間以合作廠商實際需求為方向，由相關專長之輔導教師與實習合作公司共同擬定學生實習內容，並結合學校與廠商所提供軟硬體設備與技術，共同達成校外專業實習與產學合作接軌。透過此實習課程的實施，不但能夠強化專業與實務之結合，更能夠建立整體產學倫理之共識，塑造產學合作教學之務實文化，本文主要闡述明志科技大學辦理學生校外工讀實務實習課程各項規劃內容及措施。

壹　前言

　　1960年代，臺灣的工業和經濟正逢起步階段，但工業中堅幹部不足，為加強人才培育以應發展所需，臺塑企業的創辦人王永慶先生乃於1963年12月創設成立明志科技大學（以下簡稱明志），當時要求學生一律參與「全職式」工讀實務實習，因此，「全職式」加上「做

中學」的實習制度，成為明志創校特色之一，亦為全國技職教育之首創，工讀實務實習課程縮短了技職教育與職場實務之間落差，明志日間部學生利用三年七個學期的時間修畢教育部所規定的128學分，大三下學期至實習合作公司進行工讀實務實習一年，連同英文自學課程共授予14學分，學生參加工讀實務實習有一年的資歷，對未來進入職場有莫大的助益。因此，明志實施校外工讀實習課程主要意義及目標為：

一、運用企業提供良好場所，培養學生勤勞樸實的精神。

二、訓練處世應對之道，培養團隊合作精神及職業倫理。

三、訓練學生自食其力、發掘問題及解決問題的能力。

四、增進工程專題報告寫作能力及表達能力。

五、培養學生在工作上、生活上獨當一面的處事能力及提升競爭力，畢業後容易進入職場。

六、協助清寒優秀的學生能順利完成學業。

七、培養學生獨立自主精神、腳踏實地、刻苦耐勞、追根究柢之處事態度。

八、學習專業技能及管理實務，實現最後一哩產學接軌。

貳 實施沿革

工讀制度源自於歐洲的三明治課程（sandwich course）是一種支薪的專業教育，普遍實施於英國（陳淑玲、洪錦怡、鄭靖國，2006），而明志所實施學生校外工讀實習課程，秉持創校「勤勞樸實」之校訓，強調「動手做」精神，藉由工讀實習過程，培育學生負責任之態度，同時兼顧工讀所獲得之薪資，改善求學過程之家庭經濟負擔，故課程設於大三學期，待工讀實習結束獲得經驗後，提高學生畢業後就業競爭力，故課程設計融合英國的三明治教學、德國的雙元職業教育制度、美國的產學合作教育制度，以及加拿大的CO-OP合作教育計畫，例如在實習課程時程安排是仿效學習英國三明治課程規劃，而強調職業導向、實務性的課程設計是仿效美國產學合作教育，安排輔導老師及單位實習主管共同評量同學實習表現則是融合德國師徒制模式，明志工讀實習與其他國家

之對照如下表所示：

表1　明志工讀實習課程與其他國家之對照表

	明志科大	英國	德國	美國
課程規劃	由學校主導規劃加上企業協助安排規劃	由學校主導規劃安排教學方式	由私人企業主導訓練課程內容	由學校主導規劃安排教學方式
實施時程	在校4學年有一整年在實習單位實習，大四返校在上一學年	4學年的全時課程設計，包括一整年的職場工作經驗。（厚三明治，thick sandwich）	在3年就學期間，每年只有4星期年假，職場實務訓練與學校理論每12週輪替一次	配合雇主需求，為期3至12個月不等之多期制課程安排方式
評量方式	輔導老師及單位實習主管共同評量同學實習表現、學生實習報告	職場工作指導員評估報告、學生專題報告及訪視輔導教師報告	企業訓練結業並通過證照考試	學生專題報告及訪視輔導教師報告

歷年來的推動實施之沿革情形如下列說明：

一　五專部先實施半工半讀

明志自創校以來，工讀教育即為學校特色，此工讀制度始於民國53年，每年工讀22週，一開始的時候，採半天工作、半天上課方式進行，工讀地點位於校內附設之生產訓練工廠。

二　五專部修正為實施梯次工讀

60學年度，五專部學生改為每學年工讀一次，分五梯次，每次工讀約2.4個月，高年級學生開始分派至臺塑企業各廠區工讀實習。

三　五專部修正為實施學季制工讀

65學年度，下學期實施「學季制」，學生改為一季上課一季工作，67學年度修正學季制，改為一至四年級每學年工讀二次合計16

週，五年級工讀一次8週。

四　五專部最後實施學期制工讀

92學年度起，學生工讀改為二、四年級各一次，每次為期6個月，每學期授與14學分，因學制停招而自98學年度起停止辦理學生工讀實務實習課程。

五　二技部實施學期制工讀

明志自88學年度起，招收二技部學生，四上實施一年工讀實習課程，並授予12學分。因學制停招而自101學年度起停止辦理學生工讀實務實習課程。

六　四技部實施學期、學年制工讀

明志自91學年度起，招收四技部學生，三年級實施一學年實習一年之工讀實習，授與16學分，98學年度起為提高學生在校上課時間，工讀實習實施時程更改為三年級下學期實施一年工讀實務實習，並授與12學分。王創辦人將臺塑企業文化深植於明志設校精神，加上培育企業核心人才，因此從專科到二技，乃至於四技部，實務實習的課程始終是明志一項主要推動實施之特色課程。

　校外工讀實務實習課程介紹

明志首創以「工讀實務實習」作為實習課程名稱，是一種「做中學」的「全職式」實務實習課程，其中主要強調的是一種責任態度及專業能力養成，尤其實務實習是一種專業能力的多元學習機制，透過學校課程設計及輔導機制，加上專業實務實習規劃，透過真正職場歷練以便培養學生之實務能力外，也增加了企業培訓人才的管道，更是實現最後一哩、產學接軌之教育目標，關於「工讀實務實習」課程理念及目標如圖1所示。

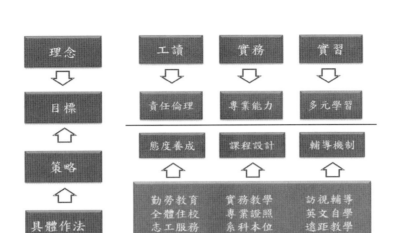

圖1 工讀實務實習」課程理念

　　依學者Kram（1983）對於師徒制所下的定義，包含職涯相關功能及心理社會功能，其中，職涯相關功能中有「教授技能與訓練」項目，而心理社會功能中有「諮商與問題解決、角色模範」項目（涂博崧，2010），明志所推動工讀實務實習課程即要求實習單位輔導人員須指導訓練實習學生，並於學校輔導老師共同輔導評核實習期間學生各項表現，讓實習學生培養責任倫理、專業能力。Kram（1985）指出師徒制度為組織中資深者與資淺者之間的一種關係，此種關係可以提供不同性質功能，使得資淺者於各方面得到助益（涂博崧，2010），所以，所以實習學生「工讀」結合「實務」進行專業「實習」，學校實習輔導老師會同單位實習輔導人員，以師徒制方式進行實習課程，建構屬於明志特色之工讀實務實習課程特色。

　　此外，明志推行工讀實習課程視強調理論與實務應用並重之學習，在課程設計方面是以深化產業實習內涵、追求務實致用為推動目標，從課程設計、課程實施、一直到最後成效評估，加上課程回饋機制，將可強化學生從實習前職場能力培訓、實習經驗交流、實習面試媒合分發及證照和實習成果反饋，持續提升學生相關產業實務學習成效，以達到明志推動全人教育、勤勞樸實之教育目標，其課程設計與實施架構如圖2所示。

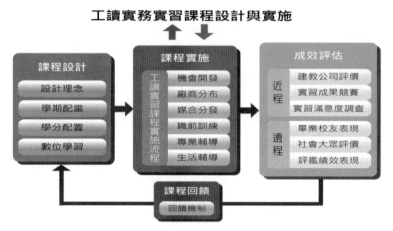

圖2　明志工讀實務實習課程設計架構

　　尤其，工讀實習課程內容規劃是讓學生可於實習過程得到課程的驗證或精進，因此，藉由工讀實務實習一年的過程，規劃工讀實習工作計畫內容，並按四個階段逐步落實各系實習同學的職場實務能力。透過實習過程中所包括使用知識、認知與技能的能力，以及態度、情緒、價值與動機等訓練，可建立各系實習同學的專業實務能力，而這樣的能力亦是成功扮演專業職位或工作角色所需具備之能力，因此各系在規劃擬定實習學生專業核心能力時，亦可搭配各系對於畢業生未來從事專業應具備的能力的思考，並考量未來市場環境的需求及自己的競爭優勢，使培養出來的學生能具備職場競爭優勢。

　　因此，學生工讀實務實習課程進行學校各系學生實務技能能力的培養，由於各系學習的特性在各個專業實務能力培養的權重有所不同，因此藉由各系科目層次漸進發展而進行整體課程規劃，再透過職前講習活動內容的整合，使學生在工讀實務實習過程能有完整的學習。整體而言，明志工讀實習課程與其他學校所實施的實習課程相較，有幾個特點：1.明志日間部各系學生全部必修、2.實習期間長達一年12個月並全職校外實習、3.實習期間領有薪資及保險，以及4.師徒式實習輔導老師及業界輔導人員。其他學校雖有推動一學年校外實習課程，但多半是選修課程，或爲觀光餐飲醫護科系類型，較難有全面性的實施架構。

一 工讀實務實習課程實施前

(一) 各系新增實習機會評估

　　若各系實習名額不足，可開發新工作機會，由各系安排專業老師依「工作環境」、「工作安全性」、「工作專業性」、「體力負荷」、「培訓計畫」、「合作理念」、「薪資福利」等相關評核、評估指標，於學生工讀實務實習前，拜訪實習單位主管並進行實地評估，評估通過並經各系主任同意後，始得列入後續可以安排學生實習之合作機構。

(二) 安排多場工讀實務實習職前講座

　　為建立學生正確的實習工作態度，增進工讀實務實習期間在職場的適應能力，於工讀實務實習前安排「工讀實務實習職前講座」，敦請學者專家蒞校講授，如：履歷撰寫與面試技巧、問題解決的態度與技巧、職場態度與權益、工業安全與衛生等，實施過程由專家講授外，並由學生發問增加互動，如圖3所示：

圖3　工讀實習職前訓練講座

(三) 模擬職場求職面試

明志會由技術合作處實習輔導組與實習公司約定面談時間，每位同學身著正式服裝進行與實習公司主管面談程序，每位學生選擇面談以不超過2家為原則，而每家實習單位所面試面談的學生人數則依需求名額增加2-3名或為1.5倍。學生對於各實習機構狀況，可以參考實習輔導組所提供之「實習現況評估表」、「實習開發工作機會評估表」或向學長姐及輔導老師請益。

二　工讀實務實習課程實施中

(一) 現有實習合作公司評估

落實系所經營概念，以學生學習立場作最佳考量，積極開發績優實習合作公司，逐漸淘汰不適合之實習單位，尤其針對既有之工讀實務實習機會，由輔導老師於實習第二階段針對「工作環境理想程度」、「工作性質專業程度」、「主管指導用心程度」、「學生增長學習程度」等4項進行評估。若實習機構未依合作約定安排專業工作，而從事勞力搬運或簡易的行政事務，經校內輔導老師溝通無法改善者，將協助學生轉換適合之實習工作。

(二) 工讀輔導老師實地訪視輔導

學生實習報到一個月內，輔導老師到實習合作公司拜訪主管及學生，輔導老師應瞭解實習單位的輔導措施及學生適應狀況。輔導老師每三個月共四階段赴公司拜訪主管及學生，並於每階段輔導結束後輔導老師上網填寫「訪視實習學生記錄表」，電腦作業系統主動傳簽、跟催。各系安排專業老師輔導學生，將以「師徒制」方式指導學生學習要領，協助解決學生反應的問題，每位實習同學均安排一位實習輔導老師，並請實習公司也安排實習指導人員，讓實習學生在實習期間能充分學習成長，明志安排工讀實習輔導作業流程圖參考如圖4所示。

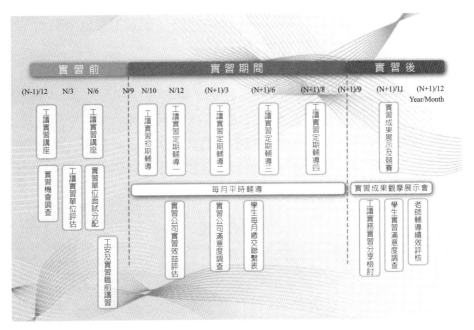

圖4　工讀實習輔導作業流程

三　工讀實務實習實施後

(一) 經驗分享檢討會議

實習結束後各系均會舉辦經驗分享檢討會議，傳達學校近一年重大校務變動，及調查學生對實務技能的提升、問題解決能力、人際關係、主管輔導、老師輔導、學習效益等整體滿意度。

(二) 實習成果發表暨海報競賽

爲展現學生工讀實習成果，使同學彼此之間有相互觀摩學習的機會，藉以提升實習效益，並獎勵優秀實務專題研究報告，明志於實習學生返校後均會辦理實習成果觀摩展示暨海報比賽，所有四技部四年級學生就工讀實務實習這一年期間四次專題研究報告內容中，擇優秀作品一份或綜合製成word檔參加比賽，由各系辦理初賽、學院辦理複賽方式進行競賽，獲得佳作以上名次的學生將有獎金及獎狀來鼓勵其優異之實

習成果，同時，相關獲獎名單亦會公布在明志工讀實習交流平臺。

(三) 實習廠商推薦表現優異之同學

為提高學生工讀實習期間的榮譽感，明志自2010年度起，推動實習廠商主動推薦實習期間表現優良之學生，推薦人須為實習單位主管及工讀實習輔導老師，同時，願意具名推薦並提供學生實習表現優良之具體事蹟，獲得推薦之學生返校後將獲得學校記小功並頒發獎狀，以資鼓勵，如圖5所示，以建立明志一種工讀實務實習課程之學習典範。

圖5　實習廠商推薦表現優異之同學

(四) 工讀實習滿意度調查

透過產業實際操作，讓實習學生能體認各產業科技技術在各層面的發展與應用，藉以讓修習學生能夠真正擁有產業的實作經驗，因此，當工讀實習學生實習結束返校後，將會進行工讀實習滿意度調查，將回饋學生實習期間所遭遇相關問題意見及感想，並提供給校內相關行政、教學單位參考，以利實習課程改善貼近實際產業情形，歷年來實習結束學生普遍滿意工讀實務實習期間之各項收穫。

(五) 工讀實習課程回饋機制

　　明志各系課程設計委員會均有業界廠商代表，實習合作廠商亦會提供相關實務實習課程安排意見，尤其透過實習學生、輔導老師及實習廠商互動，回饋實習課程規劃與安排該如何改善與精進，讓學生所學習之專長與核心能力相符，以達到務實致用的技職教育目標，回饋機制如圖6所示。

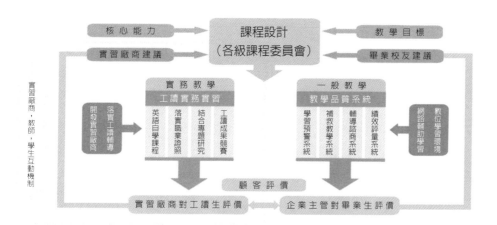

圖6　工讀成果回饋課程設計機制

肆 推動成效

　　明志的工讀實習課程為日間部必修課程，技術合作處實輔組2009年曾受監察院委託，針對明志畢業生與其他技職體系、普通大學畢業生表現的職場滿意度調查，問卷抽樣調查75間企業並進行訪談，發現明志畢業生在「實務技能之表現」、「人際關係的處理能力」、「認同公司的核心價值」、「主動學習意願及配合度」、「學習的可塑性」等方面滿意度，均明顯高於其他大學畢業生表現，發現學生職場實習的經歷是重要影響因素之一。

　　明志學生事務處學輔組也於2011年針對工讀實習學生進行學生工讀實務實習自我效能與生涯定向」之問卷調查，並經過前後測發出近

千份問卷調查，所獲得的結論也發現學生實習前後自我效能是有所差異，尤其是「自我價值」、「面對問題」、「人際關係」、「學習態度」皆有所進步，工讀實務實習後學生的自我效能與生涯自我效能也有正相關，顯現明志推動工讀實習課程對於學生未來職涯發展、就業競爭力及適應力，是有相當程度的幫助。2012年度，明志推動工讀實務實習課程之具體成效說明如下所示。

一　2012年度實習人數

明志全體大學日間部學生均需參與工讀實習課程，2012年度工讀實習人數已成長至794位，其中33%在臺塑關係企業實習，另外67%在其他企業實習，學生工讀實習前已完成職前各項講習課程，職前講習課程明細如表1所示。

表1　明志2012年工讀實習職前講習

實習職前講習	2小時	提供實習同學對於未來實習一年之相關實習制度及規定介紹，使同學在實習前能充分瞭解實習內容
工業安全與衛生	2小時	協助實習同學瞭解工業安全與衛生基本概念。主要內容包含：工業安全與衛生概論、勞工安全與衛生法令規章、勞工安全與衛生組織、事故預防、火災爆炸防止、危險性機械與設備、危害物質、通風及換氣、有機溶劑、特定化學物質、安全與衛生的工作環境等。教學方法宜兼重教師課堂講授及學生習作練習。
國外工讀簡介	2小時	協助同學瞭解本校目前國外工讀情形，及國外實習廠商簡介，除國外工讀實習同學強制參加之外，其他同學自由選修。
履歷撰寫	2小時	協助實習同學瞭解如何撰寫履歷表，尤其，對企業主而言，也是接觸實習同學的第一個溝通管道。因此，完整的介紹自己以吸引實習主管的興趣，進而爭取到面試機會是相當重要。
面試技巧	2小時	協助實習同學瞭解面試的目的，讓實習單位能更進一步認識實習同學，以便知道彼此是否可以共事，因此在回答問題時應針對問題，誠懇據實回應。並可針對應徵工作的內容適時的發問，讓實習單位感受到同學的積極心。

（續上表）

生涯規劃	2小時	協助實習同學瞭解生涯發展的目的，可建立實習同學對未來實習一年的自我認知，以增進執行能力，瞭解自我的生涯發展狀況，使自己能因應目前社會的多元變遷及科技日新月異的發展過程。
職場態度與權益	2小時	協助實習同學瞭解學生在職場上應有的態度，其中包含職涯三大領域的重要課題（即職涯探索、職場適應、職能發展），使學生學習到職場工作者必備的關鍵態度，提升未來在職場上的競爭發展優勢。
職場性騷擾防治	2小時	協助實習的女同學瞭解性騷擾之概念及定義、行為人責任，以及如何防治職場性騷擾，職場性騷擾申訴管道等等相關知識。

二　2012年度實習合作家數

　　明志與鄰近地區廠商合作，例如五股、林口工業區或新北市轄內廠商，2012年度合作實習之企業約有166家，其中，臺塑關係企業17家，其他民營企業149家，大致分布於北部地區。實習合作企業不乏是大型企業例如臺塑關係企業、宏達電子公司、研華科技公司及鴻海精密公司等等，許多實習合作管道亦藉由系上老師與廠商研習、產學合作計畫所導引，或業界師資媒介、申請，因此，學校鼓勵校內各系老師與企業積極接觸尋求實習合作機會，而所有新增實習機會均由各系專業師資進行審查評估，通過審查方可成為學生實習機會。實習機會評估表摘要如表2所示。

表2　明志工讀實習機會評估表

二、實習工作評估（極佳：5、佳：4、可：3、不佳：2、極不佳：1）					
工作時間	☐5	☐4	☐3	☐2	☐1
工作環境	☐5	☐4	☐3	☐2	☐1
工作安全性	☐5	☐4	☐3	☐2	☐1
工作專業性	☐5	☐4	☐3	☐2	☐1
體力負荷	（負荷適合）☐5	☐4	☐3	☐2	☐1（負荷太重）

（續上表）

培訓計畫	☐5	☐4	☐3	☐2	☐1
合作理念	☐5	☐4	☐3	☐2	☐1
三、整體總評	☐5	☐4	☐3	☐2	☐1

三　2012年度實習機構及學生實習滿意度調查

　　明志於學生實習期間均會針對實習機構及實習學生進行滿意度問卷調查，在學生部分，2012年度實習結束的學生問卷調查結果，對一年工讀實習收穫的整體評價是尚可及滿意占95.9%，不滿意占4.1%，學生普遍滿意整體工讀實習所獲得的成果。而在實習公司滿意度調查方面，2012年度，實習公司公司對明志學生實習之整體滿意表現看法評價是尚可及滿意占98.9%、不滿意1.1%，明志學生工作表現頗受到實習合作公司肯定。

四　2012年度實習合作廠商推薦優異實習學生人數

　　明志2012年度獲得實習合作廠商推薦優異實習學生人數為127位同學，平均每六位工讀實習同學會有一位獲得實習合作廠商肯定，舉例來說，有位電子系同學實習結束之際難得有兩位實習單位主管一致推薦他為明志在該公司的學生校外工讀實務實習表現優異代表，就是因為同學實習期間認真負責、職場態度甚佳，與主管同事相處融洽，深獲實習單位主管之信任，並賦予許多專業實務學習之任務，實習期間甚至於與單位主管及輔導老師針對「LED驅動電路架構設計與實作之探討」，於研討會發表論文，同學在專業實務方面之學習成果深獲主管肯定。

五　教育部委託成立校外實習專案辦公室

　　教育部自2010年起，委託明志成立校外實習專案辦公室，以便協助教育部推動技職再造之落實學生校外實習課程制度，迄今已屆滿4年，期間陸續協助教育部開辦計畫申請說明會、技職再造成效訪視及執行成果記者會等事項，2011年2月專案辦公室曾對全國技專校院進行

「技專校院學生校外實習課程辦理情形問卷調查」，高達86.2%的學校對於明志所成立校外實習專案推動辦公室所提供的服務感到滿意。此外，專案辦公室於2012年度針對教育部補助各種類科所參與實習之學生，進行實習課程滿意度調查發現，學生對於學校開設實習課程之平均滿意度均達4分以上（滿分5分），各校均有安排實習輔導老師協助輔導實習學生，其推動成果豐碩，參與實習學生亦能從動手做的學習中，縮短實務落差。

伍 結語

　　我國技職教育一直是在普通教育、技職教育與終身教育中表現亮麗的一種教育系統，數十年來，它在培育優質專業人力，提升國家人力素質上，扮演積極而重要的角色與功能，而明志學生校外工讀實習課程制度，自創校以來即持續推動，四十多年來如一日，全年無休每天都有數百名明志的學生，在各公民營企業進行全職式實習，同時，這樣工讀實務實習課程亦可與產學合作計畫、學生畢業專題與教師專長相互結合，呈現產學合作人才培育成效，尤其，明志教育目標為「以全人教育之旨，培養具備勤勞樸實態度及理論與實務並重人才」，其中在理論與實務之結合方面，就是透過產學合作與校外工讀實習相互接軌，以達培育務實致用的人才目標。

　　因此，明志的畢業生因求學期間經歷校外實習的過程，在職場上表現均深獲企業之肯定，101學年度經調查實習公司對學生滿意度均在九成以上，此外，由教育部委託臺灣師範大學針對97學年畢業後一年流向調查結果，明志畢業生待業率均較全國學校平均、公私立技職學校為低，明志校友於三個月內找到工作比例高於全國平均。「商業週刊」與104人力銀行合作進行「大學社會新鮮人就業率調查」針對大學畢業學生2008至2010年期間，學生畢業後六個月之實際就業率，結果顯示明志畢業生在147所大學中排名第13位，就業情形良好，追根究柢學生實習經驗相當關鍵，有部分學生畢業或役畢後回到原實習公司任職，實習公司本身除了可擇優培育基層技術幹部，亦可提升企業形象，藉由學校

的基礎教育及生活輔導來提升員工的素質,同時使學校、學生及家長對實習合作企業有更深刻的認識並建立彼此良好關係而產生良性循環,可謂是「產學雙贏」的制度。

參考文獻

陳淑玲、洪錦怡、鄭靖國(2006)。我國技專校院實施三明治教學之探討。Journal of China Institute of Technology Vol.34-2006.6, 267-277。

張媛甯、郭崇明(2008)。德、英、美三國產學合作教育及其對我國之啟示。教育資料與研究雙月刊,第84期,2008.10,67-94。

涂博崧(2010)。師徒制功能對徒弟職涯成效影響之整合分析(未出版之碩士論文)。國立政治大學心理研究所,臺北。

明志科技大學(2013)。大學部工讀實務實習作業規範。

明志科技大學(2013)。工讀實務實習課程簡報。

明志科技大學(2011)。學生工讀實務實習前後之自我效能及生涯定向研究。

明志科技大學(2009)。畢業生雇主滿意度調查研究。

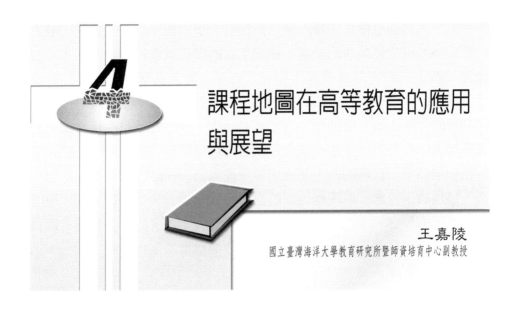

課程地圖在高等教育的應用與展望

王嘉陵
國立臺灣海洋大學教育研究所暨師資培育中心副教授

　　在教育部政策的推動之下，近幾年來大專院校積極完成線上課程地圖的建構，本文主要目的在探討課程地圖在高等教育層級的應用情形，並提出它未來發展的展望，文章內容共分為以下幾個部分：首先，從政策的角度，說明高等教育發展課程地圖的緣由；第二，研究者舉出三位國外推展課程地圖的重要學者，探討他們的主張與理念；第三，蒐集國外文獻，分析國外大學應用課程地圖的情形；第四，分析目前臺灣的大學應用課程地圖的趨勢與做法，並以一所學校為例，呈現其線上課程地圖的規劃；最後，在瞭解國內外課程地圖的實施情形之後，研究者檢討當前課程地圖的發展，同時提出其未來的展望。

壹　前言

　　國內高等教育的發展，在全球化與市場化的衝擊下，面臨嚴峻的挑戰，最初的高等教育政策著重在量的擴充，但在日益競爭的環境下，開始走向質的發展，除了以五年五百億的經費培養大學的研究能力外，在

教學上，教育部也投入大量經費用以促進大學的教學品質，擺脫一般人對於大學重研究輕教學的疑慮，課程地圖的構思與發展，就是在如此的情況下產生，它一方面引導大專院校為學生開設具統整、連貫性的課程，培養學生具備重要的核心能力；另一方面，被冀望成為輔導學生未來就業的資訊平臺，協助學生訂定職涯計畫，並使其所學能符合未來的就業需求，這是為了解決大學生在就業市場學用不一的問題。在教育部的積極推動下，目前國內大部分大專院校均已在網站上建構課程地圖平臺，以供師生查詢，但課程地圖的應用，還有進一步的發展空間。釐清課程地圖的理念，並探討其可行的規劃與實踐是本文的主要動機，期望高等教育未來在課程地圖的推展上，不致淪為形式架構的建立而已，而能健全課程的運作與發展。

　　本文主要目的在探討課程地圖在高等教育的應用情況，分析目前國內外課程地圖的規劃內容與實施方式，並提出其未來發展的展望，文章內容共分為幾個部分。第一，研究者從政策面探討國內高等教育設置課程地圖的緣由；第二，課程地圖的理念是由國外學者所提出，本文將舉出三位重要學者，說明他們的課程地圖概念；第三，研究者蒐集國外高等教育應用課程地圖的實徵研究，將它們整理出來，並呈現國外大學當前應用課程地圖的情形；第四，研究者回到臺灣的情境，提出臺灣大專院校目前應用課程地圖的趨勢與做法，並以一所學校作為範例，說明課程地圖的實際應用情形；第五，在瞭解國內外應用課程地圖的實際做法之後，研究者檢討當前課程地圖的發展，同時提出其未來的展望。

貳 臺灣高等教育推動課程地圖的緣起

　　臺灣高等教育推展課程地圖有其背景，主要動力在於教育政策的執行，課程地圖計畫的推動，最早出現在教育部顧問室於96-98學年度所發展的「以通識教育為核心之全校課程革新計畫」之子計畫二「全校課程地圖」（周金城，2011）。關於課程地圖的意義與功能，政策文本中有一些說明，例如：在《第二期獎勵大學教學卓越計畫》中提到，課程地圖的建構在於「發展各系所課程地圖，強化學習內容與實務之關

聯，並以學生為主體及社會發展趨勢定期檢討課程結構及內容，使學生得學以致用，提高學習意願。」（教育部，2008）在《教育部補助及輔導大學校院推動以通識教育為核心之全校課程革新計畫要點》（教育部，2007）中亦提到全校課程地圖的目標定義如下：

> 指學生大學四年之清晰修課學習路徑。其目的為協助學生選課前、後能夠規劃、組織、整合所修之課程乃至於學程。課程地圖所涉之課程內容與目標應互有融貫連結，且具系統性與層次感，而非僅是單一課程之綜合。同時，應開設具備完整性與系統性之課（學）程，以作為全校課程地圖之映照，發揮全校課程地圖指導課程開設之目標。（教育部，2007）

在政策文本中，課程地圖的目的在於展現清晰的課程結構與內容，以及修課學習路徑，讓學生在選課時有所遵循。教育部最早推動的是全校性課程地圖，其目的在讓各大學規劃跨越通識與專業課程之學習路徑，以補救高等教育長久以來，通識或專業課程間互不相涉的缺失，所以在《通識教育中程綱要計畫書》中即提到全校性課程地圖的作用在於：

> ……整合資源、形塑學校特色；透過跨通識及專業課程之學習路徑的規劃，以貫通通識與專業教育之間本不應存在的藩籬，同時為不同背景的學生規劃出各類具體的「全校課程地圖」做為方向明確的修課路徑……（教育部，2006，頁2）

經過這幾年來教育部的政策引導，以及各校的努力，研究者調查各大學及技術院校的網站，發現大部分都已完成全校性課程地圖的建構，即使有些學校尚未發展出實際的課程地圖內容，但至少已有課程地圖的版面架構呈現。對於課程地圖的詮釋，雖然大旨上是要建立明確的修課路徑，但是不同文本間有不同的說法，我們可以由獎勵大學教學卓越計畫的要求中看出一些端倪，例如在《獎勵大學教學卓越計畫100

至101年度完整版計畫書》（教育部，2011a）中，是將課程地圖定位為「選課地圖」要求課程地圖要提供學習諮詢，並協助學生進行職涯探索及生涯規劃，到了《獎勵大學教學卓越計畫100至101年度期中成果報告書》（教育部，2011b），則是將課程地圖納入課程定期檢討機制之中，要求學校要建立系所課程、教育目標、及核心能力之間有相關聯之課程地圖。

由上觀之，教育部對於高等教育課程地圖的要求，已經由指引修課路徑與職涯發展的「選課地圖」，進展到課程檢討機制的建立，並且要求各系所在其課程地圖中，需要將系所的教育目標、核心能力，與實際的課程內容做結合。系所核心能力的訂定與落實是近期高等教育課程革新的重要方向，以《大學校院師資培育評鑑指標》（教育部，2011c）為例，在師培中心評鑑指標的「課程設計及教師教學」這個項目中，第一個評鑑指標即是：「師資培育中心／學系擬定教師專業核心能力之內容及適切性為何？其對應在課程、教學與學習活動安排之情形為何？」在教育部新公布的103年度系所評鑑項目之中，項目一是「目標、核心能力與課程」，其重點是在檢核系所的目標與核心能力，以及這些目標與核心能力是否反映於課程之中，與課程做結合（王麗雲，2013），可見系所目標、核心能力與實際課程的結合，在未來都將是課程地圖需要呈現的重要內容。

國外的課程地圖理念

課程地圖不是一個新的理念，早在1980年代，English（1980）就提出課程地圖的想法，直到晚近，Jacobs（1997）更將課程地圖的想法發揚光大，擴及它的應用範圍。以下舉出三位提倡課程地圖的代表性人物，說明他們的課程地圖理念，Jacobs與Hale兩人在美國與世界各地推廣課程地圖不遺餘力，也都出版具代表性的著作，Harden則是將課程地圖應用於英國的醫學教育，增加了英、美國家的醫學、藥學相關科系對於課程地圖的使用，以下對他們三人的理念分別申論之。

一　Jacobs的課程地圖理念

　　每當談到課程地圖的理論基礎，最常被引用的是美國學者H. H. Jacobs的著作，她是目前對於課程地圖理念最有貢獻的學者，不但擴充了課程地圖的概念，也針對課程地圖在美國中小學做了許多實務上的推展，雖然她所進行的實務工作多集中於中小學，但是國外高等教育層級的課程地圖規劃，都將她的理念視為重要參考。Jacobs將課程地圖視為蒐集全校操作性課程所有資訊的歷程（Gough, 2003），也是課程檢核的有效工具，她的主要想法可參見"*Mapping the Big Picture*"（1997）與"*Getting Results With Curriculum Mapping*"（2004）這兩本書，國內學者盧美貴已將這兩本書翻譯成中文，分別是《課程地圖：統整課程與幼稚園到十二年級的評量》（2006），與《課程地圖：展現實踐成果與省思》（2008），盧美貴並在兩本譯作後面加上國內的實例，說明課程地圖要如何應用。

　　在Jacobs的概念中，課程地圖是一個輪軸（hub）用以連接整個課程系統的所有層面，它的作用在連接、定位，也作為以下的基礎（Jacobs & Johnson, 2009: 1）：

　　1. 確保課程的一致性
　　2. 連接政府的教育政策
　　3. 調整所有教學的成分，包含內容、技能、評量、活動、與資源
　　4. 呈報工具與歷程，以提供有意義的、長期的資料
　　5. 調整學校的改進歷程，以促進學生的學習成就
　　6. 提供發展有意義觀點的資訊
　　7. 重新思考支持結構，以確保永久的改變

　　所以課程地圖顯示了課程中的所有要素，以及它們應該如何結合，並且幫助學校或教師有效地執行課程，它也是一個需要不斷改變的系統。課程地圖是課程的地圖，有指引的目的，它也有檢視的目的，Jacobs（1997）提到，它可以幫助學校針對所有課程做水平的檢視，以及垂直的檢視，水平是指單一個年級的所有課程的統整，垂直則是看全部年級的綜向發展，掌握了水平與垂直的課程，也就等於掌握完整的課

程發展，這樣一個概覽（big picture），可作為課程決定的基礎。

Jacobs所倡導的是以行事曆為主的課程地圖（見表1），橫軸是時間，縱軸可以包含課程內容、技能（類似核心能力）、評量方式、所運用的媒體或教材、與關鍵問題等內容，內容可以自行調整，其型式有點類似大學的課程綱要。

表1　Jacobs提倡的課程地圖基本格式（Jacobs, 1997）

	初期課程地圖所用的標準格式			
	8月	9月	10月	11月
課程內容				
技能				
評量				
教學媒體與科技				
其他問題／關鍵問題				

在Jacobs的觀念中，課程地圖具有多樣的功能，它除了可以作為教師教學的指引，確保學習者擁有一個有意義的學習旅程（Jacobs, 2004a），它可以針對學生的評量結果，形成具體的診斷與處方（Jacobs, 2004b）；再者，它也是一個課程溝通的平臺，讓教師們可以藉由它，進行課程的對話、合作，也促成教師本身的專業發展（Jacobs, 2004c），有利於形塑學校的討論與合作文化，也有助於學校發展辦學願景。

二　Hale對課程地圖的看法

與Jacobs一樣，J. A. Hale長久致力於課程地圖的推廣工作，她在美國與世界各地舉辦過許多研習會、工作坊等，協助過許多教師、行政人員應用課程地圖，她對於高等教育的課程地圖也有所涉獵。課程地圖的功能有許多種，Hale（2008）將它們分為四種類型，分別是：

1. 「日誌地圖」（diary map）：這是教師個人地圖，在每個月或數月的教學後，記錄學生實際學習狀況。

2. 「計畫地圖」（projected map）：亦是教師個人地圖，在每個
月或數月的教學前，計畫學生的學習內容。

3. 「共識地圖」（consensus map）：學校的學習計畫地圖，以月
或年級爲單位，由集體決議而形成。

4. 「主要地圖」（essential map）：以行政區爲範圍的學習計畫地
圖，以月或年級爲單位，由該區任務小組設計而成。

課程地圖本身包含許多功能與樣式，不只是當前臺灣大學網站上所
呈現的某些固定類型而已，它可以是教學前的計畫、教學後的紀錄；適
用範圍可以是教師個人的、學校的，或是教育行政區的。Hale（2009）
認爲，課程地圖在高等教育層級早已被使用很久一段時間，只是過去的
地圖是靜態的、無法互動，目前，線上課程地圖系統（on-line mapping
system）的應用，在高等教育已經成爲一種趨勢，這樣的線上系統，亦
提供一個網路的合作平臺，讓大學的教師社群能夠合作與對話，也讓課
程地圖不斷地發展與進步。

Hale（2009）提到，大學層級的課程地圖可以包含以下內容：學生
必須知道的學習內容、學習單元內學生要學到的技能、學習單元以外的
學習及工作技能，以及評量方式、學習資源、教學方法或策略，和學習
成果（learning outcomes）的標準。她提醒我們，在課程地圖中，需要
考量兩個重要問題：第一，什麼樣的預期學習結果與實際教學可以符合
學生的興趣？第二，什麼樣的預期學習結果與實際教學可以經由轉變以
促進學生的「成功」？因此，學生的需求與學習後的成長應是課程地圖
的重要目的。

三 Harden的課程地圖主張

R. M. Harden本身是在大學擔任醫學教育的教師，所以他的著作多
是探討課程地圖在醫學教育的應用。Harden（2001）認爲，課程地圖的
功用如同黏著劑（glue），它可以將課程的所有元素連結起來；另一個
比喻是，他形容課程地圖如同課程拼圖，這個拼圖將各個小部分組合
起來，它所形成的整體大於部分的總合，所以整個課程地圖比起拼圖單

片的隨機組成更有意義。Harden（2001）提出，課程地圖有四個關鍵範疇，它們包含了學習機會、學習成果、學習內容、與學習評量，四者的關係如下：

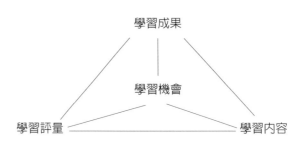

圖1　課程地圖的四個範疇（Harden, 2001, p.125）

　　Harden說明，課程是由不同的組合所構成，一個課程地圖可以藉由這四個向度來觀照，教育者可以從中思考，學生需要學習什麼？經由何種方式學習？以及以何種方法評量學生的學習成果？此外，不同的教育哲學觀點對於上述四個範疇會有不同的思維方式，也會有不同的強調重點，Harden將它們整理如表2：

表2　不同教育觀點的課程地圖

教育觀點或取向	課程地圖中強調的視窗
以資源為基礎的學習	學習機會
以成果為基礎的教育	學習成果
以問題（任務）為基礎的學習	學習內容／專門知識或技術
以社群為基礎的教育	地點或場所
精熟學習	評量

資料來源：Harden (2001), p.126.

　　由表2觀之，臺灣目前所實施的課程地圖，多是屬於表格中的第二種：以成果為基礎的教育（李坤崇，2013），伴隨此種觀點，課程地圖中所強調的即是學生的學習成果。Harden（2001）也提出課程地圖中可以包含的十個要素，它們分別是：1.期待的學習成果，2.課程內容或

專業領域，3. 學生的評量，4. 學習機會，5. 學習地點，6. 學習資源，7. 時間表，8. 教職員工的工作分工，9. 課程經營，10. 學生（其背景、學習歷程、與未來出路），重點不只在於每個要素的個別內容，而是各要素間的連結與接合，以形成一個有效的整體。

肆 課程地圖在國外高等教育的應用與實例

國外課程地圖的相關研究主要以行動研究居多，課程地圖實施者分享他們的實際經驗，以課程地圖的實施做整體的調查與成效評估則較少。以下分為課程地圖的調查研究與行動研究兩個部分加以說明：

一 課程地圖的調查研究

根據Willett（2008）所做的調查研究，他針對13所加拿大與18所英國（實際的回收樣本）的大學部醫學院進行研究，研究他們使用課程地圖的情況，Willett發現，多數有課程地圖的學校都是製作網路上的地圖，其背景是為了應付課程評鑑，與執行品質保證（quality assurance）策略，對他而言，所謂的課程地圖是顯示不同因素之間關係的資料庫，裡面有關於課程與人的訊息，不同的學校之間也可彼此分享軟體或其他資源。根據Willett的研究，少於20%的學校已建構課程地圖系統並定期更新，至於被放置於課程地圖裡面的內容很多樣，比較多的前四項分別是學習活動、學習成果或能力、具體的學習目標、課程；較少的分別是評量方法、教學與學習方法、學生、與學習地點。此外，多數學校認為課程地圖較具挑戰性的部分是時間、人力資源、醫學名辭的分類、系所成員的使用意願、軟體、與操作界面等，而課程地圖帶來的好處則是能幫助檢視課程與評估課程。

二 課程地圖的行動研究

以Cuevas, Matveev, & Feit（2009）在美國Norfolk State University設計的課程地圖為例，他們將四個概念置於課程地圖之中，

分為是目的（intended）、設計（designed）、展現（enacted）、與評量（assessed）；目的的課程是預期的學習目標；設計的課程是教室層級的成果與具體的教學活動；展現的課程即是教室的教學，以及教學過程中教材的傳遞；評量的課程代表的是授課後的評量。他們也提到課程地圖的好處，首先，可以幫助學生清楚自己所選課程與學習成果的關係；第二，課程地圖可以幫助系所和學生將教學聚焦於重要的學習成果；第三，教學成果可以分不同層級與功能呈現；最後，當中的教學綱要與檔案可作為有效的溝通工具，並反映出真實的課程。Cuevas等人設計的課程地圖主要是課程矩陣，橫軸是學生的學習成果（類似我們所說的核心能力），並將每個成果分幾點要項說明；矩陣的縱軸是課程名稱；在每門課中，針對學習成果，還可以分為不同等級，這些等級即呈現於橫軸與縱軸交錯的方格之中，讓學生清楚每個課程所對應的成果，及其等級。對他們而言，這樣的課程地圖有助於瞭解課程目標是否呈現於設計的課程之中、展現的課程是否按照設計的課程進行，以及評量是否反映於課程內容，亦即，可以檢驗上面所述的四種課程能否環環相扣。

在Uchiyama & Radin的Curriculum mapping in higher education: A vehicle for collaboration（2008）這篇文章中，他們參考Jacobs的課程地圖步驟，將課程地圖分為六個實施階段，分別是：1. 發展每個課程的個別地圖，2. 藉由課程內容，水平的複審地圖，3. 水平的匯集各個地圖，4. 確認地圖的效用，以及有無缺漏、重疊的部分，5. 修正課程並實際實施，6. 整個歷程的重複循環。過去的課程無法將規定的標準置入教師教育課程中，課程大綱亦難以反應在實際的教室情境，他們認為課程地圖提供一個很好的討論空間，可以彼此分享、討論、分析，以及善用標準重新編製課程。過程中，他們經由三個重要問題來檢視課程，分別是：

1. 誰正在做什麼？
2. 如何呼應教師資格取得方案的目標和標準？
3. 我們做的事是有效能和有效率的嗎？

在實作課程地圖之後，他們提出，課程地圖的優點不只是可以清楚

表達課程內容，也可以促進教師在課程方面的協同合作，分享彼此間的知識與教學信念，就他們的觀點，課程地圖是一個動態歷程，此歷程可以成就教師社群的成長，也形塑一種支持、合作的機構文化。

Sumsion & Goodfellow（2002）將課程地圖應用於澳洲大學幼兒教育系的課程設計，主要目的在發展大學生的一般技能（generic skills），並將課程地圖的重點放在集體決策，他們參與的方案有三個主要目標：

1. 繪製整個幼教專業課程，並確認課程中大學生要增進的一般技能爲何、當中的階段、要如何發展這些技能，並找出它與課程的可能落差。
2. 修正各學習科目的概要、課程內容、指定作業，以使一般技能的重要性更能落實於課程方案中
3. 發展供學生使用的一般技能自我評鑑文件

他們所訂定的一般技能，是配合所屬的Macquarie大學的全校學生須具備的一般技能，讓系所與校的學習目標具有一貫性，他們的課程地圖是以列表的形式表現，供教師設計課程的參考，也供學生作爲學習檔案的指標。

Oliver, Jones, Ferns, & Tucker（2007）工作於澳洲Curtin University of Technology，他們設計課程地圖的背景是因爲澳洲高等教育漸漸重視績效責任（accountablity），對畢業生的要求日益增多，除了學科知識外，還需擁有雇主需要的職業技能，他們的課程地圖是重視職業技能的學習成果取向，並藉由課程地圖，將畢業生須達到的特質（attribute）落實於課程內容與評量中，他們將課程地圖的歷程分爲五個步驟進行：

1. 步驟一爲需求分析，目的在瞭解課程結構、每個課程與其他課程的關係，課程的獲得與傳遞，課程回顧資料（如學生檔案、學生成果表現、一些相關報告），以及外在回饋（與畢業生表現、工商業者對畢業生的反應有關）等。
2. 步驟二是以畢業生特質、學習成果爲主軸去設計課程地圖，這些課程包含核心課程、或被選擇的其他課程。

3. 步驟三，課程小組要開會討論現有地圖，以及更新各科目內容，並考量以下事項：課程可以怎麼改變？單科每個單元的學習成果如何與整體學習成果連結，並促成高層次的思考技能？以及如何修正每個科目的學習內容（含學習成果、評量與學習經驗），在此步驟中，教師的課程綱要須不斷更新。

4. 步驟四是對修正的課程達成共識，經第三個步驟後，課程小組須再開會延伸討論當中議題：課程要如何依內外在回饋加以修正？每個學習單元如何具體修正以使學生達到學習成果和高層次思考技能？以及如何幫助學生對每個學科的學習更為有效？除了每個科目的學習單元內容外，這個階段的會議要擴及每個學期的學習階段，以及以學生整體經驗來考量。

5. 步驟五是上面幾個步驟的文書確認與施行，也包含學生是否完成現有課程，或能否進行下一個課程的認定。

查閱國外大學的課程地圖網站，大部分的課程地圖樣式比較像是Jacobs所倡導的課程地圖形式，以表格的方式呈現課程設計，亦可稱為「課程矩陣」（curriculum matrix）（Cuevas, et. al., 2009）。設計課程地圖的目的，多是為了提升學生的學習成果，也將它定義為資料蒐集的工具，可以釐清課程的重要組成，以便於用系統的方式詮釋課程。由上述國外的實例可知，課程地圖常用於培養學生需要具備的核心能力，也是學生於畢業時需要具有的就業能力，當中校與系所的能力需要有邏輯與連貫性，在課程中具體落實，亦即，從課程設計到教學到評量，都要達到一貫性；而且課程地圖不只是課程設計而已，它也是一個課程發展歷程（王嘉陵，2011），課程須經過討論之後不斷地修正，以形成課程精進的機制；另外，課程地圖裡面的資訊，也可以作為課程評鑑的依據（Plaza, Draugalis, Slack, Skrepnek, &Saure, 2007）。

伍 臺灣大學院校應用課程地圖的趨勢與實例

臺灣大專院校對於課程地圖的應用，大多停留在建構初期，學生與教師的持續使用，以及資料內容的定期更新等，都有待進一步加強。李

坤崇（2009）提到，課程地圖本身具有四種特質，它們是學生修課的學習指引、專業與通識課程的連貫統整、課程與活動間具有層次系統，以及課程橫向與縱向的檢視；這四個特質的確是未來發展課程地圖時需要強調的重點。以下說明當前臺灣高等教育應用課程地圖的趨勢，並舉一實際例子具體說明線上課程地圖的呈現方式。

一 高等教育應用課程地圖的趨勢

查閱各校的線上課程地圖功能之後，研究者將臺灣高等教育目前的課程地圖趨勢整理如下：

1. e化的課程地圖

目前各大專院校所設計的都是線上的全校課程地圖，除了將課程資料上網之外，還具有網路超連結的功能，以連結的方式擴展課程地圖的內容，此種方式比紙本的課程地圖更具功能性，適合整合全校性活動、線上學習資源，或是跨系所的課程，甚至還可連結到校外的資料庫。網路平臺的部分，有的是校內自行設計，有的則是委託軟體公司進行設計。

2. 以能力指標為主的課程設計

目前高等教育的課程地圖設計多是以成果為導向，課程是在品質保證機制推動下的一環，目的在培養學生於畢業後具有重要的基本素養與核心能力，顯現於課程設計，以及評量之中的，都是以能力指標為主，這也是系所評鑑指標所要求的項目內容。關於核心能力的訂定，各校通常分為校級、院級、與系所級共三級，校的能力指標範圍較大，院與系所的能力指標則較細部、精確。這些核心能力討論出來並經課程委員會通過之後，需要與課程目標作結合，也就是要再將它們置入教師的教學與評量之中，加以落實。至於學生學習能力的習得狀況，多以能力雷達圖或統計圖的方式呈現，讓學生瞭解自己各項能力的優勢與劣勢。學理上，比較完整的能力是專業能力加上通識能力，才能達到全人教育的理想，但實務上還有許多有待努力的空間。

3. 學習與職業進路的連結

高等教育的發展逐漸趨向與未來的就業連結，這也影響到課程地

圖的設計，目前大部分學校都會結合學生學習與就業，一般的處理方式，多在課程地圖中呈現出，修完哪些課程之後，可以擁有做哪些工作的能力，或是可以考取哪一方面的證照。有的學校會更深入，放入歷年來，畢業生的求職表現資訊。為配合上述的職業能力（或核心能力）的養成，有些系所會將學生畢業門檻的要求顯現於課程地圖之中。

4. 提供學生線上履歷（E-Portfolio）的功能

關於學生的線上履歷功能，早期做得最好的是東吳大學，目前大多數學校的課程地圖多會連帶附有學生線上履歷的功能，E-Portfolio的理念是學生學習成果的統整，裡面併有學生個人的各項檔案，與學校資料庫裡的個人資料，在選擇匯出的資料後，學生可以整理出一份可用的履歷，具有求職的實用功能。

二　臺灣的課程地圖實務範例

這裡舉弘光科技大學的「全校課程地圖」（2013）作為範例，說明課程地圖的具體內容，之所以選擇這所學校，是因為它是國內課程地圖設計的先鋒，也是很好的參考典範。弘光科技大學之全校課程地圖是依據《教育部以通識教育為核心之全校課程革新計畫》（2007/08-2010/07），以及《教育部以通識教育為核心之全校課程革新計畫之深耕計畫》（2010/11-2011/08）所設立，因應手機與平板電腦的使用日益頻繁，弘光大學還開發了課程地圖的App軟體，有提供給Android系統使用的，以及Apple的IOS系統使用的兩種版本。

一進入課程地圖的介面之後，分為幾個主要項目，分別是「最新消息」、「查詢課程與相關工作」、「查詢相關證照」、「查詢升學資訊」、「查詢通識課程」、「各系課程總表」、「跨系學程」、「課綱索引平臺」、「服務學習潛在課程」、「弘光E-Portfolio」、「學生修課與生涯輔導」、「切換學年度」，以下分別加以說明：

1. 查詢課程與相關工作

進入後可以查詢各系所學生未來可以就業的工作職稱，此平臺又連結至人力銀行的網站，學生可以查詢各種行業目前的職業需求與就業條件。

2. 查詢相關證照

介紹各系所學生可以考取的證照，並顯示各證照的考試科目，以及系上開設的相關課程。

3. 查詢升學資訊

這部分結合了課程與升學，各學系學生可以查詢可進修之研究所學校和系所名稱，裡面呈現考試科目，也呈現這些考科與系所開設的哪些科目有關聯。

4. 查詢通識課程

學生可以查詢各學年、學期學校所開設的通識課程，裡面並有適合的科系、年級、課程分類，以及課程類型（比如偏理論或實務）等資料；學生也可根據所要學習的能力來選擇課程，若不知道自己需要加強何種能力，裡面還很貼心地設計問卷，幫助學生作評估。

5. 各系課程總表

呈現各系所的課程總表，各科目於哪些學期開設、其學分數、選修與必修，以及科目相關的素養，各科目可連結課程綱要。

6. 跨系學程

呈現全校所有跨系學程的資訊，當中有學程辦法、課程名稱、學分數、必選修，以及與各學系課程的關聯，也可連結各科目的課程綱要。

7. 課綱索引平臺

可搜尋科目名稱、教材大綱與內容綱要。

8. 服務學習潛在課程

可連結各服務學習機構，查詢至該機構服務之後，可以增進哪些能力。

9. 弘光E-Portfolio

這部分需要學生個人的帳號和密碼才能登入，裡面有學生的基本資料、學歷、經歷、中英文自傳，以及在學校參與過的活動、各項測驗的結果等，學生也可藉由此平臺成立自己的部落格。

10. 學生修課與生涯輔導

匯整業界現有的平臺資源，提供職場各項工作的職業類別內容說

明，以及未來的職業方向等，還有職涯診斷與職業興趣探索等功能。

除上述功能之外，弘光科技大學還連結了一些e-learning的網站，讓學生可以進行線上學習。綜觀弘光的課程地圖，他們的定位是為學生設計一個好用的課程參考平臺，除了輔導學生選課之外，也讓學生能及早準備未來的職涯，知道要修什麼課、培養哪方面能力，才能應付未來的工作需要，這對於就業取向的科技大學而言，是一個很好的課程地圖設計方向。他們也藉由課程地圖的統整功能，將通識課程與本科系課程作一線上的整合，學生能方便查詢通識課程的內容，根據周金城（2011）的調查，經由課程地圖的引導，弘光的學生大多數認為這項做法對通識課程的選擇與規劃有幫助。

陸 課程地圖的檢討與未來展望

為了因應系所評鑑，預期許多系所會將課程地圖建構成為可以容納「目標、核心能力與課程」這個項目的評鑑指標內容之網路平臺，使課程地圖成為課程評鑑的有效工具，同時展現學生具體的學習成效。面對未來高等教育的課程發展，研究者提出以下幾項當前比較不足，未來可以繼續深化的重點，期望使課程地圖的功能可以發揮得更完整。

一 促使課程地圖成為對話與合作的平臺

Hale（2013）提到，「溝通」是課程地圖很重要的一個焦點，一個成功的課程地圖，不只需要有品質的內容資訊，課程的對話也是關鍵因素。所以她提倡以網路為基礎（web-based）的課程地圖平臺設計，並認為學校教師與行政人員、甚至是學生，可以藉由這個平臺進行對話，以促進彼此之間在課程方面的相互合作。在上述國外的課程地圖實例中，也提到課程地圖是教師專業發展的重要媒介，可以藉此促成教師之間的合作，打破大學教師之間以往孤立的現象。臺灣大專院校目前很少運用課程地圖作為對話與溝通的平臺，但這是未來需要努力之處，此點與過去所談的教師專業社群發展，可以互相結合應用。

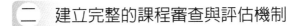

二 建立完整的課程審查與評估機制

高等教育一向缺乏完整的課程評估與審查機制，在過去，課程委員會的運作多流於形式，雖都已成立三級的課程委員會，但實質的功能未能充分發展，課程審查也未具體落實。藉由系所評鑑的實施，課程評鑑相對重要，未來系所所開課程應建立定期檢討評估機制，各級課程委員會可以納入校內外學者專家、產業界及學生（含畢業生）代表（何卓飛、王明源，2009），經由課程地圖，共同檢視課程的橫向完整性與縱向連貫性，每三至五年定期做一檢討，也可檢核是否有重複或懸缺課程，並不斷加以修正，如此才能發揮課程地圖的課程發展功能。

三 完善課程的目標與架構

在新的高等教育評鑑指標中，系所教育目標、能力指標的訂定與實踐，是非常重要的一環，課程地圖的重要功能之一，是讓學校目標與系所目標能有所統整，並納入實際課程的運作，這也是各校近年來努力的方向。此外，學生基本能力、專業核心能力、跨領域整合能力、與就業能力之間的整合，也是課程地圖要處理的部分。除了跨領域學習的統整之外，課程地圖也可嘗試統整正式課程與非正式課程，讓整體的課程架構更完善，彌補過去只重視正式課程的不足。

四 課程地圖要落實於教室層級的課程

在課程地圖的軟體中，學生能力的評估時常以百分比呈現，但某些能力在單一課程中所占的百分比，有時是教師的自我認定，計算過程也未能呈現實際效度。李坤崇（2012）曾提醒，教學大綱中，達成核心能力的權重或百分比要有適切性，才能使核心能力雷達圖具有效度，這的確是實務層面所需留意的，也影響到教學評量的結果。另外一個問題是，教師的知覺課程（perceived curriculum）

與學生的經驗課程（experiential curriculum）在課程地圖中一直是缺席的，即使課程架構可以建構得完善，但真正學習的發生才是課程需要重視的部分，課程地圖的設計不能只停留在表面，要如學理所示，讓

核心能力融入課程目標，教師的教學活動與評量也要加以配合，才是完整的課程地圖；並且，我們需要瞭解，眞正呈現課程地圖的地方不是在網路，而是在學習所在地的「教室」。

柒 結語

課程地圖的推展至今已超過五年，就量的觀點而言，目前各大專院校幾乎都已完成課程地圖的建構，除了全校性的課程地圖之外，各系所也都在網站上呈現出其不同樣貌的課程地圖，在系所評鑑的壓力之下，也陸續討論出學生的核心能力，以及其與課程的連結，以期能達到評鑑指標的要求。雖然在量的成就上，高等教育課程地圖的建構率已達到應有目標，但在質的層面，還有許多可以努力的空間，關於課程地圖的實施，國內缺乏相關實徵研究，所以沒有辦法具體呈現實施成效與當中的問題，但除了建構外在形式之外，使用者如何去使用也是重要的一環，亦即學生、教師、以及行政人員是否願意時常使用這個平臺，並不斷更新裡面的訊息，在未來幾年當中，值得再作觀察。

課程地圖是課程檢核的有效工具，教育部之所以推動高等教育對課程地圖的應用，主要期待課程地圖可以幫助學生瞭解未來的職涯，並使學習可以和就業更加緊密連結，但更深一層的發展，我們可以將課程地圖視爲改善大學課程與教學的機制，從中落實大學的課程發展，充分運用課程地圖配合課程評鑑的運作，而不是只將課程地圖視爲網路平臺，或是資源蒐尋工具而已，如此將更能豐富課程地圖的功能。

＊本文爲國科會計畫研究成果

計畫編號99-2410-H-019-001-

計畫名稱：如何構思課程地圖？從Gilles Deleuze的地圖概念探討高等教育課程地圖的意涵

參考文獻

一、中文部分

王嘉陵（2011）。臺灣高等教育課程地圖繪製之反思。教育研究與發展期刊，7(2)，57-79。

王麗雲（2013）。103年度系所評鑑項目暨指標修正公布與修訂內涵說明。評鑑雙月刊，**45**。取自http://epaper.heeact.edu.tw/archive/2013/08/28/6047.aspx

弘光科技大學（2013）。全校課程地圖。2013年9月2日，取自http://map.hk.edu.tw/

何卓飛、王明源（2009）。我國大學課程的沿革與發展。教育研究月刊，186，5-18。

李坤崇（2009）。大學課程地圖理念、繪製與類型。教育研究月刊，187，86-105。

李坤崇（2012）。從大學課程落實基本素養與核心能力。教育研究月刊，217，112-130。

李坤崇（2013）。成果導向的大學課程調整。教育研究月刊，227，56-74。

周金城（2011）。弘光科技大學課程地圖與通識教育推動之成效。教育資料與研究雙月刊，99，65-88。

教育部（2006）。**96-99**通識教育中程綱要計畫書。2013年9月10日，取自http://hss.edu.tw/upload/user/file/GE/9699geproject.pdf

教育部（2007）。教育部補助及輔導大學校院推動以通識教育為核心之全校課程革新計畫要點。

教育部（2008）。第二期獎勵大學教學卓越計畫。

教育部（2011a）。獎勵大學教學卓越計畫**100**至**101**年度完整版計畫書。

教育部（2011b）。獎勵大學教學卓越計畫**100**至**101**年度期中成果報告書。

教育部（2011c）。大學校院師資培育評鑑指標。

盧美貴譯（2006）。課程地圖：統整課程與幼稚園到十二年級的評量。臺北：心理。

盧美貴譯（2008）。課程地圖：展現實踐成果與省思。臺北：心理。

二、外文部分

Cuevas, N. M., Matveev, A. G., & Feit, M. D.(2009). Curriculum mapping: An approach to study the coherence of program curricula. *The Department Chair, Summer 2009*, 23-26.

English, F. W.(1980). Curriculum mapping. *Educational Leadership, 37*(7) , 558-559.

Gough, P. D.(2003). Creating a timely curriculum: A conversation with Heidi Hayes Jacobs. *Educational Leadership*, 61(4) , 12-17.

Hale, J. A.(2008). *Glossary of terms*. Retrieved March 13, 2010, from http://www. curriculummapping101.com/pdf/CM-Terms.pdf

Hale, J. A.(2009). *21st century curriculum mapping: a background paper for the UKAN-SKILLS Project*. Retrieved January 13, 2010, from http://lis.tees.ac.uk/ukan/mapping. pdf

Hale, J. A.(2013). *Curriculum mapping*. Retrieved September 13, 2013, from http:// curriculummapping101.com/curriculum-mapping-general#Curriculum% 20Mapping%20Model

Harden, R. M.(2001). AMEE Guide No. 21: Curriculum mapping: a tool for transparent and authentic teaching and learning. *Medical Teacher, 23*(2) , 123-137.

Jacobs, H. H.(Ed.).(1997). *Mapping the big picture: Integrating curriculum & assessment K-12*. Alexandria, Virginia: Association for Supervision and Curriculum Development.

Jacobs, H. H.(Ed.).(2004). *Getting results with curriculum mapping*. Alexandria, Virginia: Association for Supervision and Curriculum Development.

Jacobs, H. H.(2004a). Development of a Consensus Map: Wrestling with Curriculum Consistency and Flexibility. In Jacobs, H. H.(ed.), *Getting results with curriculum mapping* (pp. 25-35). Virginia, VA: Association for Supervision and Curriculum Development.

Jacobs, H. H.(2004b). Creation of benchmarks on the building map: Bilevel Analysis of assessment data. In Jacobs, H. H.(ed.), *Getting results with curriculum mapping* (pp. 112-125). Virginia, VA: Association for Supervision and Curriculum Development.

Jacobs, H. H.(2004c). Development of a Prologue: Setting the Stage for Curriculum Mapping. In Jacobs, H. H.(ed.), *Getting results with curriculum mapping* (pp.1-9). Virginia, VA: Association for Supervision and Curriculum Development.

Jacobs, H. H., & Johnson, A.(2009). *The curriculum mapping planner: templates, tools, and resources for effective professional development*. Virginia, VA: Association for Supervision and Curriculum Development.

Oliver, B., Jones S., Ferns, S. & Tucker, B.(2007). *Mapping curricula: ensuring work-ready graduates by mapping course learning outcomes and higher order thinking skills*. Paper presented at the Evaluations and Assessment Conference, Brisbane. Retrieved March

19, 2010, from https://www.eac2007.qut.edu.au/proceedings/proceedings_ebook.pdf

Plaza, C. M., Draugalis, J. R., Slack, M. K., Skrepnek, G. H. & Saure, K. A.(2007). Curriculum mapping in program assessment and evaluation. *American Journal of Pharmaceutical Education*, 71(2) , 1-8.

Sumsion. J. & Goodfellow. J.(2002, Dec). *Identifying generic skills through curriculum mapping: A critical evaluation.* Paper presented at the annual conference of the Australian Association for Research in Education. Retrieved March 19, 2010, from https://www.aare.edu.au/02pap/sum02460.htm

Uchiyama, K. P. & Radin J. L.(2009). Curriculum mapping in higher education: A vehicle for collaboration. *Innovative Higher Education, 33*, 271-280.

Willett, T. G.(2008). Current status of curriculum mapping in Canada and the UK. *Medical education, 42*, 786-793.

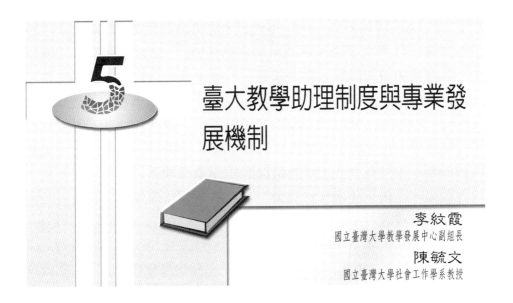

臺大教學助理制度與專業發
展機制

李紋霞
國立臺灣大學教學發展中心副組長

陳毓文
國立臺灣大學社會工作學系教授

壹 前言

　　為提升教學品質，臺灣大學於民國95年5月1日成立「教學發展中心」（以下簡稱教發中心），該中心的定位為服務導向型的單位，以提升教學品質為目標，並藉由教學精進之各項研習活動、提供教學諮詢、課業輔導、推廣教學科技、引導數位學習、探索課程改進、協助策略擬定等來推動相關工作，而建立完善的教學助理（以下簡稱TA）制度便是其中一項重要的服務策略。本制度除了可以提升教學品質外，也能夠培養研究生的教學能力、就業競爭力，並進而改善學生的學習成效。

　　事實上，在未建立TA制度以前，臺灣大學以及國內各大學許多研究生就已經在扮演各種協助教學的角色，但因定位不明，又沒有完善的訓練與培訓輔導機制，故有時TA以協助老師為主，學生學習為輔，甚或變成了老師個人的「秘書」，或者課堂上的「藏鏡人」，學生並不知道有TA可以協助其學習，此乃非提升教學品質之有效策略。關於

上述這些TA的問題，早在1930年代起，北美高等教育領域就有一些熱烈的討論，許多大學聘用研究所學生擔任TA，這些TA雖為研究所學生、其專業領域知識有一定的基礎，但卻未具有教育訓練背景，也沒有接受適當且具系統性的培訓（Prieto, 1999），更沒有相關的教學經驗（Feezel & Myers, 1997），故讓他們在此情況下擔任TA，不只是增加他們的焦慮感，也會嚴重影響教學品質（Park, 2004）。有鑑於此，美國自1960年代起便有許多大學開始以提升TA教學成效為目標來規劃相關培訓課程，之後也陸續有研究進一步評估各種培訓課程是否能有效提升TA的教學成效（如：Hardre' & Burris, 2012; Marbach-Ad, Schaefer, Kumi, Friedman, Thompson, & Doyle, 2012; Prieto & Meyers, 1999; Shannon, Twale, & Moore, 1998）。上述這些研究都發現，不論何種學科背景，培訓課程對於TA的教學品質提升都有裨益，而且除了學習各種教學技巧外，這些訓練課程還可以提升TA的自我效能感，協助新任TA們建立歸屬感，也能提供TA們必要的支持與協助。

由於TA是教師與學生間重要的橋樑，好的TA是激發學生個人潛能、鼓勵主動學習，以及提高學習效果的重要媒介；也可以幫助教師落實教育理念、專心授課教學，以及瞭解學生學習狀況；而TA則藉由充實個人專業知識、學習如何教學，以及累積教學經驗來強化自己的就業競爭力，這是個創造教師、TA與學生間三贏局面的重要關鍵；而要讓這樣的理想得以落實，則需要建立一套學校行政團隊全力支持的完善制度才行。在上述理念與背景之下，臺灣大學遂由教務處教學發展中心來全力推動校內的教學助理制度，並將相關業務放在中心的「教師發展組」之下，因為我們將TA視為明日教師，以服務和培訓未來教育者的態度來落實這個制度，以下便針對目前的制度理念、特色，以及整體運作機制的內涵進行論述。

貳　教學助理制度理念與特色

由於臺灣大學的TA制度是以提升教學品質、培養未來大學教師以及提升研究所學生就業競爭力為主要目標，故在規劃此制度時，我們特

別希望能夠落實「大班授課、小班討論」的教學策略，以促進學生互動、強化主動學習、激發思考的精神。國外已有相關研究顯示，不論哪一種學科，大班授課的教學成效很難達成（Knight & Wood, 2005），但若能透過運用TA，藉由TA帶領小組學習，則可以有效提升學生主動學習的意願與行動（Muzaka, 2009; Zorm & Kumler, 2003）。此外，目前國內各大學在設定校院系的基本素養與核心能力，多包括解決問題、分析能力、團隊合作與溝通協調等能力，這些能力的培養很難透過傳統大班單向授課方式達成，但是可以透過TA帶領，在小團體的互動下帶領議題討論或學習活動，強化學生獨立思考與溝通表達能力，並增進主動學習。本制度還規定，凡聘請TA的課程均要在臺大自行開發設計之數位課程管理平臺（Ceiba）建置課程網站，除了平日課堂上的互動，也要透過線上教學與學習，讓同學們可以與教師、TA及同儕在不限時空的情況下進行討論，培養主動與協同學習的精神。

在上述理念與宗旨之下，臺大遂在提升教學品質計畫經費的補助下，共有三種課程類型可以提出教學助理的申請：「共同及基礎課程」、「服務性專業課程」與「通識課程」。負責審核管理這三種課程的單位分別是教務處和共同教育中心，「共同及基礎課程」指的是全校性或是跨系所的基本課程，如大一國文、英文、日文、普通物理、普通化學、普通生物、微積分、各類統計、英文寫作等，由各系所或相關教學中心統一向教務處提出TA申請；就「服務性專業課程」而言，全校各系所初階專業課程皆可向教務處提出TA配置申請，但以服務他系學生較多之課程為優先；至於「通識課程」則與前面兩者不同，它是由開授通識課程的老師以個人身分，向共同教育中心提出TA需求的申請。

上述這三類課程皆依照課程規模與屬性來編列TA人數，共分成五大類：A類為討論課TA、B類為實驗與實習類、C類為一般類、D類為語文類、E類則為最新增設的體育類。A類TA的主要目的便是配合大班課程分組討論之需要，在授課老師指導監督下，帶領修課同學進行小組討論，原則上每一週均得進行小組討論，每次以一堂課時間進行，每學期至少須進行10次討論課。為使討論有效率、能聚焦，故這類課程每20位學生就會配置1位TA，且所有新任這類課程的TA都會接受TA

諮詢員（詳見下列關於TA培訓說明）的課堂評析服務，以協助TA增強討論課帶領的技巧與能力。B類課程的TA也是為了要落實小班教學的目的，並滿足學生實際操作與課後演練的需求，主要任務為配合實驗或實習課程之需要，在授課老師指導監督之下，帶領修課同學進行分組實驗（B1）或演算（B2），人數配置上為每8-40人分配一位TA，視課程屬性而調整。C類TA則是配合大班課程批改作業之需要，在授課老師指導監督下，分擔老師之教學負擔，也促進學生的學習效果，人數配置上則為75-80人得分配一位TA。這類課程在學生人數配置上雖最多，但TA除了可利用固定的時間與學生討論外，也可利用課程網，與學生進行分組線上討論，並藉由作業批改來瞭解學生的學習狀況、提供回饋，一樣可以達到小組學習的成效。由於這類TA課程人數眾多，加上在課堂上較少有與學生實際互動的機會，故有些教師會「體恤」TA的辛勞，同意這類TA不用跟課，如此一來，TA無法掌握老師在課堂上的授課內容，也無法有效的帶領學生學習，甚或產生「這門課有TA嗎？」的質疑。故我們要求TA務必跟課，以便瞭解課程內容，掌握學生學習狀況，也重新溫習過去所學知識，畢竟教與學的角色並不相同。D類為語文學習類，是為配合外文類課程之教學需要，在授課老師指導監督下，帶領修課同學進行語言發音或寫作練習，修課人數達30人以上便得配置一位TA。E類的體育類TA為102學年度第二學期新增的分類，目的在配合體育課程之需求，在授課老師監督下，協助進行運動技術操作或動作示範，確保學生安全，修課人數達50人以上的運動專項學群或選修體育課程得配置一位TA。透過上述詳盡的分類，授課教師、TA與學生可以瞭解TA在課堂中的角色，確實執行其所應負責的協助學習項目，也讓我們在規劃認證與相關培訓工作時，能考量其屬性而設計符合需求的課程內容。

　　由上述TA配置原則中不難發現，臺灣大學每年挹注相當多的經費與資源來落實TA制度，每學期約有七百多位TA，其中共同基礎課程類最多，通識課程類次之。舉例來說，101學年共同基礎課程配置TA人數占整體的55%，而通識課程TA比例為41%。而臺大TA人力以碩士班學生為主要來源，101學年度的TA有64%為碩士班學生，而博士班學生擔

任TA者只占26%。在相關經費方面，在不計算TA工作費的情況下，每學期在TA研習課程、傑出TA遴選，傑出TA獎金以及TA諮詢等相關業務上約要花費85至90萬元左右，並且投入大約2位全職人力於所有業務的執行、規劃與推動工作。臺灣大學所以願意投注一定的經費與人力規模推動TA制度，乃是相信人才是邁向頂尖的唯一關鍵，而唯有透過教育方能彩繪臺灣的未來。若我們可經由完善的TA制度來培養TA正確的工作態度以及專業的工作能力，則不論他們畢業後是留在教育界或者其他領域，都將會是優秀的人才。

當然，整體教學助理制度的實施要達成教師有效教學、學生積極學習、TA教學專業發展三贏的理想目標，需要穩定配套地執行培訓品管的行政服務，進而激發TA們認真工作、積極學習的成長動能，因此臺灣大學的TA制度中，關於TA的基本培訓、教學品管、進階成長等均是很重要的內涵，以下便針對上述這三個面向進行討論，以呈現臺大TA專業發展機制的現況。

 ## 參 教學助理基本培訓活動

國內外實施TA制度的大學教發中心普遍認為，學期開始前或初期舉辦的教學助理研習活動（TA Conference or TA Day），是培訓TA最重要的工作入門課程。北美有些學校在9月開學前會舉辦2或3天針對研究生教學技巧課程，讓新舊任TA可選擇適合的場次參加，例如美國哈佛大學、密西根大學、伊利諾大學、加拿大Western University等。而有些學校僅針對新進TA工作所需技巧提供重點主題課程，舉行半天或一天的活動，如美國耶魯大學、加拿大多倫多大學等。

臺大推動的TA基本培訓活動包括二種：第一是學期初的TA資格認證研習會，第二是基本的在職進修活動。

一 TA資格認證研習會

臺大TA制度辦法中規定，所有由提升教學品質計畫經費補助的課程TA都必須全程參加期初TA研習會。取得研習時數證明後，才能正式

擔任TA；沒有取得認證者，即使被課程教師提報為TA，也無法領取擔任TA工作的獎助金。因此，教發中心便從95學年開始，針對教務處和共同教育中心經費補助的課程TA，展開教學相關的基礎培訓課程。由於臺大每學期通識、共同基礎、和專業選修充抵通識三大類型課程配置TA的人數眾多，例如101學年上下學期都約有700人左右。在兼顧TA教學培訓理念和全校強制實施行政成本考量下，所採取的是半天教學實務入門的研習課程模式，稱之為TA認證研習會。目前每學期開學前一週至第一週視需求人數規模舉行1或2梯次，而每學年取得擔任TA資格的認證人數約介於600-700人之間。

　　半天的研習課程要如何盡可能協助不同課程類型的新手TA順利扮演協助課程教學的角色呢？在參考國外TA培訓活動共同重要主題、滿足臺大TA類型多元特色，以及依據研習回饋意見不斷調整改進講授品質的整合下，開學期間舉辦的半天TA認證研習會課程內容規劃分為三部分。第一場次是全體研習者共同聆聽，由教發中心師長主講的臺大TA制度、理念與TA角色期許。第二場次是各類型TA實務分享，研習者必須按照其TA工作性質選擇分組；講者由二位曾當選過該類傑出TA的資深TA傳授成功的具體工作技巧。第三場次是教學專題選修，講者是由接受過教發中心系統性專業培訓的資深傑出TA擔任，而研習者從5個主題中選擇一個有興趣學習的分場參加。過去曾經講授過的專題包含：有效教學結構、第一堂小組課設計、Ceiba課程網運用管理、班級經營管理、教學自信的培養、公平有效的評分、提問與教學應答，以及時間管理等。

二　TA在職多元進修方案

　　臺大TA制度執行之初，TA只要經過期初研習會取得認證資格，並於期末學生和教師評鑑中未被評為不適任者，便可繼續被教師自由聘用擔任TA。但教發中心在與各類課程TA們互動時發現，教學協助工作的挑戰和小組經營問題會隨時在課程進行過程中出現，TA們若僅接受學期初半天的工作入門講習，就能有效處理每項教學協助工作是不太可能的，最好能夠持續進修與學習。事實上，國外相關文獻已確認在職

訓練對於TA教學能力的確保與提升是很重要的（Darling & Dewey, 1990; Nyquist & Wulff, 1996）。雖然教發中心有定期辦理教學相關講座或工作坊，但因爲不具強制性，有些TA並沒有參與的意願和行動。例如：教發中心抽樣分析了100學年30%的TA期末工作心得報告，發現在那個樣本群中，只有68.7%的TA曾參加當學期中舉辦的教學工作坊。

有鑑於此，故自101學年起開始推動強制性的TA在職研修機制，亦即取得TA資格認證並實際擔任TA者，該學期必須再參加至少2小時由教發中心辦理或核可之教學相關研習活動。若學期末未完成最低進修時數要求者，則取消其TA的基本資格認證。新學期若要繼續擔任TA，需要再次參加期初的TA認證研習會，以重新取得基本資格認證。至於在職研修方式，也是經過多次討論修改後方設計出目前的方式，包括：參加教發中心或校內各單位所辦理的教學工作坊、教學成果發表會、「教學技巧工作坊」國際認證課程等，或者是藉由參與課堂觀察評析或是團體諮詢活動、座談、TA成長社群等方式來取得在職進修的時數。

肆 教學助理教學品管措施

北美許多大學的TA專業發展理念認爲教學是需要學習、練習和不斷改進的，而TA培訓機制就是透過教導和實作的過程引領TA的教學工作表現達到一定標準的精熟度（Park, 2004）。在這樣的教學知能學習和發展過程中，提供形成性（formative）和總結性（summative）評量（Robinson, 2000）、自我反思評估（Trautwein, 1999），以及觀察者團體和同儕支持（Croteau & Hoynes, 1991）等機會，是讓TA瞭解本身教學優缺點，進而檢討改進，以及各機構檢視TA培訓成效的有用措施。目前臺大制度面在確保TA工作品質和提供TA反思改進機會的作法是運用學生期中意見期末評鑑調查、TA期末工作心得報告，以及討論課TA課堂觀察或團體諮詢，來引導協助TA們達成一定品質的教學表現。

一 學生期中、期末意見調查

教務處課務組每學期期中會發信邀請修課學生，自由上網填寫課程經驗回饋和建議。三題開放性問題有一題，是請有TA協助教學的課程學生針對其TA（們）帶領討論、實驗、實習、語文等學習活動的優點或不足提供意見，以便讓老師和TA瞭解學生的感受，並提供教學團隊澄清或調整教學活動的機會。而每學期末，授課老師和修課學生會對課程TA（們）的教學表現進行評估。老師將以TA的教學態度、教學方法和課堂知識等面向評定TA的整體表現。而學生的教學意見調查則將在學期結束的前幾週開始，他們會根據各類型TA的特定工作表現、教學態度、教學協助整體效果等來評價TA，同時也寫下文字意見，表達自己的看法。老師與修課學生兩方面的評鑑主要透過問卷形式進行，問卷量化後的結果將作為教務處瞭解TA的教學表現及成效、評估TA適任度和遴選傑出TA的依據。不過除了相關數據資料，學生的文字意見亦相當重要，TA可以從學生的意見中，瞭解自己的長處與短處，於未來再擔任TA時作為改進的參考。

為了權衡TA的教學品質及權益，自98學年度起，TA期末意見調查評鑑值低於3.5分者（5分量表），會送至「資格審查委員會」進行逐案審查。因為TA期末評鑑值不理想，不必然歸咎於TA本身的表現，也可能是由於整體課程設計、工作分配、乃至TA的能見度過低之故，因此審查委員會透過課程教師和TA本人提供的陳述說明和教學工作資料，審慎釐清導致該TA評鑑值低的關鍵原因，避免陷入評鑑分數的迷思。對於教學態度認真的TA，審查委員仍然會決議續用，但要求其須於次學期開學前完成委員會建議之教學知能學習或個別諮詢事項，始得任用。若決議暫時停止任用一學年者，委員們也會建議此TA多參與教發中心開設之工作坊，積極充實教學知能，將來可據以向資格審查委員會申請恢復TA任用資格，若經審查小組討論通過者，可再次擔任TA工作。

二　TA工作心得報告

另外，所有TA在學期末需要繳交一份工作心得報告，此報告的用意，在於讓TA透過檢視和撰寫整學期工作情形和結果，表達反思想法並自我評估。此報告內容建議TA們從以下幾個面向進行反思回應：統整回顧自己的實際工作表現、與老師及其他TA的互動情形、原本預期的角色與實際工作內容的落差、與過往擔任TA的經驗相比是否有所進步、以及教學研習活動參與情形等等。透過這份報告，除了提供TA檢視省思自己工作經驗以留下教學及學習歷程文字記錄的機會外，更是讓課程教師和學校相關教學單位更具體瞭解TA個人的態度與學習努力，藉此可彌補從學生角度來評估TA教學表現之不足，也因此TA的期末工作心得報告成為傑出教學助理遴選和TA評鑑值不佳之續任資格保留審查的關鍵資料之一。

三　討論課TA評析諮詢

臺大TA制度中的小組討論課設計是一種展現多元樣貌的課程類型，涵蓋了文史哲學、法政社科，甚或是統計、科學、美學創意等通識領域。由於其是透過教師和TA教學團隊的課程目標規劃，表現出各式各樣的討論課教學風貌，不易使用籠統書面或制式操作進行傳授討論課的教學技巧。因此，對於新任TA而言，每週一小時的討論課，可能會出現摸索時間較長的教學帶領困境。為了徹底落實和鞏固臺大「大班授課、小班討論」的討論課文化和品質，教發中心從97學年開始發展TA課堂評析與諮詢計畫來執行討論課TA的教學評析諮詢業務。評析諮詢工作團隊由教發中心副組長、專業幹事與TA諮詢員（TA Pilot，以下簡稱TAP）組合而成，而TAP的人力來源為具相當教學經驗或曾獲教學傑出獎項肯定之臺大碩博士生，在全程參與教發中心一系列專業訓練後，正式執行評析諮詢工作。

目前每位第一次擔任臺大討論課的TA都必須接受至少一次的課堂觀察評析或是團體諮詢。進行方式視個別TA的情況而有三種類型：1.一對一課堂觀察與諮詢，適用低年級且未曾有相關教學經驗的初次擔

任TA者；2.團體諮詢，適用聘有3位以上初次擔任討論課TA之課程；3.微型教學錄影評析，適用曾有其他類別TA經驗,或已有帶領討論課經驗而第一次受領教務處補助經費者。目前具體的觀察諮詢工作乃按照下列步驟進行：1.觀察或諮詢前溝通：TAP將主動與接受輔導的TA聯繫，雙方進行約30分鐘的課前討論；接受團體諮詢的TA則會填寫「討論課帶領自我評估表」；無論是面談或是填表，目的都是讓諮詢者瞭解此TA的教學狀況和課程帶領方式，同時也提供TA思索自己教學規劃的機會。2.課堂觀察：TAP依約前往接受諮詢的TA課堂上觀察並記錄帶領過程，觀察後立即針對此TA教學特色給予正面鼓勵並提供初步口頭建議。團體諮詢則會由中心副組長或資深TAP帶領約2小時的諮詢輔導活動。3.書面評析報告：TAP在觀察之後二周內會完成書面意見回饋報告，經過教發中心專業幹事確認內容品質後，將提供給接受諮詢的TA和授課教師作為參考。4.後續諮詢：在整個評析流程結束後，如果TA有後續教學改進的需要，可向教發中心申請個別教學諮詢服務。

　　TA Pilot計畫以TA諮詢員課堂觀察評析方式為主，藉由面對面的課前溝通、討論課觀察紀錄、書面建議報告、及課後諮詢等步驟，協助新任TA肯定自己教學的優勢，並提供有效帶領討論課的建議以增進其教學技巧與帶領效能。每學期末，教發中心會函請被評析輔導過的TA們針對此項服務提供評鑑分數和回饋意見。整體來說，閱讀過TAP評析諮詢報告的討論課TA和該課程教師們普遍認為該TAP課堂諮詢流程專業，並能確實對於TA教學提出具體的教學討論技巧、班級經營與互動方法等建議，以提升教與學之成效。而從量化數字來評估此服務績效，以101-2學期至102-1學期來說，共有32位TAP參與討論課觀察和輔導的執案工作。個別「課堂諮詢服務」完成120件，「團體諮詢」完成4門課（50位TA），總共輔導170位新任討論課TA。其教學諮詢成效回饋評鑑值平均4.52，行政規劃成效回饋4.56（5分量表）。

　　不過，為使這項同儕諮詢服務更趨專業化與成效可測性，自102學年起，將由中心副組長帶領核心工作團隊，進行研討反思「諮詢服務的核心目標」與「如何有效為諮詢對象作教學自我評估」。預計發展出「諮詢前測問卷」與「諮詢後成效評估問卷」，為整體計畫建立更嚴謹

的成效評估方式。同時，將原始實施辦法中的「教學助理教學評析與諮詢」名稱改爲「教學助理教學諮詢服務」，以更符合目前教發中心推動此業務的理念與特色。亦即，TAP的觀察諮詢活動並不是去考核TA的討論課帶領表現，而是希望經由資深優秀同儕的教學經驗交流提點下，能激發新進TA的教與學動能以達更優異表現，進而鞏固發展臺大特有的討論課文化與整體提升討論課TA的教學效果。

伍 教學助理進階成長激勵

　　針對研究生，尤其是博士生擔任TA工作的教學職能發展歷程中，如何激勵他們追求優良教學表現與提供其進階成長的培訓機會，北美一些大學或是實施統整的培養未來大學教師課程，如美國的The Preparing Future Faculty Program（Tice, 1997）；或是提供多元個別性的認證課程，如加拿大的Certificate programs（Korpan, 2011）。臺大雖尚未制度性推動大學教學證書之類的研習課程，但教發中心目前藉著傑出暨卓越TA定期選拔與獎勵、教學技巧精進的國際認證課程開設、以及TA講者或TA諮詢員之同儕領航工作機會，企圖營造TA同儕間觀摩學習、相互激勵成長的良性互動社群學習環境。

一　傑出暨卓越TA選拔與獎勵

　　爲鼓勵和肯定表現優異之TA，每學期課程結束後，教發中心邀請數名各領域的優良教師以及資深傑出TA組成「傑出教學助理遴選委員會」，根據修課學生的教學意見調查、授課教師的評鑑與推薦以及TA自己的工作心得報告，遴選出傑出教學助理，各類TA獎勵名額以該類TA人數的十分之一爲原則，每學期當選傑出TA總數約在65-70名。而獲得「傑出TA」累計達3次者獲頒「卓越TA」獎座；當累計「卓越TA」兩次的資深TA，另行發給獎金並不再參與遴選。

　　對研究生的教學專業學習歷程來說，TA獲得傑出教學助理的獎勵，除了當學期的獲獎獎金和頭銜外，更具意義的還是對自我教學工作表現的肯定，讓其有更上一層樓的動力與機會。臺大教發中心會提供傑

出TA們自發性的進階學習機會，如在TA認證研習會分享實務經驗、擔任TA專題課程講師、擔任TA諮詢員負責指導TA同儕、或是到外校分享TA經驗等任務。這樣運作的用意是藉著定額遴選傑出TA，透過傑出TA交流餐會、年度頒獎典禮和傑出教學經驗分享等活動，期待激勵TA們的榮譽心和企圖心，讓傑出TA成為TA社群的指標，由此發揮火車頭的功效，帶動TA整體教學效能的增進。亦即，對資淺TA而言，傑出TA可以作為學習觀摩的對象，藉以提升個人教學願景與工作態度能力，最終讓自己也有機會成為傑出TA的一員。

二 國際認證課程開設

臺大教發中心當初為了培訓TA諮詢員執行討論課觀察評析和諮詢輔導工作，97學年時引進了加拿大大學校園中普遍提供給新進或資淺教師與TA們快速增進教學效能的一套認證研習課程-教學技巧工作坊（Instructional Skills Workshop, ISW），而其中大規模系統性推動的代表性大學為英屬哥倫比亞大學（University of British Columbia）。這課程採取小團體、多次演練、同儕即時回饋、密集聚焦的互動模式，已被證明是對參與者很有幫助的短期研習活動（Johnson, 2006），而加拿大各大學現也有不少專業領域教授和研究生是具有ISW課程帶領者的資格認證。

教學技巧工作坊（ISW）是一套注重同儕教學相長、彼此啟發的研習課程，由四至六名參與者以及一至二名帶領員（Facilitator）組成團隊，進行約24小時的密集性研習活動。課程以三次10分鐘迷你教學演練加同儕回饋活動為主體，其強調教學結構過程的演練而不是授課內容的檢驗。重要的是，即使課程帶領員曾接受過更進階的相關訓練，也是扮演類似參與者的角色。所以，ISW是以帶領員與參與者共同合作為前提，以體驗反思式的活動為基礎，進行以學習者為中心的一連串訓練。同時，課程設計期待使參與者能察覺到不同教學特色下的各種面向，並探索學生如何在多樣的教學環境中受益；進而增強研習者成為一名有效教學者的教學技巧與自信。而在24小時的研習活動中，參與者都會扮演到教學者與學生兩種角色；每位研習者需進行三次10分鐘的

「迷你教學演練」，在其操作迷你教學時，其他參與者則扮演學生。當迷你教學結束，學生們隨即經由帶領員的引導，針對此次迷你教學的成效，給予書面與口頭二種回饋。同時，每一堂迷你教學都會錄影，每位參與者須在下一次演練活動前觀看自己迷你教學的錄影內容，而此影像的自我檢視反思可視為該次教學演練的第三種回饋。另外，在ISW研習期間，參與者除了認真準備和演練三次迷你教學，亦需積極扮演學生角色，針對每位教學者的迷你課堂練習給予真誠且可具體改善的建設性回饋。

　　ISW是少數能同時讓研習者進行多次教學演練、即時獲得回饋意見，並能觀摩其他人教學的研習課程。在其強調支持開放的同儕學習環境中，研習者不僅能重溫教學理念，學習最新的教學實務，同時被鼓勵嘗試經過帶領員引導改良過或其他參與者教學中學習到的教學策略技巧。通常研習者在此課程結束時，都能夠撰寫實際的單堂課程教案；運用學習目標組織教學內容和活動；展現互動教學的授課模式；以及運用有效教學模組提供建設性的教學改進意見。臺大教發中心近年來每學期開辦的ISW課程，除了作為臺大TA諮詢員專業養成的入門培訓外，也開放給有興趣精進教學技巧的臺大和北二區教學資源中心夥伴學校的研究生們參加。

三　同儕領航工作機會

　　臺大教發中心這幾年執行的TA諮詢員（TA Pilot, TAP）評析諮詢計畫其實並不僅是一項行政品管業務，更重要的是，它是一個使傑出TA發揮影響力，啟蒙新任TA，深耕教學服務理念的計畫。透過招募有豐富教學經驗並具服務熱誠的傑出TA，進行專業訓練後，協助新手TA們具備更先進的教學模型，並反思及重新定義討論課的樣貌。對於獲得傑出教學獎項肯定且特質適合的TA，教發中心會邀請其參與TAP專業養成的一系列培訓活動，當完成入門的24小時教學技巧工作坊（ISW）與3小時的諮商與輔導技巧課程後，可取得TA諮詢員認證與受聘成為中心TAP團隊的一員。不過，還需經過資深TAP帶領的觀察評析實境演練，以及評析書面報告重點指導與歷屆案例研讀分析，才能正式執行討

論課堂評析諮詢工作。

　　對於擔任TAP的研究生來說，這個角色提供相當多的教學專業學習機會以及相應的工作品質要求。諮詢員需要在每位新進討論課TA課堂中敏銳地觀察記錄其教學帶領之結構特色、優缺點以及學生學習狀況；課後及時給予此TA正向回饋和表現意見；而後以第三人者視角撰寫評析報告，為新進TA重新勾勒出其教學現場輪廓，進而提出可更增進討論課帶領成效的諮詢意見。重要的是，諮詢員的介入並不是要改變被評析TA的教學風格，而是與新手TA進行良好的實務經驗交流，透過有經驗第三者的觀察和諮詢，協助其進一步檢視反思，善用自己的教學特色並調整不理想的教學方式。換言之，每位TAP都是非常重要的教學種子資源，他們站在教學現場第一線，熱忱地運用自己成功的教學經驗，和新進TA分享交流，將好的教學理念和方法傳承下去，啟發新進TA們更有效能地帶領討論課堂，擴展他們對教學不同的視野，並逐步建立自己特質的教學風格。這一連串對TAP工作內容的期待和因此產生的傳承效應，對資深優秀的TA來說，都是促使其教學專業發展更上一層樓的激勵。

　　評估臺大從97學年開始推動至今的TA polit諮詢計畫之人才培育實施成效，除了每學期輔導約70位左右新任討論課TA所產生的經驗傳承激勵效應外，更重要的是讓有興趣提升自我教學能力的傑出TA們有更專業成長的舞臺。而教發中心也因此慢慢發展出優秀穩定的課堂觀察輔導工作團隊，負責執行具專業品質又不失溫暖同理的TA教學品管工作。此計畫至102(1)學期累計已培訓出62位TAP，每學期執案的TAP人數約12-15左右，不過博士生級的TAP只有17位，所占比例不到三分之一。在沒有更多實質獎勵措施吸引博士班學生加入教學諮詢工作的實況下，教發中心為維持理想執案人數和一定專業品質的TAP工作團隊，目前寒暑假固定開設教學技巧工作坊，以儲備TAP團隊的見習生人力。因為每學期都有TAP新人力加入，102學年開始，邀請資深TAP擔任小組長以分組帶領進行縱深經營，主要是使TA Pilot團隊不會因部分TAP畢業或離開，而造成行政運作困難與諮詢品質低落的問題。

陸 結論

　　綜合上述討內容，茲以圖1來呈現TA制度從申請、認證、訓練以及考核機制的整體流程。這套流程突顯TA制度從申請工作、培訓到考核等工作的完備性，也確保TA的考核具有獎勵與教育的功能，當TA表現不如預期時，我們仍給予其學習改善的機會，而非只是拒絕他們繼續學習權利。

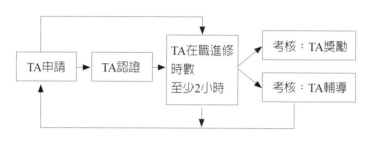

圖1　TA申請、認證培訓與考核流程

　　整體而言，TA制度實施在課程教學上的目標是希望提升教師教學與學生學習的品質。藉著TA們擁有的「雙向溝通」的資源與能力，一方面協同老師推動課程進行，輔助學生更妥善地學習；另一方面直接接觸學生，能即時將學生在課堂中遇到的困難傳達給教師，共同商討解決之道。若每位TA都能認真努力地學習扮演著「課程教學的橋樑」、「討論活動的舵手」以及「學習品質的觸媒」角色，便能與授課教師組成積極合作的教學團隊，為課程的有效教學灌注更多成功的動力。

　　對於擁有質優與量多研究生人力資源的臺大來說，TA制度另一個重要的目標就是提供他們具有高等教育實際教學經驗與專業知能養成的機會，以增強其未來進入相關職場的就業條件。因此，臺大各類TA的工作要求強調教學協助而不是教學工作上對老師提供的行政協助，並相當重視與學生學習密切互動，例如：隨堂跟課、小組帶領、協助批改作業、提供學生諮詢時間等是評鑑TA工作表現的關鍵元素。而積極認真對教學有興趣的研究生們可從「教學助理基本資格」、「傑出教學助理」、「卓越教學助理」、TA諮詢員，這一系列專業發展提升的認證

過程，記錄各個時期的學習活動及榮譽，這些資格認證與榮譽除了成為他們未來申請學校或求職的優勢外，也是呈現其個人不斷學習進而追求卓越的珍貴經驗。

　　儘管TA制度在臺灣大學自推行以來，歷經多次的調整，也受到多數授課教師與同學們的肯定，但不可諱言的是，仍有少數教師未能依照規定妥善運用TA，而部分TA的表現也仍有改善的空間，但臺灣大學從TA申請、認證培訓到獎勵輔導機制的建構和過去任由授課教師決定TA工作與角色的做法相比，已是一大進步。目前臺灣大學共計約一萬五千名研究生，其中仍有為數不少的研究生雖然擔任系所的教學助理工作，但仍未被納入上述校方的TA制度中，故未來臺大教發中心將朝下列兩大方向來推動此TA制度：第一，積極協助系所提升其專業TA的教學知能和工作品質、輔導TA數眾多的系所建立其自己的培訓管理機制、以及引導TA規模小的系所搭配校級TA專業發展機制來運作；第二，藉此制度以提早培養未來大學教學優良教師，提供研究生更多已在北美許多大學以正式認證模式操作的研究生教學專業發展進階研習活動，例如：Instructional Skills Workshop、ISW Facilitator Development Workshop、University Teaching Certificate、The Preparing Future Faculty Program等，以有系統地累積國內研究生在高等教育教學的專業學習時數和經驗，並進而增加其未來職涯發展的多元條件和可能性。

參 考 文 獻

Croteau, D. & Hoynes, W.(1991). A transitional teaching experience: learning groups and the first-time teacher. *Teaching Sociology*, *19*(1) , 28-33.

Darling, A. D. & Dewey, M. L.(1990). Teaching assistant socialization: communication with peer leaders about teaching and learning. *Teaching and Teacher Education* 6(4) , 315-326.

Feezel, J. D., & Myers, S. A.(1997). Assessing graduate assistant teacher communication concerns. *Communication Quarterly, 45*(3) , 110-124.

Hardre', P. L., & Burris, A. O.(2012). What contributes to teaching assistant development: differential responses to key design features. *Instructional Science, 40*, 93-118.

Johnson, J. B.(2006). Instructional skills workshop handbook for participants. Vancouver, BC: ISW International Advisory Committee.

Knight, J. K., & Wood, W. B.(2005). Teaching more by lecturing less. *Cell Biology Education, 4*(4) , 298-310.

Korpan, C.(2011). TA professional development in Canada. Retrieved September 10, 2013, from http://www.stlhe.ca/wp-content/uploads/2011/05/TA-ProD-in-Canada-Report_July-2011.pdf

Marbach-Ad, G., Schaefer, K. L., Kumi, B. C., Friedman, L. A., Thompson, K. V., & Doyle, M. P.(2012). Development and evaluation of a prep course for chemistry graduate teaching assistants at a research university. *Journal of Chemical Education, 89*, 865-872.

Muzaka, V.(2009).The niche of graduate teaching assistants(GTAs): perceptions and reflections. *Teaching in Higher Education, 14*(1) , 1-12.

Nyquist, J. D. & Wulff, D. H.(1996). *Working effectively with graduate assistants*. Thousand Oaks, CA: Sage.

Park, C.(2004). The graduate teaching assistant(GTA): lessons from North American experience. *Teaching in Higher Education, 9*(3) , 349-361.

Prieto, L. R.(1999). Teaching assistants' preferences for supervisory style: testing a developmental model of GTA supervision. *Journal of Graduate Teaching Assistant Development, 6*, 1-8.

Robinson, J. B.(2000). New teaching assistants facilitate active learning in Chemistry laboratories: promoting teaching assistant learning through formative assessment and peer review. *Journal of Graduate Teaching Assistant Development, 7*(3) , 147-162.

Shannon, D. M., Twale, D. J., & Moore, M. S.(1998). TA teaching effectiveness: the impact of training and teaching experience. *The Journal of Higher Education, 69*(4) , 440-466.

Tice, S. L.(1997). The relationship between faculty preparation programs and teaching assistant development programs. *Preparing Future Faculty Occasional paper* no 4, ED422763 .Washington DC: Educational Resources Information Center.

Trautwein, S. N.(1999). From teaching assistant to educator: beginning steps on the professional path. *Journal of Graduate Teaching Assistant Development, 7*(1) , 19-26.

Zorm, J., & Kumler, M.(2003). Incorporating active learning in large lecture classes. *California Geographer, 43*, 50-54.

MOOCs課程在高等教育的發展與應用

林弘昌
國立臺灣師範大學科技應用與人力資源發展學系副教授

　　線上課程已經有了很長的一段歷史，自從2011年秋季美國史丹佛大學將三門電腦課程放上網路供大家註冊並造成了45萬學習者上網註冊後，大規模開放線上課程（massive open online courses，以下簡稱為MOOCs）在美國一夕之間成了高等教育最熱門的話題（Vardi, 2012; Wikipedia, 2013b）。此後世界各地的頂尖大學陸續將MOOCs課程放上網路，並吸引了大量的網友上網註冊。

　　比爾蓋茲說因為MOOCs的發展和網路資訊的發達，目前可謂是學習的黃金年代（Grossman, 2013）；史丹佛大學校長John Hennessy也形容MOOCs猶如教育界的海嘯，勢將襲捲整個高等教育（Vardi, 2012）。而國內因應MOOCs潮流和在教育部的政策推動下，許多大專院校也加入了發展MOOCs課程的行列，MOOCs在2012年一時之間在高等教育界掀起了一股「磨課師」（MOOCs的音譯）旋風，引起產官學各界極大的關注。

　　因此，本文將就MOOCs的發展做一介紹，並針對MOOCs在國內高等教育的應用以及影響進行探討。

壹 MOOCs的緣起與演變

一 MOOCs的發軔

MOOCs一詞最早是由Dave Cormier和Bryan Alexander在2008年針對當時的一門Connectivism and Connective Knowledge課程（即CCK08課程）所提出的。該課程的目的在瞭解透過網路世界進行學習的模式，修課的學生除了25位實體上課的同學以外，還有2,200位免費透過線上學習的同學共同參與課程，所有的課程活動都是透過網路合作學習工具的通訊功能來進行。由於這個課程提供大量（massive）的學習者同時上課，同時採取開放式（open educational resources, OER）的線上（online）課程，符合大規模、開放與線上學習的特色，所以CCK08可說是最早的MOOCs課程。

新一代的MOOCs則是將錄製好的課程影片透過網路提供給大量的使用者進行學習，這樣的作法最早開始於2006年所成立的Khan Academy，而且相當成功。前史丹佛大學資工系教授Sebastian Thrun仿照Khan Academy的模式，於2011年10月將他的「人工智慧概論」（Introduction to AI）課程錄製成影片並上傳至網路提供瀏覽，未料很快就吸引了16萬使用者上網註冊（劉怡甫，2013b）。而史丹佛大學的另外一位資工系教授Andrew Ng也將他的「機器學習」（Machine Learning）課程放上網路，同樣也吸引了10萬人報名。

因為受到線上課程成功的激勵，於是Sebastian Thrun於2012年2月成立了Udacity學習平臺，而Andrew Ng和Daphne Koller也於同年4月份成立了Coursera學習平臺，兩者都屬於營利公司，從此揭開了MOOCs大規模線上學習的序幕。相較於Coursera和Udacity兩家公司的營利性質，edX則是由麻省理工學院和哈佛大學相繼投入6千萬美金在線上學習所成立的非營利公司，繼續創新技術的發展，也吸引了柏克萊與其他9所大學於2012年下半年陸續加入了MOOCs線上課程的行列。由於這三家公司自2012年開始營運，紐約時報遂稱2012年為MOOC元年

（Pappano, 2012），而MOOCs一時之間也成為了教育界最熱門的討論議題。

綜上所述，MOOCs課程大致可以分為以下幾個階段（Cormier, 2013）：

1. Pre-2008：在2008年以前的遠距學習。
2. 2008-CCK08：除了實體課程的人數外（25位付費註冊學生），也開始有大量選修的學習者同時上課（2,200人同時進行線上課程）。
3. 2009-2010：以學習管理系統（learning management systems）所提供的線上教材和其他開放的線上資源為主的線上學習模式（Wikipedia, 2013b）。
4. 2011：史丹佛的人工智慧課程（Stanford AI）上線後造成16萬人選修的熱潮。
5. 2012：Udacity, Coursesa和edX等公司成立，從此開啓了MOOCs序幕。

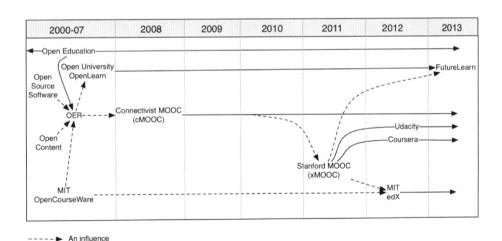

圖1　MOOCs的發展過程
資料來源：Yuan and Powell (2013).

二　不同型態的MOOCs課程

在大規模線上學習課程的發展過程中，出現了兩種不同的MOOCs課程型態，分別是cMOOCs和xMOOCs（Elearnspace: Learning, 2012）。

cMOOCs的上課方式主要以各種網路工具進行彼此的聯繫與溝通，例如RSS自動推播功能、部落格、Moodle（一種課程管理系統）的課程討論區、Second Life和線上會議等，例如2008年由Siemens和Downes所教授的Connectivism and Connective Knowledge線上課程即屬於此類課程。這類課程強調合作、透過網路工具進行溝通、互動與討論，聚焦在學習社群的建立和聯繫（Wikipedia, 2013a）。

而xMOOCs則主要以影片講課的形式呈現，並在課程的製作方面投入較多的資金，例如Coursera和edX平臺的線上課程即屬於此類課程。xMOOCs課程的形式主要為課程影片、自我測驗、討論版等課程活動，這類的課程不強調學習者之間的互動功能，主要是強調大量的課程參與人數。

以上兩種MOOCs課程的形式和目的雖然不同，但都是數位學習很重要的學習方式。不過因為使用相同的MOOCs一詞，常常容易造成混淆（Daniel, 2012）。本文中我們主要探討的是最近於2012年所發展的xMOOCs。

三　MOOCs課程模式的發展

ＭＯＯＣｓ課程模式的發展其實是融合了開放式課程（OpenCourseWare, OCW）和翻轉課堂（flipped classroom）的概念與做法。開放式課程是於2001年由麻省理工學院所倡議並獲各國頂尖大學熱烈響應，從那時起數位學習已在高等教育中定調其進化的發展脈絡（劉怡甫，2013a）。開放式課程的概念是以網路為基礎的線上課程，主要的課程媒體為1至3小時的教學影片，提供了MOOCs開放課程的概念和利用影片實施教學的經驗。而翻轉課堂的設計概念是學生利用課前觀看教師錄製的講授內容（或相關的教材），然後在課堂中進行討論的一種上課方式（劉怡甫，2013c）。翻轉課堂其實是一個混成式課

程（blended course）的概念，提供MOOCs課程中讓學生自主學習的精神。

例如史丹佛大學在加州矽谷創辦的Coursera線上課程平臺，以及由麻省理工學院與哈佛大學共同創辦的edX線上學習平臺，都強調能夠讓學生依照自己的進度進行學習。這些系統整合了線上教學影片、自我測驗、即時評量回饋、線上實驗室、討論區等功能（Vardi, 2012; Wikipedia, 2013b），和其他課程教材免費放在網路上提供學習者進行學習（DegreeofFreedom, 2013; Wikipedia, 2013b）。

此外，MOOCs課程比開放式課程（OCW）多了一些實際課程上課的感覺。以Coursera爲例，在MOOCs上選課就和眞實的選課體驗一樣，學生必須事先登記選課，每個課程會提供課程概述、課程大綱，並且有開課日期、上課週數等資訊。學生雖然需要註冊，但目前所有的課程都是免費的。只要能夠上網，上課的時間不受任何時間與地域的限制。學生只要在規定的時間內完成所有的課程進度，並通過該課程的精熟度評量（assessment of mastery），即可獲頒該課程的認證（certificate）。

MOOCs的發展趨勢與課題

MOOCs在全球短短一年的時間就造成風潮，對於現代教育的意義絕對不容小覷。MOOCs網路課程動輒吸引數萬人註冊的現象，已促使美國教育界與企業界認眞思考如何善用這個平臺來提升教學或訓練的數量與品質。此一新型態網路經濟模式的崛起，不啻啓發人們許多想像與努力的空間。以下列舉數點MOOCs的可能發展趨勢以及相關的課題進行探討：

一　MOOCs的發展趨勢

(一) MOOCs是新一代的數位學習革命

修習MOOCs課程的誘人之處，在於它免費提供全球一流教授與專家級師資的教學與評量，除了可以滿足學習者的進修需求外，其修業證書未來更有機會獲得大學學分或學位認可，或作為個人應徵工作時的有力佐證（劉怡甫，2013a），除了造成眾多的學習者對於MOOCs趨之若鶩外，也奠定了MOOCs在高等教育的影響力量。另一方面，因為MOOCs的發展與應用，可以預期的也將帶動其他小規模、具有多元特色或結合其他課程管理平臺（course management system, CMS）所發展的類MOOCs課程，全面帶動數位學習的風潮。

(二) MOOCs提供全球接受一流教育的機會

全球有許多人因為生活艱困（地處偏僻或身處戰亂）或經濟拮据（受金融風暴衝擊），以致沒有機會接觸美國名校大師的教學內容。但自從MOOCs興起後，留學的距離與學費就不再是問題了。只要能上網，全世界每個人都有機會修習史丹佛、哈佛等名校大師的精彩網路課程。時代雜誌（TIME, 2012）稱免費的MOOCs課程為大眾開啟了進入美國長春藤名校的大門，而根據Coursera的統計，其註冊學員中有高達61.5%是來自美國海外（劉怡甫，2013b）。因此MOOCs將可能提供全球弱勢族群接受一流教育的機會，各國及臺灣高等教育都要儘早因應與規劃。

(三) MOOCs將繼續發展以更符合期待

由於網路頻寬越來越大，將來MOOCs的發展會更為快速，大家對於MOOCs課程的需求也會更高，例如課程品質的提升、課程的認證方式、教學目標和教學法的優化、更多元的評量方式等。可以預期的，MOOCs課程將繼續發展以更符合大家對於線上學習的期待。

二 發展MOOCs應思考的相關課題

MOOCs在教育具有很大的發展潛力，但是在執行面也面臨了許多的挑戰與課題（Grossman, 2013），以下提供有心發展MOOCs課程者一些思考的方向。

(一) 是否能取得充分的支援人力與資源

實施MOOCs計畫除了維持設備正常運作的技術門檻外，還有課程的研究發展、設計與製作、平臺的營運、課程的行銷等工作，當計劃投入發展MOOCs課程時，必須要先思考是否可以取得相關的人力與資源。

(二) 平臺的選擇

MOOCs教學平臺需要處理大量使用者同時上線的頻寬問題，此外，維持系統的正常運作和發展友善的操作系統也有一定的難度，因此要建立有口碑的平臺並不容易，需要專職的團隊累積多年的經驗才能夠勝任，多數的情況下可以考慮和平臺業者合作共同經營。

(三) 是否收費？

由於實體課程的學分費非常昂貴，因此免費的MOOCs推出後馬上吸引大量的使用者註冊上課。但維持MOOCs課程平臺運作需要投入大量的人力和資源，因此目前許多MOOCs教學平臺採取「免費+收費」機制，學員註冊與上課免費，惟針對特定的項目，例如認證費、測驗費或學費等收取費用（劉怡甫，2013b）。華盛頓大學表示一旦MOOCs課程能提供學分，學生便需要支付一定的費用，並完成課程中的各項作業與要求（樊家忠，2012）。

(四) 學分數的認定？

到目前為止大多數MOOCs課程並沒有提供正式學分，但線上課程可否採認學分與學位的爭議，主要在於線上課程的品質與成效是否等同

於傳統課程？另外，因為提供學分需要利用考試來決定學生的學習效果，如果將來MOOCs課程要提供學分或學位，則需要考慮考試的公平性。

對於線上課程和傳統課程的品質與成效可以由授課教師加以控管與確認。至於考試的公平性方面，目前全球最大的MOOCs平臺Couresra已經有了幾門課可以授予學分，作法是要求學生到指定的考場接受測驗，或者利用高科技來防止學生考試時作弊。例如利用電腦的攝影機監控是否為本人參加考試，或者是以簽名、敲擊滑鼠和打字的習慣來確認受測者為選課的本人（Eisenberg, 2013）。將來考試標準一經確立後，MOOCs課程就可望正式授予學位，使得整個制度的設計更接近實體大學（樊家忠，2012）。

(五) 課程的完成率偏低

由於在線上註冊MOOCs課程很容易，所以上網註冊選修MOOCs課程的人很多，但可能因為課程的困難度或學習動機不足，研究結果顯示MOOCs課程普遍的完成率大約是課程註冊人數的10%以下（Arnold Stephen Jacobs, 2013; Mackness, Mak, & Williams, 2010），這是MOOCs課程普遍遇到的問題與困難（Lewin, 2013）。要完成MOOCs課程需要學習者能夠持續地付出時間和努力（MoocGuide, 2013），另外，給予學生多一些關心和支持也將有助於提高通過MOOCs的比率，這些都是值得努力的方向（Grossman, 2013）。

(六) 應加強課程的教學設計與品質

教學目標要透過靈活的教學活動來達成，因此在實體上課時教師們總會考慮使用不一樣的教學策略，例如主動式學習、合作學習或是翻轉課堂等來達成教學的目標。但是目前MOOCs的教學方式主要是透過簡短的教學影片、影片中的自我測驗和論壇等方式進行（Vardi, 2012），基本上並沒有針對不同的科目設計教學策略，是否能夠達成不同科目的教學目標還有待商榷。另外由於MOOCs屬於線上課程，自然也要注意課程的品質。例如影片的品質、甚至於錯字都會讓學習者對於課程所傳

達的概念產生誤解或影響學生對於課程整體的感受，因此授課教師或者課程專家應該對於課程的品質自我要求。

(七) 課程的評量設計

目前在MOOCs上最常使用的兩種評分方式，主要是電腦自動評分的測驗題和少部分由同儕互評的報告（Arnold Stephen Jacobs, 2013; DegreeofFreedom, 2013）。如果修課的學生對於電腦的評分結果有疑問或不瞭解的地方，或者認為其他修課的同學並不適合擔任評分的工作（例如不同文化之間的認知差異）（Bombardieri, 2013; Olds, 2012; Rivard, 2013），甚至對於評分的結果有意見的時候，往往無法獲得協助（DegreeofFreedom, 2013）。

另外，因應不同的修課目的應該提供不同的評分方式。例如提供修業證明的課程也許簡單的課程評量已經可以應付，但如果是授予學分的課程，則必須思考授予學分的公平性，例如採取集中考試的方式等。所以MOOCs課程如何根據不同的修課目的發展適當的評分方式，也是需要繼續努力的。

(八) 智慧財產權的議題

目前許多的MOOCs影片可以提供下載供使用者離線瀏覽，而製作MOOCs的許多教材內容也可能來自於網路。可以想見的，將來知識的來源可能普遍來自於網路，這些智慧財產權是必要重新加以定義與設定新的機制來加以保護。

(九) 其他值得思考的課題

除了以上的考量外，MOOCs還有以下的課題需要思考：
1. 名校名師配合開課的意願。
2. 廣泛提供線上課程對於教師任用的影響。
3. 學生是否能夠在MOOCs課程中自律自主地進行學習。
4. MOOCs的簡報或課程影片是否足夠學習課堂的知識。
5. 只以MOOCs授課，學生將失去在實體課堂和同儕進行討論和合

作學習的機會。

6. 教師是否能夠關注所有學生的學習經驗與成效。

7. MOOCs課程結束後是否繼續維運。

 ## MOOCs在國內高等教育的發展與應用

美國教育委員會主席布洛德（Molly Corbett Broad）表示，MOOCs課程的受歡迎程度顯示了人們對教育的渴望，而MOOCs是一個非常重要且規模龐大的全新實驗（樊家忠，2012）。目前MOOCs課程除了美國發源地外，在世界各地也都呈現快速的發展。以下說明MOOCs課程在國內高等教育的發展情形，並提出發展MOOCs課程的建議。

一　MOOCs在國內的推動現況

2013年3月Coursera首度邀請4所亞洲地區學校加入，包括了臺灣大學、新加坡大學、香港中文大學和香港科技大學；而edX亦於2013年5月首次增加了6所亞洲地區學校，包括了北京大學、北京清華大學、香港大學、香港科技大學、日本京都大學和南韓首爾大學。由於MOOCs在全球高等教育的高度影響力，我國教育部也很積極的推動MOOCs計畫，從2013年1月教育部長交辦積極推動MOOCs後，教育部於2月份舉行年終記者會時宣布我國的MOOCs計畫。此後於3至5月間便積極拜訪大學校長，6月中央大學提供桃園地區15所高中600位高三學生微積分先修課程，7月份在臺灣舉行的第九屆海峽兩岸暨港澳地區大學校長高教論壇，會議中即以整合兩岸四地的華人合作，共同推動華人共同MOOCs線上教學平臺為題進行研討（淡江大學資訊處數位設計組，2013）。

另外，教育部預計於2013年底針對MOOCs計畫開始徵件，並預計於2014年正式推動。為了發展我國MOOCs課程的特色，以與世界的MOOCs課程做出市場區隔，教育部希望我國能夠發展華文MOOCs課程以及具備各校特色的特色課程。

二 國內MOOCs平臺的發展

國內目前較具規模的MOOCs平臺包括中央大學NCUx、清華大學學聯網ShareCourse和交通大學ewant育網，分別說明如下：

(一) 中央大學NCUx

目前我國大學採多元入學方式，據統計，全國近一半高三學生早在畢業的前六週已經選定大學入學學校，為避免學習出現「空窗期」，中央大學從2012年暑假開始逐步推動新一代的MOOCs線上學習模式，率先推出高中線上預備課程，並取名為NCUx，課程的目的旨在化被動學習為主動學習，幫助高中生提早開啟大學殿堂學習之鑰。準大學新鮮人透過線上先修「微積分」，通過考試認證後即可抵免一個學分，輕鬆搞定許多大學生頭痛的「危機分」（曹松清，2013）。

(二) ShareCoures學聯網

ShareCourse學聯網是由清華大學所推出的MOOCs平臺（http://www.sharecourse.net），於2012年11月開始營運，為兩岸三地唯一已經營運的MOOCs課程平臺。學聯網的目標客戶為即將進入職場和已經在職的人士，目標市場為職場能力學習。學聯網的課程來自頂尖大學的大師，與頂尖培訓機構的業界專家。課程提供精緻化的課程，有劇本、分鏡。一堂課約5至10分鐘分一個段落，提供線上練習、評量、虛擬線上實驗、即時線上討論以及學習成效認證。學聯網MOOCs平臺融入了翻轉式學習、家教式教學和社群學習功能，並提供學習記錄與統計，老師有完整的統計數據作為教學改進的參考，學生透過完整的學習記錄瞭解自己的強處與弱點，而企業則可以經由系統化的分析找到適當的人才。

(三) ewant育網

ewant育網平臺（http://www.ewant.org）是由兩岸五校交通大學（上海交大、西安交大、西南交大、北京交大及國立交大）共同合作發

起，自2013年起開始建構平臺，經過半年多的積極規劃及工作，平臺於2013年9月開始上線，第一堂課於10月14日正式在網上開始上課。平臺成立初期提供了來自兩岸五校交大及部分臺灣其他頂尖大學的十幾門精彩課程，2014年將擴大邀請大陸、臺灣、港澳及歐美的大學參加，預計總共會提供約70門課程。這是第一個眞正以全球華人爲主要服務對象的MOOCs教育平臺，爲全球華人提供免費的課程及學習資源。

三　發展MOOCs課程的建議

根據以上的討論，國內如果要發展MOOCs課程，可以從平臺的選擇、課源的開發、課程設計和資訊技術的支援等方面進行思考。

(一) 平臺選擇方面

MOOCs課程平臺的訴求及功能各異，例如國外Coursera平臺、國內的學聯網，甚至是結合校內課程管理系統的翻轉教室課程等，因此需要根據課程的需要及目的選擇平臺。另外，MOOCs的課程內容多爲影片、並同時提供同儕互評及網路討論等互動功能，因此MOOCs課程平臺是否能夠處理大量使用者同時上線的資訊流量也是在選擇平臺時需要考慮的因素。

(二) 課源開發方面

在課源的開發方面需要考慮的是發展MOOCs課程的目的爲何？是爲了提高學校的知名度（校譽）？或者是爲了促進老師的教學和學生的學習？前者可能是少數且具代表性的MOOCs課程（具世界競爭力），而後者可能是數量較大的校內SPOCs（small private online courses）課程（校內正規課程的翻轉教室教學課程）或結合校內課程管理系統所建置的數位學習課程。另外也可以根據學校的特色開發一些MOOCs特色課程或學程，例如華語文課程、師資培育課程或通識課程等。

此外，開發MOOCs課程亦需要考慮市場需求、知道觀眾在哪裡、並瞭解學生透過MOOCs進行學習的原因。例如學習者是否希望利用MOOCs的修業證書作爲謀職的佐證資料？還是純粹對於MOOCs課程內

容感興趣？

　　根據以上分析的各種MOOCs課程目的和需求，可以設計及發展不同類型的MOOCs課程，在搭配使用不同的MOOCs課程平臺後，可以達成建置校園多元化MOOCs課程的目標（如圖2）。

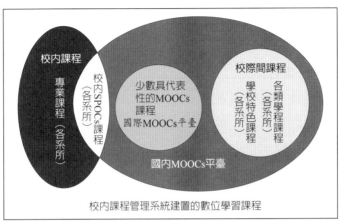

圖2　建置校園多元化MOOCs課程架構圖

(三) MOOCs課程應該加強教學設計

　　目前大部分的MOOCs課程可以解決大量使用者同時上線的頻寬問題，但教學方式多以傳統的教學影片和自我測驗為主，可能無法滿足不同教學科目的課程需求。為了達成教學目標或發展課程特色，MOOCs課程應該注重課程內容的設計和教學策略的應用，考慮使用各式教學系統發展模式（例如Analysis, Design, Development, Implementation, and Evaluation, ADDIE），根據課程的性質和學生的需求設計課程。此外，教學者也可以彈性應用許多不同的設計，例如採用不一樣的課程架構、使用不同的語言、或搭配其他線上學習的工具進行設計（MoocGuide, 2013）。

(四) 建立MOOCs課程發展團隊

　　製作MOOCs課程與使用網路來順利傳送、營運MOOCs課程對於網路科技而言是一項挑戰。MOOCs的課程製作團隊包括了教學／研究

者、教學設計與製作者、課程助教、平臺維護專家、資訊科技專家以及行政方面的支援工作人員所組成（Head, 2012）。在建立MOOCs課程發展團隊方面，建議包括以下的團隊組織，這些組織成員一起工作，達成建置校園MOOCs課程的目的（如圖3）。

1. 課程研究團隊

(1) 教學/課程研究：分析海量資料，瞭解學生的來源、需求和課程的學習成效，作為課程設計和持續發展的依據。

2. 課程發展團隊

(1) 課程開發：瞭解市場需求、開發特色課程。

(2) 課程設計與製作：能夠根據課程的屬性及學生的學習特性設計及製作課程。

(3) 課程助教：解決不同的區域/國家間的文化問題、提供改作業、課程服務等支援。

3. 系統支援團隊

(1) 平臺維護：平臺的客製化及維運。

(2) 技術支援：Help desk，提供平臺及介面操作等技術支援。

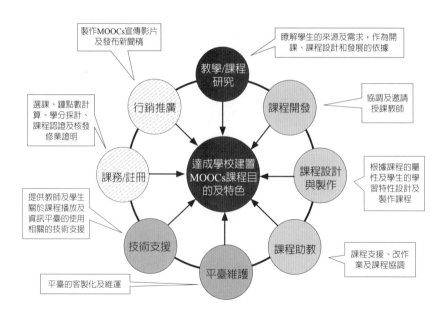

圖3　MOOCs課程發展組織架構圖

4. 行政支援團隊

(1) 課務／註冊組：辦理註冊／選課、提供修業／學分證明。

(2) 行銷推廣：宣傳及推廣MOOCs課程。

肆 MOOCs對於國內高等教育的衝擊與影響

MOOCs的精神是提供大家自由的教育機會（Free education for everyone），是2012年才開始發展的線上課程模式。從MOOCs在臺灣以及國際間風起雲湧的情形看來，MOOCs對未來高等教育的影響力正方興未艾。喬治亞理工學院的二十一世紀中心主任DeMillo即表示，很難想像會有任何研究型大學不願意參加與推動MOOCs計畫（樊家忠，2012），可以預見未來，MOOCs勢必對於高等教育產生一些衝擊與影響。

一 MOOCs對於國內高等教育的衝擊

(一) 將對高等教育的形式及師資結構造成衝擊

探討MOOCs成功的原因有二個，分別是頂尖大學的品牌和昂貴的教育費用。Coursesa的目標是把最好的課程，透過最好的大學的最佳講師，免費提供給在世界各地的每個人（Koller, 2012）。於是當史丹佛大學的教授們成立了Coursera後，即刻就收到了廣大的回響，而MOOCs因此也有機會提供更多人接受更好的教育品質。由於以上的發展，世界各地的學習者都有機會選修頂尖大學的課程。

然而網路大學課程的成功，是否將壓縮實體大學的生存空間，或者在某些方面取代傳統的高等教育形式？這是目前研究者以及各大學校長最關心的議題，而這樣的發展勢必也將對高等教育師資的結構造成很大的衝擊。

(二) 將掀起捍衛學問詮釋權的戰爭

在2013年8月底，臺大的MOOCs課程終於放到Coursera平臺上了。

中國學生的普遍印象都是認爲香港的幾家大學比臺灣的大學好，葉丙成（2013）認爲臺大製作MOOCs課程除了可以改變中國對於臺灣的大學的刻板印象外，最重要的是在學問的詮釋權占有一席之地。原來網路課程有winner takes it all的特性，熱門的網路課程較容易取得對學問的詮釋權，反之在世界知識的舞臺上則淪爲被邊陲化、學問的詮釋權旁落。因此MOOCs課程不但是一股潮流，也是一場捍衛知識詮釋權的戰爭。

二　MOOCs對國內高等教育的影響

目前MOOCs在世界上已經形成一股旋風，MOOCs對於未來高等教育的影響可以從教學方式、學生的學習經驗、科技應用、學歷價值和終身學習等方面進行探討。

(一) MOOCs的教學方式有別於傳統課程

從MOOCs發展的過程中可以發現學生喜歡從最好的大學免費得到最好的內容（Koller, 2012）。但網路科技在提供便宜的教學課程的同時，可能還有其他更嚴肅的課題需要考慮。由於MOOCs的上課學生人數很多，許多MOOCs學生在學習的過程中和老師幾乎沒有任何互動的經驗（Arnold Stephen Jacobs, 2013）。

網路科技對於MOOCs的意義可能不在於教育方面的價值，而是提供大量的學習機會。因爲MOOCs課程所面對的學習者的數量遠遠大於傳統課堂的學習者，因此在教學方式和個別化的教學方面自然沒有辦法像傳統的教學方式那樣能夠細膩的照顧到每個學習者的需求。許多學習者的意見調查結果都顯示老師和學生的關係很薄弱（Arnold Stephen Jacobs, 2013），這樣的結果可能有悖於或削弱了MOOCs課程能夠讓學習者自行學習所產生的個別化教學的效果，因此教學者可能需要思考如何加強教學策略以滿足不同學習者的學習需求。

(二) MOOCs教學可能犧牲了部分的學習經驗

雖然有研究指出線上學習的成效並不會比傳統的教室學習的效果來

的差（U.S. Department of Education, 2010），但使用MOOCs教學有一個值得教學者思考的問題：是否MOOCs的教學可以滿足所有的知識學習需求？比爾蓋茲認為線上學習在網路化的現代是一定會發生的，但是學習除了簡單的口述或教學影片等方式外，應該還有透過其他學習的形式才能夠學到的課程內容。他特別提到實體課程在教育中的價值，特別是實驗室中的操作和合作學習的過程，而這些可能無法從目前的MOOCs教學方式中獲得（Grossman, 2013）。

(三) 未來教學將更加倚賴網路科技

面對大量的使用者，MOOCs課程平臺在開課期間必須一天24小時提供使用者上線，這意味著MOOCs平臺必須能夠處理大量使用者同時上線的頻寬、傳送課程內容、影音資料、提供測驗、進行同儕互評和課程討論，這些課程活動需要應用資訊科技、雲端技術和使用相關的課程軟體，這些相關技術的使用和熟悉需要長時間的經驗累積才能夠維持系統的正常運作。無疑的，這些科技的應用對於提供MOOCs課程的單位而言是一項挑戰，而這也意謂將來的教學將更為倚賴網路科技。

(四) 科技提供瞭解學習的本質和模式的機會

但從另外一個方面，透過科技也許可以瞭解人們的知識是如何建構的。Coursera的創辦人Koller正在說服頂尖大學把他們有意思的課程做成免費的網路課程，這不光是一項服務，而且是一項研究人們如何學習的課題。從每次敲鍵盤、每個小測驗、同學之間的討論和自己批改的作業創立了一個前所未有的數據庫，從分析這些數據將有機會瞭解學生在學習過程中常見的誤解是什麼？是否有更好的學習策略？以及人們如何進行學習並應用知識解決問題（Koller, 2012）。

(五) 學歷的價值可能不若以往

傳統的學位證書的價值在於對專業領域的全面的知識和技能的認證，而這些知識或技能的認證是被職場所高度肯定的。但是如果是透過線上教育所取得的證書，這樣的學歷證書在某些工作場域的價值可能不

如以往，主要是因為透過線上進行學習可能無法獲得全方位的學習經驗（Grossman, 2013）。

(六) MOOCs將促進終身學習與在職訓練

大部分的MOOCs課程都有大量的學生註冊，根據資料顯示這些註冊的學生中只有一少部分是校園裡的修課學生，其他很大部分的學生對於MOOCs課程內容感到興趣，但並不一定需要取得這門課的學分或學位（MoocGuide, 2013）。另外還有一些早已經畢業的教育學者、企業人士、研究人員或對課程內容有興趣的專家，他們的目的已經不是為了獲得學分或學位，而是為了本身的興趣與專業（Knowledge@Wharton, 2012; MoocGuide, 2013），通過MOOCs所提供的內容，人們將可以學習新的東西來獲得知識或改變生活（Koller, 2012）。

此外，MOOC應用了最新的教育科技與多元教學設計的概念，提升了學校與企業在教育訓練的專業水準與學習效益，讓個人自主學習或企業鼓勵員工進修特定專業知識的成效更獲保障（劉怡甫，2013a）。所以MOOCs在終身學習和在職訓練方面的潛在市場應該是很大的。

伍 結語

本文介紹了MOOCs課程在高等教育的發展與應用，如同歷史上其他教學工具的發展與應用一樣，每一項學習工具都有其功能與侷限性。從MOOCs的功能而言，MOOCs除了是一個科技的平臺外，更應該是一個教育的平臺。因此MOOCs平臺真正吸引人的應該是教育的內容以及如何促進學習的教育理念。所以在MOOCs課程的架構完成後，還要持續加強教學的研究發展。當然，我們也要瞭解MOOCs課程的侷限性，不能一廂情願的將所有的希望或改革都寄託在其上。

對頂尖大學而言，線上教學已是趨勢，我們不能自外於此波教育的革命，「問題已經不是要不要投入，而是如何投入？」對現代的老師而言，則需要能夠靈活運用可用的教學工具及資源，並且思考及改變教學的方式。希望教師們可以思考應用MOOCs發展更靈活的教學方式，提

供學生更多的時間以及主動學習的機會，透過與學生們的對談，點燃學生們的學習熱情和創造性思考能力，讓學生的學習更活潑、有趣，更加多元也更爲有效。

參考文獻

一、中文部分

曹松清（2013）。中大率先推出**NCUx**高中生預備課程。2013年9月20日，取自 http://edn.udn.com/article/view.jsp?aid=608189

淡江大學資訊處數位設計組（2013）。第九屆海峽兩岸暨港澳地區大學校長高教論壇。2013年8月31日，取自 http://gdc.tku.edu.tw/TodayNews/fcdtl.aspx?id=869

葉丙成（2013）。臺大**Coursera**課程上線的重要意義。2013年8月23日，取自 http://pcyeh.blog.ntu.edu.tw/

劉怡甫（2013a）。以Coursera爲例談MOOC教學設計了些什麼。評鑑雙月刊，**45**，34-38。

劉怡甫（2013b）。與全球十萬人作同學：談MOOC現況及其發展。評鑑雙月刊，42，41-44。

劉怡甫（2013c）。翻轉課堂──落實學生爲中心與提升就業力的教改良方。評鑑雙月刊，41，31-34。

樊家忠（2012）。美國高等教育的新戰場十月。2013年8月23日，取自http://www.watchinese.com/article/2012/4497

二、外文部分

Arnold Stephen Jacobs, J.(2013). Two Cheers for Web U! *The New York Times*. Retrieved September 11, 2013, from http://www.nytimes.com/2013/04/21/opinion/sunday/grading-the-mooc-university.html?pagewanted=all&_r=1&

Bombardieri, M.(2013). *Can you MOOC your way through college in one year*? Retrieved September 10, 2013, from http://www.bostonglobe.com/ideas/2013/04/13/can-you-mooc-your-way-through-college-one-year-can-you-mooc-your-way-through-college-one-year/lAPwwe2OYNLbP9EHitgc3L/story.html

Cormier, D.(2013). *Attention les MOOC!(TED video)*. Retrieved September 5, 2013, from https://www.youtube.com/watch?v=KAVwQ7RJWqg

Daniel, S. J.(2012). *Making sense of MOOCs: Musings in a maze of myth, paradox and possibility*. Retrieved August 20, 2013, from http://www-jime.open.ac.uk/jime/article/viewArticle/2012-18/html

DegreeofFreedom.(2013). *MOOC components: Assessment*. Retrieved September 18, 2013, from http://degreeoffreedom.org/mooc-components-assessment/

Eisenberg, A.(2013). Keeping an eye on online test-takers. *The New York Times*. Retrieved September 10, 2013, from http://www.nytimes.com/2013/03/03/technology/new-technologies-aim-to-foil-online-course-cheating.html?_r=2&

Elearnspace: Learning, networks, knowledge, technology, community.(2012). *MOOCs are really a platform*. Retrieved September 12, 2013, from http://www.elearnspace.org/blog/2012/07/25/moocs-are-really-a-platform/

Grossman, S.(2013). *Bill Gates discusses MOOCs at Microsoft research's faculty summit*. Retrieved October 2, 2013, from http://chronicle.com/blogs/wiredcampus/bill-gates-discusses-moocs-at-microsoft-researchs-faculty-summit

Head, K.(2012). *Sweating the details of a MOOC in progress*. Retrieved September 8, 2013, from http://chronicle.com/blogs/wiredcampus/sweating-the-details-of-a-mooc-in-progress/43315

Knowledge@Wharton.(2012). *MOOCs on the move: How Coursera is disrupting the traditional classroom*. Retrieved September 20, 2013, from http://knowledge.wharton.upenn.edu/article/moocs-on-the-move-how-coursera-is-disrupting-the-traditional-classroom/

Koller, D.(2012). *What we're learning from online education (TED video)*. Retrieved September 10, 2013, from http://www.ted.com/talks/daphne_koller_what_we_re_learning_from_online_education.html

Lewin, T.(2013). Universities abroad join partnerships on the Web. *The New York Times*. Retrieved September 1, 2013, from http://www.nytimes.com/2013/02/21/education/universities-abroad-join-mooc-course-projects.html?_r=0

Mackness, J., Mak, S. F. J., & Williams, R.(2010). *The ideals and reality of participating in a MOOC*. Paper presented at the 7th International Conference on Networked Learning

2010, Aalborg, Denmark.

MoocGuide.(2013). *Benefits and challenges of a MOOC*. Retrieved September 12, 2013, from http://moocguide.wikispaces.com/2.+Benefits+and+challenges+of+a+MOOC

Olds, K.(2012). *On the territorial dimensions of MOOCs*. Retrieved September 18, 2013, from http://www.insidehighered.com/blogs/globalhighered/territorial-dimensions-moocs

Pappano, L.(2012). The Year of the MOOC. *The New York Times*. Retrieved September 12, 2013, from http://www.nytimes.com/2012/11/04/education/edlife/massive-open-online-courses-are-multiplying-at-a-rapid-pace.html?pagewanted=all&_r=0

Rivard, R.(2013)。美國的開放教育輸出，是一種「文化侵略」嗎？。2013年9月20日，取自http://chaoglobal.wordpress.com/2013/09/08/mooc/

TIME.(2012). *College is dead. Long live college*! Retrieved September 6, 2013, from http://nation.time.com/2012/10/18/college-is-dead-long-live-college/

U.S. Department of Education.(2010). *Evaluation of evidence-based practices in online learning: A meta-analysis and review of online learning studies*. Washington, DC: Office of Planning, Evaluation, and Policy Development Policy and Program Studies Service.

Vardi, M. Y.(2012). Will MOOCs destroy academia? *Communications of the ACM, 55*(11), 5.

Wikipedia.(2013a). *Connectivism*. Retrieved September 21, 2013, from http://en.wikipedia.org/wiki/Connectivism

Wikipedia.(2013b). *Massive open online course*. Retrieved September 18, 2013, from http://en.wikipedia.org/wiki/Massive_open_online_course

Yuan, L., & Powell, S.(2013). *MOOCs and open education: Implications for higher education*. Retrieved September 9, 2013, from http://www.cetis.ac.uk/

7 東華大學「學生學習成效評量機制」的實務與評析

高台茜
國立東華大學教學卓越中心主任

林于揚
國立東華大學教學卓越中心助理

壹 前言

　　近年來國內高等教育的發展，開始對以往僅以「教師本位」的教學概念產生質疑，並提出是否應轉變或考量以「學生本位」為思考的教學績效責任，也就是從原本重視教師本身的教學品質，轉為更強調學生學習成果的檢討，引發學界熱烈的思辨與探討。然而在各大專院校整體作法與執行策略尚未有定論之前，以學生學習成效為導向的規劃與落實，已明確地納入近年高等教育評鑑任務的重點指標。

　　教育部於100年委託高等教育評鑑中心辦理大學校院校務評鑑計畫，希望引導各大學確立自我定位與發展特色，以因應少子化所帶來的衝擊；更重要的是建立一套評估學生學習成效的完整機制，以確保學生學習成效，強化學生競爭力。同年，高教評鑑中心發文（高評（99）字第0990001890號）給各大學，針對「校務評鑑建置學生學習成效機制」補充說明：100年度辦理之校務評鑑包含二個核心價值，其一是在導入品質保證之PDCA架構；其二在建立一套評估學生學習成效的完整機

制。高教評鑑中心評鑑業務處處長王保進，亦於100年7月第32期評鑑雙月刊中撰文表示，100年校務評鑑之後，101年將接續展開第二週期的系所評鑑計畫，從原本的「教師本位」轉爲「學生本位」之績效責任，並且更加強調學生學習成效的品質保證。也就是說，101年開始，新一期系所評鑑之重點，將從學生學習成效機制的「規劃面」，轉變爲「過程面」及「結果面」；從整體機制的落實狀況，來評鑑或瞭解各校院系所如何依據所規劃的內容，具體落實教育目標、核心能力並確保學生學習成效的作爲。爲此各大專院校已不得不面對這樣一個問題：應如何建立以學生學習成效爲導向的評量機制與教學環境，並眞正具體落實？

當前國內已有幾所學校是較早展開規劃並發展學生學習成效評量機制，各自依據自身學校狀況發展出不同的做法特色，舉例來說：逢甲大學開發出學生能力雷達圖，以學生修習各課程所獲得之成績，依照權重比例換算成各分項核心能力學習到的程度，以利學生檢核自己在各項核心能力的發展狀況（李秉乾、鄧鈞文，2011）；而銘傳大學其校、院兩級學生核心能力與系級核心能力具備百分比例的對應關係，系級學生核心能力的達成程度，植基在依系所標竿課程所設計出的統籌性會考或專題研究的學習成果評量，再以系級核心能力指標來推算院級與校級核心能力指標的達成程度（王金龍，2011）。幾所學校的作法雖異，但其共通點都是企圖找出一個有效的方式，來檢驗並說明學生眞正學習到的成果以及教學目標的達成程度。本文的重點並非在針對當前已發展或正在發展學生學習成效評量相關機制學校的作法優劣進行評論，而是希望先探討其與傳統教育理念的差異性，並藉由檢視國立東華大學機制建立的實務經驗，評析其所面對的問題、因應的策略、與實施的成果，期盼給予各大學一個可參考的案例。

貳 理念與探討

李坤崇（2011）曾針對我國近60年來高等教育的幾項問題進行探討，其中在課程規劃方面指出：各系專業課程架構不一，難以進行跨領

域學習，且缺乏明顯的學習路徑，學生不清楚亦未規劃學習路徑；在教學方面：大學教師以「大學自主」爲由，上綱到課程、教學自主，使得課程與教學各行其是，充斥著課程重疊、缺漏或浮濫現象。此一結果，主要原因之一來自於傳統教育模式特別強調涵蓋性課程與劃分架構；將課程設計、教學內容及學生學習的內涵均予以劃分，教師僅需教授劃分的科目課程，無須與其他教師溝通合作，且要求教師必須於一定時間內教授課程所有內容，表面似乎涵蓋所有內容，但卻未曾深究整合，以至課程流於膚淺，學生更不知爲何而學。

　　爲改善傳統教育的狀況，Spady（1981）率先提出「成果導向教育」（Outcome-Based Education, OBE），至今已在澳洲、南非、加拿大、美國等國被廣泛的採用並逐步進行教育改革。其要旨在於：整體教學應著重學生經過一段學習歷程之後確實的學習結果，也就是學生或畢業生所能眞正擁有的能力。其與傳統教育的主要差異，可以表1所列之相關面向進行比較。

　　從表1我們可以看到成果導向教育（OBE）與傳統教育在不同教育向度中的差異性，例如在學習成果方面：傳統教育是以學分數及學習的平均値來評斷學生學習的成就，而OBE重視的是學生最終的學習成果，並且清晰地指出學習應達成的績效標準。另外OBE對於教學本身，更重視綜合性的學習內涵，相較傳統教育分科獨立的方式，更加強調課程內容的整合。也就是成果導向教育改變了教學績效的評斷角度，直接指出教學的目的應以學生爲中心，從學生眞正學習的成果來檢討與規劃整體教學的內容，甚至以此作爲整體教學績效的檢核重點。

　　然而應如何才能具體實現成果導向教育的理念呢？Brandt（1993）對於落實OBE曾提出幾項主要原則，其中二項關鍵在於：一、「明確的學習成果」，在進行課程設計與教學前，教學者應建立一個清楚的學習成果藍圖，並勾勒出學生畢業前所應具備的且可以達到的成功知識、能力與素質，著重於學生整個學習歷程結束後的最後成果。二、「向下設計」的概念：即由最終的學習成果向下展開整體課程設計，包括教學引導、課程甚至評量方式，以最終學習成果爲課程的主目標。

表1　成果導向教育與傳統教育差異性比較表

向度	項目	成果導向教育（OBE）	傳統教育
學習成果	畢業標準	訂定清晰的績效標準，學生畢業時須證明能做什麼？	以學分數為畢業標準，學生取得所需學分數即可畢業。
	成就表現	以最終成果來表示學生學習成就，並非學習的平均值。	以學習平均值來表現學生的累積成就。
教學方式	教學方法	強調學生學到什麼？能做些什麼？；鼓勵批判思考、溝通、推理、評論、回饋與行動。	強調教師教什麼？重輸入，偏重知識的獲得與整理。
	學習中心	以學生為中心，結合情境並運用團隊合作及協同模式。	以教科書或受限的學習清單為中心，偏重以教師為中心。
	學習內涵	整合目綜合性的學習內涵，強調將課程架構、教學授課、測驗及證書等內涵整合。	著重分科獨立的內涵，片段的學習內容，將課程架構、教學授課、測驗及證書等內涵切割。
評量設計	評量方法	呼應成果、能力導向，須採取「多元評量」。	呼應行事曆、知識導向，較常用「紙筆測驗」。
	參照標準	強調標準參照：著重學生的最高績效成就標準及其內涵的相互比較，常運用「符合／不符合」「未達或超越」等評語。	強調常模參照：著重學生間的成果比較，常運用「較佳／較差」、「贏／輸」等評語。

（摘錄自李坤崇，2011）

　　簡而言之，不論是學生本位的教學或是成果導向教育（OBE），其真正的目的是在建議各教學單位（如通識、院系所）以及教學者（單一課程教師），能夠先訂定出明確的教育目標與欲培養的學生能力，使整體課程規劃以及單一課程的內容設計能有一致的方向，再據以採用適合的教學方法與評量方式。而這整個過程需透過反覆循環的檢討，持續驗證與修正教育目標、學生能力、課程規劃、課程內容、教學方法以及評量方式的一致性及有效性，並避免教學資源重疊或分散。

　　據此，大專院校如果要真正建立並落實學生學習成果導向之教學環境，就非只是個別教學單位或教師個人的問題，其中牽涉到的行政制度、課程教學、與資源環境等面向，都需整體一併思考規劃。其中更重要的是，必須建立起全校的共識，使學習成果導向的教學理念，能確實

於校內深根茁壯。彭森明（2010）亦於〈大學生學習成果評量—理論、實務與應用〉一書中提到：評量應從學校基層開始，而且大部分的評量工作皆須融入教師之教學過程，才能發揮其帶動學習之效能。並針對學生學習成效機制的建置與推展，提出五項重點工作：1.建立並奠定良好評鑑基礎、2.輔助教師落實課堂教學成效、3.推展院系所教學績效評鑑、4.推展全校性整體教學績效評鑑、5.建置評鑑資料庫與資訊網站。

綜合上述，學生學習成效評量機制之建立，必須從營造校內評量文化的共識與氛圍開始，配合校內相關政策辦法，給予各級教學單位清楚且易行的實施鷹架，並協助各級學程或課程進行調整與檢討，同時輔導及深化教師在相關評量知能的教學增能，最後整合相關資源，以提供便利的資訊平臺與永續的評量發展環境，如此全校性的學生學習成效評量機制，才得以建立並落實。

 問題與挑戰

學校在落實學生學習成效評量機制的過程，須考量行政負荷、課程結構、教學思維與政策永續等關鍵因素，要面對的問題與挑戰，可從行政與制度、課程與教學、環境與資源三大面向來探討：

一　行政與制度面

(一) 如何獲得各級行政與教學單位支持？避免增加行政負擔，並有效率地達成發展目標？

(二) 如何使院系（所）有具體、步驟化的發展與檢討架構？並持續定期進行檢討與精進？

二　課程與教學面

(三) 如何使各級課程能確實呼應各級教育目標與學生能力？並能確實檢核學生學習成果？

(四) 如何輔導教師轉變思維，並給予其落實課堂中學生學習成效評量的教學增能與環境？

三　環境與資源面

(五) 如何整合資訊系統與各項軟硬體環境，以便利各單位及師生定
　　 期檢討學習成效成果？

　　本文乃以此三大問題面向為架構，逐一探討東華大學近年為建立學
習成果導向的教學環境，所做的各項措施、改變以及成果。

肆　東華的執行策略

　　為因應100年校務評鑑以及103年系（所）評鑑，學生學習成效導
向的高教評鑑趨勢，東華大學從97年開始推展全校性學生學習成效評
量機制，並以學生學習成效為主軸的教與學作為校務發展目標，並依
據校自我定位、各級教育目標與學生能力，推展全面品質管理PDCA流
程，達成以學生為本位之教學品質保證的運作與落實。其具體目標有三
項：

1. **課程設計面**：確保學生「具備校基本素養與院系（所）專業能
   力」的發展
2. **教師教學面**：確保教師「具備學生學習成效導向的教學與評量
   能力」的發展
3. **科技資源面**：確保有利「學生學習成效導向之科技資源環境」
   的發展

　　而為達成這三項目標，東華大學首先以二個主軸作為整體機制發展
的經緯；1.結合教學卓越計畫資源架構：於計畫中設置「建立全面性學
生學習成效評量機制」之項目，透過校內教學卓越中心，連結各相關行
政處室（如：教務處、學務處、共教會與資網中心等）、各級教學單
位，成立專責小組，共同研擬機制，並規劃整體發展架構，2.配合100
年校務評鑑與103年系（所）評鑑期程：鼓勵行政單位與教學單位，於
機制建立過程中，同時完成系（所）課程與教學的精進以及評鑑各項目
指標的準備。並依照行政與落實面、課程與教學面以及資源與環境面等
三面向逐步落實。

一　行政面與落實面

新機制推動時，最令執行者擔心的是各級單位的配合與落實，同時也憂心新機制的不確定性影響教學與行政團隊的信心。為此東華於整體機制實施方針的第一條即言明：「評量須具備有效性、可行性並減輕教職人員及學生負擔」，亦即在達到任何機制推動目標的前提下，降低教職人員及學生的負擔是計畫規劃時的首要考量；因此東華在前置的準備工作中規劃了三個階段，第一階段成立專責小組，負責整體機制的整合、設計、宣導與落實工作，第二階段建立典範院系所及相關資訊系統，作為前導性的案例，最後才是整體機制的全面落實。

1. 成立專責小組：整合行政與教學單位，確立機制發展模式

以教學卓越中心為主體；邀請各領域行政單位包括教務處、學務處、共教會、通識中心、資網中心等，組成【學生學習成效評量機制發展小組】，共同研擬機制發展架構並擬定推動時程表（如下表2），使各相關行政處室得先行瞭解整體計畫的實施概況，則各單位可依據自身專業進行機制內相關內容之規劃，並進一步溝通配合。整體機制架構如圖1所示。

2. 釐清學校自我定位：明訂各級教育目標、學生能力與學習成果

李坤崇（2011）指出，國內大學近60年來課程出現「行政缺乏目標與能力導引、課程整體規劃、成果檢測的行為」以及「課程發展較少邀請產業界參與，衍生大學學習、就業脫節」等問題。且為推展成果評量，首要工作應釐清學校教育宗旨與目標（彭森明，2010），以求讓師生瞭解整體學習歷程中，應該教什麼以及學習什麼？，並能用其所學做什麼？讓師生能更清楚教與學的方向，以便隨時檢視學生能力的成長趨勢，提升更佳的學習力。

據此，東華大學首先透過97-2學期第二次校行政會議，分析學校環境與特色以及近年校務中長程發展計畫，除確立（校）自我定位外，亦共同討論（校）教育目標與學生應具備之基本素養與核心能力（共通能

表2　國立東華大學學生學習成效評量機制推動時程表

階段	工作任務	完成指標	完成時程
一	建立機制專責小組	1. 校院系三級教育目標與學生能力建置 2. 各項評鑑任務基礎規劃完成 3. 評鑑資訊傳播網站架設完成	100年12月
二	院系所典範建立	1. 典範院系所評鑑實施計畫撰寫 2. 通識各學群評鑑實施計畫撰寫 3. 評鑑資料庫／評量工具系統化規劃	101年12月
三	院系所機制規劃	1. 全校各院系所機制推展說明會暨典範院系經驗分享 2. 辦理機制建立工作坊／遴選各院系所評鑑種子教師 3. 成立（院）學生學習成效機制發展社群 4. 評鑑資料庫／評量工具系統化發展	102年12月
四	機制完成與實施	1. 各院系所機制實施計畫完成並建立資訊網頁專區（適用102-1學期入學新生） 2. 校核心課程建立完成	103年12月
五	機制檢討與修正	1. 各院系完成第一屆學生能力總結性評量實施成果報告	105年12月

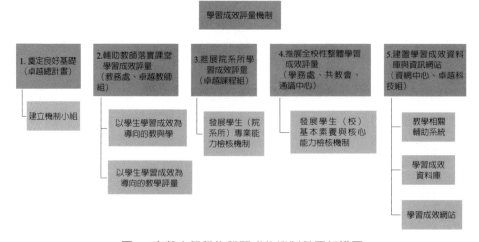

圖1　東華大學學生學習成效機制發展架構圖

力）內容，再由97學年度擴大行政會議責成各院系所依據其專業領域特色，逐步發展院級與系（所）級教育目標與學生專業能力（如圖2所示），另一方面依照定期持續改進流程，透過外部與內部檢核循環方式，週期性、持續性地討論修訂。

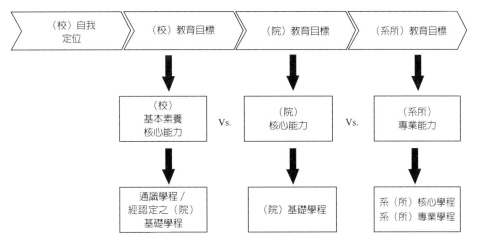

圖2　東華大學三級教育目標與學生能力發展流程圖

3. 持續檢討改善流程：導入PDCA精神，避免流於一次性工作

　　為使各級教育目標、學生能力、課程規劃乃至於評量方式，得符合社會各界之期待與需求，明確說明各級教學單位應如何定期進行檢討修正，東華大學參考逢甲大學雙迴圈檢核方式（李秉乾、鄧鈞文，2011），制訂週期性與持續性的改進流程，配合資訊系統與行政流程設計，務必再降低各單位檢核工作之負擔，並納入各單位每學年固定的工作流程內確保永續發展。如下圖3所示。

(1) 內部檢核循環：由校、院系（所）三級教育目標之制定開始，訂定各級學生能力並發展可行且易評量之學習成效指標，進而依照各級學生能力規劃相關課程與教學方法，再以此設計適宜的學習成效評量，例如：總結性評量或問卷調查，最後分析評量結果檢視學生學習成效。原則上以每學年為週期進行檢核。

(2) 外部檢核循環：依據學生學習成效評量結果，配合畢業生利害

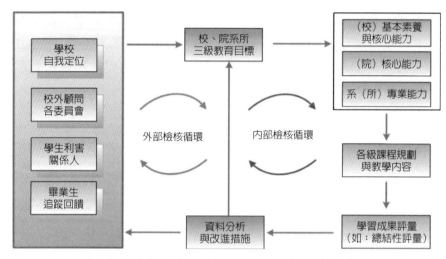

圖3　東華大學學生學習成效評量機制持續改進流程圖

關係人及校外各界建議與產業趨勢（如：畢業生追蹤回饋、學生利害關係人、校外顧問各委員會等），檢視學校自我定位，並評估各級教育目標與學生能力之適切性。原則上以每學年為週期進行檢核。

4. 建立典範院系：發展前導性案例，組成院系社群

　為避免因新機制的變動性過大，徒然增加各級教學單位之負擔，東華採取建立典範案例的方式，與管理學院6系所合作，設計輔導鷹架如：遴選種子教師、製作發展手冊、辦理說明會及工作坊、組成院社群，以步驟化的方式，協助與輔導典範院系所完成具專業領域特色的學生學習成效評量機制；相關發展流程如下圖4所示。

　在行政與制度面，東華大學執行策略的特色有：(1) 結合外部資源（教學卓越計畫）以及內部資源（機制建立專責小組）：使各相關行政處室如：學務處、教務處以及共教會等皆可以參與機制規劃的討論，以增進校內共識並有效運用補助資源。(2) 建立院系所評鑑種子教師的制度與專責窗口：除了給予教學單位獎勵及資源外並可強化政策連結，同時將機制推動與103年系所評鑑的準備工作結合，更大幅減輕院系所行政主管與助理的負擔。(3) 提供各院系所機制建立所需之輔導鷹架：由教學卓越中心提供的輔導鷹架包括前導案例、機制發展手冊以及研討工

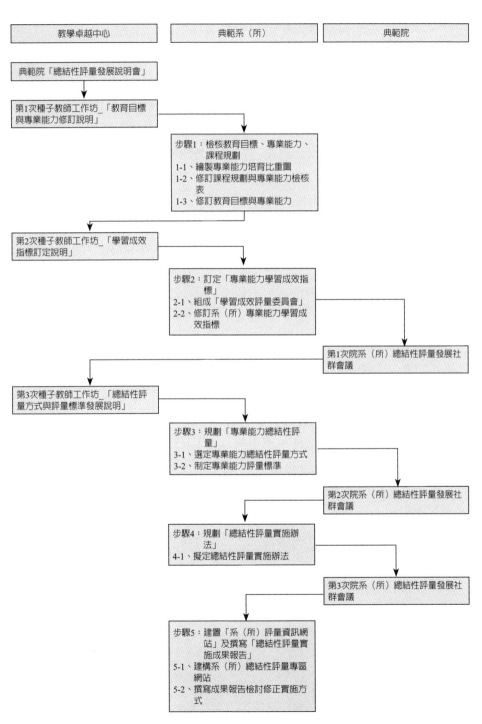

| 教學卓越中心 | 典範系（所） | 典範院 |

典範院「總結性評量發展說明會」

第1次種子教師工作坊_「教育目標與專業能力修訂說明」

步驟1：檢核教育目標、專業能力、課程規劃
1-1、繪製專業能力培育比重圖
1-2、修訂課程規劃與專業能力檢核表
1-3、修訂教育目標與專業能力

第2次種子教師工作坊_「學習成效指標訂定說明」

步驟2：訂定「專業能力學習成效指標」
2-1、組成「學習成效評量委員會」
2-2、修訂系（所）專業能力學習成效指標

第1次院系（所）總結性評量發展社群會議

第3次種子教師工作坊_「總結性評量方式與評量標準發展說明」

步驟3：規劃「專業能力總結性評量」
3-1、選定專業能力總結性評量方式
3-2、制定專業能力評量標準

第2次院系（所）總結性評量發展社群會議

步驟4：規劃「總結性評量實施辦法」
4-1、擬定總結性評量實施辦法

第3次院系（所）總結性評量發展社群會議

步驟5：建置「系（所）評量資訊網站」及撰寫「總結性評量實施成果報告」
5-1、建構系（所）總結性評量專區網站
5-2、撰寫成果報告檢討修正實施方式

圖4　典範院系所學生學習成效機制發展流程圖

作坊，這些作法使得東華大學可以更有效率的進行全校性的推動並且更容易獲得校內支持。

二　課程與教學面

為確保落實三級教育目標與達成核心能力或能力指標，各院、通識中心、處室及系所（學程）應為達成各級學生能力而「調整」課程（李坤崇，2011），亦須思考如何優化修課機制幫助學生適性地的進行跨領域修課，增進多元跨界的複合性能力。另一方面，推展評量工作最重要的角色是全體教師，如何引導教師轉變教學思維，並協助及輔導其落實課堂中學生學習成效評量的教學增能與環境，應是機制建立的另一關鍵所在（彭森明，2010）。

(一) 學程化制度的落實與成果

東華為增加學生多元跨界的能力，於96年開始透過學程化制度的實施，推動通識及院系（所），將各級課程歸類為四大學程：「通識學程」、「院基礎學程」、「系核心學程」以及「系專業學程」；同時修訂畢業學分門檻以及學程修讀辦法，如：放寬「等同認定」、「抵免認定」及「同時認定」之規定、單主修與單副修畢業門檻降為128學分，雙主修為150學分、同時優惠學生修讀輔系或雙主修無須額外繳交學分費等措施，此一過程除協助各級教學單位與教師重新思考並更整合性地規劃各級課程的結構外，另一方面可使學生修課更具彈性，使副修與雙主修更加容易，促進跨領域學習比率。表3為東華大學近年來實施學程化之成果。

且依據101年辦理的學程化滿意度調查結果顯示：學生認為此機制能實際提供跨領域學習機會並有助於專業能力之滿意度達3.90（五點量表）；有高達67.24%的學生認為跨領域能力有所增加；而有47.31%學生認為副修更加容易。

表3　學程實施前後每學年畢業生選修副修學分或雙主修學分之人次比較

學年度／畢業生人數		課規類別	副修（或輔系）人數	選修第二主修（或雙主修）人數
實施前	95學年度／905人	舊制	17(1.9%)	13(1.4%)
實施後	96學年度／849人（學程適用大一）	舊制	12(1.4%)	19(2.2%)
	97學年度／850人（學程適用大一、二）	舊制	11(1.3%)	13(1.5%)
實施後	98學年度／942人（學程適用大一、二、三；大四畢業屆選用下一屆學程化課規）	舊制	14(2.8%)	13(2.6%)
		新制（學程制）	95(21.4%)	27(6.1%)
	99學年度／941人（全面學程化）	新制（學程制）	232(24.7%)	39(4.1%)
	100學年度／854人（全面學程化）	新制（學程制）	208(24.4%)	27(3.2%)

(二) 校級學生基本素養（共通能力）的培育與檢核

東華大學之學生基本素養（共通能力）的培育主要由通識中心（通識課程）統籌規劃，並配合各院之（院基礎課程）專業領域與特色共同發展（如下圖5所示），包含正式與非正式課程，並持續發展各項能力之（可評量的）學習成效指標，並逐步建立各項校級學生能力之檢核方式與檢核標準。

1. 正式課程檢核：目前已訂定檢核方式與標準之能力項目有「體適能」與「英語文能力」，由語文中心與體育中心主導，並設定畢業門檻，下一步將發展「資訊能力」的相關評量與檢核規範。

2. 非正式課程檢核：透過學習護照與電子學習履歷系統，將各項非正式課程活動與社團活動，與校級學生基本素養與核心能力進行連結並進行參與成果的檢核；依照「活動時數」給與承辦單位點選相關能力的點數分配；再由系統依據參與者的學習護

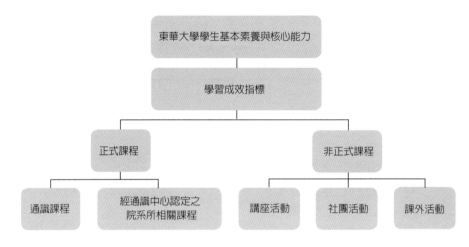

圖5　東華大學校級學生基本素養與核心能力培育與檢核架構圖

照記錄，計算各能力活動參與度。一方面亦可統計各類型非正式課程的舉辦概況，提供後續資料分析與活動規劃之參考。

(三) 院系（所）學生專業能力的培育與檢核

1. 課程規劃檢核；加入學分比重，檢核學生能力培育所投入的課程與教學資源比重

各系所透過課程規劃與專業能力檢核表（如圖6所示）每學期定期進行當年度課程規劃檢視，並以此表再繪製系所課程檢核統計表（如圖7所示）及系（所）專業能力培育比重圖（如圖8所示），以瞭解系（所）投入各項能力培育的課程與教學資源比重，最後提交課程委員會審議。而為降低並永續協助各級教學單位願意落實每學年的循環檢核，上述表單亦全面系統化。

2. 實施系（所）專業能力總結性評量；跳脫課程架構，直接評量學生畢業時應具備之最終能力

學生專業能力的總結性評量，是以系（所）為層級進行，主要發生在大三及大四階段，其目的在確實地評量學生「畢業時的整體學識與技能」之學習狀況，並得運用此結果進行課程與教學改善時之參考。由各系依系（所）專業特色與需求，適性地制訂系（所）層級的總結評量

系所課程規劃				學生專業能力						
科目名稱	分學	必／選	級年	A	B	C	D	E	F	G
管理學院基礎學程										
微積分(一)	3	必	一	●	●		○		○	
……										
學程對應專業能力分數小計				42	36	18	21	6	12	21
國際企業學系核心學程										
經濟學原理一總體篇	3	必	一	○	●					
……										
學程對應專業能力分數小計				54	60	21	18	30	24	33
創新管理學程										
科技管理	3	選	二	●	●	○		○		
……										
學程對應專業能力分數小計				54	55	47	31	42	25	32
系（所）各專業能力相關課程數										
系（所）各專業能力相關課程對應分數										

表單說明
1.包含院基礎學程、系核心學程以及系專業學程
2.「●」表高度相關分數為2分，「○」表中度相關分數為1分
3.專業能力分數＝科目學分數×能力相關分數
4.舉例：科技管理課程對應A能力之培育分數為3（學分數）×2（相關分數）＝6

圖6　系（所）課程規劃與專業能力檢核表

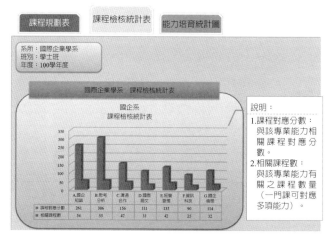

圖7　系（所）課程檢核統計表

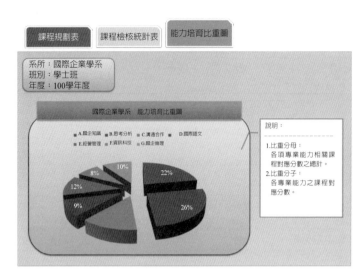

圖8　系（所）專業能力培育比重圖

「實施辦法」、「評量標準」以及適切之「評量工具」。整體評量的發展主要是參考中華工程協會IEET，2010年認證團總召暨團主席會議內容所載之檢核架構。如圖9所示，截至102年10月東華大學已有約97%院系（所）包含通識中心完成各學制班別之教育目標、專業能力與課程規劃相關性之檢討，所有資料已全面上線，並透過三級課程委員會定期檢討。約88%院系（所）已完成專業能力總結性評量辦法制定，並於102-1學期公告，適用102-1學期新生，同時建置各系總結性評量資訊專區，公告評量實施辦法、標準與方式。

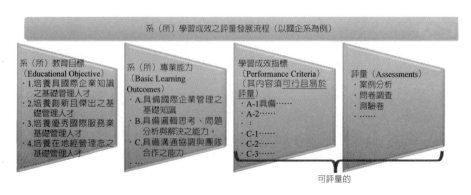

圖9　系（所）學習成效評量發展流程圖

國立東華大學總結性評量實施有三項策略：

(1) 以舊有且可行之課程進行轉換，如：實習課、專題報告等等，發展總結性課程（必修）。

(2) 以共通且適合之專業能力，舉辦測驗會考。

(3) 搭配其他有效之檢驗方式，如：檔案評量、特定課程修課成績或證照認定等等。

整體實施程序共分五步驟，以每學年為周期持續循環檢核：（以下部分資料以國立東華大學管理學院及觀光暨休閒遊憩學系為案例）

(1) 程序1：檢核「教育目標、專業能力、課程規劃」之關連性與合理性。

(2) 程序2：修訂「專業能力學習成效指標」，具體並易於評量的能力內涵。

(3) 程序3：規劃「專業能力總結性評量」，選定評量方式與實施時機（如表4）。

表4　國立東華大學管理學院6系之現階段總結性評量方式一覽表

系所	總結評量方式						
	專題報告	實習成果	會考	證照	展演	檔案評量	其他
企管系	■						■
國企系	■		■	■		■	■
財金系	■		■	■		■	
會計系			■				■*
資管系	■		■	■			
觀遊系	■			■		■	■&

*畢業前受聘事務所：暑期工讀&畢業專題；服務學習。

(4) 程序4：訂定「總結性評量實施辦法」，訂定評量標準與工具（如表5）。

(5) 程序5：建置「系（所）評量資訊網站」及撰寫「總結性評量實施成果報告」。

表5 國立東華大學觀光遊憩系之現階段專業能力評量標準一覽表

專業能力	學習成效指標	評分標準			
		優	良	可	劣
A.對觀光休閒遊憩產業有基本的認識	·瞭解觀光休閒遊憩的定義與特性 ·瞭解觀光休閒遊憩的經營環境特性 ·熟悉觀光休閒遊憩的相關理論	1.能具體分析比較觀光休閒遊憩經營環境。 2.能融會並活用觀光休閒遊憩相關理論 3.能針對不同觀光休閒遊憩的營運模式進行比較與分析。	1.熟悉觀光休閒遊憩的各種相關理論，並能進行比較及運用。 2.瞭解觀光休閒遊憩歷程與相搭配的營運措施。 3.具備觀光休閒遊憩等專業知識。	1.能清楚界定觀光休閒遊憩，並能分辨比較各類觀光休閒遊憩進入策略。 2.瞭解觀光休閒遊憩經營與一般企業經營特性的差異。 3.具備觀光休閒遊憩等基本概念與知識。	1.無法清楚界定觀光休閒遊憩。 2.不能分辨各類觀光休閒遊憩進入策略。 3.未具備觀光休閒遊憩等基本概念。

(四) 修訂課程大綱與教學計畫表

　　爲確保每門課程之教學內容能與教育目標及學生專業能力等要項確實連結與對應，東華針對各級課程大綱與教學計畫表格進行修訂（如圖10所示），並已全面上線。新式課程大綱表格分爲通識課程版與一般課程版；各課程教育目標與學生能力之設定與對應，由系統依據課程規劃內容自動匯出。課程大綱：主要目的在訂定系（所）期待該課程所應授課的目標與應培育的學生能力，由該科目領域之教師專業群共同討論制定，不得任意修改；教學計畫表：由個別授課教師依照課程大綱之精神，編撰自身授課課程的教學方式、特色、內容以及評量方式等，保留教學自主的彈性。

(五) 修訂教學意見反映調查表

　　系（所）專業能力總結性評量主要著眼的是系所層級的綜合性評量工作，然而單一課程的評量則應仍由個別教師自行規劃安排，以降低對教師教學的干擾。但爲確保其教學能更注重學生學習成效，並呼應每一

新式「課程大綱」與「教學計畫表」(一般課程)

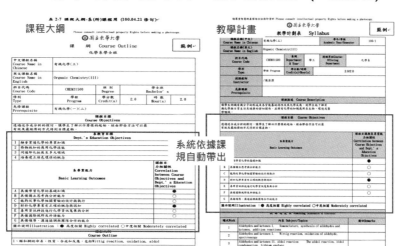

圖10 東華大學課程大綱與教學計畫表

課程所應培育的學生能力,除修正課程大綱與教學計畫表外,東華亦著手修改學生期末教學反應調查表,於問卷題目中,由系統依照每一堂課所設定培育之專業能力項目,直接產生相關檢測的題項,於選課前3週開放學生上網填答,其轉換方式如下圖11所示。

教學評量問卷

■ 期末教學評量問卷加入學習成效評量題項

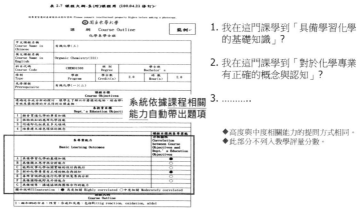

圖11 期末教學反應調查表部分題項導入方式示意圖

(六) 辦理「單一課堂」學習成效評量工作坊

　　由卓越中心舉辦一系列學習成效評量相關教學知能研習會及工作坊，邀請全校教師參加，採自由報名方式，並歡迎全校各院系（所）以單位方式向卓越中心提出辦理工作坊之申請，逐步向教師推廣，鼓勵教師逐步轉變單一課堂以學生學習成效為導向的教學思維。並蒐集參與工作坊之教師作品與成果，彙整資料於相關網站提供全校教師參考利用。

　　在課程與教學面，東華大學執行策略的特色在於：1.學程化課程的實施：使得課程改革與檢討更加順利，院系所得定期透過院系課程委員會，討論各課群（學程）的整合性，且因各學程基本上即是以特定的教學目標或專業而進行規劃的結果，因此更容易與各院系所設定之教育目標與學生專業能力相互對應。2.學分數權重比例的導入：如前圖6所示，各院系（所）課程以高度相關及中度相關為方式，與各學生專業能力進行對應，並加入學分數權重，將整體課程規劃與教學資源配置狀況量化後，有利於進行整體課程適切性的檢討。3.系統化工具的利用：能力培育比重圖與課程檢核統計表的系統化產出，得減輕系所檢核工作，使本項政策得以順利納入院系所日常業務，避免增加紙本作業及額外負擔。4.學生能力總結性評量的設計：當各級課程規劃與各級教育目標及學生能力確實呼應後，東華更進一步跳脫單一課程與學程的概念，直接針對學生能力設計總結性評量方式，如此當更能檢視課程規劃、課程內容以及教學方式的品質。5.教師學習成果導向教學的輔助：教師方面，東華大學除針對評鑑種子教師及一般教師辦理相關增能工作坊外，更修訂了新式的課程大綱與教學計畫表，利用系統化工具將各課程應達成的教育目標與學生能力進行連結，使教師備課時得持續檢驗教學內容與教學目標的關聯性，除避免教學與目標脫鉤外，亦可導引教師逐步以學生學習成果為導向來進行教學設計，最後透過期末教學反映調查表的修正，使教師得瞭解學生是否確實習得該課程所設定之能力。這幾項措施可使東華大學各院系所的教育目標、學生能力、課程規劃與教師教學逐步地邁向整合與一致。

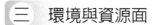

三 環境與資源面

　　高教評鑑中心王保進處長曾於第32期評鑑雙月刊之〈引導學生學習成效品質保證機制之推動與落實〉一文中指出：「學校除提供教師一個優質的教學環境外，亦應提供給學生一個優質的學習環境…包括學習資源、學習輔導，與學習支援三個部分」（王保進，2011）。但誠如黃淑玲（2011）所論，從教育投資提升品質的角度切入，諸多研究顯示經費投入與學習產出並不一定成等比關係。教育投資的總值不僅在資金成本，投資前的準備工作、資助期間的人事成本、時間與精力（無數的開會、公文與電子郵件往返），甚至單位組織重整都必須考慮在內。為此應如何聰明投資，將錢與人力花在刀口上，同時兼具效率與績效，將是各種機制推動的重點。為此東華於機制發展時，亦把握二項原則：在力求系統的整合，減少紙本作業，便於永續發展；並將教學與行政的投入，納入例行運作體系。

(一) 建立專屬網站，整合相關系統

　　由卓越中心與資網中心合作，建構整體機制的專屬網站「學生學習成效網」，整合機制相關資訊與系統，提供全校師生參考，以宣導整體機制推動理念、策略與時程，同時亦包括各類協助教師發展學習成效評量之方法與資訊；另一方面連結並整合相關校務系統如：系（所）課程地圖與生涯進路圖，電子學習履歷、學生畢業初審系統等等相關校務系統。並依循機制發展狀況，逐步增進網站訊息與功能，並針對新的需求積極研發適切之系統，擬訂發展時程表（如下表6所示），配合整體機制發展之緩急順序，隨時調整系統功能與研發速度。

(二) 善用卓越經費，發展永續機制

　　教學卓越的推動屬於計劃型經費，為維護計畫各項業務推展之永續性，教學卓越中心之任務主要著重在教學、行政制度與環境的優化上，因此於計畫期間皆持續與各行政及教學單位合作，務求在制度優化後，得將相關業務回歸於各單位執行，以求達到永續發展的目標。

表6 東華大學學生學習成效機制相關校務系統發展時程表

系統名稱	系統功能與目的	完成日期	備註
學習成效網站	介紹學習成效機制與各項功能連結，便於機制各項理念之宣導。	已完成。	配合未來各項資料持續進行資料維護與修訂。
課程地圖系統化 1.系所 2.學生個人化	各系所課程規劃完成後，由系統自動繪製系所課程地圖（連結學習成效網）。 依照學生修課狀況繪製個人化學習地圖（連結電子學習履歷系統）。	學士班已完成。碩博班預計於102完成設置。	須配合課規系統整合期程。
生涯進路圖系統化	結合系所課程地圖，依系所各學程領域，發展系統化之生涯進路圖資料庫，使系所得依需求隨時進行修訂。	研發中；預計101年完成。	
課規系統整合與三級教育目標及學生能力之維護功能	整合校內各級課程規劃系統，並加入各級教育目標與學生能力修訂以及各課程之能力對應等功能。提供系所檢核課程規劃資料。	研發中；預計101底完成；102年4月測試完成；102年7月正式上線。	現階段進行碩博班課規系統之整併。

如：職涯輔導即於101年納入學務處重要執行要項、總結性評量由各系（所）規劃與推展，以及將各級教育目標、各級學生能力以及各級課程規劃等檢討工作，直接導入於每學期各級課程委員會及課程規劃上線（包括課程大綱及教學計畫表）等作業流程中，使各項事務得以納入各教學單位之業務常規中，以持續定期的進行檢討與精進。

在環境與資源面，東華大學執行策略的特色有：1.資訊平臺與校務系統採自行開發：東華大部分的系統皆由校內圖資中心技術團隊自行設計開發，因此較能符合客製化的需求，同時各個系統與資訊間亦較容易達成整合與串聯，如：課程規劃系統與各級學生能力維護系統、課程大綱系統、課程地圖及生涯進路圖以至於成績系統、畢業學分初審

系統，都是相互連結也更易配合教學現況與變化進行調整修改，唯一問題是開發時程相較於委外廠商會較爲緩慢，所花費的時間與成本，未來可以再做進一步檢討。2.行政資源與業務支援求納入常規：東華結合教學卓越計畫之經費，並透過卓越中心與教學及行政單位的合作連結，使計畫逐步地融入各單位日常例行的行政事務中，可易於達到政策永續的目的，並且亦能在機制建立的前中期給與各單位較大的額外資源與支援，大幅增加機制落實的成功率。

伍 結論與建議

本節以彭森明（2010）所提出的五項重點工作爲架構，歸納東華大學所做的各項措施，提供另一個「東華學生學習成效評量機制」的建構輪廓：

五項重點工作	東華大學相關措施
(1) 建立、奠定良好評鑑基礎	設置機制發展小組，配備相關人力與資源，訂定學校評鑑方針與原則以及統一的機制架構與程序，辦理相關宣導與說明活動，建立機制發展手冊等。
(2) 輔助教師落實課堂教學成效	修訂本校課程大綱與教學計畫表並落實全面上線，修訂教師教學評鑑辦法與教學評量問卷，辦理相關講座與學習成效教學工作坊，提供必要之教學輔導服務與輔助。
(3) 推展院、系所教學績效評鑑	採取院系所典範模式，設立辦法遴選系（所）種子教師，辦理機制發展工作坊，組成院系（所）發展社群，引導系（所）發展專業能力總結性評量檢視學生學習成果，定期舉行院、系（所）焦點座談。
(4) 推展全校性整體教學績效評鑑	結合通識教育，制定校級學生基本素養與核心能力之培育與檢核機制，並依此整合校級正式與非正式課程，發展學生校級能力的檢核標準，落實畢業生追蹤調查等。
(5) 建置評鑑資料庫與資訊網站	發展學習成效相關資料庫與資訊網站，整合與研發相關系統，如：學生電子學習履歷系統、課程地圖、生涯進路圖、成績系統、教育部大專職能平臺（UCAN）、課程規劃與課程大綱系統、智慧型畢業初審系統等，以便利師生使用，並進行相關評量資料之倉儲與資訊傳播。

透過東華大學在學生學生學習成效評量機制的推動，可以觀察到整體機制所延伸的許多功能與影響。除提供學校最佳教學績效指標之外，亦幫助各級教學單位不斷檢討與思索其教學目標與學生培育的方向，做為相關課程設計與教師教學改進之參考依據。另一方面，亦能引導學生正確的學習方向，提升學生對學校學習活動的參與度與滿意度。這些現象陸續應證了何以美國自1970年代以來，公認學習成效評量是大學校院追求教學卓越化最有效的措施（Halpen，1987；Wolf，2009）。然而誠如彭森明教授（2010）所言，評量學生學習成果是一項很困難的工作，其所以遲遲未能在國內有效的推展，除了評量內容多元、複雜、費時、費力之外，許多學校主管及教師對評量觀念、方法以及功能等之認知不夠正確，且在學校缺乏評量人才以及適當評量文化與風氣等因素下，每每阻礙了評量工作的落實。而且，機制的建立只是一種手段，其真正的目的仍是促進學生學習與發展，否則評量就會像只評量農夫種植的資歷（教師），以及種植的材料與工具（學校課程及設備），而未能真正檢驗實際收成的產品。

同時，隨著機制逐步地落實與推廣，評量的成果要豐富並具備多元與特色，最終仍須回歸到規劃層面去思考，並不斷循環檢驗「學校真正要培育與呈現出的教師與學生圖像為何？」，才能真正凝聚校內共識並清楚整體教學所期待並欲達成的目標，同時有效、確實的進行學生學習成果的檢核。東華大學的策略與執行方式，可以作為其他欲發展學生學習成效評量機制之高等教育學府，一個可參考的案例。

謝誌

感謝教育部及各界長期以來的指導與協助，以及東華校內各級單位師長的配合與辛勞，使卓越計畫以及各項校務發展能順利推動並具以實現，未來筆者與所屬團隊將持續努力，與大家一起攜手邁向更完善的大學高等教育。

參考文獻

一、中文部分

王保進（2011）。引導學生學習成效品質保證機制之推動與落實—論第二週期系所評鑑之核心內涵。高教評鑑雙月刊，32，38-39。

黃淑麗（2011）。量身訂作大學生核心能力之具體建議。高教評鑑雙月刊，32，32-33。

李坤崇（2011）。大學課程發展與學習成效評量。臺北：高等教育文化事業有限公司。

彭森明（2010）。大學生學習成果評量：理論、實務與應用。臺北市：財團法人高等教育評鑑中心基金會。

王保進；李隆生；彭森明；黃淑玲；Woodhouse, David；侯永琪 蔡小婷譯（2010）。以學生學習成效為主軸的校務評鑑。評鑑雙月刊，27。

李秉乾；鄧鈞文（2011）。逢甲大學以學生學習成效為主體之教學品質保證機制。評鑑雙月刊，34。

王金龍（2010）。銘傳大學學習成果評量推動之經驗分享。評鑑雙月刊，28。

二、外文部分

Wolf, R. A. (2009). *Future directions for American higher education accreditation*. In T.W. Bigalke & D. E. Neubauer (Eds.), Public good and quality in higher education in Asia Pacific. New York: Palgrave, MacMillan Press.

Spady, W. G. (1994). *Outcome-based education: Critical issues and answers*. Retrived November 14, 2008, fromhttp://www.eric.ed.gov/ERICWebPortal/search/detailmini. jsp?_nfpb=true&_&ERICExtSearch_SearchValue_0=ED380910&ERICExtSearch_SearchType_0=no&accno=ED380910

Brandt, R. (1993). *On outcome-based education: A conversation with Bill Spady*. Educational Leadership, 50, 66-70

Halpern, D. F. (Ed.). (1987). *Student outcomes assessment:* Retrieved July 27, 2008, from http://www.celt.iastate.edu/teaching/guidelines_outcomes.html

Spady, W. G. (1981). *Outcome-based instructional management: A sociological perspective*. Washington, DC：National Institute of Education.

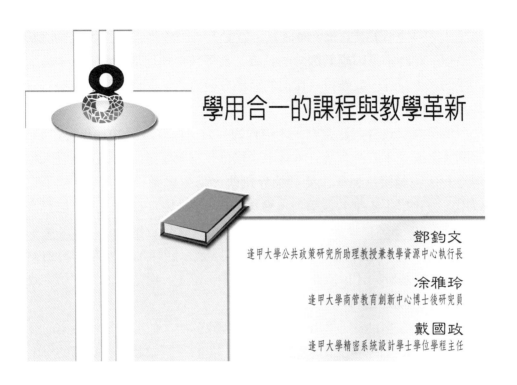

8 學用合一的課程與教學革新

鄧鈞文
逢甲大學公共政策研究所助理教授兼教學資源中心執行長

凃雅玲
逢甲大學商管教育創新中心博士後研究員

戴國政
逢甲大學精密系統設計學士學位學程主任

壹 前言

　　近年來，臺灣就業市場出現失業率偏高，許多企業因找不到人才，面臨公司經營、競爭力逐漸走下坡等問題，企業主與求職者間出現期待落差的現象（行政院經濟建設委員會，2010）。根據2013年，草根影響力文教基金會委託醒吾科技大學民調中心調查1,083位臺灣地區20至40歲青年的就業現況，調查結果指出有47.5%的受訪青年認為目前工作與在學所念科系無關（草根影響力文教基金會，2013）。該研究指出學校教育與業界期待有明顯的落差，畢業生進入職場無法學以致用，因為業界所需要的人才，通常不是學校現行教育所能教的。

　　根據「全球人才2021（Global Talent 2021）」針對全球46個主要已開發和發展中國家所做的大規模人力調查報告指出，預測臺灣到了2021年，人才供需落差最為嚴重的國家，人才最大缺口為高階主管及

專業人才爲主（經濟日報，2013）。事實上，因產業需求與世界潮流瞬息萬變，隨時都需因應新觀念的挑戰，高等教育缺乏培養產業未來所需人才的課程設計，較難符應目前的產業升級需求，因而產生學用缺口日益擴大的問題。

爲了凝聚政府與社會對人才培育的共識，行政院於2010年1月24日召開「全國人才培育會議」，其中「強化教育與產業之聯結」爲五大議題之一，強調使每位學生能與業界接軌，學生畢業後進入業界能學以致用，強化學生未來的競爭力。會後於同年8月核定實施《人才培育方案》（行政院經濟建設委員會，2010），以培育量足質精，且符合產業及社會發展所需的優質人力。並於2011年陸續召開跨部會會議，針對高階、中階及基層人才，規劃全面性「育才、留才、攬才」的人才培育政策（中央研究院，2013）。

「產學落差」與「學用落差」能否有效解決，攸關國家及產業的發展。要解決此一問題必須從就學的最後一哩的革新做起，因爲協助學生在就學的最後一哩做好準備，才可以順利銜接到就業的第一哩。過去的就學最後一哩是終端課程，顯然過去的操作方法、執行方法，並無法培育學用合一的人才。因此，本文首先探討連貫式終端課程的理念與革新趨勢進行分析，透過逢甲大學課程與教學革新沿革，以逢甲大學精密系統設計學位學程爲例，此爲一全新設立之學位學程，沒有既定的課程框架與包袱，進而探討學用合一的教學革新與實踐，透過本文對大學人才培育的現況有更進一步的瞭解，並爲各大學在執行學用合一人才培育與課程規劃上，提供參考的依據。

貳 連貫式終端課程的理念與革新趨勢

過去的最後一哩是終端課程，顯然過去的實施方式，無法有效培育學用合一的人才，因此，我們提出以連貫式終端課程來進行終端課程革新。

一　終端課程的定義

終端課程（Capstone Course）主要是在檢視學生如何彙整與應用所學知識與技能（彭森明，2010）。終端課程原是美國大學促進學生拓展、整合、批判與應用在學科領域的學習中所獲得的知識、技能和態度的課程，以提升學生的競爭力。然而，終端課程也被稱為「頂點課程」、「頂石課程」、「總整課程」、「總結性綜合課程」或「畢業專題」等，其目的在檢視大學四年所學，以補強學生畢業前不足之處（劉曼君、呂良正，2013）。

學生通常是在大三下學期或大四上學期修習終端課程，在此時間點上，學生已修習完多數課程，具備專業領域一定的知識與技能，可以透過這項課程驗證及運用自己所學。且在修習終端課程時若發現任何需要補強的知識或技術，可以趕快在畢業前補足（劉曼君、呂良正，2013）。諸如大四畢業專題、畢業展演、實習等，均可視為是這類終端課程。以逢甲大學為例，全校各系皆開設終端課程，所有學生須在畢業前皆參與專題製作或實習，讓學生通過專題製作之獨立研究或實習，融會不同學科的知識，統整學生學習所得（李秉乾、鄧鈞文，2011）。

由於終端課程的目的在檢驗學生自己大學所學，讓學生解決實務上的問題，因此課程的設計應該著重於學生畢業前參與專題製作或實習，讓學生通過專題製作之獨立研究或實習，融會不同課程的知識，鍛鍊未來繼續升學做研究的精密思維，或就業前的準備，統整學生學習所得。

二　從終端課程到連貫式終端課程

連貫式終端課程就是從單門課程的專題式學習課程，轉變為有組織的、強調團隊合作式的系列終端課程。換言之，連貫式終端課程即是將最後一哩延伸到就學的第一哩，讓學生在大一時，就及早瞭解課程最終的目標，並在課程設計與專題選擇上加入產業和業師的參與，設計與實務相關的主題，透過主題架構統整學生所學，深化學習成效，培育學用合一關鍵能力，協助學生順利銜接就業第一哩（郭敏政，2013）。

設計一系列的課程組成的連貫式終端課程專題式學習，激發並延續學生學習興趣。規劃從低年級專業課程的探究式學習，延伸至專業實務課程，並連貫至終端課程專題實作等系列課程組合。透過連貫式終端課程專題學習之參與，不僅激發並延續學生學習及探索的興趣，培養其創造、創新能力，並對專業知能更明確的理解，並可建立院系學用合一培育特色。

三　終端課程的革新案例

亞洲的工程教育在近10年有明顯的變化，在教育品質上，各國陸續成立了工程教育認證機制，除訂定了培育學生核心能力指標，將軟硬能力的元素，整合在能力指標中，各大學為求達成指標，在既有的專業知識基礎上，將軟能力融入在課程設計中，相對應的，教師在學生學習活動的設計上，也要有教學方式的改變。相關之課程設計，則以學生個人專業知識為基礎，創造能結合不同領域或科系之同儕，共組團隊，以探討或提出如何解決影響社會民生之議題，如綠色能源或能源解決、飲用水、智慧生活技術等，涵養學生的軟能力。學生是以跨領域團隊組合，學生各自貢獻個人的專業知識，互相溝通協調，共創解決方案的學習經歷，培養學生具有從不同的領域，以團隊攜手合作，解決問題。大學因應工程教育的革新，分別設置「工程教育創新」、「工程設計及創新」等中心名稱，冀望透過中心推動課程設計的創新，讓培育學生具備之能力能有實踐機會，依學習活動組合，列舉終端課程的革新案例如下。

(一) 以連貫式終端課程去統整學生的學習

韓國成均館大學的工學院，為讓「畢業學生具備有良好產品設計能力」，以終端設計（Capstone Design）系列課程組合，讓架構學生從欣賞、探索及定義設計主題、擬訂方案及實作成品，逐年發展其設計能力。透過三門共同必修課程來培養良好設計能力，「大一設計」是從瞭解及欣賞市場上最佳產品、美學為出發；「大二設計」是開始終端課程的前置課程，學生選定問題，進行個案分析擬訂解決問題的方案；畢業

「終端設計」則將擬訂的方案進行實作及修訂，最後以終端課程的作品參加區域或國際終端設計團隊競賽（College of Engineering Sungkyunkwan University, 2013）。

(二) 團隊合作式的專題式學習，深化學生的學習層次

馬來西亞理工大學在工學院發展出「團隊合作式問題解決學習（CPBL）」融入工程教育之課程設計，課程實施採學生自主學習模式，學生從徵求待解決之實務問題中，選擇研究議題，學生自組跨領域的成員為團隊，配置指導老師，導引學生團隊定義問題，學習各種蒐集資訊的方法，透過與不同領域成員互動過程，學習團隊合作及問題解決，並共同擬訂解決方案。以未來職涯所需之硬能力（hard skill）及軟能力（soft skill），深化學生學習的層次，學習過程中，提供學生團隊學習的機會，並邀請教師提供學習諮詢。團隊合作式的專題式學習最主要的特色是教師擔任教練角色，學習並不是直接上課，而是提供團隊三次諮詢機會（token），請輔導教授提供學習諮詢，但是過去操作經驗發現，大部分的學生往往能夠完成自主學習，較少動用到諮詢機制，展現在這樣的課程設計之下，學生有較高的學習動機和學習成效（Mohd-Yusof & Ahmad-Helmi, 2011）。

另一例則是新加坡大學工程學院，為了強化工程學院畢業生具有全球化視野，及能夠識別和解決複雜的問題，並對社會的影響及貢獻。徵選具有上進心強、專業知識具備一定水準的學生，開設以設計為中心為期3年半的課程，團隊配有指導老師輔助，透過學生同儕長期合作，由高年級學生帶動低年級學生，並傳承學習經驗（Soon & Chun, 2011）。

(三) 以解決實際問題為取向的深度學習

香港科技大學致力培養二十一世紀的工程專才為教育目標，「工程教育創新中心」（E2I）為實踐學院教育目標，在課程規劃中加入「培育全方位的成功領袖」教育理念，讓學生有更多時間及彈性修讀副修及第二主修。學生同時有更多機會擴展環球視野，根據個人興趣和志向參與全人發展活動、及其他與課程相關的活動。該中心推出「挑戰的21

世紀的工程解決方案」之課程，參加本課程的學生將解決21世紀面臨的重大挑戰和所相關問題的案例。本課程採用團隊合作及問題解決的方式，並透過調查作爲其主要的教學方法。團隊教練引導學生學習，藉由專家或文獻獲得的訊息，來確定實務和理論上的工程關鍵議題，並探索各種解決辦法，學生於課程結束時須提出口頭和書面報告（Center for Engineering Education Innovation, 2013）。

(四) 建構設計思考學習體系系列的課程組合

美國史丹佛大學設計學院（Institute of Design at Stanford）透過5大架構（Institute of Design at Stanford, 2013）來培育學生的「設計思維（Design Thinking）」，課程設計內涵及學習模式融入設計思維，導引學生發想與收斂，迅速構思可以用來解決問題的創新思維。五大架構包含同理、定義、發想、實作與測試，設計思考流程如圖1，分述如後。

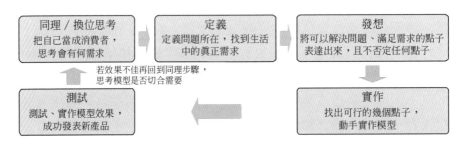

圖1　設計思考流程

資料來源：整理自Institute of Design at Stanford (2013)。

1. 同理（Empathy）：透過觀察消費者行爲，把自己當成消費者，去思考消費者會有何需求，並想像不存在的解決方案，運用創意解決問題。

2. 定義（Define）：是明確問題的核心所在，尋找消費者被隱匿的眞正想法，找到消費者生活中的眞正需求。

3. 發想（Ideate）：是在不批評任何想法的前提下，把所有可以解決問題、滿足需求的點子表達出來，藉由層層的堆疊，想出多

元性的點子。

4. **實作（Prototype）**：則是找出幾個最為可行的點子，將腦中的想法化成簡單的雛形，動手做出可供測試的實作模型。

5. **測試（Test）**：是針對模型進行實際驗證，以瞭解點子的成效，若效果不彰，則回到第一步驟，再度利用同理來思考模型是否切合需要。

 ## 逢甲大學課程與教學革新沿革

　　逢甲大學自2005年起開始推動成果導向教育，首先在第一期程（2005-2008）推動雙迴圈課程管理機制，搭配成果導向配套措施，以發揮強化學生學習成效之整體效益，並協助學生規劃及落實生涯規劃，指引學生發展方向，實踐教學品保承諾。經第一期程課程規劃及管理機制的運作。第二期程（2009-2012）為深化雙迴圈課程持續改善機制，落實學習成效導向之學生能力培育與達成的檢核，各系所依據內外迴圈回饋之意見，持續進行課程與教學提升工作，建置師生課程目標回饋系統及引進評分量尺（鄧鈞文，2012）。由於目前企業反映學用落差，為符合產業升級人才需求，因此，第三期程（2012-迄今）將企業聯盟導入雙迴圈課程管理機制，建構學用合一的課程設計，培養學生具備企業所需的關鍵能力，以落實高等教育學用合一的人才培育使命。

一　第一期程：推動成果導向配套措施，落實雙迴圈課程機制，強化學生學習成效

　　逢甲大學建立成果導向持續改善之雙迴圈課程規劃與管理機制，如圖2。從教育目標、核心能力、課程規劃、教學與評量等流程，依序實施並持續修正，過程中強調成果導向並重視學生學習成效。所謂成果導向係指以學生學習成效為目標，反推擬定所有的課程與教學資源規劃與配置。雙迴圈課程規劃與管理機制是一個持續評鑑及不斷改善的動態機制，分為內部迴圈及外部迴圈。

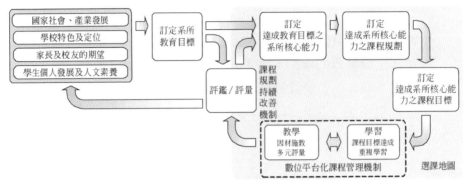

圖2　雙迴圈課程規劃與管理機制

(一) 內部迴圈

　　內部迴圈包含：1.訂定學系教育目標；2.決定達成教育目標之核心能力；3.依據核心能力的達成進行課程規劃；4.擬定達成核心能力的課程目標；5.以數位平臺輔助教學活動及彙整學習成果；6.運用多元評量，檢核學生整體學習成效。內部迴圈詳細作法如下：

　　各學系依據外部意見訂定與校院彼此對應之教育目標，依據其明定學生應達成之核心能力，並經系務會議通過。系所專業教育課程的規劃是以達成系所核心能力來進行，而每門課程的課程目標均對應系所核心能力，確認每一項核心能力均有適當且充裕的對應課程予以培養。

　　逢甲大學提供網路教室系統作為教師持續編製教材內容及教學活動平臺，所有課程在網路教室皆開設虛擬教室，便利教師建置及維護教材內容，結合課程錄製，提供師生延伸教與學活動的進行。

　　為了協助教師發展多元評量，辦理教學評量工作坊，邀請校內外教育領域專家分享多元評量的理論與實際演練。為了妥善利用多元評量機制，評量學生核心能力之達成程度，據此持續調整課程安排及教學策略。

(二) 外部迴圈

　　外部迴圈指學系蒐集外部迴圈意見，作為修訂教育目標與核心能力之參考，包含：1.國家社會、產業發展；2.學校特色及定位；3.家長及

校友的期望；4.學生個人發展及人文素養。外部迴圈詳細作法如下：

學系針對教育目標及核心能力達成度進行評鑑，蒐集業界、畢業生、校友、家長相關建議，持續檢討教育目標與核心能力是否妥適，並持續改善達成教育目標與核心能力之作法。本校校友聯絡暨就業輔導室蒐集企業雇主及校友意見，瞭解企業雇主對本校畢業生職場表現滿意度，畢業生學習成就自評與對學系教育滿意度調查，並整合全校性畢業生就業現況，回饋作爲學系課程規劃及教學提升之參考。

在推動雙迴圈課程管理機制時，爲發揮強化學生學習成效之整體效益，第一期程同時推動成果導向配套措施，以指引學生發展方向，協助學生規劃及落實生涯規劃，實踐教學品保承諾。相關配套措施，分述如後：

畢業條件是系所檢核學生學習情形的指標，也是學生學習的目標，各系所均須訂定畢業條件，以提升學生畢業時具備應有之學習成效。畢業條件包括畢業門檻及畢業建議。畢業門檻是該系每位學生應達成、均須滿足之最低標準，如：畢業學分數、外語能力、修習外系九學分、游泳能力、服務學習、終端課程等；畢業建議是該系以專業發展爲基礎，建議學生追求具競爭力的學習目標，如：實習、證照考試、競賽、國際交流等。各系參酌畢業生流向追蹤結果、雇主意見調查結果、及畢業生核心能力雷達圖等資訊，並透過歸納學生就業職業別，善用修習外系九學分之畢業門檻，調整畢業條件設定，導引學生選擇學分學程、輔系等跨領域學習的發展。

建構完善的選課地圖平臺，提供學生畢業條件、職涯進路與課程規劃關聯之資訊，爲雙迴圈課程規劃之重要輔助工具，協助學生瞭解學系課程規劃與未來職涯選擇之關聯。結合學習導師選課輔導，提供選課及退選諮詢，導引學生運用個人化選課地圖，落實規劃學習，協助學生規劃學習步調與方向，實現未來發展。

逢甲大學從學生學習發展面向擬定學生應具備之軟能力，包括溝通能力、團隊合作能力、問題解決能力、自我管理能力、創新能力、終身學習，學生以軟能力矩陣建置學習歷程檔案（Learning Portfolio），利用ePass系統完整蒐集學生活動參與紀錄，主動導入個人的學習歷程

檔案，以軟能力矩陣紀錄佐證資料，累積專業課程、非正式課程（如社團、志工、活動、工讀、實習、交流）、特殊表現（語言檢定、證照、專題論文及獲獎等）之詳實記錄，協助學生計畫及實踐生涯規劃，並呈現個人學習成果。

逢甲大學運用核心能力雷達圖間接檢視學生核心能力達成情形，作為改善課程規劃之參考。學系先依該系核心能力規劃必修的專業課程，再以雷達圖呈現學生學習後之核心能力達成度。將各科成績依權重換算成各核心能力獲得程度，累計學生各學期的核心能力即為學生能力達成度。雷達圖隨學生的學習而變化，修習的課程愈多，其雷達圖愈趨擴大。

二 第二期程：深化雙迴圈課程持續改善機制，落實學習成效導向之學生能力達成檢核

逢甲大學經第一期程課程規劃及管理機制的運作，為深化持續改善機制，落實學習成效導向之教學品保，並提升教學成效與授課品質，辦理通識教育及大一共同必修之課程評鑑。遴聘校外具有高等教育教學經驗教授擔任評鑑委員，針對教學設計、課程內涵與評量規範、學生學習評量等三大項目進行評鑑，強化基礎課程及通識教育課程品質。

針對重點配置學習資源，以學生學習成效為主軸，有系統導引學習資源投入，考量課程影響性及專業知識銜接，選定統籌課程及核心專業課程作為強化學生學習成效之重要課程。統籌課程均有教學中心或教學小組，規劃並執行每學期之教學及輔導策略、培訓專兼任教學助理，實施統一教學大綱、授課進度及統一考試。統籌課程提供課業輔導、主題式強化課程、小考解題、補救教學等學習輔導措施，針對學習成效不佳學生提出期初預警，強制參與上述學習輔導活動，當學期補救統籌課程之學習成效，以利銜接後續專業知識學習；核心專業課程採教學助理面對面進行學習輔導為主，以課程錄製及解題錄影之課後輔導學習為輔，加強核心專業課程之學習成效。

由於傳統的紙筆測驗無法有效評量學生的核心能力，因此成果導向教育強調評量設計以實作內容為主，這樣的多元評量同時能有效提

升學生的學習動機及學習成效。順應實作等專題式學習，推動評分量尺（rubric）進行評量，參考美國大學院校協會（Association of American Colleges and Universities, AAC&U, 2010）之評分量尺後，發展創新思考、終身學習、口語溝通、書面溝通、問題解決、團隊合作、自我管理、書寫能力、閱讀能力等9項評分量尺公版，提供教師教學使用。

　　每學期末辦理課程目標達成情形檢核，師生同步進行課程目標回饋，間接檢視學生課程目標達成情形，做爲教師進行課程設計與教學改善之依據，強化自我改善機制。99學年度下學期起，透過網路教室，進行學生對課程目標達成程度問卷調查，統計結果提送任課教師及所屬系級課程委員會修訂課程目標之參考，並作爲國際教育認證及系所評鑑持續改善依據；教師針對其課程目標、所對應之核心能力及學習認知進行自我檢視，若需調整或變更，則需提送課程委員會審議。藉由師生相互對照的課程目標達成情形之回饋設計，落實雙迴圈課程規劃與管理之自我持續改善機制。

三　第三期程：引進企業聯盟結合各級課程委員會運作，建構學用合一的課程設計，培養學生具備企業所需的關鍵能力

　　臺灣工具機暨零組件公會理事長卓永財在教育部與機械業攜手重建人才第一哩路會議中從曾提到：「爲了補充研發人力的不足，尋求產學合作機會，卻發現臺灣的大學發展跟我們現在的企業還有一段差距，若以上銀與德國大學產學合作的經驗來看，臺灣的做法對產業發展很少有直接助益。臺灣的未來要順利發展的話，大學一定要跟產業密切來合作，當然大學絕對不是職業訓練所，但是大學一定要訓練出、教育出社會可用的人才」（聯合報，2012）。爲有效縮短學生在校所學與職場需求技能間落差，強化學用合一提升學生就業競爭力，逢甲大學在前兩期程教學卓越計畫的成果基礎上，規劃第三期程教學卓越計畫，本期重要特色就是從院系增加「企業聯盟」成員，參與系所課程設計、教學活動及實習，擴大學校與產業實務間的聯結，藉由企業聯盟成員與系所教師共同合作，推動全面的學用合一課程改革計畫。第三期程雙迴圈課程規劃及管理機制圖，如圖3。

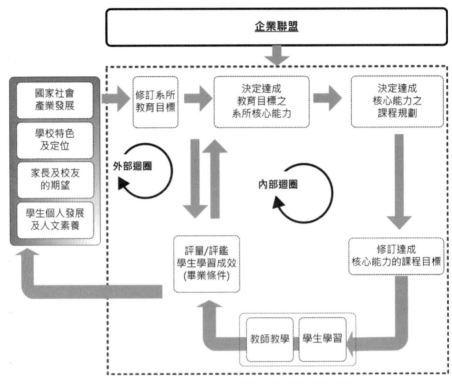

圖3　第三期程雙迴圈課程規劃及管理機制圖

　　企業聯盟業師實際參與實務實作課程、專題式課程、終端課程及專業實習之規劃、提供實習機會，並參與前述課程之協同教學與指導，學生可透過企業參訪或實習，瞭解企業所面臨的問題，進行討論與製作專題報告。於課程結束後，企業聯盟可針對優秀學生提供僱用意向書與就業機會。

　　連貫式終端課程除部分課程採用傳統教學模式外，依據學系特色及屬性導入著重探究、設計和合作取向之連貫式終端課程專題學習，終端課程除了使學生有機會統合過去所學課程及學習經驗，讓教師能綜合評量學生主修之整體專業知能，也是系所檢視所設定的教育目標及核心能力是否達成的重要檢核指標。

　　在課程規劃與教學設計上，以連貫式終端課程落實培養學生學用合一的關鍵能力，強調領域專業知識的基礎，加入合作取向的專題式學習

課程設計。除了讓學生瞭解基礎知識的內容外，透過從大一至大四的課程設計，統整專業核心能力及學生學習成果，搭配產業實習與就業導向學分學程之推動，培養學生多元及跨領域就業專長。

肆 精密系統設計學位學程的規劃理念與作為

為達成學用合一人才培育之目標，在前二期程教學卓越計畫的基礎上，引入產業聯盟，參與課程規劃、教學及評量；設計連貫式終端課程，統整學生四年所學，培養學生學用合一關鍵能力。以下以逢甲大學精密系統設計學士學位學程為例，此學程是全新的學位學程，課程規劃最大的特色是以連貫式終端課程的設計，讓學生能經歷以探究、設計及合作取向之專題式學習的課程組合，其課程規劃的理念與做法，分述如下：

一 課程規劃理念

(一) 引進企業聯盟，全程參與學用合一人才培育

精密系統設計學士學位學程以企業聯盟合作的方式進行人才培育，分析及定義產業所需之關鍵能力，建構縮短學用落差的學習模式及資源，導引學生建立目標導向之學習規劃，以培育學用合一的專業人才，落實高等教育的人才培育使命。目前企業聯盟成員包括10家以上企業、3個法人研究機構和本校。企業聯盟因應地區產業特色與發展趨勢，整合企業資源籌組，以推動產業實習與職場體驗活動，培育產業界亟需的專業人才為主要任務。所籌組的企業聯盟係由臺灣工具機M-Team、Mi-Team、臺灣區工具機暨零組件工業同業公會等工具機產業企業群、臺灣區流體傳動工業同業公會、財團法人精密機械研發中心、金屬工業發展中心、中部科學工業園區及臺中精密機械科技創新園區等相關企業組成。與企業合作的人才培育方式包括：1.企業聯盟：系所與企業聯盟合作，引入業師、實習與產學合作的機會，並啟動學用合

一之成果導向雙迴圈課程改革；2.業師：搭配專題式學習的設計，除引進業師加入實務課程設計，提供實際案例，傳授實務經驗外，並加強協同教學模式；3.實習雙導師：為推動學生專業實習之實務課程，採校內專業實習導師及企業導師雙軌輔導。

(二) 導入業師協同教學，深化學生理論與實務學習

實施業師協同教學之雙師制度，藉由業師教授工作經驗與職場現況，使學生提早瞭解未來工作環境與工作內容，進而培養充沛就業力與適當工作態度。再者，以就業導向學程推動師生團隊參與國內外創業競賽，培養學生創新精神與創業能力，並落實職前訓練、實習中學習輔導、實習後的反思回饋的專業實習課程運作，創造就業保證的機會。

結合工學院機電、工工、航太系專任師資，並新聘教師3至5名，與邀請實務經驗豐富的業師授課，開授具備基礎學理與產業實務課程。引進業師協同教學，以彈性薪資延攬師資，依課程目標所欲達成之核心能力指標，實施教學活動。依課程規劃需求，進行各單位支援師資、業師及新近師資之整合。任課教師依課程目標選擇教學策略及評量方式，利用以能力和學習目標取向之評分量尺，採用等第制評量計分方式，針對學生學習成效與教師教學提供具有彈性的多元學習評量方式。

(三) 運用全學期／年實習，協助學生銜接學習與就業

在專業實習展開前，就企業特性進行產業別的職前訓練，由實習企業安排講師講授實務課程，透過企業實習工坊展開各層級的實習活動，學生於實習結束後，通過適性測驗隨即投入職場服務，有助於企業確保其永續發展所需新人力資源的掌握，並達到學用合一的人才培育目的，提升企業資源投入專業實習的意願。以產學合作為出發點，透過產學合作模式，進而帶動創意學習的熱潮，將能有效培育具有創意思考力的學生，並輔導學生取得多元專業證照，有效縮短學用落差，以有助於學生未來就業，培育學用合一的產業即用人才。

二　課程規劃內容

　　精密系統設計學士學位學程課程配當規劃學生於精密機械知識領域應學習的核心原理和基礎知識，同時將美學創意、行銷、管理學等跨領域知識，融入精密機械設計領域的學習範疇內，並從學習活動中學會融合應用，希望藉由跨領域知識之學習與整合，能激發其創意潛能以開發出原創性產品設計或商業服務模式。其畢業學分需達到134學分，70%爲專業知識課程，另30%課程則是以問題解決與合作導向之專題式學習活動。課程配當學分數的內容爲：1.專業必修至少83學分；2.專業選修至少9學分；3.外系選修至少9學分；4.通識基礎至少16學分；5.通識選修至少12學分。再者，並要求學生在數學及基礎科學課程須占最低畢業學分之四分之一以上，在工程專業課程須占最低畢業學分之八分之三以上，機密系統設計學士學位學程的課程地圖如圖4所示。

精密系統設計學士學位學程課程地圖

大一定錨課程(必修)		大二專業課程(必修)		大三整合課程(必修)		大四終端課程(選修)
工程製圖 (3學分)	材料製造學 (4學分)	量測與公差分析 (3學分)	控制系統 (4學分)	加工與組裝工程 (4學分)	精密數控系統 (3學分)	校外專業實習 全學期9學分選修
程式設計與應用 (3學分)	材料製造學實驗 (1學分)	力學與結構分析 (3學分)	機械與振動設計 (3學分)	影像識別系統 (4學分)	電控設計 (4學分)	校外專業實習 全學年18學分選修
普通物理(3學分) 普物實驗(1學分)	電路電子學 (3學分)	工程數學 (4學分)	電腦輔助工程分析 (3學分)	精密系統設計 (3學分)	電控設計實驗 (1學分)	
微積分(4學分) 微積分實習(0學分)	電腦輔助設計製圖 (3學分)					

連貫式終端課程(必修)

系統設計概論與 工程倫理 (4學分)	工具機系統 設計實務 (3學分)	精密模具 系統設計實務 (3學分)	產業機械 系統設計實務 (3學分)	精密系統 設計專題實作 (4學分)

通識必選修		專業選修(含跨系選修)			
國文一(2學分) 英文一(3學分)	國文二(2學分) 英文二(3學分)	工具機原理 (3學分)	熱流學 (3學分)	綠色產品設計 (3學分)	電腦輔助結構分析 (3學分)
文明史 (3學分)	公民素養 (3學分)	創意設計 (2學分)	工業設計 (3學分)	機器人導論 (3學分)	電腦輔助機構分析 (3學分)
通識教育-人文、社會、自然 (12學分)		精密模具學 (3學分)	精密主軸設計與製造 (3學分)	精密模具設計與製造 (3學分)	電腦輔助檢測分析 (3學分)
		設計美學 (2學分)	控制器設計 (3學分)	專利實務 (2學分)	電腦輔助製造分析 (3學分)
		工廠實務講座 (2學分)	管理學 (3學分)	行銷學 (3學分)	

畢業總學分-134學分
專業必修-83學分
專業選修至少-9學分
外系選修至少-9學分
通識基礎-16學分
通識選修-12學分

圖4　機密系統設計學士學位學程課程地圖

(一) 基礎課程

　　精密系統設計學士學位學程的基礎課程，協助學生定錨於專業學習上，培養學生具機械製圖與繪圖能力、具電路設計及程式撰寫能力。爲達成前述目標，課程包括定錨模組課程，如：工程製圖、程式設計與應用、材料製造學、電路電子學；基礎科學，如：微積分、普通物理、普物實驗、工程數學。

(二) 專業課程

　　爲落實學用合一課程改革，邀集重點企業、法人組成企業聯盟，妥善訂定教育目標、學生核心能力及畢業條件，並據以進行課程規劃、學習活動，邀請業師共同開設學用合一的專題式專業課程。專業課程的特色爲整併相關課程、選擇精華教學、增加單一課程學分、減少修習課程數。

(三) 連貫式終端課程

　　連貫式終端課程由各年級的專題式課程組成，運用系列的課程組合，並搭配專題式學習，讓學生在四年的專題課程學習中，不斷經歷專題式學習的四大階段，從定義、規劃、實踐到檢討。研究證明專題式學習能夠成功建立學生對於知識的深度瞭解，並引起高度的學習興趣與強化學生學習動機，進而培養學生問題解決、溝通、團隊合作、創造力等關鍵能力（劉曉樺譯，2011）。

　　透過連貫式終端課程的學習，能統整學生各年所學專業知能，協助學生結合理論基礎與實務運用。精密系統設計學士學位學程的連貫式終端課程組成包含系統設計概論與工程倫理、工具機系統設計實務、精密模具系統設計實務、產業機械系統設計實務與精密系統設計專題實作。

　　在各年的專題式學習上，培育老師採用歸納式教學法，透過專題學習的四大階段，導引學生經歷以解決問題爲主的課程設計與教學活動。具體來說，進行設計、專題、論文、實作等學習活動，包括針對專

業領域中的議題，進行文獻回顧、規劃研究架構、資料蒐集與分析，最後提出對議題的建議；或以產業實際困難與問題為主題，展現運用專業知能解決問題的能力，作品產出形式可以是專題式專題、組合式專題或個案研究等，其特色為主題多元明確、產業案例教導、循序漸進學習、動手實作演練。

　　為達成連貫式終端課程貫穿連結學生四年所學之教育目標，各年級課程專題規劃有不同學習重點，透過個案介紹、分組活動、分享報告、專題製作等教學過程，引導大一學生從知識啟發及想像訓練，培養對專業基礎學科的興趣，延伸至中高年級作有目標的選課規劃，以擴展專業知識，最後以終端課程統整學生問題解決、溝通表達與技術整合能力。

(四) 整學期／年實習

　　與企業聯盟合作，搭配業師輔導，推動整學期或整學年之專業實習，藉由實習學分制導入課程，提升學生參與意願，在職場運用所學習之專業知識，透過職場實務演練，檢視自己不足之能力，進而提升個人學習動機，把握畢業前的就學最後一哩，及時強化就業所需之核心競爭力，以順利銜接就業第一哩。

　　實習包含兩個部分，其一為「實習前導課程」，為實習前之前導訓練課程，由院系老師、企業導師與職涯諮詢師等共同開課，課程內容包含職場倫理與態度、實習之權利義務說明、掌握職場趨勢與企業文化等相關職前訓練課程，協助學生在實習前做好準備；其二為「專業實習」課程：實習期間可分為暑期、學期、學年，不限於校內、校外或海外實務實習與職場體驗。

伍 結論

　　逢甲大學精密系統設計學位學程為一全新設立之學位學程，擺脫既有系所的課程框架，以導入企業聯盟、實施連貫式終端課程與實習等課程與教學革新，來達成學用合一人才培育的目標。籌組企業聯盟，全程

參與課程規劃與教學設計，導入業師協同教學，提升學校在實務專業能力方面之教學能量，使教學研究與業界人才需求契合，同時藉由業師及教師的人才交流，深化產學合作連結強度。透過連貫式終端課程與整學期／年實習的課程規劃，縮短學用落差。連貫式終端課程的課程設計主軸爲以業界問題作爲課程主題，融合理論與實務，培養學生就業關鍵能力。最後則是透過全學期／年實習，強化學生實作能力，協助學生順利銜接學習與就業。

希望透過本學位學程的課程與教學變革，能有效降低學用落差，培育符合精密機械與系統設計產業升級所需人才，並建立高等教育與產業攜手合作的人才培育機制，作爲未來人才培育課程與教學規劃之參考。

參 考 文 獻

一、中文部分

中央研究院（2013）。高等教育與科技政策建議書。臺北：中央研究院研究報告。

行政院經濟建設委員會（2010）。讓卓越人才開啓臺灣競爭力綜論《人才培育方案2010-2013》。**Taiwan Economic Forum**，**8**(9)，11-38。

李秉乾、鄧鈞文（2011）。逢甲大學以學生學習成效爲主體之教學品質保證機制。評鑑雙月刊，**34**，5-11。

美國大學院校協會（Association of American Colleges and Universities, AAC&U）（2010）。*VALUE: Valid Assessment of Learning in Undergraduate Education*。2013年9月24日取自：http://www.aacu.org/value/rubrics/index_p.cfm?CFID=52028386&CFTOKEN=50749730

草根影響力文教基金會（2013）。青年就業現況與未來調查報告。2013年9月16日取自：http://www.twgrassroots.org/site/

郭敏政（2013）。第二課專業探索。高教技職第80期電子報，2013年9月24日取自：http://www.news.high.edu.tw/pages_d.php?fn=topic&id=262

彭森明（2010）。大學生學習成果評量：理論、實務與應用。臺北：財團法人高等教育評鑑中心基金會。

經濟日報（2013）。高階專業人力，臺灣人才最大缺口。2013年9月24日取自：http://pro.udnjob.com/mag2/hr/storypage.jsp?f_ART_ID=80813

劉曼君、呂良正（2013）。Capstone課程－IEET認證的重要佐證。評鑑雙月刊，**42**，55-56。

劉曉樺譯（2011）。教育大未來：我們需要的關鍵能力（原作者：Bernie Trilling、Charles Fadel）。臺北市：如果出版社。

鄧鈞文（2012）。成果導向教育革新及逢甲大學實踐經驗。教育研究月刊，**218**，25-35。

聯合報（民101年8月29日）。教育部與機械業攜手重建人才第一哩路，聯合報，A16版。

二、外文部分

Center for Engineering Education Innovation (2011). *Engineering Solutions to Grand Challenges of the 21st Century*. Retrieved September 27, 2013, fromhttp://www.seng.ust.hk/e2i/grandchallenge.html

College of Engineering Sungkyunkwan University (n.d.). *Vision*. Retrieved September 20, 2013, from http://enc.skku.edu/eng/index.jsp

Institute of Design at Stanford (2013). *Bootcampbootleg*. Retrieved September 26, 2013, from http://dschool.stanford.edu/wp-content/uploads/2011/03/BootcampBootleg2010v2SLIM.pdf

Mohd-Yusof, K., & Ahmad-Helmi, S.(2011). *Enhancing Problem-solving, Team-working and Motivation in Learning through Cooperative Problem-based Learning (CPBL)*. Paper presented at Third International Workshop on *Innovative Engineering Education*, South Korea.

Soon, C. E., & Chun, L. S. (2011). *Transforming Engineering Education through a Design-Centric Curriculum*. Paper presented at Third International Workshop on Innovative Engineering Education, South Korea.

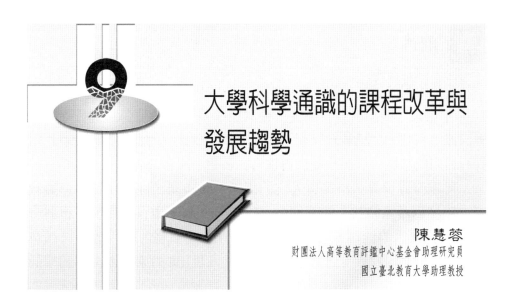

大學科學通識的課程改革與發展趨勢

陳慧蓉

財團法人高等教育評鑑中心基金會助理研究員

國立臺北教育大學助理教授

本文主要目的在探討我國大學科學通識的課程改革及發展趨勢。從劍橋大學史諾提出兩種文化之後，由於專業分工，致使科學與人文成為漸行漸遠的兩個極端，因此到二十世紀，大學教育已不再以專業知識的傳授為唯一目標，亦須培養學生作為公民的科學及人文素養。而如何進行科學通識教育，也成為通識教育的改革目標之一。本研究將從四個角度來探討大學科學通識課程的改革趨勢，首先將探討美國科學通識課程的理念及其演變，從先進國家中汲取可以參考的元素；其次將研究我國科學通識課程的理念及其演變，檢視整體架構的演變及所面臨的問題；第三是說明科學通識教育之新近教學模式，做為未來發展科學通識課程的重要參考，第四是分析2007至2012年全國傑出科學通識教育的得獎教師個別案例，探討課程受到肯定的原因。本研究發現，我國的科學通識教育課程，歷經不同時期的發展，已經從單一化的課程模式（單一知識領域、單一教師、資源分散的模式），逐漸演變成多元化的課程模式（跨領域知識、多位教師共同教學或跨領域教師教學、及資源整合的模式）。我國科學通識教育，在獎勵、評鑑及各校自覺重要性的三個因素影響之下，已經茁壯並朝向穩健發展當中。

壹 前言

　　我國的科學通識教育，在近二十年來成為重要的教育議題，尤其是2006年以來，通識教育不斷進行檢討與改革，到2012年起進行通識教育評鑑，各校的通識教育課程，不但著重注重課程的整體架構，也注重課程模組的發展、資源的提供與整合、及學生學習成效。

　　反觀西方世界，科學與人文的兩種文化爭議，開啟了科學通識教育。回溯到希臘時代，知識開始進行分類；到了中世紀和文藝復興時期，對於自然的詮釋被歸類為哲學；一直到十七世紀，透過科學革命，研究自然的成果受到肯定，再加上十八世紀的牛頓，建立了科學的學術權威，人文與科學知識之間的歧異，逐漸增加，自然科學研究者的專業認同及自我意識抬頭，造成兩種文化壁壘分明。一直到1959年，劍橋大學史諾（C. Snow）提出「兩種文化」，指出文學知識分子與科學家，存在著兩種文化的歧異，西方世界的理性生活，已經分裂成兩個漸行漸遠的極端：一端是文學知識分子，另一端則是科學家（Snow, 1959）。此項闡述引起了教育學家的注意，也開啟了大學的博雅教育。到了二十世紀，大學教育已不再以專業知識的傳授為唯一目標，亦須培養學生作為公民的科學及人文素養。而如何進行科學通識教育，也成為通識教育的改革目標之一。科學通識課程是著重在博雅、通才、全人的科學教育，期望大學生在本科系的專門教育之外，能夠均衡地學習自然學科的知識，且透過科學核心課程培養科學素養。科學領域包括數學、邏輯與人生、物質宇宙科學、生命科學、科技與人文社會等向度。此外，科學通識課程除了培養科學批判思考能力之外，大學生畢業後面對社會議題，或是就業與職場問題，也能運用系統性的科學思考能力，進行問題解決（Harvard University, 2006a；黃能堂，2009）。

　　本研究將從四個角度來探討大學科學通識課程的改革趨勢，首先將探討美國科學通識課程的理念及其演變，從先進國家中汲取可以參考的元素；其次將研究我國科學通識課程的理念及其演變，檢視整體架構的演變及所面臨的問題；第三是說明科學通識教育之新近教學模式，做為

未來發展科學通識課程的重要參考，第四是分析得獎的科學通識教師的個別案例，探討課程受到肯定的原因。透過本文分析，希望能協助我國科學通識教育有系統性的檢視與反思，並促進更進一步的發展。

貳 美國科學通識課程的理念及其演變

美國科學通識課程從1945年第二次世界大戰結束，哈佛大學文理學院院長羅索斯基（H. Rosovsky）重新檢討通識教育的目的，並規劃通識教育的課程改革，此舉影響相當大，不但成為世界許多大學的參考模式，更為後來通識教育的改革打開一扇門，每隔一段時間通識教育就會重新審視成效，並不斷改進。回顧美國通識教育課程的演變趨勢，可以分為三個時期：分類領域選修時期、核心課程時期、到分類選修與核心課程之折中措施時期，以下分別進行說明。

首先是「分類領域選修時期」時期：由學校規劃通識課程，分成數大類，每一類中再開設數個科目，規定學生每類必修若干學分。此模式是首創於十九世紀末期的哈佛大學校長C. W. Eloit廢除統一必修課程，創立自由選修制度。而後於二十世紀初期，L. Lowell擔任校長時期，課程採取主修及分類選修的規劃，學生必須在十六門中，集中於某一學門選修六門課，此外，在四個分類領域（文學、自然科學、歷史、及數學）各修一門課，而剩餘的六個學門，學生則可以自由選修。1945年J. B. Conant校長透過委員會規劃，要求學生在主修之外，須在人文、社會科學、自然科學三大領域至少各選修一門，自由選修減為四門。此時期課程缺點是規定較為鬆散，學生為求過關，多選修容易拿分的科目，因此逐漸失去通識課程著重的焦點（Harvard University, 2006b; 黃錦坤譯，1994）。

第二是「核心課程」時期：1973年哈佛文理學院院長H. Rosvsky提出檢討報告，並提倡實施核心課程，他認為通識教育除了專業訓練之外，應該促使個人健全發展，提升文化以及生活層次，並掌握時代的變動，通識教育應具有指引的作用。他同時認為，二十世紀是知識大量成長的時代，傳統知識的壽命快速縮減，因此需要快速增長新知。他並且

提醒，對於知識的學習，需要從過去對知識的熟悉，進步到對知識的批判，將知識活用並轉化為個人知識的一部分。他在1978年提出「核心課程報告書」（Harvard Report on the Core Curriculum, 2007），主張將通識課程分成五大類：文學與藝術、科學與數學、歷史研究、社會與哲學分析、外國語文漢文化；並且在1985年課程變動為六大類，增加「道德思考」，並將「科學與數學」改為「科學」。同時期，史丹佛大學也於1988年開設三種核心課程：文化、科學、及人文社會科學核心課程（陳舜芬，2008；黃錦坤，1995；Harvard University, 2006b）。

第三是「分類選修與核心課程之折中措施」時期：在2005年11月，哈佛通識教育委員會提出「通識教育檢討報告（Report of the Committee on General Education）」，提出核心課程雖有其優點，但是多年下來已面臨各方挑戰，包括：對分類原則的通用思維方式的質疑，因為雖然被分為同類科目，但是彼此之間其實並無共通點；第二，學生認為限修選課的規定，不符合教育理念，有些科目雖然名稱不同，但是卻具有相同的訓練效果；第三是核心課程無法制衡主修科目專業化的趨勢，專業知識使得學生學習到的知識愈來愈窄化（Harvard University, 2006b；才清華，2006）。

此外，哈佛大學還分別對不同學門的通識課程進行檢討，並且提出調查報告，其中「科學與技術領域報告（Report of the Committee on Science and Technology Education）」，是由院長Kirby擔任科學與技術委員會主席。他首先對非科學主修的科學介紹課程進行調查，發現哈佛大學大一新生對於學習自然科學及物理科學相當有興趣（約占50%），但是到了大四有興趣的學生卻大幅下降，僅有少於25%學生為科學主修。觀察顯示，有不少學生修習科學導論之後，不再修習科學課程，即便學生通過了普通化學、普通物理等，也很少在接續幾年持續修習科學課程（Harvard University, 2006a）。

因此綜合上述整體及科技領域的檢討報告，檢討委員會提出以「分布必修科目」代替「核心課程」。其中「必修科目」含三大領域：藝術與人文、社會研究、科學與技術，在此三大類領域各選修三門，且三門不得於同一學系選修。本次通識課程改革是以廣泛而多元為目標，讓學

生可依興趣選擇不同課程，同時也鼓勵各學系教師，發揮創意，並且鼓勵跨學科合作，為學生擴大視野，新課程已於2009年實施。此外，為能提供不同領域的科學課程，哈佛大學致力於將幾個領域連結起來，進行跨領域教學，以引領學生進行批判性思考以及知識整合。委員並建議將長達一年的簡介課程分成數門科目，包括：生命科學、物理科學、以及數學。其中生命科學的主題包括：化學、分子生物、細胞生物、基因、演化、多樣性、及心理；物理科學的主題包括：物理、天文學、物理化學、環境科學、及電腦科學；數學的主題包括：方程式、機率與統計（Harvard University, 2013）。此不同領域的折中式核心課程，有三項共同特徵：第一是問題導向，而非限定在某一學科；其次，強調科學的情境脈絡，不只是傳授基本觀念。第三是課程是具有廣泛的架構，讓學生看見學科的不同分支，可以用不同方式組合。至於授課的方式，有些課程是由教師組成教學團隊，一起教授同一門課程，有些則是有單一教師上課，但是採跨學科的整合性課程。藉此折中模式的通識課程，希望能推展其通識教育理念，讓學生能兼顧專業知識以及公民素養的培養。

 我國科學通識課程的理念及其演變

我國大學校院通識課程的演變，黃俊傑曾於2006年指出，我國通識教育依照三種模式進行：共同與通識課程均衡選修模式、通識均衡選修模式、以及核心課程模式，而科學通識課程因應不同模式而有不同開設方式。

一　共同及通識課程均衡選修模式下的科學通識課程

這種模式是共同必修課程以及通識選修課程並存，如：臺灣大學在2006年通識課程改革之前，「共同必修課程」包含四種領域：國文、外文、歷史、本國憲法與公民教育，而「通識選修課程」則包括：人文學、社會科學、物理科學及生命科學，其中科學通識課程有兩個領域（物理科學及生命科學），課程是由所屬領域的教師自行決定，再經過

校內審查後開設。此外，還開設通識教育講座「我的學思歷程」，邀請成就卓著的專家學者進行演講，如：諾貝爾化學獎得主李遠哲院士、暨南大學前校長李家同教授、及臺大醫學院院長陳定信教授，均在受邀之列，分享自己的求學歷程、思考模式、以及人生經驗的反思，從多方面引領學生思考（黃俊傑，2006；臺灣大學，2013）。

二　通識均衡選修模式下的科學通識課程

這種模式是將共同科目進行通識化，把原定之國文與外文課程化入「語文領域」，憲法與公民化入「社會科學領域」，再結合原有通識課程，讓學生在不同領域交叉選修。如：2006年以前的清華大學的科學通識課程即採取此模式（沈君山，2000；黃俊傑，2006）。

三　核心課程模式下的科學通識課程

此模式類似於哈佛大學所開設的核心課程，先分成大領域，再細分成次領域，而後再分成不同主題的課程，此模式著重跨領域課程的開設，透過不同院系之間的合作，以及傳授跨領域的內容，讓學生依不同興趣選修。我國目前的臺大、中山、與清華大學通識課程，都採行此模式。以下分別對臺灣大學與清華大學的科學通識課程實施現況分別說明。

(一) 臺灣大學的科學通識課程

臺灣大學在2006年後的通識教育，將課程分為「共同」及「通識課程」，其中共同必修課程包括國文及外文，通識課程分成八大領域：文學與藝術、歷史思維、世界文明、哲學與道德思考、公民意識與社會分析、量化分析與數學素養、物質科學、生命科學等八大領域，為使學生平衡發展，要求每一領域至少修習一門課程。八大領域中，與科學通識相關的有三：量化分析與數學素養領域、物質科學、生命科學。此三領域課程的共同特色，是課程內容與學生的生活情境有關，藉以從中培養公民的科學素養。以「量化分析與數學素養領域」為例，為

減少學生與數學的距離感，透過生活情境中常使用的數學工具，如統計與日常生活，讓學生從實用的情境中，增加學習動機，並且在學習過程中，培養量化推理、及數學以簡馭繁的思考方式。「物質科學領域」，除了學習與自然界相關的知識，更重要的是，學習科學探索的方法，如：推理、驗證及問題解決。「生命科學領域」，鼓勵學生瞭解生命起源及其奧秘，探討生物科技對人類社會的衝擊，進一步能夠尊重並保護大自然（臺灣大學，2009）。

(二) 清華大學的科學通識課程

清華大學於2006年起實施核心通識課程及選修通識修課制度，將共同課程與通識課程分成三個層次：必修語文課程、核心通識必修課程、及通識選修課程（楊叔卿，2009；楊叔卿，2011；沈宗瑞，2005；清華大學，2013）。第一層的必修語文課程，包括中文及英文課程。第二層的核心通識必修課程，共分成七大向度：思維方式、生命探索、藝術與美感、社會文化脈動、科學技術與社會、文化經典、以及歷史分析，每一向度各開設3至5門課程。其中與科學相關之向度有三：思維方式、生命探索、及科學技術與社會，以下分別說明。在「思維方式」向度的課程中，與科學相關的有三門：當代科學文明、批判思考、及數理思維。「當代科學文明」是帶領學生以哲學角度回顧西方重要的科學典範發展及其在文明發展上的意義。「批判思考」是學習以邏輯的思辯方式，克服思考上的迷思與障礙。「數理思維」是學習數學家的思維方式，並且探討數學本質的嚴謹性。在「生命探索」向度的課程中，與科學相關的有三門：當代生命科學、生態體系與全球變、及生態與生命。生命科學提供介於生命科學知識與倫理價值釐清之內涵，生態永續觀念則提供現代公民生態共生環境意識與責任，生態與生命重點在於瞭解生命的起源與演化機制。在「科學技術與社會」向度的課程中，與科學相關的有五門，前近代科學史、科學革命、科技與社會、技術與社會、以及前瞻科技。這五門課是跨領域的結合，依照時間序列，探討近代科學技術對人類社會的衝擊。其中「科學革命」是從歷史觀點探討科學典範的轉移及其影響。「科技與社會」是探討科技與社會對當代社會

的影響。「前瞻科技」則是從當前的科學與科技的進展，探討其對於人類未來文明可能帶來的影響。

第三層的通識選修課程，依照學科分成三大領域及九個類別：自然科學領域（基礎科學類；應用科學類；科學技術與社會類）、社會科學領域（法政類；社會、心理、人類、教育、性別研究類；管理、資訊、經濟類）、人文學領域藝術類（哲學、宗教類；人文、語文、歷史類）。以102年度上學期爲例，自然科學領域的「基礎科學類」所開設的課程包括：全球能源短缺衝擊、數學欣賞、無限之謎、神經科學導論、西洋數學史、當代認知神經科學、普通天文學；在「應用科學類」開設的課程有：工程倫理、仿生學與近代科技、奈米科技與近代科技、生活中的科學、鑑識科學與犯罪預防、針灸與近代科學、運動與健康、體驗科學之美與妙、統計入門；在「科學、技術與社會」類別開設的課程有：全球氣候變遷、當代科技爭議、科技創新與產業升級、生命倫理學。與第二類核心課程不同之處，在於此九大類課程的內涵，是以將專業知識進行通識化，並且結合現代生活所需之科學素養等兩個方向來設計課程，爲進階性的應用專業知識，更深入地探討相關科學與社會的相關議題（清華大學，2013）。

(三) 臺大與清大科學通識課程之比較分析

綜上臺灣大學與清華大學的核心通識課程的設計，可以發現有三個共同規劃科學通識課程的原則：1.學門基礎知識與思維取向；2.跨學科向度知識整合；3.議題導向。第一個原則「學門基礎知識與思維取向」，是以單一學門的知識爲主，不作跨領域整合，但是是以科普的方式，探究該學門專門知識，或是該學門的思維方式，以作爲學生培養思考方法的工具。例如臺大所開設的「量化分析與數學素養領域」是培養數學的邏輯思維方式，而清大「思維方式」向度課程中的「批判思考」、及「數理思維」也是以訓練數學與科學思考方式爲主。第二個原則的「跨學科向度知識整合」，透過橫向連結，將不同學門的知識加以整合。由於科技進步，人類面臨複雜的問題，藉由大學科學通識課程，可以提供廣博的學習內容，引發學生對於跨領域的學習興趣，培養

獨立思考的能力，面對未來的問題，讓學生不再侷限於個人專長的狹隘領域。如：清大「生命探索」向度的「當代生命科學」，將生命科學知識與倫理價值結合，讓學生反思生命的價值。第三個原則「議題導向」，是以探究特定的科學議題，讓學生從中運用跨領域的知識，能對該科學議題有更深入的瞭解，如清大的「科學技術與社會」向度的「前瞻科技」則是跨領域結合，從科學技術與社會發展的觀點，反思科學對人類社會的影響。

　　然而雖然核心科學通識課程的構想有其優點，但是在執行面上，也有一些挑戰，分述如下：1.跨領域科學通識教師培養較不易：此外，臺大有一項特色，透過請研究與教學績效卓著之教師或是大師級的講座教授，規劃通識課程以或是進行專題講座，以開拓學生全球視野。2.專業必修學分多，影響科學通識課程選修：但是由於我國大學必修學分較多，致使不像美國教育體系，可讓學生有較多選修空間，如美國哈佛大學的大學部主修學分，不超過畢業學分的一半，學生有相當大的空間可以自由選修課程。反觀我國，主修學分占畢業學分的三分之二，而通識教育大多低於四分之一，因此選修的空間很少（陳舜芬，2008）。3.加強學生選修科學通識課程的學習動機：通識課程常被學生視為課程之外的附加課程，較不受到重視，因此學習動機需要加強（李秀雄 & 楊仁宏，2007）。4.加強資源整合：須有效整合跨系、跨院、甚或跨校之科學通識資源，以強化教師、課程及圖書資源。

肆　科學通識教育之新近教學模式

　　科學通識課程，除了著重知識傳授的講授式教學之外，亦運用了新近教學模式，以提高學生的學習動機，如：問題導向學習、科學技術與社會（以社會議題為主）、及行動學習導向的教學模式，以下將分別進行說明。

一　問題導向學習的教學模式

以問題導向學習（problem-based learning, 簡稱PBL）整合跨領域學習通識課程，是將學習活動架構在眞實情境的問題中，透過教材及引導，讓學生主動蒐集資料及探究問題來建構知識，是一種以學習者爲中心的教學理念（楊坤原、張賴妙理，2005）。傳統的通識課程多以教師講授的單向方式進行，學生有時會因互動較少而缺乏興趣；在問題導向學習，學生需要進行討論確定問題範疇、分別進行蒐集資料與消化資訊、再到課堂上與同儕討論，透過與小組討論進行思辨與深入問題，有助於學生未來進入社會後，也能主動發掘問題與解決問題。此外，大學通識開設跨領域的課程，過去是以多個系所合開的方式進行，然而有時會因整合困難，造成課程內容只是把不同領域的知識集中在一起，但實質並未統整（陳素芬、許瓊慧、陳音卲、李曜安，2003）。在以問題導向學習的教學模式中，是在一門課程內直接將跨領域的內容整合，融合科學與人文社會領域知識，透過問題探究，讓學生培養獨立及批判思考的精神，有助於科學素養的建立。

辛幸珍於2010年指出，中國醫藥大學運用了問題導向學習的方式，規劃與開設「生命與倫理領域」的科學通識課程。亦即選定PBL教學方法，整合各領域教師投入教案的編寫、討論、審核、及相關師資的培育，並於2007年正式施行。問題與教案的評定標準，包括：問題情境的合理性、科學專業學習的廣度與深度、須符合PBL理念、整體課程的連貫性、及課程與學生程度的連接性。通過的教案之引導問題，具有多樣性，如：物美價廉的基因改造食物讓你不安嗎？不會動的超人友重新站起來的一天嗎？透過上述具爭議性且無固定答案的問題，導引學生多方面學習，分別從不同角度探究問題。在評估實施成效上，分別針對選課的2006及2007年學生進行問卷調查，發現學生對整體課程、PBL教學法、PBL學習成效、及小組引導教師四方面，滿意度均達90%以上（含非常滿意及滿意兩種程度）（辛幸珍，2010）。

二　科學、技術與社會（以社會議題為主）的教學模式

「科學、技術與社會」譯自Science, Technology, and Society（簡稱STS），是指探討科學與技術發展過程中，對人類社會造成的影響。STS是源自於1970年代的英美哲學與歐陸哲學，如：維根斯坦（L. Wittgenstein）後期所提出的「科學知識社會學」為STS理論架構及孔恩（T. Kuhn）的「科學革命的結構」，透過哲學、歷史、及科學社會學，對科學與技術重新省思，科技不再限於科學實驗室或工廠製程，它們已經和社會文明的進展密不可分（陳瑞麟，2011a及2011b）。STS 觀點在針對社會政策的施行，如環境、醫療、教育等議題，都十分重要。因此美國等先進國家，如：麻省理工學院，將STS視為專業知識，並在1988年建立了「科技與社會歷史、社會學博士學位課程（HSSST）」，帶領學生以跨領域的方式來研究科學與技術對於世界的影響（Massachusetts Institute of Technology, 2013）。在我國的清華大學的科學通識教育課程，特別在核心課程以及進階通識課程，分別開設科學技術與社會課程，從科學技術與社會三方互動的角度，將科技發展是為研究對象進行研究，引領學生面對複雜變動的社會，能從宏觀的角度進行省思。該校的課程設計，是從科學發展的不同時代檢視，呈現科學技術與社會文化互動的情形，透過科學家、社會學家、歷史學家、及教育家等等觀點，瞭解科技帶來的社會進步以及問題（清華大學，2013）。

　　STS的教學理念，主要認為過去科學教育的缺失，是著重於各學科的單獨概念，因此透過生活情境與社會脈絡的連結，引導學生除科學知識之外，能夠應用於社會變遷的省思，因此可透過科學有關的社會問題，引起學生學習動機，再以科學探究的過程及相關的科學知識，進行整體評估以及尋找問題的解決方式。此外，STS學習是以學生為中心，亦即學生是主動學習，由問題探究及問題解決的過程中建構新的知識，讓學生未來能主動關心科學的社會議題（陳文典，1997 & 1998；Yager, 1990）。

　　STS科學通識課程的教材設計及討論議題的選擇上，Massials

（1996）建議須具備五項特性：爭議性、相關性、反省性、重要性、及實踐性，透過與學生生活經驗相關之議題，更能引發學生的共鳴，讓他們願意進行深入思考及判斷，主動搜尋相關資料，建構屬於自己的知識。如：林文源（2005）指出，清華大學的STS通識課程，主要是介紹科技與社會在哲學、歷史、及社會面相的相關基本知識，訓練學生批判思考能力，此外，亦讓學生以本地及國際觀點進行思考，擴大議題討論範圍。因此在核心課程「科技與社會」的課程模組設計上，主要是結合教師的專長，開各單元模組，並建立教學資料庫，作為其他參與教師的參考資料，在教師們的多方使用下，課程模組可以不斷改良及精進，成為更有用的教學資源。他並以吳泉源教授的「科技與社會導論」課程大綱為例，該課程包括的議題有：科技與創造力（個人電腦的歷史啟示、臺灣的脈絡與面臨的挑戰）、工程教育學科認同與自我形塑、科技與公共政策、解讀科技爭議、科技與現代性（林文源，2005）。

此外，科技大學也開始發展STS科學通識教育課程，如：徐振雄（2009），將STS融入通識教育課程的規劃與教學，以本土環境保護意識分析科技發展下的環境價值之改變，從環境生態的破壞，如：未經評估的土地濫墾及填海造地，將影響地貌及棲息地，讓學生經由議題討論，延伸對科技與社會的關懷及倫理知識的培養。

三　行動學習導向的教學模式

「行動學習（Action Learning）」的概念是來自經驗學習理論及實用主義「做中學（Learning by Doing）」，透過實際執行的過程，不斷學習與反思，並且與同儕合作學習，探討真實的議題並完成相關任務。在進行課程模組設計時，需設計清晰且實際的問題、學生組成行動小組、學生能進行問題討論及反思、採取實際的行動、以及協助行動學習的協助促進者。學生從單向式接受老師講授的知識，轉而培養可以帶著走的能力，從行動學習中，主動界定知識，老師成為協助者與合作者的角色（McGill & Brockbank, 2004; Marquardt, 1999）。

以南華大學的得獎教師黃俊儒開設的「科學、新聞與生活」為例，

由於新聞是大家在日常生活中，最直接接觸科學知識的管道之一，而科學新聞除了科學知識之外，還結合了環境、文化等社會面向，透過科學新聞，可以讓學生探索面對社會性的科學問題的方式，並培養批判性思考能力。該課程從一則北美大停電的新聞案例談起，讓學生解讀新聞背後的問題發生原因，並且透過資料蒐集及小組討論解答問題，最後透過行動的方式，發覺科學新聞的真實性，並且動手撰寫科學新聞稿，再經由小組討論與教師回饋，共同探討社會性的科學議題，並且從中培養科學素養（黃俊儒，2010）。

四　三種教學模式之共同性

以上三種教學模式之下，皆以學生為學習主體，讓學生在學習過程中建構科學知識，然而，需要特別留意以下幾個因素，以作為科學通識課程規劃的考量，包括：1.考量學生的特質：學生的背景知識將是議題選擇的一項考慮因素，例如學生以理工背景居多，在科技的專業上已有一定基礎，但是人文社會背景較缺乏，需要增強歷史、社會學、及哲學的背景知識。2.營造開放性的課堂氛圍：由於學生主動學習，需要小組討論及互動，因此需要營造開放性的氛圍，讓學生願意參與討論；有可藉由助教的協助，讓小組充分討論並有回饋與互動。3.問題或議題的選擇需有深度且與學生生活脈絡有關：由於議題的選擇需具有挑戰性及爭議性，有足夠的深度讓學生運用不同觀點進行討論，但是亦須與生活脈絡相關，使學生關懷自己生活周圍的問題，培養發現問題與解決問題的能力，並且進而關懷自己所處的社會與國際情勢。4.多元的評量方式：隨著課程設計的多元化，課堂進行的活動增加，因此不同課程的評量方式也隨之調整，除了筆試之外，口頭報告、檔案評量、實際演示、同儕互評等，可因課程目標不同而選擇不同評量方式（徐振雄，2009；黃俊儒，2010；辛幸珍，2010；林文源，2005）。

伍 得獎之科學通識教師案例分析

　　教育部為鼓勵大學校院教師發展優質通識課程，自2007年起，遴選全國傑出通識教育教師獎，每一屆遴選全國傑出通識教育教師至多四名，截至101年度為止，已經舉辦了五屆，其中科學通識領域之獲獎教師整理如表1（教育部，2007，2009，2010，2012，2013）。

表1　教育部第1至5屆全國傑出科學通識教育教師獎獲獎人名單

屆	年度	得獎教師姓名	開設課程	學術專長
第1屆	96年度	南華大學黃俊儒教授	科學、新聞與生活 電影中的科學	科學教育、科學傳播、公眾科學理解、科技社會研究
		國立臺灣大學魏國彥教授	生物的演化與絕滅、全球變遷導論	古生物學、古海洋學及地質統計
		國立臺灣大學羅竹芳教授	生命科學與人類生活	生命科學
第2屆	97年度	（無科學通識獲獎教師）	（略）	
第3屆	98年度	國立交通大學通識教育中心曾華璧教授	全球生態運動史、文化歷史思維、全球化與全球理論、大學之道、當代世界：環境危機與生態永續	環境史
		國立臺灣大學生命科學系齊肖琪教授	生命的探索	魚類病毒學、魚類細胞培養、魚類免疫學
第4屆	99年度	南華大學自然生物科技學系／環境管理研究所林明炤教授	海洋生物、臺灣野生動物、生物生存之道、環境變遷、生物多樣性與人類未來、外國經典—寂靜的春天、臺灣海洋生物多樣性、人與自然環境、藝術電影賞析、生命與自然科學講座、經典導讀—科學涵養	生命科學

（續上表）

屆	年度	得獎教師姓名	開設課程	學術專長
第5屆	101年度	國立臺灣大學莊榮輝特聘教授	細胞與分子、細胞、分子與生命 細胞、分子與人類	生物化學
		元智大學梁家祺教授	環境保護與自然文學	科學教育、課程與教學、認知與學習

作者整理自教育部（2007, 2009, 2012, 2013）資料。
備註：本表僅摘錄當年度科學通識得獎教師，且以教師獲獎當時的任教學校為主。

　　分析得獎教師所開設的課程，發現可以有三個共同特色，第一個特色是將科學專業知識與人文社會知識進行結合：有些教師本身是科學專業背景，但是加入跨領域知識於課程中。如：羅竹芳教授本身的學術專長是生命科學，但是他將專業知識結合科技發展的省思，開設的課程如「生命科學與人類生活」，從日常生活故事引導學生討論生命的意義。又如：莊榮輝教授，本身的專長是生物化學，但是他將科學通識教材多元化，並與生活情境連結，開設的課程如「細胞、分子與生命」及「細胞、分子與人類」，是從生命起源、演化論、及胚胎移植等，探討科技對人類社會的影響。他透過許多的圖片、照片、影片資料，介紹科學史及科學相關知識，讓學生從淺顯易懂的資料中瞭解科學知識的精髓，並且在引起學生興趣之後，鼓勵學生進一步查詢資料。也有教師本身即為跨領域的訓練，如：曾華璧教授接受了歷史系的訓練，但後來專精於環境史，跨領域的訓練，使他更能深入的帶領學生探討科技人文的相關議題，如開設的課程有「全球生態運動史」、及「當代世界：環境危機與生態永續」，引領學生從居民、政府、環保及產業發展等不同角度思維。

　　第二個特色是運用多樣化方式授課：包括運用多媒體、設計辯論會、架設網站及部落格、校外教學活動、實驗操作等方式。如：魏國彥教授以系統性方式讓學生認識地球，除了自編教材之外，並帶學生進行野外採集、進行辯論來激發學生學習興趣。又如：林明炤教授將專業知識結合科技發展的省思，開設的課程如「環境變遷」，是從生物、環

境、汙染及保育等觀點，帶領學生從實驗操作及戶外教學等多元方式進行學習。而齊肖琪教授開設的「生命的探索」，是透過大量的圖像、影片，讓不同背景的學生瞭解生物學概念，並且透過人文社會角度省思生命的起承轉合。

第三個特色是以學生學習爲中心，並與學生互動密切：如：梁家祺教授開設的課程「環境保護與自然文學」，帶領學生參觀濕地及農村，以及與學生討論及互動，引導學生將科學知識與生活情境結合。又如：齊肖琪教授要求學生繳交隨堂心得筆記，透過瞭解學生的想法，並且引領學生逐步建構自己的思維架構，此外，雖然開授的班級與課人數高達兩百餘人，但是仍然讓學生進行座談會，充分和學生互動（教育部，2013）。

陸 結論

西方的科學通識教育起源相當早，可以回溯到1959年史諾提出「兩種文化」，引起大學博雅教育受到重視。到了二十一世紀，面臨知識經濟時代，大學教育的科學通識教育，主張培養科學素養以及科學批判思考，再次受到了大家的關注。而我國的科學通識教育課程，面對時代的變遷，也於近年來快速改革。期間歷經了不同時期的發展，依照三種模式進行：共同與通識課程均衡選修模式、通識均衡選修模式、以及核心課程模式，已經從單一化的課程模式（單一知識領域、單一教師、資源分散的模式），逐漸演變成多元化的課程模式（跨領域知識、多位教師共同教學或是跨領域教師教學、及資源整合的模式），不但汲取美國等先進國家科學通識教育核心課程的優點，並且依照我國特有的大學情境，各校發展出獨特的科學通識教育課程模式。

此外，由於教育部等指導單位，以獎勵傑出通識教師及優質通識課程的方式，鼓勵教師及學校研發通識課程模組，近年來，不但科學通識課程模組有重要產出，而且各校均設置通識課程委員會，嚴格爲通識課程把關。分析全國傑出通識教師之科學通識領域之得獎教師所開設的課程，其共同特色爲將科學專業知識與人文社會知識進行結合、運用多樣

化方式授課、並且以學生學習爲中心，並與學生互動密切。在以鼓勵及相互觀摩的前提之下，我國科通識教育的教學模式已逐漸多元化。

　　另一方面，通識教育亦透過評鑑的機制逐漸進行回饋與改進，包括從2012年起對各大學通識教育進行評鑑，透過通識課程的自我評鑑，以及專家同儕實地訪評，給予直接的建議，促進各校通識教育的改善與發展。

　　我國科學通識教育，雖然起步比西方國家爲晚，但是在獎勵、評鑑及各校自覺重要性的三個因素影響之下，已經逐漸茁壯並朝向穩健發展當中。

參 考 文 獻

一、中文部分

才清華（2006）。哈佛大學通識教育改革新動向。張燦輝、梁美儀主編，大學通識報，127-132。

臺灣大學（2013）。我的學思歷程講堂系列。擷取自http://ctld.ntu.edu.tw/digital/service/career.php，擷取日期2013年7月1日。

臺灣大學共同教育中心（2009）。國立臺灣大學通識教育新制實施評估報告。擷取自http://top100.ntu.edu.tw/outcomes/1/_980515.pdf，擷取日期2013年7月20日。

李秀雄、楊仁宏（2007）。中山醫學大學醫學系課程改革：通識教育課程檢討報告。擷取自http://cmfd.csmu.edu.tw/ezcatfiles/cmfd/img/img/410/65104484.pdf，擷取日期2013年7月15日。

沈君山（2000）。國立清華大學通識教育的展望。金耀基編輯，大學之理念。香港：牛津大學出版社，146。

沈宗瑞（2005）。清華大學核心通職課程之規劃。通識教育，**12(1)**，107-120。

辛幸珍（2010）。以問題導向學習（PBL）整合跨領域學習於通識「生命與倫理」課程之教學成效。通識教育學刊，6，91-107。

林文源（2005）。通識教育的規劃、整合和發展：以清華大學通識中心「科技與社會」課程規劃爲例。通識教育季刊，**12(4)**，19-54。

查爾斯·史諾（C. P. Snow）著；林志成，劉藍玉譯。兩種文化（2000）。兩種文化。臺北市：貓頭鷹出版：城邦發行。

徐振雄（2009）。科技與社會融入通識課程的規劃與教學實踐。通識教育學刊，3，37-65。

教育部（2013）。教育部全國傑出通識教育教師獎。擷取自http://fineofge.ccu.edu.tw/news.php?id=55，擷取日期2013年8月20日。

教育部（2009）。溫柔而堅定的生命火光－齊肖琪老師專訪。擷取自http://fineofge.ccu.edu.tw/userfiles/3rd_GE_chi.pdf，擷取日期2013年8月20日。

教育部（2007）。黃俊儒教授專訪。擷取自http://fineofge.ccu.edu.tw/userfiles/96_GE1.pdf，擷取日期2013年8月20日。

教育部（2012）。從化學瞭解自己的生命－莊榮輝老師專訪。擷取自http://www.google.com.tw/url?sa=t&rct=j&q=&esrc=s&frm=1&source=web&cd=1&ved=0CCcQFjAA&url=http%3A%2F%2Ffineofge.ccu.edu.tw%2Fuserfiles%2F1372316741.doc&ei=TDaDUrHXHYaDkwXR44DAAQ&usg=AFQjCNFCSg10370XeHbn45mmkDjBFdpx_Q，擷取日期2013年8月20日。

清華大學（2013）。通識教育課程簡介。擷取自http://cge.gec.nthu.edu.tw/indextop_main3.htm，擷取日期2013年8月15日。

陳文典（1997）。STS 理念下之教學策略。物理教育，1(2)，85-95。

陳文典（1998）。STS 理念下之教學。臺灣教育，575，10-19。

陳素芬、許瓊慧、陳音卲、李曜安（2003）。大學生跨領域學習之課程評量。中華民國第十九屆科學教育學術研討會，232-236。

陳舜芬（2008）。核心課程與分類課程選修的比較－從哈佛大學通識課程改革談起。通識教育學刊，1，51-65。

陳瑞麟（2011a）。英美哲學、STS、科技與社會。人文與社會科學簡訊，12(4)，13-24。

陳瑞麟（2011b）。維根斯坦與科學知識的社會學，收於黃瑞祺、李正風主編，科技與社會：社會建構論、科學社會學和知識社會學的視角。臺北：群學出版社。

黃俊傑（2006）。臺灣各大學院校通識教育現況：對於評鑑報告的初步觀察。通識學刊：理念與實務，1(1)，183-224。

黃俊儒（2010）。為什麼行動？解決什麼問題？－以行動或問題為導向的通識課程理念與實踐。通識教育學刊，6，9-27。

黃能堂（2009）。職場核心能力對臺灣技職教育課程與教學的啟示。教育資料集刊，43，19-36。

黃錦坤（1994）。羅索斯基論通識教育與核心課程。通識教育季刊，1(1)，53-64。

黃錦坤（1995）。美國大學的發展及其通識教育的演進。通識教育季刊，**2(2)**，73-100。

楊叔卿（2009）。通識教育之理念與實踐：以臺灣清華大學爲例。復旦通識教育，**3(1)**，82-96。

楊叔卿（2011）。通識教育在清華。通識在線，**37**，56-58。

楊坤原、張賴妙理（2005）。問題本位學習的理論基礎與教學歷程。中原學報，**33(2)**，215-235。

二、外文部分

Harvard University (2006a). Report of the Committee on Science and technology Education. In the "Curricular Renewal in Harvard College", pp. 119-121. Retrieved August 15, 2013, from

Harvard University (2006b). Report of the Committee on General Education. In the "Curricular Renewal in Harvard College", pp. 73-96. Retrieved August 15, 2013, from http://isites.harvard.edu/fs/docs/icb.topic830823.files/Curricular%20Renewal%20in%20Harvard%20College.

http://isites.harvard.edu/fs/docs/icb.topic830823.files/Curricular%20Renewal%20in%20Harvard%20College.

Harvard University (2013). Program in General education. Retrieved September 3, 2013, from http://www.generaleducation.fas.harvard.edu/icb/icb.do

Marquardt, M. J. (1999). Action learning in action-transforming problems and people for world class organizational learning. New York: McGraw-Hill.

Massachusetts Institute of Technology (2013). The Program in Science, Technology, and Society (STS)at the Massachusetts Institute of Technology. Retrieved August 3, 2013, from http://web.mit.edu/sts/about/index.html.

Massials, B. G. (1996). Criteria for issues-centered content selection. In R. W. Evans, & D. W. Saxe (Eds.), *Handbook on teaching social issues* (pp. 44-50). Washington, DC: National Council for the social studies.

McGill, I., & Brockbank, A. (2004). *The action learning handbook: powerful techniques for education, professional development and training*. London: Routledge Falmer.

Snow, C. P. (1959). *The Two Cultures*. Cambridge, England: Cambridge University Press.

Yager, R. E. (1990). The science/technology/society movement in the United States: It's origin, evolution, and rationale. *Social Education, 54(4)*, 198-201.

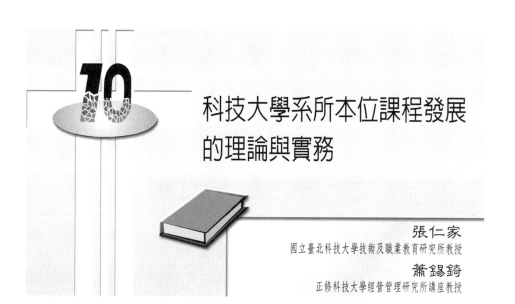

科技大學系所本位課程發展的理論與實務

張仁家
國立臺北科技大學技術及職業教育研究所教授

蕭錫錡
正修科技大學經營管理研究所講座教授

壹 系所本位課程的緣起與演變

　　所謂「系所本位課程」係指各系所在法規授權範圍內,衡量系所或學校的條件及校內外資源,強調學校依業界用人需求與產業趨勢,調整或發展系所課程,以確立系所的產業定位,發展特色課程,強化學生就業知能,提升系所就業率,落實技職教育「務實致用」的教育目標,以求教育目標及辦學特色的實現(蕭錫錡,2002)。(說明:「系所本位課程」的適用對象為科技大學的系、所與我國近10年來在技專校院推動的「系科本位課程」涵蓋科大、技術學院,及專科的系、所、科,兩者其課程發展的精神與邏輯相同,本文為尊重原法令規章與現行情形,故時有交互使用。)為實現此一教育理念,教育部技職司於西元2000年特別委託時任國立澎湖技術學院校長蕭錫錡教授進行「技專校院學校本位系科課程發展參考手冊計畫」的研究,該研究報告提出了符合技專校院課程發展的流程與相關的表件供各技專校院參考,由於該課程發展方式有別於傳統僅依賴系內教師或專家閉門造車式的課程發展方

式，而從產業用人的角度出發，以職場工作能力需求爲導向發展課程
（蕭錫錡，2002；蕭錫錡、張仁家、陳甦彰，2006）。此一課程發展模式
的提出，頗符合技專校院強調聯結產業人力需求之核心價值，教育部
也因此納爲技專校院課程發展的重要參考機制，特別於2004年制定了
「教育部推動技專校院建立系科本位課程發展機制參考原則」，正式做
爲教育部辦理校務綜合評鑑、「私校獎補助發展計畫」、「提升整體教
學品質計畫」、「發展學校重點特色計畫」等計畫補助以及增調所系科
班之政策依據。

系科本位課程發展的推動機制

　　教育部於2004年制定了「教育部推動技專校院建立系科本位課程
發展機制參考原則」中，其目的明白揭示系科本位課程乃爲了：1.建立
學校系科本位課程發展機制，代替以教師爲本位的課程發展機制，縮
短或解決技專校院所培育人才與業界所需人才之間，在質與量上之落
差，均衡人才供需；2.學校透過系科本位課程發展機制，確立系科之產
業定位，發展特色課程，強化學生就業知能，提升系科就業率，落實
技職教育「務實致用」之教育目標。具體而言，又可分爲四項目標：
1.透過產業發展、畢業生就業發展及本校優劣勢分析，確定系科畢業生
就業之區域或全國的產業定位；2.透過工作能力分析及將其轉換爲專業
智能分析，具體訂定系科學生所應具備之核心專業能力、職場所需能
力及通識能力；3.依據系科所應具備之能力，規劃課程、調整師資、改
變教學策略等，以提升教學品質及學生就業能力；4.透過產學合作改變
人才培育的模式，並充分利用產業界資源，突破系科資源之限制（教育
部，2004）。學校整體的運作仍依課程三級三審的組織與運作流程，即
學校得成立推動系科本位課程發展之學校、學院及所系科等三級課程組
織，亦得調整現有三級課程組織及功能，以推動系科本位課程發展，其
中，三級課程組織之任務及人員由學校自訂之。

　　爲有效推動系科本位課程發展，該原則明訂：「三級課程組織得聘
請一定比例之系科所定位業界、校友、專業團體等代表或聘請系科所

定位業界、校友、專業團體成立系科本位課程發展諮詢組織。」（教育部，2004）。顯然，對各系所在課程發展的過程中，要求納入一定比例的外部人員共同參與課程的發展，特別是業界代表的聲音。當然，該原則指出若學校在推動系科本位課程發展時，有某系科未有合適產業可定位或師資、設備及其他資源較爲不足而影響辦學品質時，亦應建立退場或調整之機制（教育部，2004）。如此，提供了回應外界高等教育學校過多、產學落差大等批評，而學校保有自行調整或退場的彈性。

 參　系所本位課程的思想起源

聯合國教科文組織（United Nations Educational, Scientific and Cultural Organization, UNESCO, 1974）在其「對技職教育的建議書修訂版」中，將技職教育解釋爲：「在普通教育之外研習科技與有關科學，以習得和經濟與社會生活各部門職業有關的實用技能、態度、理解與知識之教育歷程」（黃政傑、李隆盛，1996），李隆盛（1999）指出跨世紀的技職教育應確保學生具有在全球市場競爭所需的基礎與專業知識、取得業界認定及接受的能力證明、備妥在當前及未來職場中就業及發展所需的能力、擁有終身學習的知能等目標。所以強調實用技能、使學生具有一定的基本與專業能力、取得相關的職業證照以因應工作職場所需，乃是技職教育努力的方向（蕭錫錡等人，2006）。尤其在面對二十一世紀教育改革的前景下，科技大學在新設科系或現有系科的調整上，其課程規劃的重心，更應考慮業界的需求，設計出以實務爲導向的課程與教材，培養學生具實務能力，則爲科技大學發展的重要課題之一。

近年來，由於國內的教育環境變化甚劇，導致技職教育面臨結構性的改變，尤以加入世界貿易組織（WTO）後，追求經貿自由化、競爭化的發展趨勢與潮流，讓技職教育由計畫導向逐漸朝向市場導向發展。雖然高等技職教育在數量發展雖已有相當成長，但教育品質仍有待加速提升。以技職教育的需求面觀之，業界所要雇用的標準是專業專才爲主，但以供給面觀之，技專校院所培育的人才是以專業通才爲主，故造成學用不合的情形，不符合企業專業專才的需求，亦間接影響產業的

升級與發展。為此，教育部於 2002 年頒布「提升技專校院教育品質實施方案」，設置區域產學合作中心，強化辦學經營管理效率，提升教學與學習品質（教育部高教司，2002）。並自92學年度起，為培訓企業職場需求之員工，促使技職教育與訓練體系合流，教育部特配合行政院勞工委員會、德國經濟辦事處組成專案工作小組，共同推動「臺德菁英計畫」（教育部，無日期）。為落實經濟動能推升方案，平衡國內人力供需以及回應外界對技職教育的期待，教育部分別於2010年及2013年推動教育部第1期及第2期「技職再造方案」，在「教育部第2期技職再造方案」中，擬訂技職再造方案3大面向9大執行策略，包括：1.制度調整（政策統整、系科調整、實務選才）；2.課程活化（課程彈性、設備更新、實務增能）；3.就業促進（就業接軌、創新創業、證能合一）（教育部，2010，2013a）。上述各項方案與計畫，均顯示技專校院正努力尋求突破與發展中。

在政府鼓勵私人興學、高等教育普及化、鼓勵學校升格或改制等政策導引下，高等教育呈現了下列的趨勢：1.私立學校在大專院校所占的比重快速增加。2.研究所教育成長的比率大於大學部教育成長比率。3.技專校院在高等教育中的比重快速增加（張仁家，2002）。為確保技專校院學生的受教品質仍能維持一定的水準，教育部採取總量管制的政策。然而，在環境與價值觀的轉變等因素的影響下，以教育部一條鞭的中央統籌管理已無法滿足各校的變動需求。因此，學校本位管理的規劃理念乃因應而生（蕭錫錡等人，2006）。

就學校課程的規劃而言，以往的課程規劃常著眼於學生的需要，對地方特性與學校、學生的差異較無法顧及，容易導致教育的僵化（蕭錫錡等人，2006）。面對社會的急遽變遷與知識科技的快速發展，許多新興課程不斷浮現，促使課程更新的腳步往往趕不上社會變遷的速度。因此，課程應能回應社會脈動，使學校與社會變遷同步，須仰賴課程的適時發展，以學校為主體，由學校視地方、學校與學生的需求特色進行課程發展，以提供更適切的課程（方德隆，2002），如此也較能反應地方及學校與學生的差異。由於科技大學的教師長期以來較少有參與規劃課程的機會，各校系所對於課程的訂定，在教育目標的掌握、課程發展模

式的認知仍略顯不足，許多學校是放任科系自行以妥協方式或以教師本位為中心來發展課程，而未考慮業界的需求，科系與科系之間又缺乏跨科、跨系課程的水平統整，課程不但欠缺整體適切性，更遑論系統化的課程規劃實施流程，所規劃出來的課程自然常有爭議（蕭錫錡等人，2006）。此外，部分技專校院的教師缺乏教學策略，無法有效的結合理論與實務，以致於難以培養學生創造思考及解決問題的能力，使得技職教育所培育出來的人才，一直為業界詬病，如何縮短此供需差距，實有賴於進行課程規劃時，確實瞭解業界的實際人才需求情形（蘇純繪，1995）。張文雄（1998）指出為因應社會需求與業界發展，學校應在校內建立一套從科系單位，至學校層級之課程發展機制（含課程如何結合學校特色、策略及發展、各專業領域職業才能需求監控、課程規劃修訂的組織與成員、規劃修訂流程與作項目等）。因此，建立以實務為導向結合學校特色、策略及發展的課程規劃，乃是技職教育的當務之急。

　　基於此，系所本位課程發展即是在上述的思潮激盪下，提出一套以職場需求為導向，提供給學校系所課程規劃時應考慮的因素、課程發展的流程及其所使用的相關表件。各校可透過此一觀念，進行學校課程發展之先期規劃及課程發展計畫之研擬，並在盱衡學校的內外部環境與條件下，發展深具產業定位的課程，以有效培育國家經濟建設所需的人才。

肆 系所本位課程發展的趨勢與課題

一 藉此釐清學校與系科之產業定位，強調學生實務能力的培養

　　系科本位課程的最終目的是要培養學生具備產業所需的實務能力。甚麼是實務能力呢？以工程為例，在我國雙軌體制的教育制度下，一般大學較注重理論科學，課程偏重複雜的數學與科學科目，以培育工程研發人才為取向；科技大學的人力培育以應用科學為基礎，實務為主，本質傾向技術能力應用，偏重學生的實務（hands-on）經驗（蕭

錫錡，2011）。工程教育聚焦在理論與概念的設計能力，而工程技術教育則著重在實際應用與實作的能力（ABET, 2005）。當然這兩種教育所培育出來的學生生涯進路也不相同，工程教育即以培養工程師（engineer）為目標，大多從事研發工作；而工程技術教育則以培養技師（technicians）為目標，大多從事建築、製造、產品設計、測試、技術服務或銷售等工作（ABET, 2005; IUPIU, 2013）。因此，科技大學培養學生其能力內涵與一般大學有所不同，培育的策略亦須有所區隔。簡單的說，一般大學的工程教育培育理論導向的研發工程師，科技大學的工程技術教育則培育實務導向的製程工程師、測試工程師、品管工程師、維護工程師、銷售工程師等。從這些人力需求觀察讓我們瞭解到，高等教育與技職教育培育的人力並不相同，但對產業的發展都屬必需的人力，同時也是為什麼技職教育體系必須使學生具備實務能力的緣由（蕭錫錡，2011）。透過系所本位課程發展的歷程，正可藉此釐清學校與系科之產業定位。

二　系所本位課程發展成為系所評鑑的要項之一

依據社團法人臺灣評鑑協會於98-102學年度科技大學評鑑指標中，課程規劃占整體八項評鑑指標有相當程度的比重，如表1所示。對於系所評鑑的「課程規劃」指標，強調「能因應專業特性、社會及產業需求、以及學生特質，並且依據學生學習目標建立良好的課程規劃、運作及檢討機制」（社團法人臺灣評鑑協會，2013）。評鑑時，即以「課程規劃、運作及檢討機制能配合學生培育特色及目標，並兼顧產業需求及系科本位課程情形」及「系所課程發展能明訂學生基本能力」為重要的評鑑參考要項。由此可知，教育部對於科技大學的評鑑仍相當重視系所是否依照系科本位課程發展的機制與流程來發展課程，透過評鑑的手段提醒各系所在課程發展中亦先找出該系所的產業定位，尋求培養學生具備該產業所需的基本能力，而課程的發展應能對應並培養這些能力，有效地將課程與能力做緊密地結合。

表1　98-103學年度科技大學與技術學院系所評鑑指標中「課程規劃」的權重

學年度	科技大學	技術學院
98學年度	10%	15%
99學年度	10%	10%
100學年度	10%	10%
101學年度	10%	10%
102學年度	10%	10%
103學年度	未公布	10%

資料來源：整理自社團法人臺灣評鑑協會（2013）。科技大學、技術學院評鑑資訊網，http://utce.twaea.org.tw/index_project1.php

三　系所本位課程發展期能有效縮短產學落差

科技大學強調務實致用的人才培育，但企業對人才需求殷切，常感嘆人才培育緩不濟急，畢業生到了工作現場往往需一段時間接受再教育，系所本位課程發展即從職場的能力需求出發，與產業緊密結合，共同規劃培育產業人力的課程。課程規劃之初即已瞭解產業發展；之後，亦邀集產業人士共同發展課程；最後，將畢業生投入職場的表現加以追蹤、評鑑，不斷地滾動修正系所課程。在每一個課程發展的環節中，都試圖與產業有更緊密的連結，目的就是希望能有效縮短產學落差。教育部（2012）在未來（民國102-106年）的「第二期技職教育改造方案」中，已發現在推動產學合作及培育務實致用人才部分，因牽涉許多部會，所以教育部將與各部會通力合作，並參考技職教育政策一體化、結合業界共同培育人才、引進產業進駐技專校院設立研發中心、促進地方產業發展等建議，融入該方案之推動策略，未來系所課程的發展將更具彈性與務實。

四　採工作分析的方法發展課程已逐漸被接受

工作分析係指透過有系統的方法，蒐集「工作」的內容、性質、需求和員工應具備的條件，及工作背景的過程，通常以工作說明書或工作

規範來呈現分析的結果（蕭錫錡、沈健華，1991），其目的在於確定工作的條件需求或員工的學習內容。黃英忠（1991）認為工作分析就是將企業中各項工作所必須具備的知識、技能及責任感等加以分析、研究的過程；而Rensick等人（1993）則認為工作分析是檢視及蒐集某職位的主要工作活動，及從事這些活動所須具備特質的過程，因此，工作分析就是將工作分解成數個職責與任務的過程（Rensick et al., 1993）。所以工作分析是一種有系統地發現工作特性並將工作再細分為職責、任務、活動及元素等更小單元，並將其形成書面文字或電子文字的過程。

科技大學強調務實致用的教育目標，在課程的發展上各校系所均已納入產業人士及校友代表等外部的意見，各系所在運作時，往往會以各系所培育的主要產業人力為依歸，透過工作分析或能力分析的方法找出產業所需的能力，因此，課程發展採工作分析的方法，將職場所需之能力彙整成課程與教學的內涵加以實施的觀念已逐漸被接受。從工作分析到形成課程與教學的內涵，大多依循下列主要的步驟進行（蕭錫錡，2000）：

1. 檢視我國的產業發展的特色與產業結構的變遷未來五年之後是否仍有該產業的需求，並考慮上述的相關因素，找出系科的產業定位。

2. 參考報章雜誌或人力求才網站的廣告，並詢問相關業者看法，列出該系科畢業生可擔任之工作名稱。

3. 將所列性質相近的工作名稱加以歸類，並歸納出至少有三個代表性的工作，此「代表性工作」盡可能至少涵蓋所屬的工作名稱約70%以上。

4. 針對代表性工作，進行能力分析。將上述三個代表性的工作內容加以分析，分析各工作內涵所需的工作職責與任務，並劃分為一般能力及專業能力兩類。

5. 將職責或任務整併為共同的工作職責與任務，相同者不必重複陳列，形成代表性工作能力統整表。

6. 列出工作任務所應具備的一般及專業知能，一般知能包括一般

知識、職業知識、態度等；專業知能包括專業技術知識及專業基礎知識。

7. 彙整上述的一般及專業知能，將欲成立系科之能力、知識與課程形成對照分析表，並尋求適當的科目名稱填入。

8. 考慮師資、設備（含現有、添購或統整其他系科設備）後，訂定一般科目及專業科目的學分比例與必選修之學分數。

9. 考慮知識體系的完整性並依學生學習的順序性、邏輯性、連貫性、完整性等特性，擬訂綱要名稱或單元名稱及確立教學目標。

五　課程模組化，連結實務與理論

系所本位課程發展所設定的產業定位，是將該系所畢業生可從事的工作職稱列出，然後將這些工作名稱加以歸類，並歸納出至少有三個代表性的工作及至少10-12個工作項目（蕭錫錡，2002），故會形成三個代表性工作與性質相近的工作群組。因此，所發展出來的課程，也會形成對應這些工作群組的課程模組，該課程模組包括了核心與非核心的課程，核心課程可列為該系所或該模組的必修，非核心課程則列為選修，學生在修畢某個課程模組之後，即可具備執行該代表性工作與性質相近的工作知能。通常，一個系所的課程模組以至少2個為宜；不同模組的課程可以有部分學分雙重認可的設計，所以，有些系科規劃學生可以在修讀一個模組後，再修讀另一模組的一些學分，即可拿到兩個模組的學分證明。

Fitzgerald, Wong, Hannon, Solberg, Tokerud, & Lyons（2013）以培育護理師為例，認為課程模組應具有以下的特性：1.每個模組都應有實務的能力培養，如實習與實驗等；2.每個模組都應有個案實例的導入，以連結理論與實務；3.每個模組都應有該工作知能的理論基礎，含緊急處理的能力；4.每個模組都應有讓學生自我導向彈性學習的空間。這種模組的設計原則，頗值得我們在發展系所本位課程及規劃課程模組時加以參考。

肆 系所本位課程的實施成效與檢討

一 系所本位課程的實施成效

以教育部101學年度的統計數據顯示（如表2所示），國內科技大學共有53所、1,224個系所、教師共有16,198位，其中，公立的科技大學有13所、329個系所、日夜間部學生共114,504位、專任教師數4,083；私立的科技大學有40所、895個系所、日夜間部學生共388,697位、專任教師數12,198位（教育部技職司，2013；教育部統計處，2013）。

教育部自2004年開始於技專校院全面落實系科本位課程發展迄今，學校從茫然未知開始，系所主管和教師們摸著石頭過河，透過主管研習、系科示例、巡迴宣導、公聽分享等歷程，對於該課程發展模式不再陌生，絕大多數的學校課程發展運作已相當成熟穩健，也多能有效提升學生的就業力。有許多學校因為與產業接觸後，激盪出許多產學合作、與業師協同教學的火花，也逐步走出自己的課程特色，甚至成為典範系所，逐漸落實科技大學務實致用的教育理想。在此期間，教育部與各技專校院均已體認到學校辦學特色的展現，自然與產業無法脫節，而推動一系列產學鏈結的方案與計畫，包括：設置聯合技術發展中心、區域產學合作中心、產業園區、教師赴公民營機構、業界專家協同授課、落實學生校外實習，到發展典範科技大學。到了2013年，教育部更將系科本位課程發展的精神發揚光大，結合第二期技職教育改造方案，推出「教育部補助技專校院辦理師生實務增能計畫」（教育部，2013b），該計畫的前三項策略：「系（科）的適性定位」、「與適性產業合作夥伴策略聯盟」、「把核心專業能力轉化為課程」即是系所本位課程發展的重要步驟，無疑將系所本位的觀念加以深化並具體展現於課程與教學中。

表2　101學年度公、私立科技大學校數、各校系所數及師生人數一覽表

學校屬性	校數[a]	系所數[a]	日夜間學生總人數[a]	專任教師人數[b]
公立	13	329	114,504	4,083
私立	40	895	388,697	12,198
合計	53	1,224	503,201	16,198

資料來源：a.教育部技職司（2013）。公私立技專校院一覽表-101學年度（頁368-370）。臺北：教育部技職司。

b.教育部統計處（2013）。101（2012-2013）學年度大專校院校別專任教師數。2013年10月2日，取自http://www.edu.tw/pages/ detail.aspx?Node=3752& Page=17284&Index=7& WID=31d75a44-efff- 4c44-a075-15a9eb7aecdf

二　與產業有關的課程發展研究

　　技職教育應重視實務教學，並以從事社會各階層技術工作職務為目標，因而若能瞭解產業對各種人力的需求，將可作為未來各級學校在設定本身目標及課程規劃時之參考（胡哲生，1996），茲列出以下數項與產業有關的課程規劃或課程發展研究。

　　黃浩榮（1998）以調查臺灣地區電機相關產業高階主管及專業人士意見，規劃技術學院電機工程技術系之課程，整體課程除延續高職及專科學校電機相關類科之特色外，並加強專題實務製作，其所規劃的專業課程以電力電子、電機機械、自動控制與數位通訊等系列課程為主。謝良足（2000）以17位屏東商業技術學院應用外語科五專部學生為研究對象，邀請企業界人士至課堂內專題演講「祕書實務」課程，並要求學生走出教室至企業界訪談專業祕書，結果發現如此課程安排，對學生的學習、職前準備、吸取實務知識及生涯規劃有正面的意義。

　　林容芊（2001）採用文獻探討及Delphi方法，探討技職體系會計教育應培育學生能力、各級學校會計相關科系課程銜接問題、學生適應變遷社會能力與再學習能力之培育、會計技系學生第二專長之內涵等議題進行研究。林昌榮（2001）蒐集34所大學企業管理系大學部課程規劃資料，瞭解國內大學人力資源管理課程開課情形，並針對股票上市公司人力資源部門發出 467份問卷，回收117份，結果發現學校所開設的人力資源管理相關課程與企業界的需求有明顯的差異。

　　蔡依紋（2011）以國內當前最熱門的數位內容產業進行研究，透過深度訪談法與探討專家對於未來數位內容產業發展趨勢、人才需求與課程規劃的方向，綜合專家觀點，對數位媒體設計相關科系在規劃課程時提出5點建議：1.教育目標以「單一專精人才」為人才培育方向；2.人才能力需求指標為「四構面十二類別」；3.軟體操作課程應加強基本概念的延伸應用；4.課程架構以「職能分組」的方式培養單一專精人才；5.課程導入業師及實習制度的必要性。該研究之職能模組的課程架構與系所本位課程發展強調課程模組的課程設計頗為一致，值得數位媒體設計相關科系人才培育及課程規劃之參考。

　　張啓臺（2011）透過10位產業專家諮詢及專家問卷調查表進行研究，研究獲得技專校院精密鑄造課程能力指標，包含模具設計等十項構面，確立了精密鑄造產業核心技術與相關技術內涵。同時，每一項精密鑄造課程能力指標所代表的核心技術，分別包含3-5個具代表性的行為表現描述句，並有優先次序，可作為我國技專校院開設精密鑄造課程、自我檢視課程規劃與設計之依據。該研究之主要貢獻在於將Q-sort方法應用於技專校院精密鑄造課程發展上，有效解決技專校院精密鑄造課程能力指標的重要性排序問題，具有創新性和參考價值，可供技專校課程規劃及發展之參考。

　　從上述這些研究，我們不難看出頗多技專校院的課程規劃與發展，多從產業的人力需求出發，進行能力分析或工作分析，透過對產業人士的調查與瞭解，學校也能發現與產業之間的差距，系所再規劃或調整適當的課程，方能達成系所本位課程的教育理想。

三　實施系所本位課程的檢討與建議

(一) 科技大學系所課程的發展應考慮多個層面

　　由前述可知，科技大學系所課程發展應考慮的層面頗多，包括：系所定位、運用工作分析的方法、考慮學校現有資源、參考技職體系課程規劃，以及均衡通識課程的設置等。例如在考慮「系所定位」是項因素時，尤須應考慮：配合國家發展需求、結合地區產業特色、提供產業結

構人力需求、合乎現今社會求職求才現況、結合學校發展特色與中長程發展目標，及目前其他學校設置該科系情形與招生情形之比較分析。

(二) 科技大學的教師應與產業之間應有良好的互動

根據報導（聯合新聞網，2010），我國技專校院具有實務經驗的教師比例僅有約1/3，亦即意謂著科技大學的多數教師對業界的瞭解仍有一段距離。因此，本文建議科技大學的教師可優先從區域產業找到相對應之業界合作夥伴，而選擇夥伴的原則通常可參考如下：

1. 專業關鍵技能是否與系所定位之人才培育相符，
2. 軟硬體資源是否與系所定位相符，
3. 業師協同教學的可能性，
4. 是否可提供學生實習的機會，
5. 學生畢業後的就業機會。

各校或系所可藉由辦理學校與業界的成果分享、相互簡介，讓彼此互相瞭解彼此的供需，尋求適性的業界合作夥伴，並簽訂合作備忘錄（MOU）。若學校與已確定的合作夥伴，可共同研商學生專業核心能力，瞭解產業所需職能，亦可參考各目的事業主管機關所提供之職能基準來制訂。

(三) 科技大學的系所課程發展是職場導向，重視能力取向

科技大學之主要特色係直接培養業界所需之高級技術人力，故科技大學之課程發展亦應以培養學生具備工作職場所需之能力為依歸。藉由工作職場所需的知識能力導引科技大學課程發展重視學生就業市場的需求，期能使學校所培育的技術人力與業界更能緊密結合，以發揮學用配合之最高效益。並建議系所的教師們能持續以能力分析（或工作分析）的方法進行課程發展。

(四) 科技大學系所課程的發展宜把握學校的發展特色

教育部鼓勵各科技大學依大學法學校自主之精神建立學校特色，因此，各科技大學系所課程的發展，宜將學校的發展特色融入課程之

中，透過系所課程設計與實施，培養學生卓越的就業表現，自然顯現各校特色，也能有效提升學生的就業能力。

伍 國內外最佳實務

一 美國密西根大學IPE課程

密西根大學為了建立更好的醫護保健系統，創立了一個在職專業教育（IPE, Inter-Professional Education）的課程設計——即是基於醫護品質，而建立於改進和資訊科學學習的一套課程，以作為使醫護保健專業人員準備進入實踐課程之一較佳方法。許多學生報名參加醫護保健專家計畫，Engum和Jeffries（2012）描述這樣的方法，是基於核心課程可作為在職教育與專業之間合作的實踐，又可結合學術界提供的IPE課程和臨床實踐，使得這種方法結合專業理論與實際的經驗服務。課程計畫成員包括從印地安那州的詹姆斯‧惠特科姆‧賴利兒童醫院（Division of Pediatric Surgery, James Whitcomb Riley Hospital for Children）和馬里蘭州的巴爾的摩的約翰斯‧霍普金斯大學護理學院（Johns Hopkins University School of Nursing, Baltimore）的學生，設計並實施以IPE為中心的課程。

IPE課程提供醫護保健機構一種專業支持、溝通技巧、實踐團隊的建立，卻也直接發展了醫護保健中心所需要的核心專業能力，勝於個人或獨立的IPE課程經驗。這樣的教學落實在組織與個人承諾的課程基準上，透過模擬訓練讓醫護保健服務提供者在安全的環境中培養終身學習的能力、分析病床實例和人際關係表現、以及學習下決策的能力，那才是真正能夠改善病人醫護的成果。此種無縫接軌的課程設計極符合護理產業的人力需求，畢業的學生亦能直接就業（Engum & Jeffries, 2012）。

二 印度大學的旅遊課程

旅遊管理課程設計旨在因應全球活潑且多變的旅遊產業需求。印

度大學的旅遊課程包含學生進入符合職涯的學校訓練外，還有6個月的強制性實習訓練做為最後學位取得的要件。但是近十年來，發現一連串旅遊業的倒閉失敗或是科技改變造成資訊成本的改變及同業間競價問題，雇主期待找尋具有多樣化技能旅遊專才的新科畢業生，以便保有競爭力和優勢，但事實上，許多國家都面臨在旅遊領域上技能人才的短缺。印度尤其是如此，印度的旅行社和旅遊經營者約有27萬人，或者可以這樣說，在每11個工作中就有1份是旅遊領域的工作，由此可知，旅遊產業嚴重缺乏適當技能的人力資源（Dhiman, 2012）。印度的大學旅遊教育與旅遊產業之間關係可說是關聯性極微，而且毫無章法可循。故此，印度的旅遊研究和旅遊教育學界倡議要提升旅遊品質，為使有彈性的勞力資源及引進創新和技術，旅遊業雇主召集大學單位能夠產出更多具有帶著走的能力的專才人力投入職場，而另一方面，學者所建議的是改善並發展他們的專業技能、人際溝通技巧、團隊合作、溝通和解決問題的能力，而這些都是建構在個人智力能力上的附加價值，這些才是會使旅遊科系的畢業生更容易具有就業力的利基（Dhiman, 2012）。

　　2009年3月印度政府旅遊局邀請核准之1,500個合法旅遊業者（社）採用李克特氏量表（A five-point Likert-type scale statements）用以分析相關旅遊人才應有的技能，再將分析資料提供給大學端做為系科本位課程設計的依據基礎。這是由政府指導業界與學界因應旅遊產業人才不足的培育計畫，這樣的研究也實際反應了業界需求與學界培育計畫之間的差距，卻也因為如此，學界得以規劃實際旅遊本位的課程，進而培植職場的技能人才。

三　澳洲的護理研究生教育

　　2002年的澳洲政府在國家護理教育專刊（National Review of Nursing Education）指出護理教育研究生課程需要的是通用的知識，以滿足醫療機構的需求。他們的建議是教育計畫應該要有彈性，並能提供多種教學模式。衛生專業人員稱為「臨床辦學模式」（Clinical School

Model）的新方法，提供給衛生機構臨床研究生教育課程的學習機會與職位。在這種方法中，醫生帶領專業程序知識、支持教學的臨床和理論所組成的系科本位課程來授課，再由國家做審查與評估。如此一來，為身為教師的臨床醫生帶來的優勢是：真實的學習機會和連結理論到實踐；但同時，課程本身也帶來了進一步的挑戰——專業的臨床醫生教師缺乏課程的設計能力與教學經驗。因此，La Trobe大學課程設計旨在提供一種替代傳統教育方法，更具成本效益和不以教師為中心的方法來教導專科護士教育學生和臨床醫生專家之間的合作課程。

為確保高質量的醫療保健患者至關鍵重要的全面健康評鑑（CHA, Comprehensive Health Assessment）的發展，La Trobe大學的課程，以學習臨床表現作為核心研究單位的重點，建立靈活的學習計畫，提供給所有的護理研究生臨床專業，每年在維多利亞州和澳大利亞招收250到300位左右的學生，包括39個單元的課程模組，共13門課程。在這種情況下，課程發展的挑戰是要去平衡護理教育通用的13個專業領域到所有的專業對臨床實踐的要求。在大學端與職場端磨合中產生兩個課程修改建議：1.設計的核心課程模組，適用於所有專業，包括案例研究和臨床實踐活動，讓學生運用他們的專業及通用護理課程內容及2.特定模組的改變，使得核心課程比例自75：25的比例調降到60：40。比例重新分配後，使課程參與者更容易達到預期的學習成果，讓他們的專業成長，也避免了潛在的功能評估和學習成果之間的不對應問題（Fitzgerald, Wong, Hannon, Tokerud, & Lyons, 2013）。

四 中國福州市電子職業中專學校

以中國福州市電子職業中專學校為例，該校電腦動漫與遊戲製作的專業技術課程可說是完全符合「系所本位」的概念進行課程發展。首先，他們從地區產業的發展趨勢與需求出發，以確立該系科的產業定位。「以企業就業崗位需求靈活設立專業方向的原則，使專業建設貼近本地區的經濟建設需求（p.9）。」（王斌，2013）「學校廣泛組織專業教師與企業聯繫，深入企業與技術骨幹（主管）研討、參加企業實際

生產實踐」，接著，針對該科系畢業生所欲從事的工作職稱進行能力分析，「召開專業崗位任務與能力分析會議，歸納各個專業對應的工作崗位、崗位群的典型工作任務及所需能力。由企業技術轉骨幹和學校專業教師共同配合，將典型工作任務按能力複雜程度進行歸納、整合，形成綜合能力領域（p.9）。」（王斌，2013）再根據所分析出來的能力依其學習的邏輯性與完整性訂定課程大綱與教學單元。「根據學生的認知及職業成長規律，由典型工作任務遞進重構崗位職業行動領域，進而由行動領域轉化成學習領域，最終按學習領域制定課程體系方案（p.9）。」（王斌，2013）該課程其核心內容就是所有的課程內容設計都由將來學生就業所需的工作知能和素養要求來決定和衡量的。學校以課程體系改革爲核心、以校內外實習爲配套、以專兼任師資爲保障、以職場工作能力和相關職業標準爲依據，結合該校傳統文化、空間環境與學生的特性等因素發展符合產業變動特性的系所本位課程。

由上述高等教育實務課程發展之模式與相關研究，我們不難發現，如何規劃出培養學生具備職場所需能力的課程發展應已是當務之急，且此一課程規劃，應以職場的需要爲出發，以培養學生實務導向的能力爲依歸，方能合乎技專校院教育宗旨與學生未來的就業需求。然而，實務導向的課程發展需掌握下列原則：

1. 透過工作分析尋求所需具備之工作能力。
2. 尋求適當課程培育所需之能力，進而發展課程。
3. 課程發展是在課程規劃、發展、實施、評鑑等四大循環系統中的一環。
4. 考慮課程實施的可行性。

陸 本文之論述範圍與限制

一、系所本位課程發展係以專業課程爲範圍，並不包括通識課程、共同課程之發展。

二、系所本位課程發展所建議之流程與步驟，各校可依實際的條件與限制自行斟酌參探，並以可實際運作爲主。

三、系所本位課程發展係以培養學生具備工作職場所需之專業能力
　　為依歸，由於課程發展的方法與理論頗為多元，本文之系所本
　　位課程發展應可作為科技大學系所發展課程的方法之一而非唯
　　一。

四、課程發展過程應考慮層面相當龐雜多元，任一課程發展模式甚
　　難獲得全部課程參與人員之認同，故本文甚盼課程發展的結果
　　能符應多數課程參與者的期望並適時修正。誠如 Gay（1991）
　　等人所說：課程發展是人際折衝、政治妥協、社會互動、分工
　　合作和零星累加的程序。臺灣技職體系課程改革在追求理想之
　　際，也能體認此一現實，目前投注了許多資源，重視擴大參
　　與，並希望很快有具體的成果，以裨益技職教育的長足發展。
　　在這些努力當中，也很需要工作團隊之外的人士給予關心和協
　　助。

參 考 文 獻

一、中文部分

方德隆（2002）。學校本位課程發展的理論基礎。課程與教學季刊，4(2)，1-24。

王斌（2013）。現代職業教育行動體系教學模式探究。發表於新北市—福州市高中職
　　學校技職教育學術交流論壇論文集，頁7-16。2013年9月27日，新北市：新北市
　　立三重商工。

李隆盛（1999）。臺灣技職教育體系一貫課程改革的構想發表於「一九九九年亞太地
　　區課程改革國際學術研討會」。臺北：國立臺灣師範大學，1999年3月。

社團法人臺灣評鑑協會（2013）。科技大學、技術學院評鑑資訊網。2013年9月30
　　日，取自http://utce.twaea.org.tw/index_project1.php

林昌榮（2001）。國內「人力資源管理」教育之課程規劃及企業之需求評估-以大學
　　企業管理學系為例。人力資源管理學報，1(2)，25-37。

林容芊（2001）。技職體系會計教育教學目標與課程發展之研究-德菲法之應用。中

國技術學院學報，**23**，113-142。

胡哲生（1996）。技術職業教育體系內行銷管理才能的教學與就業需求之研究。國立
雲林技術學院學報，**5(2)**，47-58。

張仁家（2002）。臺灣加入WTO之後對高等技職教育之影響及其因應之道。發表於
「**2002海峽兩岸高等職業（技職）教育研討會**」。上海：第二工業大學。

張文雄（1998）。科技院校課程修訂規劃。技職教育課程發展中心。

張啓臺（2011）。**Q-sort在技專校院精密鑄造課程應用之研究**（未出版之碩士論
文）。國立臺灣師範大學工業教育學系，臺北。

教育部（2004）。教育部推動技專校院建立系科本位課程發展機制參考原則。臺北：
教育部。

教育部（無日期）。技職校院課程資源網。2013年9月30日，取自http://course.tvc.
ntnu.edu.tw/。

教育部（2010）。技職教育再造方案。2013年9月20日，取自http://www.edu.tw/
FileUpload/1052-14036%5CDocuments/%E6%8A%80%E8%81%B7%E6%95%99%
E8%82%B2%E5%86%8D%E9%80%A0%E6%96%B9%E6%A1%88%E6%89%8B%
E5%86%8A.pdf

教育部（2013a）。「第二期技職教育再造計畫」業奉行政院核定**102**年至**106**年
落實推動。2013年9月20日，取自http://www.edu.tw/news1/detail.aspx?Node=
1088&Page= 21183&Index=1&WID=560d2ade-378e-4cb6-8cb4-c2ce2b227759

教育部（2013b）。教育部補助技專校院辦理師生實務增能實施要點草案。教育部
產學合作資源網，2013年10月3日，取自http://www.iaci.nkfust.edu.tw/module/
Industry/IndustryCase.aspx?n=116

教育部技職司（2013）。公私立技專校院一覽表【科技大學、技術學院、專科學校】
101學年度（頁368-370）。臺北：教育部技職司。

教育部高教司（2002）。高等教育政策白皮書。臺北：教育部。

教育部統計處（2002）。教育統計指標。臺北：教育部。2002年07年10日，取自
http://www2.edu.tw/statistics/index.htm。

教育部統計處（2013）。**101**（**2012-2013**）學年度大專校院校別專任教師數。
2013年10月2日，取自http://www.edu.tw/pages/detail.aspx?Node=3752&Page=
17284&Index=7&WID=31d75a44-efff-4c44-a075-15a9eb7aecdf

黃英忠（1991）。現代人力資源管理。臺北：華泰書局。

黃政傑、李隆盛（1996）。技職教育概論。臺北：師大書苑。

黃浩榮（1998）。技術學院課程規劃方法之研究-以電機工程技術系為例。技職教育

雙月刊，**43**，23-27。

蔡依紋（2011）。臺灣數位媒體設計科系課程規劃與人才培育之研究—以四年制技職
院校為例（未出版之碩士論文）。國立雲林科技大學設計運算研究所，雲林。

蔡清田（1999）。課程發展之行動研究：以國立中正大學教育學程之課程發展為例。
國立中正大學學報社會科學分冊，**10**(1)，39-69。

蕭錫錡（2000）。高職課程與技專校院課程銜接之修訂規劃。臺北：教育部技職司。

蕭錫錡（2002）。技專校院學校本位系科課程發展參考手冊計畫。教育部技術及職業
教育司專案委託計畫。臺北：教育部技術及職業教育司。

蕭錫錡（2011）。落實課程規劃 強化技職校院務實致用教育目標。技術及職業教育
季刊，**1**(1)，33-37。

蕭錫錡、沈健華（1991）。工作分析及其在企業訓練教學設計上的應用。第六屆技術
及職業教育研討會論文集，70054-70060。

蕭錫錡、張仁家及陳甦彰（2006）。技專校院系科本位課程發展參考之架構-職場導
向。國立臺北科技大學學報，**39-1**，33-51。

聯合新聞網（2010）。**67%**技職教師沒經驗「去實習」。轉載於2010/04/21聯合
報，2013年10月3日，取自 http://mag.udn.com/mag/edu/storypage.jsp?f_ART_ID=
244811

謝良足（2000）。學校教育與企業界契合：理論與實務並重之課程規劃。國立屏東商
業技術學院學報，**2**，201-214。

蘇純繪（1995）。專校物流管理科課程規劃。技職教育課程發展中心。

二、外文部分

ABET. (2005). *Engineering vs. engineering technology*. Retrieved Oct. 3, 2013, from http://
www.abet.org/engineering-vs-engineering-technology/

Dhiman, M. C. (2012). Employers' perceptions about tourism management employability
skills. *Anatolia: An International Journal of Tourism and Hospitality Research, 23*(3) ,
359-372.

Engum, S. A., & Jeffries, P. R. (2012). Interdisciplinary collisions: Bringing healthcare
professionals together. *Collegian, 19*, 145-151.

Fitzgerald, L., Wong, P., Hannon, J., Tokerud, M. S., & Lyons, J. (2013). Curriculum
learning designs: Teaching health assessment skills for advanced nursing practitioners
through sustainable flexible learning. *Nurse Education Today, 33*, 1230-1236.

Gay, G. (1991). Curriculum development. In A. Lewy (Ed.), *The international encyclopedia of curriculum* (pp. 293-302). New York: Pergamon.

IUPIU (2013). The school of engineering and technology. Retrieved September 30, 2013, from http://www.iupui.edu/~bulletin/iupui/2012-2014/schools/purdue-enginer-tech/ undergraduate/index.shtml

Rensick, L. B., Wang, M. C., & Kaplan, J. (1993). Task analysis in curriculum design: A hierarchically sequenced introductory mathematic curriculum. *Journal of Applied Behavior Analysis, 1*(6) , 23-45.

PART 2

教學篇

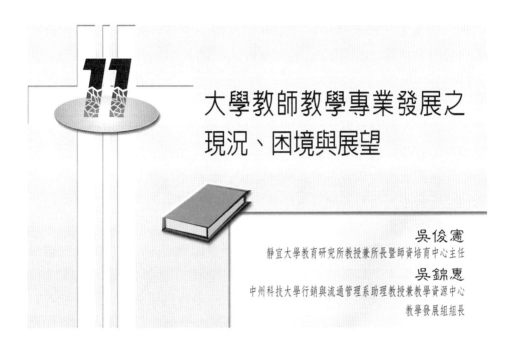

大學教師教學專業發展之現況、困境與展望

吳俊憲
靜宜大學教育研究所教授兼所長暨師資培育中心主任

吳錦惠
中州科技大學行銷與流通管理系助理教授兼教學資源中心
教學發展組組長

壹　前言

　　一般來說，大學教師都是在某個領域鑽研有成的專家或是優秀的學術研究人才，但是否具備教育專業知能和教育專業精神則不得而知。所謂教育專業知能包括課程發展與設計、教學原理與技術、教學評量與回饋、教育心理與輔導及班級經營等方面的能力。教育專業精神則是指對教學工作展現熱誠和敬業態度、具有高尚的品格操守，足以作為學生好榜樣的人師。

　　近十餘年來，國外相當重視大學教師教學品質的課題，認為提升大學教育品質有助於促進國家競爭力，因而主張大學要重視學生學習需求，提供更有彈性的學習管道，以及多元的評量方式。不過，這也引發一些大學教師提出質疑：「要改善課程和精進教學，又要做學術研究，在時間上如何取得平衡？」但不論如何，增進大學教師的教學能力和專業發展在一些國家已經成為重要的教育政策之一，像是英國、

美國、愛爾蘭、比利時、澳洲和北歐諸國，在這些國家都有陸續成立大學教師發展中心之類的組織來提升大學的教學品質及增進學習成效（Pleschova & Simon, 2013；Stes & Petegem, 2013）。在我國，教育部於2005年起推動「獎勵大學教學卓越計畫」，許多獲得補助的公私立大學紛紛成立「教學發展中心」或「教學資源中心」之類的單位，針對課程規劃、教學實施、學習評量、師生互動和班級經營等主題辦理許多教師成長活動或增能研習，只是成效如何仍有待追蹤討論。但值得深入探討的問題有：大學教師參與教學專業發展的動機為何？他們是否明瞭自己有這些方面要學習和成長的需求？一些教學評量欠佳的老師，該來參加這類研習或活動，卻經常不來參加，是否因為研習內容或時間安排無法貼近教師需求？或是另有其他原因？

　　基於上述，研究者以自身服務的靜宜大學作為研究的個案學校，首先分析99至101學年度教學評量「未通過」的教師的教學諮詢紀錄和學生訪談意見之文件資料，藉以瞭解大學教師教學有哪些需要學習和成長的需求？其次，透過問卷調查來瞭解大學教師對於學校推動教學專業發展活動及措施的參與現況、阻礙原因，以及教學成長的需求和建議。

貳　大學提升教學品質與教師專業發展的作法

　　自十二世紀起在歐洲設立大學以來，大學便被視為一群鑽研學術知識的學者之團體或組織，以追求真理為目標（張德勝，2002）。現今的大學是培育高等教育人才的學術殿堂，因此，大學的教育品質對於一個國家的整體發展實具有莫大的影響。近年來西方學術界興起一股探討「教與學的學術研究」趨勢，鼓勵高等教育機構的教師除了鑽研學科專業知識領域的學問，也要研究「如何有效教學」以及「如何促進學生有效學習」的知能（張媛甯、郭重明，2002）。

　　大學作為國家的高等教育機構，向來負有教學、研究及服務的多元功能和任務。誠如《大學法》第1條明白指出：「大學以研究學術，培育人才，提升文化，服務社會，促進國家發展為宗旨。」國內大學一直以來都有「重研究、輕教學」之風氣，為了改變此一風氣，實有必

要重視大學教學品質的提升，進一步培育大學畢業生具備基本的核心能力，如此方能有助於提高大學校務經營的競爭力。換言之，當前大學教育的發展願景在於追求卓越、提升品質，除了提升大學的研究質量之外，如何有效提升「教與學」的效能也同等重要。

為了提升教學品質及增進學習成效，教育部於2005年起推動「獎勵大學教學卓越計畫」，目的在於透過競爭性的獎勵機制，強化大學對教學核心價值之重視，引導大學在教學方面進行整體性與制度性之調整及改革，以協助教師教學專業成長、提升學生學習成效、改善課程規劃內容、營造優質教學環境、提升學生就業競爭力，並促進各大學之教學特色（王保進、周祝瑛、王輝煌，2011；教育部，2005）。

由於提升大學教學品質的關鍵繫於教師教學專業，因此，Korn（2012）提出一個大學教師的有效教學模式：「教學哲學→教學目標→教學方法→學生學習→學習評量→教學省思」。王令宜（2004）認為大學教師的教學專業應包括以下內涵：教師權責與角色之認知、課程設計、教材選擇、教學技巧、學習評量、科技使用、自我教學評鑑、學生輔導、教師專業倫理等。孫志麟（2004）歸納的內涵有：教學準備、教學內容、教學方法、教學評量、教學態度、教學溝通及教學效果等。吳軒億（2010）整理的內涵為：課程規劃、教學方法、教學溝通、教學評量、教學效果、教學態度及專業成長等。由上可知，大學教教師教學專業內涵乃聚焦於教師在課堂中的教學表現，不過，王保進、周祝瑛和王輝煌（2011）則認為還要納入整體教育體制和學校的運作情形。

進一步來說，想要提升大學教學品質，不只有侷限於課室中的教與學，尚包括師生所處的學校環境及相關事物。誠如葉連祺（2007）從系統理論觀點提出如何提升大學教學品質的方法：首先是輸入（input），要考量師生素質和條件、圖儀設備和資源、行政制度和文化、課程和活動經驗、學校設施環境等因素。其次是運作（throughput），要考量教師教學、學生學習和師生互動等因素。第三是輸出（output），要考量學生表現成果及知能成長情形等因素。上述各因素之間都會互相影響，有助於增進教師教學專業，以及提升大學教學品質。

　　然而，想要提升大學教學品質不是一件容易的事，這是因為大學教育長期以來在學術研究主導的情形下，大學教師習慣採用「教師中心」的教學方式，單向式的講課容易使得學習效果不彰，加上大學教學專業發展的課題向來受到忽視，導致大學教學品質難以提升。想要改善此一現象，必須翻轉大學教師教學方式，誠如符碧真（2007）的研究指出，大學教師採用「學生中心」的教學方式對於學生學習助益很大，所以大學教師應增加師生互動討論及實作實驗的上課方式。

　　談及大學教師教學專業發展這項課題，美國的大學教師發展研究乃起源於二十世紀60、70年代，90年代大學教師發展中心普遍設立，負責大學教師發展任務。英國自二十世紀60年代開始也重視大學教師發展，70年代陸續成立許多大學教師發展中心，以提供與教學發展相關的課程（鄭博真，2012）。舉例來說，英國在2003年發表了高等教育白皮書，隔年就成立高等教育學院（Higher Education Academy）來規劃大學教師發展的課程和教學法，以及教師培育和教學品質認證制度，藉以增進大學教師能夠反省教學、改進教學，進而創新教學（Pleschova & Simon, 2013）。在美國，則是在許多大學裡成立教師發展中心或教學資源中心之類的組織，他們會規劃新進教師諮詢顧問（mentor）方式，由教學成果卓越的資深教師來協助改善新進教師的教學方式和態度。也有規劃一系列課程來協助教師瞭解各種好的教學方式，鼓勵教師成立學習社群並提倡合作式的教學法，以及如何運用科技媒體來提供教學及學習的成效（王保進、周祝瑛和王輝煌，2011）。

　　在國內，大學教師教學專業發展課題大致是源自1998年教育部公布的《教育行動改革方案》中，提出「鼓勵各大學設置或指定專責單位，負責規劃及整合教學品質管制措施，以建立教學品質管制系統」。直到2005年起推動「獎勵大學教學卓越計畫」，才真正致力於建立完善的大學教師教學專業成長輔導措施，以提升教學專業能力和實務能力，並提供大學教師改善教學所需的各項協助（教育部，2006）。

　　探討目前各大學推動教師教學專業發展的實施現況和作法，王令宜（2004）的研究發現大多以新進教師作為對象，較少顧及教師不同成長階段之需求，作法上大多偏於辦理「講座式」研習，且內容多偏於

研究方面的支援，教學方面則普遍不足，而教學獎勵措施多採優良教師選拔，容易因為僧多粥少或流於形式而成效不彰。林紀慧和曾憲政（2007）探討大學教師有效教學的特質，研究發現在教師與學生心目中「好的大學教師」具備的重要特質有五個因素：研究、教師態度與教學、服務、輔導、教師專業與課程教材。另外，大學教師教學專業成長需求相當高，有近七成五的教師都表示有進修之必要，研究顯示：1.教師以充實教育專業知能為最主要專業進修之動機；2.目前教師教學專業發展的實施方式為參加研討會和專題演講、閱讀期刊書籍、參加座談；3.期望未來教師教學專業發展實施方式為參加研討會和專題演講、參觀訪問及考察、參加研習工作坊；4.教師期望以寒暑假作為最主要專業發展實施時間。

鄭博真（2012）分析大學教師教學專業發展的現況及需求，研究發現：1.多數學校辦理教師教學專業發展，以一天以內的研習會為主，且大多是單次活動；2.教師教學專業發展實施方式主要有新進教師研習、專業成長研習會或工作坊、專業社群、傳習薪傳制度、優良教師教學經驗分享、教學諮詢及相關補助措施等；3.實施面臨困境主要在於制度欠缺周延、負責單位編制尚未健全、欠缺系統規劃、教師不夠積極主動、成效有待評鑑、全國資源未能有效整合、缺乏研究基礎等。

陳琦媛和蘇錦麗（2013）探討大學教師教學專業發展策略，研究發現：1.工作坊和研討會的辦理、教學專業資訊的提供是各大學最普遍採用的教學專業發展策略；2.北美洲的大學較重視個別教師諮詢服務和教學研究經費，歐洲的大學首重教學專業課程，亞太地區的大學較重視教學優良教師的獎勵和教學專業課程；3.國內大學最常採用教學優良教師的獎勵，以及人力、技術及經費支援兩類策略，以單次、短期及團體共同參與方式較多，所提供的教學資訊較偏重教學知識和技能層面，較少長期、客製化及系統化的作法，且尚未提供教師教學訓練。

綜言之，國外和國內大學愈來愈重視教師專業發展，比較顯著的作法有：首先，成立相關組織來規劃教師增能的課程和活動；其次，鼓勵教師在「以學生學習為中心」的理念下來改進課程、教學和評量方式；第三，強調透過專業學習社群來形塑教學團隊；最後，當今正處

於數位科技時代，大學教師教學專業發展的作法也一直推陳出新，因此也有大學致力於推動線上開放課程、磨課師（Massive Open Online Courses）等計畫。以上闡述了國外和國內提升大學教學品質與教師專業發展的現況和作法，但限於篇幅，暫不探討國外和國內大學促進教師教學專業發展的理論和更詳細的實務作法，留待日後再作深入探究。

 ## 大學教師教學專業發展的案例分析

　　研究者選擇靜宜大學作為個案學校的理由在於：靜宜大學在「進德修業」的宗旨引領下，秉持「全人陶成，專業領航」教育目標，積極提升教學品質、推動課程改造、強化軟硬體設施，致力於培育具備「生命價值與真善美德」、「專業知識與善用科技」、「主動求知與解決問題」、「國際視野與溝通能力」核心素養的學生。靜宜大學自2005年迄今已連續8年獲得教育部補助獎勵大學教學卓越計畫，近年來已在教學品質、課程改造、學生學習、優質校園文化及總體特色的建立等面向，呈現相當卓著的成長，並發展出多項特色。

　　研究方法採文件分析和問卷調查。文件分析方面，蒐集並分析99至101學年度教學評量「未通過」教師的教師諮詢紀錄和學生訪談意見（詳細接受教師諮詢的人數和辦理學生焦點團體訪談的次數，參見下表1），藉以瞭解大學生對於授課教師在教學專業方面（含課程規劃、教材選擇、教學方法、教學內容、教學評量、師生互動、班級經營及教學態度等）的意見，也瞭解接受教學諮詢的教師反應意見作為參照。另外，研究者在99至101學年度期間兼任教學發展中心教師教學專業發展組組長，教師諮詢和學生訪談皆由研究者親自擔綱，故文件分析具有高的信度和效度。

　　所謂教學評量「未通過」教師，根據靜宜大學教學評量辦法（2012年5月30日教務會議修正通過）第10條規定：「評分資料經網路系統蒐集、篩選無效卷後，統計各單一班級課程及教師個人平均分數。教師個人平均數在3.5以下且在全院（中心、室）後5%者，或單一班級課程平均數在3.5以下且在該意見反應版本之後5%者，應由單位主

表1 99至101學年度教學評量「未通過」教師的教師諮詢人數和學生訪談次數

學年度－學期別	99-1	99-2	100-1	100-2	101-1	101-2
教師諮詢	5	1	3	4	2	1
學生訪談	16	0	8	15	6	5

管晤談,瞭解原因,於期限內將晤談紀錄表送交所屬學院並副知教學發展中心,同時由教學發展中心提供教師教學知能之輔導。」而教學發展中心提供教師教學知能之輔導的作法,乃是請教學評量未通過的教師填寫教師教學成長計畫書,請教師自評在教學上是否有做到課前準備充實、上課講解清楚、師生互動良好、評量方式合理等項目,也請教師勾選或列舉希望得到的幫助,包括安排個別教學諮詢、協助瞭解學生的意見(學生訪談),以協助解決在教學上所遭遇的困難。

　　問卷調查方面,採隨機取樣方式邀請靜宜大學教師填答問卷,共計48人(男22人、女26人)填答,問卷內容分成兩部分:第一部分是基本資料,包括性別、年齡、任教學院別、職級、服務年資、是否兼任行政職務。第二部分是教師參與教學專業發展之現況、困境及因應,問卷題項如下:1.在最近一年當中,請問您曾參加過靜宜大學辦理的哪些教師教學專業發展活動及措施?2.請問您願意參加教師教學專業發展活動的原因是?3.請問您參加教師教學專業發展活動對個人的教學助益為何?4.請問您參加教師教學專業發展活動有遇到阻礙的原因是?5.未來您希望學校辦理教師教學專業發展活動及措施的實施方式有哪些?6.未來您希望學校辦理教師教學專業發展活動及措施的主題,有哪些比較符合您的需求?7.未來您希望學校辦理教師教學專業發展活動的時間安排為何?8.整體來說,您在參加學校辦理的教學專業發展活動及措施,是否有需要改進的地方?

　　茲從「大學生對於教師教學表現的意見」、「教師接受個別教學諮詢的意見回應」以及「問卷調查結果的分析」來闡述研究結果。

一　大學生對於教師教學表現的意見

　　瞭解大學生之所以給授課教師教學評量分數偏低的原因，也顯示大學教師在教學上尚有學習和成長的需求。

(一) 課程準備與規劃設計

　　讓學生感到授課教師似乎沒有備課，例如在課堂上推導數學公式時經常會發生多次錯誤，就會容易讓學生對教師的專業度失去信心。另外，也有學生認為課程內容應該和產業加強連結。

(二) 教材選擇與清楚講解

　　非英文科系採原文書作為上課的主要教材，沒有考慮到學生的英文程度，加上授課進度偏快，造成學生學習會聽不懂、不好吸收。

(三) 教學技巧與媒材使用

　　教師授課照本宣科，照著課本或簡報唸，缺乏詳細地講解或實際示範指導，或是沒有顧慮到學生的個別差異。也有反應教師的教學模式太固定、沒有變化，一板一眼的教學無法引發學習動機，甚至覺得像是在接受填壓式教學。有的學生則反應教師上課時播放影片，影片的年代久遠、內容枯躁，加上關燈後很容易想睡覺。

(四) 溝通技巧與師生互動

　　師生溝通媒介大多是板書、口語、肢體語言、表情眼神和教室走動等。有學生反應教師在黑板上的英文書寫體太潦草，導致學生看不懂。有的教師講話會語帶諷刺或經常挖苦學生，例如會拿成績來做班與班之間的比較，讓學生感覺不是很好。有的老師有時候在說話的語調上會突然變得很激動，有點嚇到同學。師生互動方面，有老師很少主動跟學生在課堂上互動，經常是老師在臺上教自己的，學生在臺下做自己的。另外也有學生反應，會因為老師年紀偏大，因為感受到長輩的威嚴而不太敢接近問問題，通常只好求教於助教，或是跟別班的同學討

論。這與李名鏞和吳俊憲（2013）的研究結果相符，他們兩人探究學生期末成績、教學（學生學習）成效與教師特質之間的關聯性，選擇靜宜大學100學年度初級會計學、大一英文、統計學與經濟學四個科目作為研究範圍，研究顯示四個科目授課教師的年資或年齡確實會影響教學評量分數，教師年資或年齡因素可能與不同世代的大學教師教學方法、評分標準、對學生學習態度的要求、教學風格、個性比較嚴肅或容易溝通等有關，但與學習成效並無直接相關，而是可能與學生對教師的喜好程度有關。

(五) 學習評量與成效評估

事實上，多數老師的成績評量標準都會在開學前就公告於學校網站上，或是開學後第一、二週拿出來跟同學討論，但如果老師後來沒有按照既定的評分方式給分，就會有學生抱怨。有的老師將期末報告占成績評量的比重太高，而且作業要求及規定又太嚴格，例如沒有按照規定撰寫期末報告就會不及格，讓學生壓力很大。有的老師在評量後沒有每次都和學生一起檢討，學生無法訂正自己錯誤的地方。

(六) 班級常規的規範與維持

有的老師上課要求很多，例如遲到會被扣平時成績、課堂上不准吃東西、不准接打手機等，多數學生認為只要規定合理且有助於維持上課秩序是願意配合的，但有老師會對違反規定的學生私下記點或扣分，學生對於老師沒有告知是有意見的。

(七) 班級氣氛與情境的營造

有學生反應的是授課老師教學態度的問題，例如教師固執己見，無法接受同學有不同的想法或解題方法。有老師經常會公開在課堂上責怪學生上課不認真，經常口頭上會說「都是為了學生著想」，但又總是認為學生都太在意成績，結果讓學生感覺沒有受到尊重。也有老師在沒有充分瞭解學生為何出現偏差行為（例如學生上課遲到）的情形下就直接責罵學生，或是把不愉快的情緒發洩在全班身上，都讓學生感覺不是很

好。

(八) 其他

例如有老師時常會出現要臨時出國參加會議而調課，然後又都是利用中午補課，造成學生的困擾。

二　教師接受個別教學諮詢的意見回應

教學評量「未通過」教師接受個別教學諮詢時，會針對教學評量制度、教學改進和成長、學生學習情形三方面提出回應，整理意見如下：

(一) 教學評量制度應予修正

有老師表示學校訂3.5做為教學評量標準值是不盡合理的，因為多數學生填答教學評量問卷時會以為3是尚可。有老師表示教學評量問卷當中會有無效問卷，不應該成為廢卷，因其有參考價值，應予保留並提供給授課教師。也有老師表示教學評量制度可能會出現反淘汰現象，一些對學生要求嚴格的老師會不公平。

(二) 教師有教學成長的意願

多數接受個別教學諮詢的老師表示，自己在填寫專業成長計畫書時會勾選願意接受個別諮詢，主動希望教學發展中心可以提供教學上的協助，也有意願想要瞭解學生對自己教學的看法，期許獲得教學專業成長的方法。

(三) 教師參與教學成長活動

有老師瞭解了學生對自己教學上的意見回饋後，表示日後在備課和教學都會充實自己，尤其在教學方法上也會多參加教學發展中心舉辦的教師教學成長活動或增能研習，也會學以致用，尤其是學習如何提升班級經營的技巧。

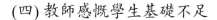

(四) 教師感慨學生基礎不足

有老師感慨以前學校招收的學生的基礎比現在好得太多，自己還有許多心力可以投身研究，現今學生基礎能力不夠好，要花時間加以補強，要重視教學品質，又要兼顧研究工作，實在很辛苦。

(五) 學生學習動機和態度欠佳

多位老師都表示，有明顯感受到近年來的學生在學習態度和以前大不相同，有的根本沒有學習動機，例如有老師在平時考之後發現有部分學生不想唸書，基於身為教師的良知，希望可以扭轉學生的學習動機和態度，因此在上課過程會有比較嚴格的要求，和學生講話時難免就會語氣重了些，其實都是基於「對學生好」的作法，但可能也因此招致學生不滿。

三　問卷調查結果的分析

實施問卷調查旨在瞭解大學教師對於學校推動教學專業發展活動及措施的參與現況和阻礙原因，以及需求和建議。

(一) 參與教師教學專業發展活動的現況

「在最近一年當中，請問您曾參加過靜宜大學辦理的哪些教師教學專業發展活動及措施？」填答者比較熱衷參加的活動或措施之前四名有：研討會或座談會占最多（72%），其次是專題演講（58%），再次是研習工作坊（56%）和優良教師教學經驗分享（56%）。這項結果與陳琦媛和蘇錦麗（2013）的研究結果相符合。不過，學校在近兩年內舉辦一些比較新的措施，參加人數的比例都不高，例如學習社群（含讀書會）（14%）、申請創意教學計畫（18%）、申請精進教學計畫（22%），原因有待檢討。

「請問您願意參加教師教學專業發展活動的原因是？」填答者比較有意願主動參加的原因有：想要充實自己的教學知能（87%），其次是個人有興趣（72%），這項結果與鄭博真（2011）的研究結果相符合。

另外，有教師（或教學）評鑑的壓力（31%）這項原因也占了三成，足見教師評鑑確實也有某種程度可以促進教師專業發展的功能。

「請問您參加教師教學專業發展活動對個人的教學助益為何？」填答者認為參加後對個人教學有所助益的比例占98%，只有2%的填答者認為參加後沒有收穫。再詳細來看，認為很有助益者占35%，認為有些助益者占41%，認為稍有助益者占20%。

(二) 參與教師教學專業發展活動的阻礙原因

「請問您參加教師教學專業發展活動有遇到阻礙的原因是什麼？」填答者認為參加教師專業發展活動遇到最大阻礙在於「活動辦理時間無法配合」，占了將近七成，其次是「教學負擔重，沒有時間」（41%），再次是投入研究太忙了（22%），這項結果與鄭博真（2011）的研究結果相符合。學校辦理教師專業發展活動大多利用週四下午班會時間，或許日後要考量其他時間來辦理這些活動，以提高參與意願。另外，也看得出目前許多有意願參加此類活動的教師，因為研究和教學的負擔沈重而抽不出空來參加，這項問題也有待日後思謀良方加以解決。

(三) 參與教師教學專業發展活動的需求和建議

「未來您希望學校辦理教師教學專業發展活動及措施的實施方式有哪些？」填答者期望未來辦理教師教學專業發展活動的實施方式，前五名為：研習工作坊（52%）、數位教材或教學媒體製作（50%）、專題演講（47%）、研討會或座談會（41%）、優良教師教學經驗分享（37%）。此外，教學觀摩示範（35%）、網路學習（35%）、參觀訪問和考察（27%）、學習社群（含讀書會）（25%）也是填答者認為可行的方式。

「未來您希望學校辦理教師教學專業發展活動及措施的主題，有哪些比較符合您的需求？」填答者期望未來辦理教師教學專業發展活動及措施的主題，前五名為：提高學生學習動機（62%）、提升學生學習成效（56%）、創意與思考教學技巧（47%）、認識大學生學習特質

（含學習風格）（45%）、發展學生學習策略（43%）。此外，跨領域課群教學（39%）、認識大學生心理及次文化（37%）、數位教材製作與教學（35%）、學生學習多元評量（含如何依據評量結果調整教學）（31%）、學生輔導（含課業及生活輔導）（31%）、班級經營（含訂定班級規範、師生互動技巧、營造學習氣氛）（31%），也是填答者期望日後可以參加的活動主題。

「未來您希望學校辦理教師教學專業發展活動的時間安排為何？」填答者期望未來辦理教師教學專業發展活動的時間安排，最好仍是辦理週一至週五的時間（75%），其次是寒暑假（35%），最後是週六、日（18%）。

 大學教師教學專業發展的實施結果與展望

一 實施結果

Korn（2012）鼓勵大學教師都應發展個人的教學哲學，要保持閱讀和省思，要經常和同事對話，要累積教學經驗，對教學要保有熱誠和持續性改進教學。許多大學加入獎勵大學教學卓越計畫後，紛紛推動教師評鑑工作，並將教學評量結果列為教師評鑑重要項目之一。後來有不少人質疑教學評量問卷的效度，質疑「教學評量結果是否能真確地反應出教學品質？」也就是說，教學評量得分高的老師所教出來的學生未必在學業上有較好的表現。例如呂文惠（2011）的研究顯示靜宜大學學生在回答教學評量問卷時，受到對教師整體印象影響較大。不過，值得大家省思的是，教學評量結果如果能夠妥善運用，拿來提供教師檢視和修正自己的課程規劃、教材內容、教學技巧、評量方式和班級經營策略，相信必能裨益於提升教學品質和學習成效。相反地，誤用教學評量就會變成危害教學品質的利刃，不但打擊教師士氣，也會造成「劣弊驅逐良弊」之虞，使得一些原本要求嚴格的老師棄守原則，有的老師為了討好學生只好給高分、減少作業或降低評量難度，如此只會犧牲掉教學品質及教師良知。

以靜宜大學來說，學校很重視提升學生的學習成效和教學品質，多年下來讓很多學生都高度肯定老師認真教學，而多數老師也都能夠在學期前就做好課程規劃，並在學期初和學生說明或共同訂定課堂規範。不過，多數學生希望老師在教學過程中可以增加師生互動、融入多元的教學策略和引導學生專注學習。老師方面，則認為學校太過偏向學生評鑑教師教學的意見來決定一位老師的教學好壞，這是令人擔心的問題。

另外，教師目前比較常參加學校辦理的教師教學專業發展活動及措施，主要是研討會或座談會、專題演講、研習工作坊和優良教師教學經驗分享。令人感到欣慰的是，教師願意參加教學專業發展活動的原因，乃是基於想要充實自己的教學知能，以及個人有興趣。此外，教師評鑑的壓力也間接地提升了教師參加意願。令人振奮的是，教師參加教學專業發展活動後，有九成八的教師都認為對個人教學有所助益。不過，教師參與教學專業發展活動受到阻礙的原因在於：活動辦理時間無法配合、教學負擔沈重而沒有時間、投入研究太忙碌。最後，教師期望未來學校辦理教學專業發展活動及措施的實施方式有：研習工作坊、數位教材或教學媒體製作、專題演講、研討會或座談會、優良教師教學經驗分享、教學觀摩示範、網路學習、參觀訪問和考察、學習社群（含讀書會）。而教師期望日後可以辦理更貼近自己成長需求的主題，包括：提高學生學習動機、提升學生學習成效、創意與思考教學技巧、認識大學生學習特質（含學習風格）、發展學生學習策略。詳加分析，上列多是聚焦於「如何提升學生學習成效」的相關主題。

二　未來展望

(一) 大學教學發展中心的任務之一，在於提供教師教學專業成長和教學諮詢的管道，並提供學生學習策略，對於一些教學評量未通過的教師應可周詳地規劃後續的專業成長支持系統與教學輔導制度，針對教師需求提供必要的幫助。

(二) 目前教學發展中心雖有定期辦理教學專業成長活動和教師增能研習，但大多偏向點狀式的教師發展活動，如何擴增或延伸成

為線狀式和面狀式是未來可以努力規劃的方向。

(三) 建議大學教師都應該多瞭解現今學生的學習動機、學習態度、學習風格和學習方式，也可以主動提供一些有用的學習策略給學生，或是適時地和學生討論或溝通一些教學的內容或方式，實踐「以學生學習為中心」之教學目的。

(四) 建議大學教師採用多元化的教學方法或策略，例如分組合作學習、學習共同體、探究教學法、案例教學法、專題探究法等，也可以規劃戶外教學或結合服務學習，以促使學習更貼近學生的生活情境，讓學習產生有意義性。此外，適時地結合電腦網路或科技媒體融入教學，也有助於提升學生專注力和學習成效。

(五) 建議大學教師對於成績評量標準或期末報告規定要更明確，讓學生有所遵循。另外，針對一些可能被當掉或成績不及格的同學，一定要事先做預警工作，以發揮「預防勝於治療」之效益。

(六) 建議大學教師要學習如何運用有效的教學溝通技巧，包括引發學習動機、提問與討論、媒體運用、活動轉換銜接、教室走動、眼神關注、板書工整、口語表達、肢體語言等。尤其是教師要注意是否有言語暴力的行為，在言談中要讓學生感到尊重，也要提振學生學習的自信心。

(七) 建議大學教師要學習有效的班級經營技巧，包括建置學習環境、建立班級規範、維持上課秩序、營造學習氣氛、引導專注學習、展現教學熱誠和公平對待學生等。

(八) 大學針對教師教學專業發展舉辦一些新的活動及措施，結果發現參加人數並不踴躍，這代表在宣傳推廣上的努力不夠，除了透過e-mail和張貼海報外，也要利用各種場合加強宣導並詳細說明申請方式，讓教師更加明白這些新的作法是幫助教師提升教學品質的而非增加教學負擔，如此就能吸引教師主動參與。另外針對極少數教師從未參加過任何相關活動，教學發展中心有必要進一步瞭解原因。

(九) 建議大學辦理教學專業發展活動的時間採分散式，讓教師有比較多的時間選擇性。另外，針對教師因為研究和教學的負擔沈重而抽不出空來參加的問題，未來可以改變實體課程研習的方式，部分課程可改採線上研習來解決，讓活動辦理方式更多元化。

(十) 大學未來辦理教學專業發展活動及措施的實施方式，除了常見的專題演題和優良教師教學經驗分享之外，可以多辦理一些研習工作坊、數位教材或教學媒體製作、研討會或座談會、教學觀摩示範、網路學習、參觀訪問和考察、學習社群（含讀書會）。

(十一) 大學未來辦理教師教學專業發展活動及措施的主題選擇，仍要聚焦於如何提升學生學習成效，像是提高學生學習動機、提升學生學習成效、創意與思考教學技巧、認識大學生學習特質（含學習風格）、發展學生學習策略。

參考文獻

一、中文部分

王令宜（2004）。大學教師教學專業發展理論與實務。教育研究月刊，**126**，60-72。

王保進、周祝瑛、王輝煌（2011）。獎勵大學教學卓越計畫成效評估。行政院研究發展考核委員會委託研究成果報告（計畫編號：RDEC-RES-099-023），未出版。

吳軒億（2010）。大學教學卓越計劃與教學品質之研究（未出版之碩士論文），國立臺灣師範大學教育政策與行政研究所，臺北市。

李名鏞、吳俊憲（2013）。靜宜大學教學評量之研究(一)：回顧與檢討。靜宜大學專任教師教學研究能量精進計畫成果報告（計畫編號：PU101-SPR2-001），未出版。

呂文惠（2011）。教學評量結果能否反應教學品質？臺灣教育評論月刊，**1(2)**，46-47。

林紀慧、曾憲政（2007）。大學教師有效教學特質之研究。課程與教學季刊，**10**(4)，31-48。

孫志麟（2004）。教育政策與評鑑研究：追求卓越。臺北市：學富。

陳琦媛、蘇錦麗（2013）。大學教師教學專業發展策略之研究。教育研究與發展期刊，**9**(4)，149-176。

張媛甯、郭重明（2002）。師資培育與教師專業發展，**2**(2)，21-38。

張德勝（2002）。學生評鑑教師教學：理論、實務與態度。臺北市：揚智。

教育部（2005）。獎勵大學教學卓越計畫緣起與宗旨。取自http://www.csal.fcu.edu.tw/Edu/program_start.asp

教育部（2006）。獎勵大學教學卓越計畫**95**年度作業手冊。臺北市：教育部。

符碧真（2007）。大學教學與評量方式之研究。臺灣高等教育研究電子報，**10**，9-17。

葉連祺（2007）。大學教學品質提升措施成效影響-大學品牌之跨時間比較。教育學刊，**28**，195-224。

鄭博眞（2011）。南臺灣技職校院教師參與教學專業發展現況和需求之調查研究。華醫社會人文學報，**24**，35-56。

鄭博眞（2012）。我國大學教師專業發展之現況、困境與展望。教育研究與發展期刊，**8**(1)，61-92。

二、外文部分

Korn, J. H. (2012). Writing and developing your philosophy of teaching. In W. Buskist & V. A. Benassi(eds.), *Effective college and university teaching: Strategies and tactics for the new professoriate* (pp.71-80). Thousand Oaks, California: SAGE.

Pleschova, G. & Simon, E.(2013). What we know and fail to know about the impact of teacher development. In E. Simon & G. Pleschova(eds.), *Teacher development in higher education: Existing programs, program impact, and future trends* (pp.1-16). New York: Routledge.

Stes, A. & Petegem, P. V.(2013). Instructional development for university teachers: Cases of impact and practical implication. In E. Simon & G. Pleschova(eds.), *Teacher development in higher education: Existing programs, program impact, and future trends* (pp.234-256). New York: Routledge.

【誌謝】：本研究成果爲靜宜大學提供經費補助，特申謝忱。吳俊憲（2013）。學生評鑑教師教學－後面的學生輔導工作要怎樣做更完善。靜宜大學專任教師教學研究能量精進計畫成果報告（計畫編號：PU101-SPR1-006），未出版。吳俊憲（2013）。靜宜大學教師教學專業發展之現況、困境與因應。靜宜大學專任教師教學研究能量精進計畫成果報告（計畫編號：PU101-SPR1-003），未出版。

12　個案教學在商管學院的應用

張逸民
國立政治大學企業管理學系教授

李淑貞
亞洲大學心理系副教授

　　個案教學在國內商管學院雖已有數十年歷史，儘管近年來許多院校努力推廣，其普及率仍然不高，顯示推廣個案教學面臨不少障礙。障礙大致可分為教師與學生兩方面。對傳統教師而言，個案代表新的教材形式，帶領個案討論則須新的教學技巧，教師在這方面認識有限，技巧不熟。對學生而言，個案討論代表嶄新的學習行為，在心理面與行為面都沒準備。本文由個案教學的發展、特徵、理論基礎、最佳實務來介紹個案教學在商管學院的應用，期望能對教師建立個案教學的信心，能由傳統教學轉型至個案教學的過程中有所幫助。

壹　緒言

　　個案教學強調以個案（case）作為教材，以討論方式，帶領學生針對業界實例，進行深度思考，以達到實務面學習效果。它與傳統講授式（lecture）教學方式在上課內容、教學方法、和學習成效，甚至所依據的學習理論也截然不同。個案教學自十九世紀就在美國大學的專業

學院，如商學、醫學、法學院就開始被採用。之後，隨著高等教育環境變遷，教育學院和其他學門也有逐漸採用個案教學的現象（Merseth, 1996）。

國內歷史較久的商管學院在1960年代就已開始進行個案教學。近年來，許多商管學院有計畫地與全面性地引介個案教學，推廣個案教學被納入校級單位如教學發展或教學資源中心之職責之中，將個案教學推廣到各學院。然而，個案教學的普遍性至今依舊有待加強，教師對個案教學仍然普遍不太瞭解，個案教學在商管學院的普及率，還是偏低[1]。

針對國內在商管學院個案教學的不很普及這現象，本文希望能提高教師對個案教學特性的認識、理論的瞭解、技巧的掌握，而建立對個案教學的信心。本文首先敘述國內個案教學發展簡史，並點出高等教育界與商管學院對推廣個案教學的資源投入不少，但卻成果有限。接著本文簡單介紹個案教學的學習理論基礎，以提高教師對個案教學的理論瞭解，並藉理論來論證個案教學應如何著手，介紹商管學院為求成功個案教學一般採用的教學實務[2]。最後則討論國內的教師與學生在個案教學會遭遇的困難，並提出一些實用的個案教學技巧做為可能克服之道，以供有意個案教學的教師參考。

貳 臺灣個案教學發展簡史

1964年在密西根大學的協助下政大企管研究所成立，來臺灣支援政大企研所的密西根大學教授將個案教學用到課堂裡，企研所開所所長

---

1. 以Google搜尋企管相關課程（包括EMBA）的上課大綱可發現，有些課雖有採用個案上課，但是其個案所占的上課時間多數不到四分之一。另外作者私下與校內外商管教師的接觸，也普遍同意個案教學的授課普及率不高，在一門課所占的上課時間也不多。
2. 本文介紹的個案教學以哈佛商學院的個案教學實務為主幹，哈佛商學院的個案教學在美國商學院當中是最歷史悠久的、最全面化的、經驗最豐富的，因此值得借鏡。

楊必立不久也開始發展以臺灣企業為主體的企業個案，陸續出版幾輯的《臺灣企業管理個案》（楊必立，1974），並將企業個案當作一門選修課來上。當時企研所的教師也在上課中拿出部分時間來做個案討論，個案主要取自課本，也有自己整理的個案[3]。臺灣第一位留美專攻策略管理的企管博士司徒達賢在1976年回國至政大企研所任教，就以個案教學為企業政策的主要教學方式。進行個案教學需要上課用的個案，司徒達賢將經典的英文個案翻譯成中文個案，並同時發展本土個案，供上課使用。許多本土個案所談的企業的主持人常是政大企研所企家班的學員，企業主樂意將其企業的發展歷程與所面臨的管理問題透過個案來分享。這樣政大企研所逐漸建立其個案教學文化，也因政大企研博士班的畢業生陸續畢業，逐漸將個案教學帶到所任教的學校。

國內在進入2000年之前，在個案教學的師資、個案教材、與使用個案的課程已有明顯增加並開始多元化。國內早期的個案教學師資多出自政大企研，隨著商管學院師資供應的多元化，願意嘗試個案教學的教師有增加。個案的供應反應在美國商管教科書中個案的份量逐漸增加，美國的暢銷策略管理教科書，個案份量總是構成整本課本的一半左右[4]。其他管理類的教科書也可看到類似個案份量增加的**趨勢**，或出現整輯的個案集[5]。在中文個案方面，許多本土個案專集陸續在1990年代出現，並持續到2000年代[6]。政大企管系主辦的年度服務業研討會自1997年也開始以研討服務業個案為主，並選擇合適的個案集冊出版，成為服務業管理個案集[7]。1990年代，各主要大學幾乎都已成立管理碩士班，也陸續開辦以企業經理為目標的在職進修學分班，如MBA推廣

3　例如林英峰（1984）。

4　例如Jones & Hill（2012）出了10版。

5　例如策略行銷個案教科書Kerin & Peterson（2012）出了13版，第一版出版在1978。

6　如劉常勇（1998, 2006）、司徒達賢（2000）、劉廷揚（2002）、中山大學企業管理學系（2007）。

7　見國立政治大學（1998）。

學分班[8]，都是推廣個案教學的溫床。

　　2000年代是國內商管學院個案教學的新里程，這時期的個案教學發展顯示幾個特色：第一，不限企管領域個案的教學：因為EMBA課程的廣為開設，自然促成個案教學的進一步推廣，許多商管學院（如政大商學院）也逐漸以發展個案教學為重要院務發展策略綱領，開始成立個案教學中心[9]，企圖擴大個案教學到商院內各個商管科系[10]，希望個案成為教學的一個重要部分。第二，導入主流個案教學方法：國內商管學院的菁英教師自2005年起陸續送派到哈佛商學院培訓個案教學，哈佛商學院是全世界商管個案出版和教學的少林，使國內商管學院的個案教學取得國際正統性；政大商學院並成為哈佛商學院個案在臺銷售代理。第三，政府協助推動個案教學：2003年教育部顧問室設立推動製造商整合e化個案專案，並於2005年規劃成立「個案教學推動小組」，在國內的大專院校推動個案教學，並自2008年陸續出版《臺灣產業教學個案集》三輯共五冊。2005年在國科會人文處支持下陸續成立產學個案研究與發展團隊，由曾自哈佛商學院受訓的教師組成，開始有組織的進行個案研究與發展，領域包括一般管理、財會、行銷、資管與作業管理，其成果是完成兩百多個案，並成立一個個案收錄與流通平臺「臺灣管理個案中心」。第四，輸出英文個案計畫：政大商學院與加拿大西渥太華大學商學院合作撰寫英文個案，並陸續開辦個案撰寫與教學工作坊，有計畫地發展與出版臺灣本土企業的英文個案，向國際商學教育市場推銷臺灣經驗，到目前為止已累積不少成果。第五，定期開辦個案發表研討會、並提供個案出版的管道：政大企管系主辦的年度服務管理研討會一直持續進行，許多院校也有類似的個案研討會或在學術研討會接受個案發表，學術期刊《中山管理評論》與《（光華）管理評論》就在2011年後每年舉辦管理個案研討會，並選擇個案出版在其本

8　1995年政大公企中心與商學院合作，針對在職企業主管，推出企業管理碩士學分班，普遍採用個案教學。

9　政大商學院的個案教學發展中心的全名叫參與式教學及研究發展辦公室。

10　國內商管學院送到哈佛商學院參加PCMPCL課程的教師不限管理系所教師。

來是學術研究取向的期刊。

國內的個案教學經過五十多年的發展到目前，可看到多方面的努力在推廣個案教學，但個案教學普及率不高，顯示個案教學的推廣遭遇許多障礙。這障礙主要源自於個案教學與傳統教學的差異，以下將介紹個案教學的特徵，以對比它與傳統教學的量子差距。

 ## 個案教學的特徵

個案教學是一種創新教學方式，它與傳統教學的差別主要在教材與教學方式。傳統的教學以課本或教師的講義為教材，以單向傳播知識的講授為主要教學方式。個案教學則以業界個案為教材，以討論個案作為主要教學方式，教師帶領學生在雙向溝通的氛圍之下，學習實務新知，並學習應用所學的知識。而傳統講授式的教學，旨在傳遞理論內容，鮮少涉及實務的學習與應用。由於在教材與教學方式上的截然不同，一種量子差距，個案教學需要一套新的認知、新的學習、與新的教學行為，因此熟悉傳統教學方法的教師通常不易採用個案教學（Garvin, 1991）。以下由個案教學的組成元素：作為教材的個案，和作為教學方式的個案討論來介紹個案教學的特徵。

一　以個案為教材的教學

以個案作為教學的教材其實歷史悠久，歷史學就是一種個案分析，醫學院的實習醫師對躺在病床的癌症病人進行個案分析，也是一種個案教學，法學院也有悠久的個案教學傳統，因此個案分析或個案研究其實很普遍。作為上課用教材的個案，多數是以書面的形式出現，這種個案是對一個真實的案件的描述。Golich認為，做為教材，個案是實務與理論的結合；1990年代的許多研究顯示，個案教學有其實質的學習效果（Golich, 2000）。

商管學院使用個案教學，是哈佛商學院首開先例，文獻顯示，哈佛商學院在1908年成立時，就採用個案教學（Christensen & Hansen, 1987;

Corey, 1998; Merseth, 1996）[11]。商管學院使用的個案自然強調商管實務和解決實際問題，Christensen & Hansen（1987, p.27）就定義企業個案為：

> 對實務管理人員所面對的情況的部分的、歷史性的、診斷性的研究。以口述的形式呈現，以鼓勵學生參與，個案提供了用以分析特定情況、擬訂不同的行動方案、以及執行方案以認知實際世界的複雜性與含糊性不可缺的，實質與程序的資料。

在商管學院的實務個案，有幾個結構因素：個案的主體是企業，個案的主角是企業經理人，他或她們面對一個問題、一個決策情境，因此個案的核心是一個決策問題，個案教學是一種問題本位教學（problem-based learning）。個案讓學生扮演企業經理，學習用企業經理的觀點來分析經營實務上的問題，演練實際決策分析能力，這是一般講授教學無法提供的學習機會。個案的敘述是歷史性的，為了提供決策所需的資料，個案會提供相關的決策背景如企業歷史發展、過去決策歷史等脈絡資料。最後，個案的議題則是個案要傳遞的理論知識，它構成個案作為教材的價值。

二　以討論為教學方式的教學

商管學院使用個案教學的個案主要是書面的文本（text）個案，個

---

[11] 哈佛法學院在1870年代就開始出現個案教學，1908年哈佛商學院成立，一開始就採用個案教學，但教材缺乏，當時可說是摸石過河，各種形式的、廣義的個案都使用，例如經理現身說法（Christensen & Hansen, 1987）。1919年哈佛商學院的新院長是哈佛法學院畢業的律師，這新院長極力推廣個案教學（Merseth, 1996）。1924年，哈佛商學院開始找畢業生研究撰寫個案，並發展出哈佛商學院獨特的個案教學風格（Christensen & Hansen, 1987）。至今，哈佛商學院的教室上課全採用個案教學，而其他知名商學院，則一直較依賴傳統教學方式或採用混合的教學方式（Datar, Garvin, & Cullen, 2010）。

案教學的主要場景是教室，個案教學的主要進行方式是討論。傳統的教學或許有討論，但多是教師與幾個學生之間的一問一答對話，問題多是釐清資訊，且其他學生只能旁觀或旁聽，參與對話有限。但個案討論與傳統教學的不同在於：第一，個案討論強調有規矩的討論：有學習效果的個案討論講求規矩，而不是鬆散的對話。教師帶領討論，講求帶領討論的技巧，控制討論發展落在主題的範圍內，與傳統教學單純的講授者角色大不相同。討論的目的不只釐清觀念，也在激發思考，解決問題。第二，個案討論強調學生中心或參與者中心（participant-centered）：教室內每位都是學生，教師與學生的角色可以互換，每一位學生都可能是教師。個案討論圍繞學生轉動，學生決定自己如何學習，雖然教師選擇個案問題與議題（problems and issues），但學生可掌控討論的議程與時程（agenda and schedule）。第三，個案討論在產生社會學習（social learning）或同儕學習（peer learning）：個案討論提供學生能跟同學學習的機會，互相交流知識與學習經驗；同時，個案討論讓學生形成一個學習社群（learning community）（Christensen, 1991, p.16），全體學生在一個共有的知識平臺——個案，透過討論往上建構新的知識。在學習社群，發言是開放的、知識的追求是沒有極限的、學習也是沒有極限的；學生愈主動參與，一起激發思考的力量愈強，對每一個學生的學習成效就愈大。

三 個案教學的實務變異

一般所說的個案教學，其實包括許多實務上的變異。個案教學的變異主要有兩方面，一個是使用個案的差異，另一個是教學方式的差異。因為課程的低高階和講授內容，個案教學使用的個案長短不一。目前所有美國出版的商管基本課程教科書，多少都附有長短不一的個案，許多出版單行本個案的美國商學院，其個案的長度也不統一，哈佛商學院的個案則是相對較長，在15到25頁之間。選擇使用教科書的課程設計，自然以教科書講授為主而以個案教學為輔，使用的個案傾向短個案，這種課程設計比較無法有時間討論長個案，或深入討論一個個案

所包含的各種議題。有些課程，往往是高階的課，則選擇使用較多的上課時間在個案教學，且時間允許使用長個案，因而降低教科書的講授時間。另一個個案教學變異是在教學的方式上，個案教學似乎只定義在教學上使用個案，但並未定義如何進行個案教學，美國商管學院的個案教學普遍採用個案討論的方式，但許多國內的個案教學主要卻是使用分組輪流口頭報告個案。

四　個案教學的理論基礎：建構主義和問題本位教學的學習理論

個案教學的實務發展雖早在現代學習理論萌芽之前，但個案教學的邏輯似乎與二十世紀後半發展的以認知心理學為基礎的建構主義（constructivism）學習理論高度相容[12]。

建構主義是一種學習的理論觀點，它強調學習不出現在傳統學習方式──學生將所接觸到的資訊，原封不動的儲存在記憶裡──而在於建構並且內化所吸收到的知識（Bruning, Schraw, & Ronning, 2008）。知識建構也是心智建構（mental construction），指學生把新接觸到的訊息融入他們已有的知識架構認知基模（schema）中的過程。建構主義學習有幾個主要前提或論點：第一，學生主動建構知識，學生是學習的中心，知識建構的責任落在學生。第二，知識建構是內生而非自外置入，它受到個人信念、經驗、既有知識的影響，學習的過程是個人妥協新知識刺激與認知基模之間的認知衝突的過程。第三，知識建構是循序漸進，需要別人的暫時性支持來發展學習能力。第四，學習是與他人互動一起建構知識的過程，社會互動讓學生學習如何合作學習，如何藉接觸不同的論點、假設、見解，以便妥協出一個新的認知均衡。第五，知識鑲嵌在學習的脈絡之中，知識建構受到實體和社會環境脈絡（context）的影響（Vygotsky, 1978），相反地，**傳統教學所講授**的抽離

---

[12] 哈佛商學院對個案教學的主要論述，以 Christensen & Hensen（1987）和 Christensen, Garvin, & Sweet（1991）為代表，並未引用認知教育心理學領域的文獻，但有接觸兩者的人可輕易發現個案教學的原理與建構主義學習很一致。

環境脈絡（decontextualized）的知識無法幫學生培養應用知識去解決日常問題的能力。

建構主義學習認為知識是複雜的，知識建構在追求高階學習。學習目標呈現高低階層特性讓學者去系統化分類學習目標，Bloom對教育目標的分類可能是最廣為接受的，他將教育目標分為認知（cognitive）、情意（affective）、技能（psychomotor）三領域。其中認知領域又細分為記憶（remember）、理解（comprehension）、應用（application）、分析（analysis）、評鑑（evaluation）、創造（creation）等六個層次（Anderson & Krathwohl, 2001; Bloom, Engelhart, Furst, Hill, & Krathwohl, 1956）。Bloom的階層學習目標分類指出，學習呈階層化，低一階的學習是上一階學習的必要條件。Bloom的目地在希望教育者能以多領域的高階教育目標為教學目標，而不只是專注在傳統教學所強調的記憶和理解等低階的認知目標。

問題本位教學（problem-based learning, PBL）是一種基於建構主義學習理論的教學方式，認為學習可發生在問題解決過程，問題提供一個學習的脈絡讓學生與之互動而產生學習。PBL特別強調結構不完整的問題，其問題的本質、問題的目標、解決方法、挑選答案的標準都不確定，於是構成學習的刺激。PBL將知識鑲嵌在脈絡中，使學生的學習有焦點，自我引導（self-directed）地自主學習，因此學習的經驗較容易被長期儲存與運用。PBL以問題為學習中心，解決問題的渴望也提供學生學習動機。解決問題的過程讓學生反思自己的（self-reflective）學習，監控自己的學習成效與學習方式而調整自己的學習策略。在PBL學生是中心，教師所扮演的角色是學習過程中的協助者，並非知識的散布者。PBL除了讓學生學習專門領域的知識，也能培養分析與評估等高階的思考能力，習得知識的應用能力，以及訓練問題的解決能力（Hung, Jonassen, & Liu, 2008）。

五　建構主義和以問題本位教學理論應用於個案教學

個案教學根基於建構主義和PBL的學習理論：首先，個案教學提供一個社會學習的情境，學生與教師、同學構成一個學習社群，藉由教師

扮演的教練角色，帶領學生學習。其次，個案教學使學生成為知識建構的中心：在個案討論，既然教師不再「餵」知識，學生被迫自己獨立學習，學生主動和自主學習，主動建構知識。最後，個案提供一個待解決的結構不完整問題，這PBL挑戰學生的認知能耐，藉個案討論來誘發學生的知識建構，學生需互相討論、辯論、分享知識以建構新知識、學習新的能力。

個案教學企圖提供多層次的學習成效。在Bloom階層學習目標的架構下，個案教學中的學習可略分為個案研讀、準備、討論等三個學習階段。首先，在個案研讀階段，學生個人由閱讀個案來記住與理解新的知識。在商管個案，學生複習或新學習基本商管詞彙與原理，並學習理解詞彙和原理在特定情境的應用。許多個案會將用到的理論或原理扼要點出，學生由個案的字裡行間尋找隱藏的理論原理，進行歸納與推論，產生新的學習。

其次，在準備個案討論階段，學生的任務是針對個案的問題去分析問題、釐清情境、草擬解決方案、比較各解決方案。很明顯，這個階段的學習重心是放在PBL的相關能力：分析、創意、比較、評估的能力的學習。在哈佛商學院，對這學習階段還設計了小組課前討論，其目的是在讓學生學習如何與小組夥伴學習，學習如何整合小組內不同的觀點或意見，以歸納成小組的建議。

最後，在課堂中參與個案討論的學習階段，是前段小組討論的擴大，在教師的引導下，學生透過說中學、做中學、傾聽、同儕學習、對話與辯論，演練個人各種能力，同時與同學一起演練合作共事的能力。

肆 個案教學成功的實務要素

個案教學與傳統教學的量子差距使個案教學需要一套新的教學實務。綜合整理哈佛商學院對個案教學在實務上的建議，個案教學成功的主要因素在於個案的選擇、學生的準備、個案教師的準備、和個案討論過程的適當管理。

一　個案的選擇

作為教材，個案的挑選應具有教學的價值，這代表個案有一定的學習品質，可與一門課的教學目標配合。雖然一般文章可以當作個案來教學，但是優良的教學用個案，往往是將個案素材如訪談稿經過情節（plot）設計整理出來的。因此一個優良的個案，它在撰寫上應具備幾個特徵，提供一般課本無法提供的幾個功能（Roberts, 2012）：

第一，個案是問題取向的：它描述一個實際的問題情況，往往是一家真實的公司曾面對或正面對的一個真實的問題，這問題應是重大問題，才有教學的價值。

第二，個案描述的語言是專業的：個案因此是專業觀念與術語嵌入實務事件，學生閱讀個案以學習專業知識與實務，並學習使用專業語言去思考、辯論、解決問題。

第三，個案所呈現的問題不只是重大問題，還要在課程中具有教學的價值，也就是有理論意涵。因此個案問題應該是嶄新問題、獨特的問題，讓學生學習如何歸納出解決新問題的原則；或個案問題應有理論意涵的、可以引用理論來進行分析的。例如經典的哈佛商學院個案〈可樂大戰〉（Cola Wars），用以學習產業結構分析、產業演化、敵對競爭策略等理論與應用，同時它也可探討飲料業面對當前全球飲料環境的應對之道。

第四，個案裡面要有決策者一人以上：這決策者是主角，讓學生能進入這主角去進行角色扮演，去「體驗」、思考、和面對問題。

第五，它提供一個模擬的實境，並對這模擬的實境提供足夠的資訊去讓學生去「體驗」「真實」，去體會實際決策情境的資訊複雜性、資訊含糊姓、資訊不確定性、和資訊衝突性。

第六，它敘述問題或情境的方式是多角度的：讓學生去體會問題可以分成許多層次，問題往往是互相瓜葛的，可由不同角度或不同決策者去認識、瞭解、或解構。個案總是呈現一個結構不完整的問題，它提供不足的、不明確顯示的資訊，它會操縱資訊、隱含資訊、分散資訊，以刺激學生思考。這樣的個案會在學生之間產生互異的見解，於是辯

論、妥協、整合不同的見解就構成個案討論中合作學習的主要部分。

第七，個案不提供結論、評論：多數個案沒有提供決策的結果、沒有答案、不知「後來怎樣」，它訓練學生在未知答案而不受標準答案影響的情形下，練習不偏差分析、綜合、評鑑等決策能力，也訓練決策的自信、學習的自信。

第八，個案應對學生適切或攸關（relevant）：學生對個案所敘述的產業或企業、決策情境、主角的經歷，可能無興趣、不熟悉、無切身之感，都會影響學生的學習動機。哈佛商學院的個案已全球化，提供大量的美國企業個案，資訊豐富，具有深度的理論探討；雖然也有非美國企業的個案，但畢竟這些個案還是少數。另外，使用美國個案對非美國學生未必適合，因為學生在缺乏美國社會背景和當地企業文化知識，閱讀個案時，容易有霧裡看花的現象，難以融入個案的情境。如果能使用本土個案，可提升學生對個案的適切性，能有較強的親切感。然而，目前國內個案的資訊充足性、理論深度、撰寫品質，仍有待加強。

二　學生的準備

學生是個案教學的中心，學生是否能在個案討論前準備好個案，必然影響他的學習效果。學習的建構主義理論指出，知識的建構具有階層性，需依按部就班建構。因此，學生須具備足夠的知識才能進行知識建構，這包括學習選課前具備基本知識，和每次上課都充分準備個案討論。

因此，成功的個案教學前提，在於學生紮實地完成課前閱讀和個案準備[13]。任何學習課程都希望學生能在課前預習，準備好能吸收新知識的學習基模，以便整合新舊知識，個案教學也不例外。所謂準備好個案，不只要熟讀個案，記住重要資訊或細節，最好還要能自字裡行間讀出端倪，整理自己的閱讀心得，釐清疑點，並針對個案問題去提出

---

[13] 學生也要具備基礎商學知識才能閱讀個案，但是部分基礎知識可以在閱讀個案過程中由學生自行彌補。

答，然後才能在個案討論時，發表個人意見，言而有義。學生在課前預習個案的目的在建立與同學的共同知識，然後才能在共同知識的基礎上透過集體討論的合作學習來建構新知識。

由於個案在撰寫時的情節設計，個案充斥含糊、隱藏、瑣碎的資訊，大部分學生無法藉迅速掃描個案的內容而掌握個案的要點，因此在個案討論進行當中才開始閱讀個案是無濟於學習的，根本無法聆聽討論的內容，也無法提出深入的討論回應[14]。也由於個案討論是全班一起進行，一個個案往往只安排80分鐘討論時間，因此個案討論的節奏會很快[15]，學生如果沒有充分準備，是無法切入進行中的討論。

三　個案教師的個案準備

個案教師是促成有成果的個案討論的催化劑，它是個案討論會議的主持人和指揮。教師除須具備帶領個案討論所需之專業知識外，還要具備兩個能力：一個是管理個案討論的知識交流和建構的能力，一個是管理個案討論流程的能力，後者指管理教室中討論之進行，使討論流暢。

為使個案討論的內容豐富，有知識建構與能力培養效果，教師除了要熟讀個案記住個案的重點、關鍵決策因素，事先模擬可能討論情況外，哈佛商學院建議教師參考個案的教學手冊選定學習目標或重點[16]，並準備一份列出討論主題的大綱（discussion pastures）和黑板計畫（board plan）——教師利用黑板來記下關鍵詞語與討論重點，並用以主導上課時間的分配。一次個案討論課往往安排80分鐘以內，這樣的時間安排在一般情況下無法用以充分討論一個標準長度的個案，所以教

---

[14] 許多學生有一口好口才，不必閱讀個案就可在討論時發言，但這類的發言總是無深度，非建構在個案的知識上，因此對全班的學習品質是沒貢獻的，而對個人也是學習效果有限。

[15] 哈佛商學院給教師的個案教學手冊（teaching note），有詳細的個案討論時程的分配，它精準到以分鐘為計時單位，很像電視現場節目的rundown schedule。

[16] 在哈佛商學院的術語叫takeaways，意指上完課或開完會可以帶著離開的重點。

師要選擇主題，並安排優先順序。時間不允許，有些議題則略過或簡單帶過。教師接著準備可能的討論問題，以鼓勵學生對一些議題可能進行深度地探索，也可用以抓住討論的焦點，免得討論的運行偏離預設之軌道。通常一個新個案，教師要教幾次後才會熟悉，如果使用相同個案的教師能坐下來分享經驗（一種合作學習），對提升教師的課前準備品質是很有助益的。哈佛商學院在課程設計時都是同一門課由幾位教師任教，因此有安排任教同一課的老師在課前交流，釐清疑點、決定討論主題、交換經驗竅訣。

四 個案討論流程的適當管理

教師對整個個案討論的流程，應能適當地管理，以求個案討論的整個流程順暢，能達成原計畫的學習效果，這是也學習的建構主義的原則。哈佛商學院建議個案教師一個教學流程，這是一個個案討論的執行計畫，包括設計在討論進行當中可向學生提出的問題（Ellet, 2007）：

第一，個案狀況綜覽，個案公司面臨的狀況，公司與產業特性。目的在建立或點出個案的「大輪郭」（big picture），好讓學生的思緒可以對齊在同一個大輪郭大綱要之下。在哈佛商學院的實際上課，教師總是以問題開場，找個學生問個案狀況的一般問題。

第二，討論釐清公司面臨要解決的問題、議題、決策情境、關鍵決策點、決策者。這是「行動取向」個案的設計，透過思考如何做來達成各種預定的學習目標。

第三，討論如何處理問題？有何建議？假設？解決方案？列舉出各種選擇。

第四，列舉支持各種方案的證據，分別討論、評估、比較各個方案。

第五，討論行動計畫，如果選擇某一行動方案，後續應如何進行？須注意哪些因素？

第六，討論是否還有其他未被考慮的選項。

第七，結尾，點出此次個案討論所學到的一個理論重點，原理原則、或一個突破性的想法。但教師絕不提供個案問題的答案，不選

邊，但會提供個案公司現況的資訊。

為適當管理個案討論流程，教師在課堂中的領導掌控能力也很關鍵[17]。教師進入教室時扮演的角色是樂團指揮，個案討論的品質是指揮出來的。為了能指導學生，教師要記住部分學生的教育、興趣、工作經驗等重要背景資料。上課中的竅訣則要適切地掌控整個個案教學的流程，控制場面，控制發言的品質。教師可對全班提出開放的問題，也可針對個別學生提問問題；選擇舉手的學生發言也有竅訣，目標是要讓每個學生都有機會發言，並避免少數人控制發言權，未能針對議題發言，或言多而無義，或介入無謂爭議，將個案討論的方向偏離主題。上課開始時，場子總是冷的，教師的責任是把場子弄熱，一個技巧是找學生問問題。如果可能，在進教室前，教師已選定好要用以熱場子的學生和要問他的問題。教師在問問題要掌握一些技巧：教師問問題，但不能太難、不能針對個人、不能讓學生有太大壓力，這樣會造成學生反學習；教師要問重要的問題，與個案學習相關的；教師要問對學生，為確保被問到的學生有能激發討論或豐富討論的內容，因此教師要先掌握一份「問題學生名單」，在冷場時找名單上的學生發問，這些學生往往好學、具備某類特殊工作經驗、發言的紀錄良好。優良的個案教師能在課堂中交叉詢問學生，製造討論氣氛，把場子炒熱，同時適時整合討論要點，與發言學生釐清其觀點。哈佛商學院喜歡製造討論張力，逼迫學生選擇立場，設法建立敵對的兩方意見，然後用投票來顯現兩支持陣營的勢力，也用來質疑學生的立場是否會受到大多數意見的影響，是否能堅信自己的理由。

伍 個案教學在國內的障礙及可能克服之道

個案教學在國內推廣遭遇許多障礙，一個解釋是根據美國的經驗，哈佛商學院教授Garvin認為，推動個案教學的障礙包括教師對個案教學

---

[17] 以下介紹之技巧主要學自哈佛商學院的PCMPCL。

的認知不夠或觀念錯誤、對個案教學方法不知如何著手、或受限於學校或教師對傳統教學的過份依賴，不願意改變教學方法（Garvin, 1991）。教育部與大學基本上對個案教學採支持的立場，因此教師的認識不足、不知如何著手、抗拒變化似乎構成個案教學推廣的重要障礙。本文第三節介紹個案教學的特徵與理論基礎，應可提供教師正確的認識；第四節整理以哈佛商學院為主的個案教學最佳實務，也應可提供教師如何著手進行個案教學的步驟。因此最後一個與教師有關的可能障礙應是教師抗拒改變教學方式，抗拒的主因應是個案教學所牽涉的投入成本很大。另一個造成教師不願改變的原因應與學生的學習態度或惰性有關，許多教師的經驗顯示，若學生不主動學習則個案教學的學習成效很差，學生不接受創新的個案教學，於是教師也就放棄嘗試個案教學。

以下說明由傳統教學轉向個案教學教師所面臨的移轉成本、以及影響學生不願主動學習的原因，最後則提出一些建議以克服這些問題。

一　教師的抗拒：個案教學投入成本龐大

在傳統教學，教師只要熟悉一本邏輯一貫的課本的基本觀念，上課時有投影片輔助記憶，可以很程式化（programmable）講課；但在個案教學，教師投入的成本，也就是在時間與精神的花費，相對巨大。這成本可以分為備課與上課二方面：教師備課較為繁重，教師在一門課要討論多個個案卻不容易記住個案細節，教師備課要精讀彼此不同主題和問題的個案，計畫個案細節的討論重點，同時要準備個案討論的時程[18]。在上個案討論時，教師須全神貫注，掌握學生個別的學習進度、個案討論議程進度、控制討論品質、尋找有意見願意發表的學生、鼓勵發言和抑止不當發言、注意未發言的學生的動靜，同時傾聽學生表達完整、記住意見相反的辯論。所以教師在領導個案討論時是處於高度警戒

---

[18] 哈佛商學院建議教師個案準備3-4小時，上課準備計畫可能須2小時以上。學生則每個個案大概需花2小時。英文因為不是母語，國內的教師與學生參與個案教學所需準備時間當然多於美國的數倍。

的狀態[19]，對大腦的認知能量與資訊處理能力的負苛量很龐大，此點為造成個案教學相當高的挑戰性。然而，個案的多樣性與豐富的實務內涵、個案教學高難度的挑戰性對教學者也是一種吸引力。

二 學生不主動學習的原因

學生在個案教學的潛在教學成果是很宏大的，其前提是學生能主動學習，但國內最常見的狀況是學生不主動學習：學生課前準備不周、上課極少發言或發言過於簡短，以致個案教學變成個案講解，個案討論變成教師獨白。

分析國內個案教學的學生無法主動學習的原因，歸納如下：第一是學生的學習習慣。國內的學生普遍沒有上課前預習的習慣，因此對上個案討論課前的課前準備閱讀個案，總是覺得太困難，這與學生在大學以前習慣補習班教育有關，補習班教育養成學生被動學習的習慣，難以改正。

第二是學生的學習認知。學生對學習的認知可能還停留在傳統的講授教學，期望教師講授而不是自己發言或動手，相信學習就是聽課，認為聽到就是學到。學生無法體會討論學習的目的，看不到透過討論所產生的學習效果，因此學生對討論式學習本能地排斥。

第三是學生的基本知識可能不足。學生過去的學習成果不佳、基本知識可能不扎實、缺乏適當的理解個案的敘述所需的基本觀念與運用基本詞彙的能力，於是對個案無法發生興趣去閱讀。

第四與學生學習能力有關。學生對由個案問題引導思考分析的能力不夠，無法理解在實際進行決策分析時理論的決策流程所扮演的功用，也無法利用決策流程來一步一步推理自己的分析，因此無法辨識問題的根源，對自己提出的答案也無法提供理性論述。

第五來自學生準備個案討論的成本太大，學生不願投入，因此造成

---

19 作者個人在哈佛商學院進修個案教學工作坊時發現，任課教師的手稿和個案總是寫滿筆記，並畫滿各色的螢光筆跡。

課前準備不足、上課參與率低。學生在個案討論投入的成本不只包括課前閱讀個案，額外的準備成本包括深入閱讀、研讀個案多遍、貫徹瞭解並整理個案內容、釐清疑點、準備個案問題之答案、主動找尋新問題、補充新知識和思考問題的可能解決之道等等。此外，對個案介紹的新觀念或理論，如果單獨閱讀個案無法瞭解，就要自己另行尋找其他參考書資訊，自行研究，或請教同學，都增加備課負擔。如果是使用英文的哈佛商學院個案或其他英文個案，則閱讀與理解的時間成本自然要增加。在個案討論時，學生也需投入龐大的認知資源。學生上課時須全神貫注、完全投入討論過程，聽說讀寫同時進行：聽同學的發言、發表自己的意見、閱讀個案和自己的筆記、記下討論重點與心得，同時進行同學的發言、自己的看法、與個案的說詞之間的三方相互比較，然後建立自己的綜合結論，這就是新知識內化與建構的過程。個案討論後還需反思回想整個個案的討論過程，思索議題，並建立自己的結論，若不做這收尾的工作，學習效果不會沉澱。

第六是個案討論對學生的學習風險很大，使學生不願冒險。學生可能遭遇的學習風險包括：學生認為說話討論不是自己的強項，無法掌握期末成績的好壞；對個案討論產生的學習成果不確定，對沒有標準答案、沒有結論的討論過程感覺不扎實；學生怕討論的議題不是學生有興趣的、或討論的內容不是學生預期的。

其實這些學生不主動學習的原因，也是個案教學企圖改變的學習行為。因此教師在導入個案教學時，可將教學目標設為培養主動學習行為，而不是其他高階的專業知識或高層次的學習目標。

（三） 克服個案教學障礙可以採用的作法

對國內的學生實施個案教學首先要面對的折衷問題是：要多少注重來提升學生的學習成效，和多少妥協來適應學生的學習行為？這是個很難回答的問題。如果希望藉個案教學來提升學生的高階認知能力，則往往一門課無法達到，這需要整個系所建立個案教學的文化，將個案教學普及到所有課目。通常修習一門個案討論課的學生，其先前的個案討論

經驗非常有限，使得單單一門個案討論課對學生在高階認知能力的發展
會力有所不逮，因此教師要有心理準備，課程設計可能只在讓學生對個
案教學產生興趣和心理準備，培養學生主動學習態度，但對知識吸收和
決策能力訓練不能設太理想的期望。但是如果過於適應學生的被動學習
行為，則個案教學不是一個適當的教學方法選項。

　　針對教師隊個案教學的抗拒──因為個案教學需教師額外的投入成
本，學校可提供激勵誘因，以補償教師的投入成本，例如政大只對採用
個案教學的課提供新建的哈佛風格階梯教室使用，其甄選去哈佛商學院
接受PCMPCL個案講習的標準之一是採用個案教學的經驗。哈佛商學
院則供助教，並簡化期末考試，以減輕教師的負擔。國內的院校也可讓
採用個案教學的教師的期末評量不列入紀錄，僅供參考，可降低教師嘗
試個案教學的風險。

　　針對學生的低個案教學學習動機，有些課程設計可參考：為確保學
生課前有閱讀個案，許多課程設計要求學生上課前繳交一份一頁或數
頁個人個案摘要、或觀念地圖（concept map）（Novak, 1998）、或針
對個案問題選擇回答。觀念地圖是教育界的一個學習工具，是將一個
概念或一篇文章以圖示來呈現，這圖示呈現構成的觀念和觀念之間的關
係。作為一個學習工具，觀念地圖協助學生組織其思緒，學生為了要繪
製一個關係圖，需先分解一個概念或一篇文章的構成元素，然後定義元
素間的關係，其前提是學生需某種程度地深入理解該概念或文章。這些
課前作業的目的，都在於強迫學生能深入閱讀個案，同時整理其閱讀個
案後產生的思緒。另一個要求學生課前閱讀個案的折衷方法是讓學生準
備個案的分組口頭報告，並於上課前繳交書面的報告。既是分組，往往
是被指定報告的小組會在上課前閱讀個案，並因為要口頭報告，可能會
較深入分析個案，其他未被指定報告的小組可能就不會在課前準備個
案。這是個折衷方法，需準備口頭報告的小組如果多，其成員就構成上
課個案討論的主力，如果只有一組準備報告，個案討論會流於個案報
告，口頭報告後的討論可能參與率低。

　　個案的主題、個案簡介、個案討論引導問題都出現在課程大綱中在
開學時發給學生，對學生課前準備個案或多或少有幫助。個案討論前一

周將個案重點、主題向學生提醒宣告，也應有幫忙。上課開始時的前3分鐘，再將個案會用到的觀念和架構，重點提示或寫在黑板，也可以協助學生掌握將進行的個案討論主題。個案討論當中，爲了鼓勵發言，教師可將發言品質列入成績以提供獎勵，通常上課參與發言的成績應占學期成績的不小比例，這樣學生才會認眞對待發言[20]。作者的作法是在學生發言後立刻給予一個印章戳印，當作獎勵，期末則以學生蒐集的戳印數目當上課參與成績。

學生的主動學習精神如果在進入教室時還沒未具備，且教師相信個案教學對學生的學習是最好的，則教師似乎有責任來耐心培養它們。教師可慢慢導入個案討論，由小型個案開始，讓學生有足夠的時間摸索，進行「做中學」。教師將上課的步調放慢，鼓勵學生發言，允許學生慢慢發言，並處處提示，隨時獎勵其主動學習行爲與學習成果。如此或可培養學生學習動機，改變學習方式。如果學生無法參與個案討論的原因是基本知識不足，教師可針對他們多花時間在講解基本觀念，如果這樣的學生是多數，則教師有必要由整個課程設計與教學要求去著手改進。

柒 結語

個案教學代表一種教學創新，它與傳統的講授式教學在教材、教學方式、基本學習理論、與學習效果顯示量子差距，因此採用個案教學的教師需一套新的認知、新的教學方法來使個案教學有效，同時學生也需一套新的主動學習行爲。國內商管學院投入於推廣個案教學的資源不少，但個案教學仍然不普及。究其原因，教師的抗拒與學生的學習惰性似乎是主因。本文介紹個案教學的特徵與理論基礎來讓教師認識個案教學，並整理個案教學的成功因素來讓教師掌握個案教學的最佳實務，或

---

20 舉哈佛商學院爲例，上課參與討論的成績占學期總成績50%，期末個案分析考試占50%。

可提高教師對個案教學的興趣與信心。教師可能因為需投入太大成本於個案教學而排斥，學校可設法鼓勵教師採用個案教學。國內的大學生普遍有學習惰性，或未掌握基本知識，以致對個案教學參與冷漠，本文建議從課程設計與教師鼓勵去著手培養學生主動學習精神與扎實的基本知識，而不是期望個案教學能帶來多大的學習成果。

參 考 文 獻

一、中文部分

中山大學企業管理學系（2007）。管理個案集：實務解析與應用。臺北縣三重市：前程文化。

司徒達賢主編（2000），策略管理個案集**2001**。臺北市：智勝文化。

林英峰（1984）。生產與作業管理個案集。臺北市：商略。

林建煌（2001）。行銷管理個案。臺北市：智勝文化。

國立政治大學編著（1998）。服務業管理個案：第一、二輯。臺北：智勝文化。

楊必立主編（1974）。臺灣企業管理個案（**5**輯）。臺北市：政大企管所。

劉廷揚主編（2002）。臺灣企業個案研究選粹。臺北市：五南。

劉常勇主編（1998，2006）。臺灣本土企業個案集。臺北市：華泰文化。

二、外文部分

Anderson, L. W., & Krathwohl, D. R. Hg. (2001). *A Taxonomy for learning, teaching, and assessing. A revision of Bloom's taxonomy of educational objectives.* New York, Addison-Wesley.

Bloom, B. S., Engelhart, M. D., Furst, E. J., Hill, W. H., & Krathwohl, D. R. (1956). *Taxonomy of educational objectives: Handbook I: Cognitive domain.* New York: David McKay.

Bruning, R. H., Schraw, G. J., Norby, M.M., & Ronning, R. R. (2004). *Cognitive psychology and instruction.* 4th ed., Upper Saddle Rivers, NJ: Pearson.

Christensen, C.R., (1991). Premises and practice of discussion teaching, In Christensen, C.R.,

Garvin, D.A., & Sweet, A. (eds.), *Education for judgment: The artistry of discussion leadership* (pp.15-34). Boston: Harvard Business School Press.

Christensen, C.R., & Hansen, A.J. (1987). *Teaching and the case method: Text, cases, and readings*. Boston: Harvard Business School Press.

Corey, R. (1998). *Case method teaching*. Harvard Business School (9-581-058), Rev. Nov. 6. Boston: Harvard Business School Press.

Datar, S.M., Garvin, D.A., & Cullen, P. (2010). *Rethinking the MBA: Business education at a crossroads*. Boston: Harvard Business Press.

Ellet, W. (2007). *The case study handbook*. Boston: Harvard Business School Press.

Garvin, D.A., (1991). Barriers and gateways to learning. In Christensen, C.R., Garvin, D.A., & Sweet, A. (eds.) *Education for judgment: The artistry of discussion leadership* (pp.3-14). Boston: Harvard Business School Press.

Golich, V. L. (2003), The ABCs of case teaching. *International Studies Perspectives*, 1(1) , pp. 11-29.

Hung, W., Jonassen, D. H., & Liu, R. (2008). Problem-based learning. *Handbook of research on educational communications and technology*, 3, 485-506.

Jones, G. R., & Hill, C.W.L. (2012). *Theory of strategic management with cases*. 10th ed., Mason, OH: South-Western Cengage Learning..

Kerin, R., & Peterson, R. (2012). *Strategic marketing problems*. 13th ed. Upper Saddle River, NJ: Prentice Hall.

Merseth, K.K. (1996). Cases and case methods in teacher education. In J. Sikula, (Ed.), *Handbook of research on teacher education*. 2nd Ed., NY: MacMillan.

Novak, J. D. (1998). *Learning, creating, and using knowledge: Concept maps as facilitative tools in schools and corporations*. Mahwah, NJ: Lawrence Erlbaum Associates.

Roberts, M.J. (2012). *Developing a teaching case (Abridged)*, Harvard Business School case note. Boston: Harvard Business School Press.

Vygotsky, L.S. (1978). *Mind in society: The development of higher psychological processes*. Cambridge, MA: Harvard University Press.

13 問題本位學習在大學課程與教學的應用

楊坤原
中原大學教育研究所教授

張賴妙理
中國科技大學通識教育中心助理教授

壹 緒論

　　大學教學的主要目標在透過各類知識學習活動的歷程來培養學生的自主學習和研究能力。面對科技社會的迅速發展與急遽變化，為了因應此一時代性的要求，大學教學的內容必須與真實生活緊密相連，以實現大學教學服務社會、滿足學生現代生活需求的功能。近年來，教育部逐年推動大學教學卓越計畫，強調以學生為中心的「成果導向教育」（outcome-based education, OBE），不僅重視知識內容和實務應用能力發展，也期望大學課堂能兼重學習的歷程與結果，依據學生真實的學習經驗為基礎來安排教學內容，藉以發展其生活相關的重要知能（李坤崇，2011；Spady, 1994）。由此可見，當前的學校教育除了要使學生習得必備的專業知識外，也應培養他們成為具備解決問題、高層思考、團隊合作和自我導向學習（self-directed learning, SDL）等終身學習技能的現代公民（張鈿富、吳慧子、吳舒靜，2010；潘慶玉，2008；Hmelo-Silver, 2004; Gibbons, 2002）。

　　傳統的學校教育多採取知識導向的課程與教師為中心的教學設計，導致課程、教學、測驗與學習之間的割離，而重視學習成果的比較，則助長了學生之間的競爭（李坤崇，2011；Spady, 1994）。有鑑於此，現今各國教育改革的趨勢多主張依據建構主義（constructivism）的原理來設計學校的課程與教學，使學生能主動地透過自主與合作的學習歷程，將個人所學到的專業知識與技能應用於解決真實性的問題，從而發現知識的意義與價值，建立正確的學習觀（Duffy & Raymer, 2010；Tan, 2003）。

　　問題本位學習（Problem-based learning, PBL）是一種以學生為中心的學習模式，符合「以問題為中心、學生擁有學習的主權和教學者支持學生學習」等三項建構主義取向學習環境的特徵（Duffy & Raymer, 2010），也因其可讓學生動手操作、能營造社會性互動與提供解題活動，故可激發學生的情境興趣（situated interest）（Bergin, 1999；Rotgans & Schmidt, 2011），於是受到許多學者的重視，一致強調可將PBL運用於教室之中以達成當前教育改革目標的特徵與功能（Rotgans & Schmidt, 2011；Williamson, 2007）。PBL於1960年末源自加拿大McMaster大學，旨在發展醫學生的專業知識與臨床技能（Barrows & Tamblyn, 1980；Torp & Sage, 2002）。迄今，PBL已普遍應用在許多國家的K-12年級與大學、研究所教育與各學科領域的教學（洪榮昭、林展立，2006；楊坤原、陳建樺、張賴妙理，2011；關超然、李孟智，2009；Boud & Feletti, 1997; Hmelo-Silver, 2004; Uden & Beaumont, 2006; Zhang, Parker, Eberhardt, & Passalacqua, 2011）。歸納各項研究結果發現，PBL有助於促進學生的高層思考、知識建構、小組合作與SDL技能，也可促進正向的學習態度與學習動機（Hmelo-Silver & Barrows, 2008; Torp & Sage, 2002; Uden & Beaumont, 2006），對大學生的認知、技能和情意各方面的學習成效都有實質的助益。根據國內外關於PBL實施成效的統合分析（meta-analysis）結果則發現，PBL對學生的SDL（Dochy, Segers, van den Bossche, & Gijbels, 2003; Vernon & Blake, 1993）、學習成就（洪淑君，2009；曾婉宜、楊坤原，2008；Akinoğlu & Tandoğan, 2007）、學習態度（洪淑君，2009；曾婉宜、楊坤原，2008）和問題解決能力（洪淑君，

2009；曾婉宜、楊坤原，2008）皆有正向顯著之影響。但也有發現PBL對學生學業成就的作用並未優於傳統教學者（Dochy et al., 2003; Vernon & Blake, 1993）。

雖然PBL已在各級學校和各個領域產生多項正向的效果，但仍有一些研究指出，各級學校在執行PBL時仍會遭遇一些困難與挑戰——例如教師無法善盡促進者的責任、教師與學生的角色轉變困難、實施時間與資源不足等——而有待克服（張民杰，2003；Moore, 1997; Savin-Baden & Wilkie, 2004; Torp & Sage, 2002）。根據國內幾所大學實施PBL的成果報告書指出，在大學課堂進行PBL時曾經遭遇的困難包括：1.學生習慣於教師講述的上課方式，因此在進行PBL時難以適應，不易改採主動學習的方式。由於PBL的學習目標、學習主題、學習範圍等較為模糊，教師的講授又比傳統教學少，導致學生擔心PBL不僅需花費許多學習時間而影響其他科目的學習（中原大學問題本位學習推動小組，2008；林栢東，2012）。2.有些學生因為事前的準備不夠，因此在小組討論時很少發言或導致討論內容不夠深入，徒具形式而無法聚焦或流於人云亦云的情形，無法充分發揮小組討論的功能（中原大學問題本位學習推動小組，2008；林栢東，2012；鄭天爵，2012）。3.教師引導學生進行PBL的相關技能尚未嫻熟，對於如何在不同學習階段提供適時的引導、小組討論時的班級管理、如何善用學習輔助工具等關於促進者的角色和技巧，均有待更多的充實（中原大學問題本位學習推動小組，2008；林栢東，2012；黃麗君，2012）。4.多數課程為了能涵蓋大量的內容和考試的需要，提供學生於PBL歷程進行搜尋資料、小組討論與成果報告的時間並不足夠，於是無法讓學生徹底完成PBL歷程。學校也應安排合適的場地與設備，以利學生在進行小組討論的需求且便於教師的教室管理（中原大學問題本位學習推動小組，2008）。

PBL的理念與目標不但與當前大學教育發展的趨勢十分吻合，其在大學許多學科領域的教學上已獲致成效，普獲各級學校教學的青睞。然而，PBL明顯屬於一種建構主義取向的教學方式，如何安排合適的教學環境與改變師生以往對傳統教學與學習所持的觀點，將影響師生對PBL的教學與學習策略之使用，進而決定其實施結果。為求能充分發揮PBL

的功能，學校教師應多透過專業發展的途徑（尤其是工作坊形式的研習活動）以充實課程與教學的相關知能。其次，學校也需提供必要的行政支援和設施，讓教師與學生有機會在課堂中實踐PBL的教學和學習歷程，使他們能累積經驗，漸次減少之前曾經在大學PBL課堂所遭遇的困難。從PBL的研究層面而言，雖然已有研究發現PBL相較於傳統以講述為主的教學（lecture-based teaching）對提升大學生的推理思考、問題解決、小組合作、學習動機等均有顯著、正向的效果，但由於過去的研究多以量化研究設計居多且多屬健康科學領域（Blumberg, 2000），為了深入瞭解教師如何設計各類學習輔助鷹架（scaffolding）來促進學生學習和學生於學習歷程中的實際表現，多位學者建議未來PBL的研究應考慮採用質性研究，並對健康科學以外的領域與其他變項（如：SDL、情境興趣等）或尚有爭議之變項（如：學業成就）投注更多的努力，如此方能提供教學實務之參考，有效提升PBL在一般課堂（regular classrooms）中的實施成效（曾婉宜、楊坤原，2008；Dolmans, De Grave, Wolfhagen, & Van der leuten, 2005; Svinicki, 2007）。

貳 PBL的意義與特徵

　　PBL的定義隨著不同的教學設計而稍有差異。Barrows和Tamblyn（1980）將PBL定義為使學習者朝向瞭解或解決問題來進行學習的歷程。Fogarty（1997）將PBL視為一個以真實性問題為中心來設計的一種課程模式。Edens（2000）認為PBL是一種建構主義取向的教學方法，可使學生運用思考來解決問題，從而發展知識與應用的技能。Torp和Sage（2002）主張PBL是以混亂的、真實性問題之解決為中心來加以組織的一種體驗式學習（experiential learning），它既是一個課程組體（curriculum organizer）也是教學策略。Barrows（2002）、Savery（2006）等人則是把PBL界定為以學生為中心的教學法和課程設計，是一個使學習者得以主動地透過執行研究、整合理論與實務和應用知識與技能的解題方法。

　　多位學者指出，PBL以結構模糊的（ill-structured）問題作為學

習的起點，透過眞實性問題來聯結學生的學習經驗並引起學習動機，激發他們扮演問題持有者（stakeholder）的角色，運用各種SDL技能和高層思考，進行主動探究和知識建構（Hmelo-Silver & Barrows, 2006; Papinczak, Tunny, & Young, 2009）。教學者需擔任促進者，支持和監控學習歷程，運用各樣的發問來挑戰和引導學生，促進小組合作與互動，並採用自評、同儕互評和教師評鑑等方式，鼓勵學生反思其學習歷程和結果並供回饋（Dolmans & Schmidt, 2006; Savery, 2006）。這些特徵顯示PBL爲一符合建構主義、訊息處理論（information-processing theory）、合作學習和情境認知（situated cognition）等理論的教學模式（洪淑君，2009；楊坤原、張賴妙理，2005; Barell, 2007; Dolmans et al., 2005; Schmidt, 1993）。

 ## 參 PBL的課程設計與教學歷程

以學習者爲中心的課程設計與規劃需聚焦於學習者個人與社會的需求，使學習者能依其興趣和需要來選擇學習內容，促進學校教育與生活的關聯（王文科，1999）。據此，PBL的課程與教學尤需透過眞實性問題和自主學習環境的設計，使學生能透過問題解決來發現知識在生活中的意義與實用價值。

一 PBL的課程設計

PBL的主要特徵之一就是以問題來組織學習內容並作爲學習的起點。一個設計良好的問題具有活化學生的思考、促進小組合作、促進知識建構與激發創意等多項作用，因此，問題的設計是發展PBL課程的首要之務（Stepien & Pyke, 2000）。所謂設計良好的問題，必須以一個引起關注的開放性、眞實性問題情境來引起學生的學習動機和興趣。問題除了要和學習者的經驗相結合外，還應能整合課程內容的知識與技能，並在實施後可促進學生的反思（Duch, 2001; Schmidt & Moust, 2000）。爲了達到這些要求，Torp和Sage（2002）提醒教師

在設計PBL課程時，應同時從「問題情境」、「學生特性與興趣」及「課程內容與目標」等三個主要層面來加以考量。不同領域的學者曾提出幾種設計PBL問題與教案（syllabus）的步驟（劉惠園，2006；關超然、李孟智，2009；Delisle, 1997; Duch, 2001; Stepien & Pyke, 1997; Torp & Sage, 2002），並建議課程發展者可採協同合作的方式（PBL co-development）來發展各種PBL單元或學習模組（Jones, Rasmussen, & Moffitt, 1997）。

關超然、李孟智（2009）依其在中國醫藥大學和中山醫學大學的實務經驗，提出撰寫PBL問題（又稱「PBL案例」）的流程應先確認課程目標，再邀請熟識PBL的學科專家擬定學習議題（learning issues）、目標與知識內容，接著把學習議題與病案加以分段，並以臨床真實個案為藍本撰寫問題情境。這些問題個案的草稿經過專家審查、修訂和試用後，便可正式實施於課堂教學。這個做法係目前國內的醫護教育最常使用者。劉惠園（2006）參照學者的觀點，建議撰寫PBL問題的步驟首先是由教師依據學生的先備知識與教學目標編製基礎課程，以作為學生從事PBL活動的基礎知能。其次，教師須依據課程目標來決定PBL活動的學習目標與概念內容，並嘗試發展適當的驅使問題（driving questions）來激發學習興趣與引導學習方向。接著是訂定活動日程，作為執行活動進度的參考。之後，教師須確認活動所需的各類學習資源並發展調查活動。最後則是依據問題學習的性質擇定適當的評量模式。計惠卿、張杏妃（2001）將PBL的問題設計包含於教學設計中的三個階段：「分析階段」為學習目標分析、學習者分析與問題分析；「設計階段」包括設計問題情境與學習者在問題中所扮演的角色、考慮學習成果與規劃評鑑方式；「發展階段」的要項為決定問題呈現的格式、確認教學與學習模式、安排必要的講解與開發評鑑工具。

Stepien和Pyke（1997）指出，PBL的課程設計涵蓋教學計畫（含教學流程、實施時間等）與學生指導計畫的擬定、撰寫問題情境敘述、訂定學習目標與學習結果、確立評量方式與流程以及考慮學習資源。Delisle（1997）認為在著手發展PBL的問題時，最初可透過課程綱要與教材的分析，選擇PBL活動所要涵蓋的學習內容與技能。為了避免因缺

乏資源而阻礙活動的進行，教師須先決定各種可用的資源，之後才開始撰寫問題的敘述。為了使問題情節能與學生的經驗產生關聯，教師可事先安排引起學生動機的活動與一些引導性的發問，以便協助學生能掌握問題的焦點。最後則是決定合適的評鑑策略，於活動之後針對學生學習、教師教學的歷程與問題的適切性進行檢核。Duch（2001）也列出PBL問題發展步驟，依序是選擇課程中的關鍵概念與技能、確定學習目標、構思問題情境、配合學習目標將問題分段、撰寫教學計畫與確認可用的學習資源等項。Torp和Sage（2002）建議，PBL的問題設計可先從課程內容中選擇一個主題，再以之為基礎來開展PBL活動（撰寫問題情境、確認學習資源與決定評量標準）和建構教學流程。

就PBL課程的實施方式而言，香港科技大學的教學發展中心（Instructional Development Experiences, Application, & Solutions [IDEAS]）（2002）曾將PBL課程的實施方式歸類成四大類，分別為：1.將PBL補充於傳統課程之中（supplementary PBL component）：應用PBL於傳統講述式課程與教學中，原來的課程內容只有少許或幾乎未加以改變，評量項目則加入學生在團體中參與的部分。2.混合式PBL—學生自願參與（hybrid-voluntary student participation）：將課程分成講述為主的教學與PBL兩部分，PBL部分由學生自願參與，課程設計及評量方式則須同時考慮傳統講述教學及PBL。3.混合式—全體學生參與（hybrid-total student participation）：一或多門課程的全部學生均實施PBL，這些課程及評量必須有較大的調整，以符合PBL的活動所需。4.完全的PBL（full PBL implementation）：全系或全校的所有課程都採用PBL方式實施，學校的課程、教學目標，規劃、教學及評量方法都需依PBL的理念重新加以定位。

根據曾婉宜、楊坤原（2008）的研究發現，目前國內的學校實施PBL較少採用完全的PBL，而大都以第二、三種形式行之，但在第二種的方式中並非由學生自願參與，而是由教師隨機分派班級中的部分學生參與。雖然不同的課程實施方式各有其使用時機，但究竟那一種方式較具成效，仍有待更多研究來加以比較或證實。

二 PBL的教學歷程

在Barrows（Barrows & Tamblyn, 1980; Barrows, 1985）提出PBL的實施模式後，許多學校或學者紛紛加以採用並依其教學條件的特殊需求與個人見解的差異，迄今已陸續發展出各種PBL教學實施方式。Duch（2001）曾將不同學校與學科領域實施PBL的方式區分爲：1.醫學院模式（medical school model）：醫學院的教學一般都是由八至十名學生與一位導師組成教導小組（tutorial group），由導師引導小組解題或討論。本模式很少或沒有正式的上課，而是經由小組會議來討論各項蒐集所得的資料。因傳統的醫學院之班級學生人數較多，故本模式雖也符合以學生爲中心的設計，但除了書報討論論形式的課程外，未必適合大部分的教學使用。2.走動的促進者模式（floating facilitator model）：在無法於每個小組都配置一位導師來引導學習的情況下，每組學生的人數宜以四至五人爲限，除了部分的上課時間被用於個別的小組討論外，其他的時間則進行微講述（mini-lectures）、全班討論、各小組向全班報告個別討論的結果、呈現問題解答等活動。此模式之特色爲小組討論時，由一位導師扮演「走動的促進者」而穿梭於各小組間負責提問並探知學生的瞭解情形。此一做法與團隊本位學習（team-based learning）較爲相似。3.同儕導師模式（peer tutor model）：在班級較大而無足夠的導師可分配於每一小組的情況下，同儕導師可用以分擔導師所負之責任。每位同儕導師可擔任二或三個小組之流動的促進者，執行如同引導和監控學習的任務。爲顧及同儕導師的指導能力，導師需先寫好預備提出的引導問題與和學生對話的可能腳本，供同儕導師於巡迴各組時運用之。由於同儕導師可使小組和解題過程變得更爲順暢，故有助於每個小組有效地達成學習目標。大學教師可選擇或培訓教學助理扮演同儕促進者，作爲PBL教師人數不夠的變通之道。4.大班級模式（large class model）：與其他模式相比，本模式適用於以教師爲中心的班級結構。在大班級執行PBL教學時，舉凡安排學習議題的先後順序、挑戰學生的思考、提供學習資源、領導小組討論與成果報告等學習歷程均由教師一手掌控。有學者認爲這種方式不應被稱爲PBL，而較接近案例教學

（case-based teaching）（關超然、李孟智，2009）。

　　張民杰（2003）在回顧相關文獻後，將PBL的教學歷程歸納為「問題的呈現」、「問題的分析與討論」、「個別化知識的探尋」、「解決方案的呈現與評估」和「學習成果的回饋與評量」等五個階段。洪榮昭（2004）依據學生自學、小組討論、與教師討論及全班討論等四項活動的先後次序，提出「學生自學→小組討論→與教師討論→小組再討論→全班分組討論」、「學生自學→小組討論→與教師討論→學生自學→小組再討論→全班分組討論」、「小組討論→學生自學→小組討論→與教師討論→全班分組討論」與「小組討論→與教師討論→學生自學→小組再討論→全班分組討論」等四種PBL運作方式，並建議教師可視學生的程度與問題深度選擇其中一種方式。洪榮昭、林展立（2006）為科技學院所設計的PBL實施歷程則有八個步驟，依序是：「藉由問題引起學生的疑惑」、「學生著手組織該議題的先備知識」、「提出任何額外的問題」、「確定所需知識的範圍」、「提出計畫來獲取更多資訊」、「進行必要的研究」、「分享與總結所習得的新知識」和「發表結論」等。楊坤原等（2011）以其在中小學實施PBL的經驗為基礎，在參酌文獻與一般大學教室中師生人數之實況後，設計出包含六階段的PBL教學模式：1.呈現問題、2.進行規劃解題、3.自我學習、4.小組討論、5.決定答案和6.成果發表與評鑑。由於國內學生較少具備諸如PBL般的主動學習經驗，教師在課堂上初次實施PBL之前，最好能在課程介紹時先向學生解說PBL的理念、實施流程與評量標準，以減少學生因不瞭解這種學習方式而產生的困擾或爭議。

　　Delisle（1997）在其書中指出，PBL的學習歷程有「連結問題」（connecting with the problem）、「建立結構」（setting up the structure）、「訪查問題」（visiting the problem）、「再訪查問題」（revisiting the problem）、「產生成果或表現」（producing a product or performance）與「評鑑表現與問題」（evaluating performance and the problem）等階段。Torp和Sage（2002）所主張的PBL模式或稱「教學模板」（instructional template）（p.34）中含有：「為學習者準備問題」、「遇見問題」、「確認已知、未知與點子」（identity what we know, what we need to know, and our ideas）、「界定問題敘述」、「蒐集和分享訊息」、「產生可能的解決方案」、「決定最合適的解決方案」、「呈現解決方案」和「反思」（debrief the problem）的九個循環性的步驟。近年來，新加坡共和理工學院（Republic Polytechnic of Singapore）還以「一天一問題」（one day one problem，ODOP）的方式來設計與實施PBL，使學生在一天解決一個學科的學習單元，一星期中解決五種不同的問題。ODOP每天的實施程序為「第一次課堂會議」（the first meeting）、「研討時間一」（study period I）、「第二次課堂會議」（the second meeting）、「研討時間二」（study period II）和「第三次課堂會議」（the third meeting）等（林紀慧，2010；O'Grady & Alwis, 2002）。

儘管PBL的教學歷程可能隨教學目標、教學設計之不同而異（Barrows, 1986），但不同機構或學者所設計的PBL通常都會包含：遭遇問題、構思解題計畫、自我導向學習、小組討論、展現成果（解決方案）與評鑑學習成果等幾個主要的教學階段或步驟（張民杰，2003；洪榮昭、林展立，2006；楊坤原等，2011；Barell, 2007; Delisle, 1997; Torp & Sage, 2002）。由於PBL為探究取向的學習歷程（Barell, 2007），而不同探究程度的活動內容可能會導致學生學習主動性的差異，進而對其學習結果造成影響（Kirschner, Sweller, & Clark, 2006），因此，如何善用現有的PBL模式或必須改編、調整其實施階段（步驟），以達到PBL的各種效能，頗值教學設計者注意。再由國內關於PBL的統合分析結果得知，「實施PBL的時間」（洪淑君，2009）和「評量方式」（曾婉宜、楊坤原，2008）是影響PBL實施成效的二個調節變項（moderator），因此，未來在設計PBL的教學歷程時，對於實施時間和評量方式的規劃宜多審慎。

肆　問題本位學習在大學教學上的應用與檢討

近年來為響應教育部在各大學推動之優質通識教育計畫、教學卓越計畫等措施，國內已有不少學者（如：楊坤原、張賴妙理，2005；楊坤

原，2008；洪榮昭、林展立，2006；徐靜嫻，2009；關超然、李孟智，2009）和學校（如：中原大學問題本位學習推動小組，2008；宜蘭大學PBL推動小組，2012）均積極致力於投入發展大學各領域適用之PBL課程與教學，以落實卓越教學之理想與目標。

國內PBL的教學應用大都屬非健康科學領域。為提供其他領域PBL教學之參考，本文謹以作者在中原大學教育研究所的「認知與學習心理學」課堂實施之PBL教學為例，說明PBL在大學教學上的應用。這個PBL學習單元係由作者和參與本校PBL教學工作坊的四位教師參照發展PBL課程的建議（Delisle, 1997; Torp & Sage, 2002），採「問題本位協同發展」的方式（Jones et al., 1997）發展而成，供學生進行為期四週（每週3節，共12節課）的學習。茲將具體做法說明如下：

一　PBL學習單元設計

(一) 教材內容的概念分析

針對本課程推薦使用的參考文獻，如：Educational Psychology（Woolfolk, 2004）、《學習與教學新趨勢》（張新仁主編，2003）等，關於「行為取向的學習與教學」、「認知取向的學習與教學」和「建構取向的學習與教學」之章節進行教材（概念）分析，以之作為設計PBL問題的藍本。

在確定PBL所涉及之主題內容後，本小組教師也分別查閱校內外可以使用的各項學習資源（圖書、期刊、網站、可提供諮詢之校內外專家或學校行政人員等），以備學生日後進行資料蒐集或其他自我學習之所需。

(二) 學習者特性分析

研究生均處於認知發展階段的形式操作（formal operation）期。依據平日的課堂觀察，修課學生的個性活潑，上課時能與教師彼此互動，學習態度認真，有些並具有中小學教學經驗。在參與本研究前，所有學生都曾參與過探究取向教學的相關研習，但都未曾在他們的課堂上

實施過PBL教學。

(三) 擬定學習目標

本PBL單元的學習目標除了讓學生能瞭解所涵蓋的學習心理學專業知識外，也著重於培養學生具有中原大學教育研究所所列之「團隊合作」、「問題解決」與「自主學習」等核心能力以達成本所與本校教學卓越計畫之目標。

(四) 設計問題情節 (問題敘述)

PBL之問題設計係以學生的先前經驗和教材內容為基礎，須具有結構模糊之特性且與真實生活相關聯以引起學生的興趣 (Delisle, 1997)。為此，在設計PBL的問題時，除結合教材內容外，也搜尋與教育改革、建構主義等主題相關之網站資訊、新聞報導、教育學期刊和書籍，作為問題情境的素材。初步撰寫的問題經教學工作坊中的教師們就文字敘述、問題結構、與教材內容的關聯性等進行檢視，並對不妥之處進行討論和修正。接著，再請二位研究生閱讀修改後的問題敘述視其有否提出尚待修正之建議。最後則確定正式的問題情節，並以「其實你不懂我的心」作為題目，期待修課的學生能從家長、學生、專家、學校行政人員、教師等不同層面來探討小學課程實施「建構式數學」的優缺，並應用他們在研究所習得之學習心理學理論、探究教學策略等相關知能，提出具體的解決方案。

(五) 規劃教學流程 (學習階段或步驟) 與評量策略

作者參照以往的實施經驗和相關文獻的建議，擬定為期四週的PBL教學流程 (如後述) 並透過自評表、互評表、各項學習輔助表格的內容與實際表現情形、各組提出之學習結果、課後晤談與課程實施滿意度問卷等質性與量化資料的蒐集，作為評定學生表現 (占學期總成績的40%) 與教學成效之依據，亦為日後課程修訂之參考。

(六) 設計各項學習輔助工具

　　爲充分發揮學習鷹架的功能，本活動設計如下幾項學習輔助工具（參見《問題本位學習手冊》，頁35-42）（中原大學問題本位學習推動小組，2008），供學生於PBL各步驟搭配使用。

1. 「**解題規劃表**」：爲引導較學生熟悉解決結構模糊問題的歷程，本研究參考Delisle（1997）的建議，設計「解題規劃表」供各小組作爲解題歷程的架構。本表共含四個部分，分別爲「點子」（ideas；供各組記錄小組所提出之任何可能解決問題的想法）、「事實」（facts；記錄小組成員所提出听有關於問題之已知的事實）、「學習議題」（learning issues；記錄由小組成員經腦力激盪共同找出與問題相關而想進一步探究的議題）與「行動計畫」（action plan；列出小組如何執行難題的具體作法）。

2. 「**工作記錄單**」：包含「執行時間」、「工作內容」、「工作地點」和「負責同學」等欄位，以便每一位小組成員分工和監控自己與小組的執行進度。

3. 「**資源使用記錄表**」：本表中列有「題目」、「內容摘要」、「搜尋日期」、「來源／出處」和「蒐集者姓名」等欄位，鼓勵學童蒐集各種來源文獻資料，並寫下各篇的摘要。

4. 「**學習自評表**」：採四點式量表設計（「優」、「良」、「可」、「待改進」），於單元結束時供每位學生填寫以自我省思PBL各階段的表現。

5. 「**小組成員互評表**」：與上表同於學習結束後由學生填寫對其他組員在學習歷程表現的評等並列出具體事實或理由，讓他們檢討自己與他人的學習歷程，以作爲日後改進的參考。

二　PBL學習單元的教學流程

(一) 呈現問題（第一週第1節）

　　PBL開始之前，教師搭配自行編製之《PBL學習手冊》（內含課程進度、PBL簡介與各項學習輔助工具）先向全班學生說明學習目標與內容、PBL的意義與流程、各項學習輔助工具的用法、成就評量的作法等，讓他們對PBL有所認識。在聽完說明後，學生可針對不清楚的部分提問，由教師再作解釋。隨後，教師將學生分成二個小組，每組7人。待各小組成員確定後，便由各小組成員自行推選小組長、記錄員等職務。

(二) 進行規劃解題（第一週第2-3節）

　　問題呈現後，教師再次向學生介紹「解題規劃表」的用法，並獎勵二組學生腦力激盪，盡可能提出他們認為可能解決問題的任何想法，將之記錄在「點子」欄中。接著，各小組成員又根據問題敘述和先前的知識，提出他們已知任何關於問題的事實，填寫在「事實」欄。教師隨後則請各組將其不瞭解而想要進一步探討的疑問，逐一列於「學習議題」欄。最後，各小組則將準備採行的各種解題策略寫在「行動計畫」欄。在小組提出有興趣的2-3個學習議題後，請每位組員須從中選出自己負責探討的學習議題。為敦促小組成員能落實行動計畫，教師將巡迴各小組之間，發揮促進者的功能，觀察並引導各小組清楚填寫「工作記錄單」，並分別交由組長和教師收執，以利掌握學習進度。

(三) 自我學習（第二週）

　　每位成員開始針對自己的學習議題，依小組擬定的行動計畫，開始在學校圖書館內透過網路、查閱書刊或請教授課教師等途徑，蒐集相關文獻資料。若在課堂上未能及時完成、還需請教家長或他人的部分，則可利用課後時間進行。各組學童需配合「資源使用記錄表」將蒐集的文獻資料加以編號、登載、閱讀、摘要和整理，據以形成自己對該學習議

題的見解。教師在此階段持續扮演促進者的角色，督促並引導學生進行文獻摘要、各項表單的填寫確認個人是否做到「工作記錄單」中所要完成的任務。

(四) 小組討論（第三週第1-2節）

每位組員將上述自我學習所得之文獻摘要與個人的想法帶回小組進行分享和討論，透過小組成員聞的人際互動與口語溝通，在彼此的意見與資訊交流中建構與學習議題相關的科學知識。此時，教師以促進者的身分巡迴各組並提出「爲什麼……」或「你們如何……」等疑問來挑戰、促進學生的討論和反省，並在各組出現爭執而組長無法排除時，提供適時的幫助，以利小組討論能持續進行而不致中斷。爲鼓勵學童能充分發言與互動，第二週的第二節和第三週的第一節前20分鐘均提供各組報告個人所寫的文獻摘要並對其他組員的意見或想法進行討論。

(五) 決定答案（第三週第3節）

經由小組成員間的討論後，教師將提醒各小組經討論後整合各組員的資料、見解所尋的共識或結論，提出該組認爲最合適的答案。之後，各組便開始利用學校所提供的電腦設備與教師提供的紙筆，集體製作Powerpoint檔或海報來呈現結果（未能於課堂中完成者則利用課後時間持續進行）。

(六) 成果發表與評鑑（第四週）

在成果發表會中，各組依序上合呈現學習歷程和成果，並回應教師和其他小組的提問。接著，所有學生填寫「學習自評表」和「小組成員互評表」。最後一節課時，教師則依據各小組的表現，提出評論並總結學習內容與結果。

三　實施成效與檢討

由每節課的教室觀察與記錄、學生填寫之各項學習輔助工具（包括：「解題規劃表」、「工作記錄單」、「資源使用記錄表」、「學習

自評表」、「小組成員互評表」）的內容可以得知，二組學生均能主動參與各項PBL活動，透過腦力激盪提出學習議題，並依照小組所擬定的行動計畫，各自就所分配的學習議題進行資料搜尋和自我學習。在小組討論的過程中，每位組員都能先就個人蒐集和整理過的文獻資料內容提出分享與發問，以澄清發言內容疑義、比較不同組員的觀點、就不同觀點提出批判以及統整各組員的想法與意見，提出小組共同協商所形成解決方案。從學生所表現的腦力激盪、資料搜尋、自我學習、小組討論、合作完成解題等自主學習行為，可得知本PBL活動應可激勵學生的學習動機，有助於團隊合作、問題解決與自主學習技能的發展，促進教學理論與實務的聯結，發揮應用專業知識來解決真實問題的能力。

課程實施滿意度問卷分析的結果（修課學生共14人）顯示，95%以上的學生認為PBL對他們的學習動機、小組討論、同儕互動、統整資料、反省思考等技能的學習都具有正向的促進作用；88%的學生認為PBL能有效地幫助他們運用教育理論來解決真實的教育議題。整體而言，全部的學生（100%）都一致覺得PBL對日後其他學科的學習很有幫助。雖然這些結果因填答人數較少而不宜過度類推，仍可作為未來其他大學應用PBL於非健康科學領域教學的參考。

在課後學生晤談的內容中，除了類似上述問卷調查所得的正向意見外，也獲得一些修課學生對實施PBL的建議，其中最多學生提到的二項為：1.PBL的執行需時較多，因而縮減其他科目的學習時間。2.相對於講述式教學而言，PBL課堂上教師對學生的講解較少，使得學生對課程內容和學習方向較不明確。此外，PBL教師（作者）的課後反省也察覺自己在藉由提問促進學生思考的技巧上仍有待加強。由此可見，PBL雖有其優點，但若欲確實發揮PBL的正向效益，實施學校或科系應審慎規劃PBL課程的數量與時程，避免學生因執行PBL而造成時間的壓力與負擔，甚至因此產生厭惡感而影響實施效果。PBL教師也應透過實施經驗的反省和參加專業成長活動，精進身為學習促進者所需的相關知能。由於大學或研究所中的一些選修課程的修課人數不多，因此，為考驗PBL課程的實施成效，可同時蒐集質性與量化資料加以分析，以利交互檢證。再者，因PBL的各項教學效果未必能於短時間內呈現，故教師應

持續提供學生應用PBL進行學習的機會，使學生能精熟PBL的各項學習技能，爲其未來的職業生涯作好準備，成爲符合知識經濟時代需求的人才。

參考文獻

一、中文部分

王文科（1999）。課程與教學論（第二版）。臺北：五南。

中原大學問題本位學習推動小組（2008）。問題本位學習手冊。桃園：中原大學。

李坤崇（2011）。大學課程發展與學習成效評量（頁1-40）。臺北：高等教育。

宜蘭大學PBL推動小組（2012）。大學**PBL**課程教學實務：宜蘭大學的經驗與省思。宜蘭：國立宜蘭大學。

林紀慧（2010）。新加坡共和理工學院「一天一問題」問題導向學習。教育資料集刊，**48**，43-60。

林栢東（2012）。我的PBL教學經驗與反思—以「當代法政思潮」課程爲例。載於宜蘭大學PBL推動小組合著，大學**PBL**課程教學實務：宜蘭大學的經驗與省思（頁54-63）。宜蘭：國立宜蘭大學。

洪淑君（2009）。問題導向學習成效之後設分析。新臺北護理期刊，**11(2)**，47-62。

洪榮昭（2004）。問題導向學習（PBL）的教學策略。教師天地，**128**，45-48。

洪榮昭、林展立（2006）。問題導向學習課程發展理論與實務。臺北：師大書苑。

計惠卿、張杏妃（2001）。全方位的學習策略：問題導向學習的教學設計模式。教學科技與媒體，**55**，58-71。

徐靜嫻（2009）。問題導向學習理論與實踐的反思：以輔大師資培育爲例。臺北：高等教育。

曾婉宜、楊坤原（2008）。問題本位學習對學生學習成效的影響：統合分析。數學與科學教育，**4**，1-13。

黃麗君（2012）。我的PBL教學經驗與反思—以「歷史思維與社會脈動」課程爲例。載於宜蘭大學PBL推動小組合著，大學**PBL**課程教學實務：宜蘭大學的經驗與省思（頁71-92）。宜蘭：國立宜蘭大學。

張民杰（2003）。超學科統整模式之一──問題導向學習在國中九年一貫課程的設計與實施。新竹師院學報，**17**，389-424。

張新仁主編（2003）。學習與教學新趨勢。臺北：心理。

張鈿富、吳慧子、吳舒靜（2010）。歐盟、美、澳「公民關鍵能力」發展及其啟示。教育資料集刊，**48**，273-299。

楊坤原、張賴妙理（2005）。問題本位學習的理論基礎與教學歷程。中原學報，**33**(2)，215-235。

楊坤原（2008）。問題導向學習在大學課程的應用──以「自然科學概論」為例。載於鄭博真主編，大學卓越教學法：原理、方法與實例（頁121-148）。臺南：中華醫事科技大學教學卓越中心。

楊坤原、陳建樺、張賴妙理（2011）。問題本位學習對四年級學童的問題解決與批判思考之影響。科學教育學刊，**19**(3)，185-209。

劉惠圓（2006）。如何撰寫問題導向學習劇本。載於洪榮昭、林展立主編，問題導向學習課程發展理論與實務（頁27-55）。臺北：師大書苑。

潘慶玉（2008）。大學教學引論。載於李劍萍主編，大學教學論（頁1-32）。濟南：山東大學。

鄭天爵（2012）。我的PBL教學經驗與反思──以「環境與永續發展」課程為例。載於宜蘭大學PBL推動小組合著，大學**PBL**課程教學實務：宜蘭大學的經驗與省思（頁64-70）。宜蘭：國立宜蘭大學。

關超然、李孟智（2009）。問題導向學習之理念、方法、實務與經驗──醫護健康教育之新潮流。臺北：臺灣愛思唯爾。

二、外文部分

Akinoğlu, O., & Tandoğan, R. O. (2007). The effects of problem-based active learning in science education on students' academic achievement, attitude and concept learning. *Eurasia Journal of Mathematics, Science & Technology Education, 3*(1), 71-81.

Barell, J. (2007). *Problem-based learning: An inquiry approach* (2nd ed). Thousand Oaks, CA: Crown Press.

Barrows, H. S., & Tamblyn, R. M. (1980). *Problem-based learning : An approach to medical education.* Springer, New York.

Barrows, H. S. (1985). *How to design a problem-based curriculum for the pre-clinical years.* New York: Springer Publishing Company.

Barrows, H. S. (1986). A taxonomy of problem-based learning methods. *Medical Education,*

20(6) , 481-486.

Barrows, H. S. (2002). Is it truly possible to have such a thing as dPBL? *Distance Education, 23*(1), 119-122.

Bergin, D. A. (1999). Influences on classroom interest. *Educational Psychologist, 34*(2) , 87-98.

Blumberg, P. (2000). Evaluating the evidence that problem-based learners are self-directed learners: A review of the literature. In D. H. Evensen and C. E. Hmelo (Eds.), *Problem-based learning: A research perspectives on learning interactions* (pp. 199-226). Mahwah, New Jersey: Lawrence Erlbaum Associates, Publishers.

Boud, D., & Feletti, G. (1997). *The challenge of problem based learning* (2nd ed). New York: St. Martin's Press.

Delisle, R. (1997). *How to use problem-based learning in the classroom*. Alexandria, Virginia : Association for Supervision and Curriculum Development.

Dochy, F., Segers, M. Van den Bossche, P., & Gijbels, D. (2003). Effects of problem-based learning: A meta-analysis. *Learning and Instruction, 13*(5) , 533-568.

Dolmans, D. H. J. M., & Schmidt, H. G. (2006). What do we know about cognitive and motivational effects of small group tutorials in problem-based learning? *Advances in Health Sciences Education, 11*(4) , 121-336.

Dolmans, D. H. J. M., De Grave, W., Wolfhagen, I. H. A. P., & Van der Vleuten, C. P. M. (2005). Problem-based learning: Future challenges for educational practice and research. *Medical Education, 39*(7), 732-741.

Duch, B. J. (2001). Models for problem-based instruction in undergraduate courses. In B. J. Duch, S. E. Groh, & D. E. Alen (Eds.), *The power of problem-based learning-A practical "How to" for teaching undergraduate courses in any discipline* (pp. 39-45). Virginia, Sterling: Stylus Publishing, LLC.

Duffy, T. M., Raymer, P. L. (2010). A practical guide and a constructivist rationale for inquiry based learning. *Educational Technology, 50*(4) , 3-15.

Fogarty, R. (1997). *Problem-based learning and other curriculum models for the multiple intelligence classroom*. Illinois, Arlington Heights: IRI/SkyLight Training and Publishing, Inc.

Edens, K. M. (2000). Preparing problem solvers for the 21st century through problem-based learning. *College Teaching, 48*(2) , 55-60

Gibbons, M. (2002). *The self-directed learning handbook-Challenging adolescent students to excel*. New York: John-Willey & Sons, Inc.

Hmelo-Silver, C. E., & Barrows, H. S. (2006). Goals and strategies of a problem-based learning facilitator. *Interdisciplinary Journal of Problem-Based Learning, 1*(1) , 21-39.

Hmelo-Silver, C. E., & Barrows, H. S. (2008). Facilitating collaborative knowledge building. *Cognition and Instruction, 26*(1) , 48-94.

Instructional Development Experiences, Application, & Solutions (IDEAS). (2002). *Four models and exampled of PBL implementation and student support*. Retrieved June 16, 2008 from http://celt.ust.hk/ideas/pbl/MExam/index.html

Jones, B. F., Rasmussen, C. M., & Moffitt, M. C. (1997). *Real-life problem solving: A collaborative approach to interdisciplinary learning*. Washington, DC: American Psychological Association.

Kirschner, P. A., Sweller, J., & Clark, R. E. (2006). Why minimal guidance during instruction does not work: An analysis of the failure of constructivist, discovery, problem-based learning, experimental, and inquiry-based teaching. *Educational Psychologist, 41*(2) , 75-86.

Moore, G. T. (1997). Initiating problem-based learning. In D. Boud and G. Feletti (Eds.), *The challenge of problem-based learning* (2nd ed) (pp. 73-80). London: Northern Phototypesetting Co Ltd.

O'Grady, G., & Alwis, W. A. (2002). *One day, one problem: PBL at the Republic Polytechnic*. Paper presented at the meeting of the 4th Asia Pacific Conference on PBL, Hatyai, Thailand.

Papinczak, T., Tunny, T., & Young, L. (2009). Conducting the symphony: A qualitative study of facilitation in problem-based learning tutorials. *Medical Education, 43*(4) , 377-383.

Rotgans, J. I., & Schmidt, H. G. (2011). Situational interest and academic achievement in the active-learning classroom. *Learning and Instruction, 21*(1) , 58-67.

Savery, J. R. (2006). Overview of PBL: Definition and distinctions. *Interdisciplinary Journal of Problem-Based Learning, 1*(1) , 9-20.

Savin-Baden, M., & Wilkie, K. (2004). Exploring the impact of disciplinary-based pedagogy on problem-based learning through interpretive meta ethnography. In M. Savin-Baden and K. Wilkie (Eds.), *Challenging research in problem-based learning* (pp. 190-205). Glasgow: Bell & Bain Ltd.

Schmidt, H. G. (1993). Foundations of problem-based learning: Some explanatory notes. *Medical Education, 27*(5) , 422-432.

Schmidt, H. G., & Moust, J. H. C. (2000). Factors affecting small-group tutorial

learning: A review of research. In D. H. Evensen & C. E. Hmelo (Eds.), *Problem-based learning-A research perspective on learning interactions* (pp. 19-51). New Jersey: Lawrence Erlbaum Associates, Publishers.

Spady, W. G. (1994). *Outcome-based education: Critical issues and answers*. (ERIC Document Reproduction Service No ED 380910)

Stepien, W. J., & Pyke, S. L. (1997). Design problem-based learning units. *Journal for the Education of the Gifted, 20*(4) , 380-400.

Svinicki, M. D. (2007). Moving beyond "it worked": The ongoing evaluation of research on problem-based learning in medicine education. *Educational Psychology Review, 19*(1), 49-61.

Tan, O. S. (2003). *Problem-based learning innovation: Using problems to power learning in the 21st century*. Singapore: Thomson Learning.

Torp, L., & Sage, S. (2002). *Problems as possibilities: Problem-based learning for K-16 education* (2nd ed). Alexandria, VA: Association for Supervision and Curriculum Development.

Uden, L., & Beaumont, C. (2006). *Technology and problem-based learning*. Hershey, PA: Information Science Publishing.

Vernon, D., & Blake, R. (1993). Does problem-based earning work? A meta-analysis of evaluation research. *Academic Medicine, 68*(7) , 550-563.

Williamson, S. N. (2007). Development of a self-rating scale of self-directed learning. *Nurse Researcher, 14*(2) , 66-83.

Woolfolk, A. (2004). *Educational psychology* (9th ed). Boston: Allen and Bacon.

Zhang, M., Parker, J., Eberhardt, J., & Passalacqua, S. (2011). "What's so terrible about swallowing an apple seed?" problem-based learning in kindergarten. *Journal of Science Education and Technology, 20*(5) , 468-481.

雙師協同教學的角色與課程革新：以科技大學為例

鄧宗聖
美和科大文化創意系助理教授

　　在技職教育體系中，強調「務實致用」的社會價值觀，深刻影響科技大學的課程教學設計與方式，也使學校與工作場域間的連結與合作有其社會期待之基礎。

　　本文旨在探討技職再造中業師協同教學如何做為活化與創新教學的一種策略。在書寫結構上，首先陳述在臺灣的社會文化脈絡下，科技大學被賦予何種社會期待？而業師協同教學為何會成為改革技職教育體系重要的教學革新？接著，我們以雙師協同教學為論述主軸，整理相關文獻以用來討論雙師角色、功能與彼此間的互動關係。最後則以Eisen的互動關係隱喻為分類架構，將臺灣推動業師協同教學的最佳實務個案區分為大家庭型、共同監護型、承諾型、相親型與村落型等五種雙師互動型態。

　　闡述最佳實務個案後發現，業界協同教師之所以能中介教學革新理由有三：第一，鼓勵大學教師走出自己教學框架並更新原有教學經驗；第二，在合作中不僅將提高磨練自己的教學技能與教學法，團隊合作則有機會激發創新的教學成果；第三，業師彼此觀點與實務經驗的差

異，能提供學生不同觀點與多面向思維，雙師合作亦是鼓勵學生合作學習的最佳示範。最後本文認為，業師協同教學的核心理念不應僅是強調反映當代職業的文化流變與傳承「就業接軌」，更應朝向跨領域互動合作，以利後續研發能量蓄積的「創意革新」，彰顯科技大學發展智慧生活的人文角色。

壹　背景與問題

技職教育體系包括了高職、五專、技術學院與科技大學，培養人才目的在於滿足產業需求，但學生在接受技職教育後進入科技大學的升學系統，面對全球化與國際化的趨勢，須從勞力與技術密集產業轉向創意轉型之需求（郭添財，2013），於是「產與學」落差代表「經濟結構與教學結構」的失衡。此一背景，不僅讓師生配合職場期待與趨勢，更使「產業、職業」成為技職教育革新基礎。

職業教育的地位有其社會根基，像是瑞士社會重視職業教育，有其支持的教育歷史與國家文化（王如哲、陳欣華，2010）。相較於臺灣往往成為次要選擇（李建興，2013）：一方面受到社會刻板印象的影響，認為技職教育多是學科能力差、社經地位較弱或偏遠地區的學生；一方面學校內部強調教師的學術化、普通化，產業與實務經驗不足下，又趕不上外在產業的變化，使得落差愈來愈大，「縮小落差」成為技職教育改革的論述選項。從技專校院評鑑報告來看，社會大眾過度重視「證照」、「獎項」的表現，也成為學校教育的迷思，不僅讓教師教學將取得證照與實務經驗畫上等號，更使學校在乎證照數量提升，但背後卻是忽略證照品質與獎項品質的代表性，培養專業技能與職場需求能力脫節（吳淑媛，2013）。

就「產業、職業」與「縮小落差」兩組關鍵來看，「理論與演練」成為爭議的焦點，學校代表傳授舊經驗，而外界不斷改變、變動的產業環境則是新經驗，因此假設舊經驗傳授為理論，新經驗則必須透過與外界連接才能夠獲得。於是「師徒制」的觀念重新啟動，學生所學為業界所用在技職體系才能稱為「實用」，過去實用的舊經驗必須與新經驗交

替對話，才是符合技職再造的「學習」。

此社會氛圍下，建立技職教育體系發展學校特色，邁向技職教育輸出，遂成為教育革新措施（楊國賜，2011），並具體反映於教育部2009年訂定「業界專家協同教學實施要點」[1]，其內涵社會對技職教育的期待：要能與產業接軌，縮短學校教育與業界人才需求距離，藉此產生「零距離」之產業認知。此背景下，強調技職導向科技大學可依照科、系、所、院特色與產業需求進行開課規劃，教學模式採取「雙師制度」，即業師加入至多六週專業科目的協同教學，遂成為大學教學改革與創新的資源。本文就此背景，擬以科技大學之業界協同教學為軸心，以文獻為基礎，分析此一教學理念、現況與趨勢，最後則介紹不同的最佳實務類型與做法，提供未來設計業界協同教學的參考。

 貳 雙師協同教學為教學革新的理念

教學本身是種文化活動，過去教師間的交流多透過校內研討會相互分享教學成果或觀摩個案，發表意見或商討學校行事在意見交流中互相刺激與提醒，有時也會有規模提供傳習的師徒制度與資源來幫助教學者學習（陳麗玉、呂俊毅、李隆盛，2010）。但業界雙師制度更強調與實務經驗豐富的教師合作，來重新定義或形塑學習環境的特徵，發揮在職訓練的功能。以下就業界協同教學理念上的角色、功能與規劃等面向進行闡述。

一 雙師功能：教育資源

大學追求課程自主，根據學校目標發展特色，因課程規劃本身涉及內容選擇，其自主前提並非封閉而是開放、尊重專業但不受控權威的多元參與、溝通與決策（詹惠雪，2005）。課程規劃的業界參與，可視為

---

1 教育部補助技專校院遴聘業界專家協同教學實施要點http://edu.law.moe.gov.tw/ LawContent.aspx?id=FL050603

顯性知識結構，但實質的問題仍回到教學實務時互動文化的隱性問題須加以審視。

據吳清山與簡惠閔（2008）檢討1996後臺灣高等技職教育改革研究中指出，技專院校改名科技大學後，優點是回應高等技職產業的大量出現，且不同於聯招以回應符合技職學生升學需求，但技術學院為主體改變成科技大學型態時，大學與技專院校同性質系所多無法發揮區隔。雖然教學與課程革新上已經納入業界人力與師資、確認系所就業模組等制度面，但實際的問題仍然為課程內涵與實務脫節產生教學落差的問題。

據此，業界協同教學主要是回應教學與課程內涵不僅只是「耳聽眼看」的教學法，更重要的是業界實務現況的聯繫與參與實作的重要性。但技術實作的價值往往需要非技術性的人格養成來統整，如此才不至於是組裝支離破碎的學科與技術能力（吳清山、簡惠閔，2008）。換言之，業界協同教學同時包含技術養成與人格養成兩種意涵：前者重視時效性與實用性，後者則重視人文精神與道德層面。

業界教師參與課程規劃、協同教學或編撰教材的主要功能是反映在學生校外實習機會與後續產學合作，中長期來看則是能擴及研發、爭取補助、引進產業資源與設備（郭敏政，2013a）。此一假設，將業界教師視為學校吸收外界開放資源的「蜜蜂授粉」之中介角色，透過共同參與課程的機會，把業界與學校聯繫起來。如此，業界教師本質上是一個教育資源的角色，為了實現技職教育目標，引進業界教師進入教育活動時，既是教師有形資源的聯繫，如業界實況、實習機會等，亦或是設備、經費等物質資源，或是業界教育思想、學習理念、職業哲學等人文精神面向等無形資源的引進。

歸納上述，業界教師是使學校走向開放，讓外界資源引入與整合的媒介角色，課程則是引入資源的破口，業界教師協同教學不僅進一步讓學生有實習機會，更讓學校課程感受變動較大的社會系統。就教學合作共享內容來看，業界教師並不僅止於技術性之能教導，業師傳遞的價值觀、職場道德與倫理、學習觀念等也都可以是實際教學合作的內容。就合作形式上來看，共構課程規劃中的教學活動，正好與學校教師不足的

資源、資訊等互補，有截長補短之意，整體上才能夠優化教學內容，使得後續中、長期能實現較強的結合。

二　雙師角色（關係）：協同教學的理念

協同教學的概念存在已久，最基本的定義是強調兩位或兩位以上的教師組成團隊，彼此發揮教師專長，合作的方式進行教學，以形成多樣化、多元化的教學活動（Davis, 1995）。另外，協同教學並不侷限於教室內，包括在可能的物理空間（physical space），教學型態也有多元樣貌，如一個為主一個為輔的主輔關係、彼此將課程內容分週多段教授的分站教學（station teaching）、或同時間以小班形態的平行教學（parallel teaching）、同在一起交互合作的團體教學（team teaching）等等（Cook & Friend, 1995）。無論形式與功能的差異，其共同基本假設是學習者多元多樣、而學習活動鑲嵌在資源脈絡，因此藉兩位以上教師合作重新形塑學生的學習型態，以避免單向接收資訊。

協同教學強調的是教師團隊，業師加入並非有單一、固定型態。相反的，會更尊重每位教師的專業能力發揮，跨越各種界線來組織團體進行「分與合」的規劃。一般而言，教學群通常須透過「主題」或「焦點」才能進行跨領域或單領域統整（鄭淵全，2005）。Buckley（1999）認為，協同教學對教師而言，某種程度可說是教師在職訓練的方式，可以學習或更新學習經驗，但往往需要付出更多心力，而學生則須要主動積極參與而非僅是被動聽講。此外，對參與的教師而言，無論是專業知識主題、知識教學計畫、傳遞與評估或個人教學特質與行為，都會有所進步與改變（Conderman & McCarty, 2003）。雙師制度可說是讓教師彼此增能、學生學習多樣化的學習互動模式，有助於消除一些單一教師與學科的既有假設，打破學生都能以相同方式學習、課程內涵一體適用於所有學生、教室可提供足夠學習機會等迷思。

McDaniel和Colarulli（1997）則明確將教師間的合作關係，提出四個向度作為評估互動的反思元素：1.觀念、觀點或領域知識的整合程度；2.教師與學生互動程度；3.學生主動學習與參與程度；4.教師在教

學過程中相對獨立性與自主權程度。上述強調雙師合作時，彼此對學習情境營造必然經歷溝通協商過程，從教學觀念到學習互動的考量，彼此在有限時空內對跨學科或領域的合作做出適切妥協，釋放並調節彼此在課堂中的權力關係，展現相對自主性時亦須能兼顧到整合性、互動性與參與性，才能面面俱到。由於這種以團隊合作為導向的合作教學，強調多重觀點、差異角度的「協商關係」，因此教學團隊的包容性有利於拓寬學生對知識的理解，在師師與師生間，改變互動設計及分享建構知識的權力關係時，則有利於增加批判性的思維與課程學習方式的革新（Eisen & Tisdell, 2002）。

故雙師制度的互助互學精神，其用意不外乎讓學生能感受到不同觀點、教法，同時也帶來各種刺激，場域不一定限制在教室，也可以是現場考察、實習、服務學習等各種形式相互搭配，在雙師溝通協商後，於共同的使命與核心關懷下，彼此截長補短充分享受教師之間彼此學習下的和諧氛圍。為此，對話、非正式互動合作有助於培養協同教學的使命與關懷，建立真誠夥伴關係後，如此再演化發展出較具有結構性的互動模式，營造具學習成效的學習環境。

三　雙師互動：合作學習的文化

業界教師與學校教師的合作該如何規劃？預期何種效果？往往與整體社會經濟結構調整與變化有關，無論是德國、澳洲、加拿大、蘇格蘭、紐西蘭等技職教育，把市場與產業需求當成協商對象，課程與學校是轉換的機制，證照則是反映勞動市場的需求而變動（曹翠英，2007；鄭如雯，2009）。技職教育內容背後基本假設是：社會是變動與創新的，當社會環境原有的技術、產品或知識有所改良與更新時，這意味著實務技術亦會跟著改變或出現，課程也因隨著經驗變動而有所調整。

在此假設下，雙師規劃課程所考慮的核心價值：一方面是反映學科知識與技術的過去經驗與基本社會需要，一方面則是無形地將變革、新技術與新知識帶入課堂教學中。課程本身除了基本技能學習，將技能帶入社區、體驗真實工作經驗的規劃，讓學校外的整個社會系統扮演知識

與技能的整合與轉化，學生才有可能在某種應用脈絡內，主動瞭解與建構意義、自我調節知識與技能，進入到批判或問題解決式的思考而非複製與記憶（高博銓，2003）。如此，規劃面才能跳脫傳統學科知識傳遞的學習思維，讓教學活動規劃符合實務參與的意義。

雙師或群師的合作方式通常會通過提問、諮詢、討論運用策略的方式來顯示合作夥伴關係，體現同僑互助精神後才是教學創新的內在動力（丁鋼，2003）。但Eisen（2000, p.13）將這種關係以家庭系統比喻教師與業師成員間的關係，略分五種互動形式，包括：自願選擇對方且密切合作的「承諾婚姻」（committed marriage）關係；互相交換點子、教學材料與教學觀察的「大家庭」（extended family）關係；每一個團隊成員沒有自己擁有的班級，是依照方便取向去照顧可能缺席的教師、擔任來賓講者等依自己方式教學，像講座、影片交流等的「同居者」（cohabitants）關係；透過第三團體或中介者介紹的「相親」關係（blind date）；代表不同專業分享一節課，如交替分組上課等發展出混搭表現「共同監護」（Joint custody）關係；師生團隊向外協尋更廣泛的學習社群之「村落」（the village）關係。上述描述雙師或三師以上的互動關係，反映出合作夥伴的選配方式，某種程度決定雙師營造的學習環境與教學型態。換言之，單純以實務目標來選配，往往會忽略雙師參與課程時，關係的混搭與設計決定教學革新的實質型態。

社會環境往往是多元且整合的，每個人因應環境而發展的能力也具此特性。換言之，雙師規劃的實務課程不會只有單一面向來進行評量，也應該要反映著重學生能力發展與整合的多元智慧特質。Armstrong（李平譯，1997）在探討多元智慧的學校經營時，認為實際生活是學習基礎環境的背景，而舊有師傅帶領年少徒弟學會一門手藝是一種可行的方法，根據一個特殊主題並且發展這個探索過程的計畫，進一步透過動手做來結合學徒制方法，擴展對一個主題理解。但這並非意指，業界教師獨立承擔實務或大學教師提供理論或觀念啟發，如平行線般毫無交集，相反的更強調對話、討論與實踐的相互交集。

雙師課程規劃上可從學徒訓練中獲得啟發，但學徒在傳統意義上是師傅「示範、教導與支持」，一方面強調學徒參與專家示範過程的情境

學習，但另一方面則重視對觀察的動作技能與過程做反思。故近年來教育界倡議「認知學徒制」，結合認知建構論將學習當作個體主動建構的過程，但不能只是偏重個人經驗，而是將學習置放在人互動與團隊合作中發展（吳清山、林天祐，2002；林生傳，1998）。換言之，學生並非一定是在職場內接受指導員評量才算是師徒教學。理論與實務本來就是知識的一體兩面，理論須有應用方知其價值，教學可視為一種生產「在實踐中學習」的實務社群，以非正式方式存在、具有共同參與及行為意義的活動系統（黃永和，2008）。

　　舉例來說，廚藝教育是一種規範性強的職業教育，向來具備一致且固定的技術與標準，若廚藝課程採傳統師徒制來教導，那麼本身會侷限於慣性的思考與步驟，但是廚藝本身還有其食物的文化層面、擺盤造型的視覺心理與色彩學層面、菜餚命名與用餐氣氛營造的創造力層面等等，這些都需要協同教學的團隊合作（洪久賢、林琳、陳立真，2009）。如此才能鼓勵學生與有創造力的人合作，如此才能豐富廚藝課程的內容，提供有創造力的環境。

　　Caldwell與Carter（1993）認為傳統工作場域學習與期待的協同教學文化仍有緊張的關係，如以師傅為中心重視生產結果而非學習本身，學校內師徒關係的發展最後仍是要回歸到學習性組織形成。協同教學的合作鑲嵌了動態的人際互動關係，以真實性任務為基礎創造出與學習者相關且有趣的聯結，幫助學生發展出相互依賴的合作關係（周淑卿，2005）。綜合上述，雙師互動的價值，重點在將師徒制中強調的情境因素帶入規劃的考慮點，而業師在此過程中轉換工作實務經驗來規劃課程任務，教師也能在課程中共同學習，彼此因應不斷變動、複雜變動的社會環境因素，而不會流於例行性、儀式性的教學文化。

 ## 雙師實務個案類型評述

　　產學雙師的範疇在於整合「校內外產業人士與校內專任教師共同研擬或執行教學工作或相關事項的一種教學組織與行為方式」（張原彰，2011），將產學雙師在產學定位中從學生學習導向轉為學習成果導向

（陳玄愷，2011；陳明印，2009），參與協同教學在背景上不一定要相似領域，也可以是不同的領域。

本節參考Eisen對雙師關係的五種隱喻，將臺灣已有產學雙師之個案納入「大家庭、共同監護、承諾婚姻、相親、村落」等進行類型評述與分析。由於隱喻是一種透過已知來理解各種交流的可能性，因此Eisen提到非有自己班級或學生群，而是擔任客座來賓、協助缺席老師等依自己方式教學、講座、影片交流的「同居者」關係，應可視為能加入各形態的互動關係，故不獨立列入個案討論範疇。

一　大家庭型：課程雙師制

臺灣各科技大學根據「教育部補助技專校院遴聘業界專家協同教學實施要點」，建立起產業界專家教學實施相關要點，以鼓勵專任教師邀請校外學有專精或在專業領域中有傑出表現之產業界人士擔任企業講師共同教授課程。此種教學模式會給予教學時數的限制，通常是因考量到業師較為繁忙得抽空到校教課，而彈性時間是比較務實可行的作法（林啓瑞，2011）。

根據鄭暖萍（2010）「科技大學實施雙師制度之個案研究」中，對五所科技大學進行業界協同教學的調查中指出，參與協同教學的教師依據規範，授課總時數以全學期18週授課總時數的1/3為原則，因此授課教師認知自身是講授原則，業界教師是講授實際運作情形，教師扮演較為主動的角色，會請業師配合相關學理進行業界實務的準備：而任課教師通常會以專題講座的方式讓業師協同教學，偶爾伴隨企業參訪，因分工明顯故在業師講授時扮演聆聽角色，來修正授課理論原則部分；業界教師則自認被賦予「主題」教學的任務，並會根據實際學制、年級與領域瞭解程度做課程調整。就此來看，課程雙師彼此角色分工清楚，通常按照自己的方式教學，且有自己對課程要講授內容有既定的看法，相當接近大家庭型的教學型態。

以高雄餐旅學院推動課程雙師為例，由於餐旅人才教學注重實作能力與業界需求接軌，因此業界協同教學有其需求，但過去作法多以大量

遴聘業界兼任教師，如飯店主廚等與專任教師配合上課，雖然效果顯著但經費較高，或是辦理一學期課程的餐旅講座到校分享專業經驗，但反映效果較差（劉聰仁，2010）。在此背景下，採取課程雙師制度，以學群為單位，包括餐旅、旅遊、廚藝、人文等進行雙師規劃，以個案分享方式來連接教學主題。例如餐旅學群中的國際禮儀課程，邀請形象公司總監來校分享實務經驗；旅遊學群中的遊程規劃與設計課程，邀請旅行社總經理分享實務經驗。

二　共同監護型：業界導師制

臺灣各大專院校多以職涯發展為前提，引進名為「業界導師」的傳承制度，建立在學務或就業輔導體系的工作，主要是邀請在職工作經驗豐富的職場人士擔任大學部或碩士班的職業導師，導師群與學生經配對後，不僅是實務專業上的傳授，更是提早規劃學習與職業生涯。這類企業導師較常出現在職涯規劃與發展的課程教學，傳授因應職場而需要建構的學習經驗。

不過這類業界導師也根據實際需要予以改良到協同教學的實務上，如高苑科技大學為例，為學生規劃「一生六師」，將教師區分為班級導師、業界導師、課程教師、課程業師、職涯導師、實習場域導師等六種，特別是建立「課程大綱外審制」，以外審來突顯產業界的結合（郭敏政，2013b），用以彰顯產業為主體的課程設計，課程大綱作為中介產業界參與的媒介，一方面讓課程內容貼近產業，一方面也是要獲得產業界的承諾。

科技大學的專題課程通常是典型師徒制案例（陳宗琳，2012）。業界教師通常會參與其中配對，而配對方式通常採用先提案，再依提案屬性來尋找適合指導教師，有時會是業界教師與學校導師雙指導。比如說，學生為了完成特定的任務，教師會組織團隊邀請業界教師參與指導，而指導過程通常從頭到尾徹底執行而非表面帶領其中一個環節，不同專業教師通常帶上四到五個學生，如此配對的師徒關係，通常也較能符合各自的需求。

三　承諾型業師：產業接軌的合作

　　承諾型業師強調課程與就業接軌，如「第二期技職教育再造計畫」中教育部推出產業學院計畫鼓勵學校與合作廠商共同開課並提供三到六個月的實習，客製化培育產業所需人才，並承諾留用八成實習生為員工，如此能獲接續補助資格。

　　以雲林科技大學為例，正新橡膠工業股份有限公司於斗六廠建廠初期，獲雲科大許多協助進而促成「瑪吉斯學院」成立，委託辦理員工教育訓練，培養公司內部管理人才，其學院運作模式分為兩部分（雲林科技大學管理學院，2013）：一部分是對內大學部學生設計學分學程，以企業文化、創新及產業實務為必修，再根據興趣修習「管理、設計與技術」三種創新能力；另一部分是為正新辦理員工教育訓練和諮詢輔導。

　　雲林科技大學推動產業學程人才培育大致上分為「業師授課、專題製作、企業實習與就業媒合」四個階段（龐凱駿，2013）：業界授課階段讓業界代表「崁入」課程內授課；專題製作階段，由業者給予產業議題，學生依此進行專題製作並對外參加競賽；企業實習階段則是統合在校習得的管理、產業、科技等知識，藉由企業實習力求與產業聯結與學以致用；就業媒合階段則強調實務選才，落實「產業一條龍」概念。另一個案例則是臺北科技大學模仿瑞士學徒制度與生產藥物輸送系統的廠商瑞健集團（SHL）建立合作計畫，主要目的是培養「高級技術人員」，其協同教學的模式則為「校內學習、校外實習」雙軌並行（高福曼，2012）：從高職端就在臺灣以機械加工及模具製造為主的木柵高工遴選出15名學生，然後再進入臺北科技大學與教師學習相關專業知識和理論外，並同時安排進入公司內接受業師的現場實務訓練。

　　產業關心的能力訓練，會根據其規模與複雜性的任何程序挑戰教師固有的教學和學習過程。O'Neil和Lamn（2000）將這種以工作為主的行動學習視為組織「學習教練團」。產業業師與教師間彼此必須信任、理解、欣賞彼此的觀點與優勢才能攜手共進，設計出符合共同利益的教學程序。據此，承諾型業師須參與組成學習教練團的組織化過

程，共議、設計並帶領學習者形成技能培養與決策知識，讓每個學習教練都能幫助學習者相互學習。

四 相親型業師：第三團體中介

實務導向課程通常又分為能力型與職業群型兩種設計模式，能力本位課程的發展模式通常取決於工作內容的描述、任務與行為目標，而職業群概念發展模式則有別於傳統能力本位取向，強調該職業群的共同要素而非特定職業或工作內容，強調對任務先備知識、技術與職業資格的理解（劉金山，2010）。據此，前者較強調單一產業內部任務，後者則較能適應變動的跨領域或合作型任務產業，如文化創意產業相親型業師通常透過第三團體或中介者介紹而形成的協同教學關係。在此隱喻下，課堂通常企圖嘗試跨領域與任務合作的「搭橋」中心，基本處理問題是如何讓教學實務善用「連接」既存的社會文化組織。Mayer（1996）從認知心理學的角度來看，此類實務課程並非「過程性資訊」，意即學習者的心靈不只是透過輸入資訊、儲存與輸出的，而是要習得「建構性的知識」，意即主動選擇、蒐集、組織與整合隨之而來與既存的知識。此類實務課程教師尋求相親型業師，多半在設計與發展課程時，其主要目的是刺激教學創新的轉換。

以美和科技大學文化事業發展系開設的「新聞編採」為例，教師嘗試拋開傳統大眾傳播模式的新聞編採教學，冀求在課堂中發展非營利組織為主體之新聞編採的建構性知識，因此透過社會工作系與老人服務系的教師中介，邀請屏東老人服務工作者、社區工作者等非營利組織成員做為業師群，透過工作坊的合作模式與課堂學生相互交流與討論，讓學生採訪非營利組織業師後，綜合既往新聞編採的知識，發展出此堂課的實務知識，再讓學生將其所建構的知識轉化為幫助非營利組織的服務與行動（鄧宗聖，2012）。相親型的非營利組織業師在新聞編採實務課程中，是幫助學生成為媒體製作的助人者，為社區或非營利組織規劃發展系列使用「媒體」並且製作新聞的課程，發展合作學習的跨領域探索。

此類合作學習（co-learning）拒絕教與學是專家講授、學生接受

的型態，反而是強調以社區爲基礎，下而上的自主建構歷程（Curry & Cunningham, 2000）。第三團體中介業師參與並非與課堂毫無關聯，較爲理想的設計是由下而上地讓學生與之互動，並發展出實務上可行動與服務的個案。在上述教學中最難打破的是既有的教學框架，不過透過第三團體或中介協助建立的協同教學關係，在活化的教學設計下，有時能超越教導實務技術，而是讓學習者透過教學（課堂中發展幫助非營利組織與社區自製新聞的服務行動），去認知、學習建構處理新聞的陳述性或程序性的知識，透過第三團體與中介者的聯結，活化師生與業師互動的其他可能性。

五 村落型業師：職業群跨界合作

村落型業師是另一種跨領域活化課程的業師型態，業師多來自「生活場域」而非固定、單一產業，多是以活化教學爲主軸進行教學設計與成果的變化，以形塑多樣化教學活動，增強認知外的情意與創意的連結，比相親型業師更深化互動與場域連接的關係。

通常教師會尋求自身教學專長之外的業師，選擇用跨領域合作方式尋求創造另一種可能性。舉例來說，南開科技大學位居南投縣草屯鎮，其數位生活創意系的教師群及課程多爲資訊、通訊與互動多媒體技術訓練爲主，但其課程試圖以「智慧生活科技」融入「在地文創」爲發想，善用其地理位置周遭旁國家級的臺灣工藝研究發展中心資源，聯結相關教學發想與社區業師。於是，在其通訊類科技類課程中，如APP、QR-Code程式設計等，把修課學生帶入社區中向學習「押花技藝」的業師與「竹編技藝」的工藝類業師學習，帶領學生嘗試讓學生設計科技作品時，還能跟業師一起合作創造出新的產品創意，如用真花排版製作出AR MARK，透過手機感應後則可將卡片數位化於平板或智慧型裝置上（圖1）；或以南投縣竹山鎮早期盛產竹子的地方特色，找當地工藝教師傅教授竹編工藝，學生透過竹編製作QR-CODE，把數位印刷轉成慢工細活的編織品後仍具有科技性（馮盈捷，2013），學生課後的作品發展上也就學習到類似模式，像是親訪鹿谷鄉初鄉村的農業文化，將

在地耆老與長輩視爲村落業師，探訪並攝影留下村內古蹟、廟宇、古宅、景點、生態的圖文，爲社區設計一套「社區導覽APP」（蕭盟鋼，2013）。

圖1　押花技藝業師與科技教師共同帶領學生製作AR Mark的數位虛擬卡片
資料來源：林正敏老師提供。

　　另一個案是由於彰化社頭織襪產業外銷市場受到衝擊，織襪業人力斷層嚴重，而建國科大師生組成「襪哈哈工作坊」，透過實際與襪子觀光工廠與社頭織襪產業發展協會業師合作，讓學生參與並採訪實際製作襪子的過程，以多樣化的方式書寫並行銷社頭在地廠商的織襪人故事（客家新聞雜誌，2012）：像是學生製作繪本必先蒐集資料、實際拜訪廠商，盡力瞭解做襪子的過程並轉化成產業故事。繪本故事寫完後，師生會到各個國小去講寫出來的故事，然後試圖去連接社頭火車站附近的景點、幫助傳統產業轉化成觀光產業，透過協同教學型的產學力量打造「織襪觀光城」，並規劃未來產學合作模式激發出新火花。

　　上述案例可見科技類大學生接受押花師的指導而生產出押花AR卡的創意作品，而與竹編工藝師的結合也能創造出竹編QR-Code類結合地方產業與科技使用的複合式作品。總體來說，大學教師與業師之間多元差異的互補性而非同一性，彼此創意合作的多元性而非爲就業準備的單

一性。科技大學選擇村落型業師時，不僅需要瞭解其場域特色，並需勇於嘗試跨領域整合，如此業師與教師之間合作的課程會激盪出不同的火花與樣貌。同質性的村落型業師可以帶來傳承式的學習範圍，而跨界合作則能發展出創新能量，強調不同領域或特質的融合、交疊與轉向，這些創新合作的教學方式在任何實務導向的課程中，如烹飪、建築與日常用品設計都大放異彩，各種看似在舊行業的業師或產品功能應早被淘汰，但在原本用途外因教學創新而提供新的可能性與附加價值。

肆　小結

　　「業界協同教學」是一組教學團隊，比傳統的單一教師課程需要不同的準備，特別是關於教學團隊的組成，真誠的溝通與長期互動可以幫助教師幫助業師與教師之間的合作以及教學策略的發展。無論是哪一種類型的合作關係，課程與教學的規劃會議，允許教師熟悉與合作夥伴的特質，幫助課堂能展現真正團隊的努力。儘管，達到共識可能需大量時間和妥協，但如此努力的結果將會為業界協同教學的智慧做經驗累積。

　　教師參與協同教學能鼓勵「走出自己的概念盒子」，更新原有的教學經驗。合作中不僅將提高磨練自己的教學技能與教學法，在團隊合作中還能發展相關研究寫作（Leavitt, 2006）。無論是強調交流的大家庭業師，還是強調產業接軌的共同監護與承諾型業師，或是強調創新聯結的相親型或村落型業師，其存在目的皆是在活化學習的「互動感」，並且整合不同深度或廣度的學科和科目。固然這種如旋轉門般的教師交換可能會讓自我整合與統整較慢的學生感到困擾，但同時也提供機會讓學生多接觸到同一主題的多面向觀點，並保持學生多元興趣和從事各方面活動的機會，這是業師協同教學的優勢。

　　此外，業界協同教學讓學生有機會將觀察的智力層次拉高，特別是專業間面臨實務上提供不同意見時，實務教師與專家討論與合議過程，可以帶領學生學習不同意見並不表示敵意，而是在實務情境上從業師與教師討論並解決問題的以身示範中學習合作，以及學習如何通過不

同的角度獲得實用知識。特別是在跨學科的合作時，能鼓勵學生運用所學做創新的應用。

　　總體來看，業師協同教學的核心理念不應僅是「就業接軌」，反映當代職業的文化流變與傳承，更應朝向跨領域合作的「創意革新」，發揮科技大學本身發展智慧生活的人文角色。

　　本文爲教育部資訊及科技教育司「智慧生活跨領域基礎課程與服務學習課程推廣計畫—敘事基礎」補助課程創新研究之部分成果。感謝教育部補助資料蒐集費用，以及智活文創聯盟交通大學林崇偉教授、開南科技大學林正敏教授協助個案資料建構，最後要感謝兩位匿名評審給予本文建議幫助。

參考文獻

一、中文部分

丁鋼（2003）。同儕互助：教學創新的內在動力。課程與教學，**6**(2)，1-10。

王如哲、陳欣華（2010）。走出臺灣看教育—瑞士篇。臺灣教育，**662**，18-31。

吳清山、林天祐（2002）。認知學徒制。教育研究月刊，**99**，148。

吳清山、簡惠閔（2008）。臺灣高等技職教育改革分析：1996~2007年。教育研究月刊，**167**，47-67。

吳淑媛（2013）。101學年度技專校院評鑑結果之觀察。評鑑雙月刊，**44**，54-55。

李平（譯）（1997）。Thomas Armstrong著。經營多元智慧（Multiple Intelligences in the classroom）。臺北：遠流。

李建興（2013）。技職教育與產業接軌。臺灣教育，679，18-20。

周淑卿（2005）。論教學文化更新爲學校課程革新之基礎。課程與教學，**8**(3)，15-25。

林生傳（1998）。建構主義的教學評析。課程與教學，**1**(3)，1-14。

林啟瑞（2011）。淺談技職教育研究所課程實務改善與教學。技術及職業教育，

1(3)，15-18。

客家新聞雜誌（2012）。【大學生的襪哈哈革命】。客家電視臺，2012年7月16日。取自http://www.youtube.com/watch?v=ZkoUajLQ-rg。

洪久賢、林琳、陳立真（2009）。廚藝創造力課程設計與發展之研究。課程與教學，12(4)，169-190。

高博銓（2003）。知識經濟與教學革新。課程與教學，6(2)，49-68。

高福曼（2012）。瑞健集團與臺北科技大學簽訂雙向合作備忘錄，瑞士學徒計劃正式上路。新聞中心，2012年8月30日。取自http://www.shl-group.com/zh/news/302-shl-swiss-apprentice-program.html。

張原彰（2011）。技專校院產學雙師制度實施模式與成效。技術及職業教育，1(3)，80-84。

曹翠英（2007）。論臺灣技職學校的發展前景。學校行政，52，79-89。

郭敏政（2013a）。技職再造9大執行策略。高教技職簡訊，78，2013年6月7日。取自http://www.news.high.edu.tw/pages_d.php?fn=news2&id=334。

郭敏政（2013b）。學習就業無縫接軌。高教技職簡訊，76，2013年4月12日。取自http://www.news.high.edu.tw/pages_d.php?fn=thenews&id=341。

郭添財（2013）。當前高職教育的挑戰與對策。臺灣教育，680，32-34。

陳玄愷（2011）。贏向「產學─實習─就業」三合一技職院校的服務策略。品質月刊，47(4)，15-20。

陳宗琳（2012）。以倫理提升傳承效能。Talent雜誌，2012年6月6日。取自http://talent.tsvtc.gov.tw/inside.php?index_id=318。

陳明印（2009）。聚焦產學合作提高技職學生就業力。評鑑，18，1-3。

陳麗玉、呂俊毅、李隆盛（2010）。大學校院實施教師傳習制度的現況與問題。高等教育，5(1)，37-67。

雲林科技大學管理學院（2013）。瑪吉斯學程簡介。整合型學程，2013年9月22日。取自http://www.cm.yuntech.edu.tw/department/index.html。

馮盈捷（2013）。【智活星期二】林政敏：「拈花惹草。玩竹編。談數位創意」。泛科學，2013年8月17日。取自http://pansci.tw/archives/47502。

黃永和（2008）。「實務社群」在教學專業發展的應用。國民教育，48(4)，50-59。

楊國賜（2011）。前瞻教育、永續發展。臺灣教育，667，2-3。

詹惠雪（2005）。我國大學課程自主的沿革與發展：以共同課程為例。課程與教學，8(4)，131-142。

劉金山（2010）。技職教育實務課程與人才培育。技術及職業教育，1(3)，9-14。

劉聰仁（2010）。高雄餐旅學院經驗分享。教育部產學合作資訊網，2010年6月25
　　日。取自http://www.iaci.nkfust.edu.tw/Industry/CP.aspx?s=16&n=31。

鄧宗聖（2012）。「跨界創文」教室共創課程的小革命與未來想像。文化創意集刊，
　　1，19-38。

鄭如雯（2009）。芬蘭與臺灣高職教育之比較。學校行政，**59**，216-232。

鄭淵全（2005）。課程發展與教學創新。臺北：五南。

鄭暖萍（2010）。科技大學實施雙師制度之個案研究。國立臺北科技大學技術及職業
　　教育研究所碩士論文。

蕭盟鋼（2013）。從『心』定位，幸福『心』導覽（編號0059）。N個理由到農村，
　　2013年9月15日。取自http://bwsurvey.businessweekly.com.tw/。

龐凱駿（2013）。產學結合創新 再造典範新價值。**Talent**雜誌，2013年6月24日。取
　　自http://talent.tsvtc.gov.tw/inside.php?index_id=539。

二、外文部分

Buckley, F. B. (1999). *Team teaching: What, why, and how?*. Thousand Oaks, CA.: Sage.

Caldwell, B. J. & Carter, E. M. A. (1993). Transforming the workplace. In B. J. Caldwell
　　& E. M. A. Carter (Eds.), *The return of the mentor: Strategies for workplace learning*
　　(pp.205-220). London, UK: Falmer Press.

Conderman, G., & McCarty, B. (2003). Shared insights from university co-teaching.
　　Academic Exchange Quarterly, 7(4) 1-7.

Cook, L. & Friend, M. (1995). Co-Teaching: Guidelines for creating effective practices.
　　Focus on Exceptional Children, 28(3) , 1-16.

Curry, R. M. & Cunningham, P. (2000). Co-Learning in the community. In M. J. Eisen &
　　E. J. Tisdell (Eds.), *Team Teaching and Learning in Adult Education* (pp.73-82). San
　　Francisco, CA: Jossey-Bass.

Davis, J. R. (1995). *Interdisciplinary courses and team-teaching: New arrangements for
　　learning*. Phoenix, AZ: American Council on Education, Oryx Press.

Eisen, M. J & Tisdell, E. J. (2002.). Team teaching: The learning side of the teaching-
　　learning equation. *Essays on Teaching Excellence, 14*(7) , retrieved from: http://
　　podnetwork.org/content/uploads/V14-N7-Eisen_Tisdell.pdf

Eisen, M. J. (2000). The many faces of team teaching and learning: An Overview. In M. J.
　　Eisen & E. J. Tisdell (Eds.), *Team Teaching and Learning in Adult Education* (pp.5-14).
　　San Francisco, CA: Jossey-Bass.

Leavitt, M. C. (2006). Team teaching: Benefits and challenges. *Speaking of Teaching, 16*(1), 1-3.

Mayer, R. E. (1996). Learners as information processors: Legacies and limitation of educational psychology's second metaphor. *Educational Psychologist, 31* (3/4), 151-161.

McDaniel, E. A., & Colarulli, G. (1997). Collaborative teaching in the face of productivity concerns: the dispersed team model. *Innovative Higher Education, 22*,19-36.

O'Neil, J. & Lamn, S. L. (2000). Working as a learning coach team in action learning. In M. J. Eisen & E. J. Tisdell (Eds.), *Team Teaching and Learning in Adult Education* (pp.43-52). San Francisco, CA: Jossey-Bass.

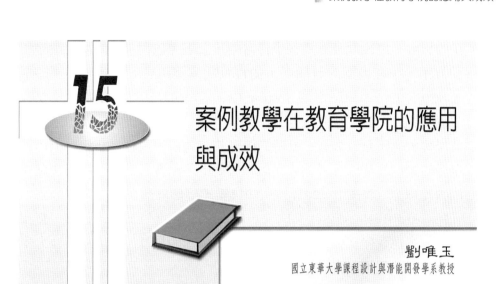

15 案例教學在教育學院的應用與成效

劉唯玉
國立東華大學課程設計與潛能開發學系教授

　　教育學院向來不缺教育理想圖像，但缺乏落實方法。2008年花蓮教育大學與東華大學合校後，吳家瑩院長思索：「無論哈佛商學院或法學院，為培育高素質的專業工作者，各學科皆儘量採用案例進行教學，讓學生在反覆問答論辯中，逐步培養分析、歸納、應用的能力。」由於教師也是專業工作者，那麼大學教育學院也應培育職前教師高層次的心智，才算稱職。本文首先說明案例教學的緣起與演變；其次，論述案例教學應用在美國教育學院的三個因素；再次，以臺灣東華大學花師教育學院為例，說明案例教學在教育學院的發展情形；最後，以研究者應用案例教學在教學原理課程為例，說明案例教學其成效與挑戰。

壹、案例教學的緣起與演變

　　1870年，哈佛法學院的首位院長Langdell 決意以其獨創的案例教學法做為革新法學領域的教學法，要求學生閱讀及分析法庭案例及法院

判決的見解，然後置身於這些事件當中，去思考他們自己的解決策略和行動方案，並在老師的質問下，從複雜的案例內容，分析出案例的事實，及隱含的法律原理原則（Vande Kemp, 1980）。1890年哈佛法學院師生到其他法學院任教，使其他法學院也應用案例教學。1908年，哈佛商學院研究所正式成立，當時的院長決定將法學院行之有年，但仍備受爭議的案例教學法正式納入其教學體系中，承襲其批判思考與決策導向的教學理念（吳家瑩，2011）。1911年，哈佛商學院建立案例服務中心（Harvard Business School Case Service），進行案例的建立、交流與推展。案例教學法從此在哈佛大學紮下穩固的根基，並成為其他大學院校實施案例教學的借鏡（Merseth, 1996）。

1985年，Lee Shulman時任美國教育研究協會主席，在美國教育研究協會年會發表演說，基於他對於教師陳述性知識及其表徵的研究，呼籲師資培育者使用案例與案例教學進行師資培育。同年，史丹福大學的師資培育計畫（Stanford Teacher Education Program, STEP）將案例教學法引進教育界，成為師資培育領域中的案例教學先驅。取法哈佛大學的成功案例，STEP小組將案例教學法納入師資培育既有的課程架構中，並以學期報告的形式來養成職前教師的批判思考能力。引進初期，這個方法被稱為「案例調查教學法」（Case Investigation Method），授課教師要求師資生找出案例中隱藏的問題、自行搜集並分析相關資料，最後遞交期末報告（Merseth, 1996）。

1986年，卡耐基教育與經濟論壇（the Camegie Forum on Education and the Economy）提出教學作為一個專業的任務小組報告（a report of the Task Force on Teaching as a Profession），明確提出師資培育應當使用案例教學培養高素質的教師。大約在同時期，Judith Shulman與 Joel Clobert 在遠西教育研究與發展實驗室（Far West Regional Laboratory for Educational Research and Development）使用本於案例的教學方法進行在職教師的進修課程。並在1989年與卡耐基建立的美國高等教育協會（American Association for Higher Education）共同舉辦工作會議（working conference）來探討案例教學的可能發展。隨後，美國師資培育學院協會（American Association of Colleges for

Teacher Education, AACTE）與美國教育研究協會（AERA）分別透
過年會主題與開設「案例教學特別興趣小組」（Case Method Special
Interest Group）的方式鼓勵教育學者使用並探討案例教學（Merseth,
1996）。

　　1990年後，案例教學的期刊主題、書籍、工作坊等相繼出現。
除此之外，教育領域的案例教學也與1984年成立的案例教學研究
與應用世界協會（World Association for Case Method Research and
Application）相互輝映。WACRA年會探討案例與案例教學如何應用
在廣泛的學科領域，包括：法學教育、醫學教育、企管教育、師資培
育、公共行政、社會工作、臨床心理學、建築、政治、新聞藝術、工
程、農業等（Laboskey, 1992; Merseth, 1996）。

貳　案例教學應用在美國教育學院

　　案例教學應用在美國教育學院是由於三種因素的刺激，從而加速
案例作為一種師資培育方法的興趣。第一個因素是教師知識本質由理
性主義的看法轉變為建構取向。因此，建構取向的師資培育、教師認
知、教師知識與教學本質提供一個以案例教學進行師資培育的友善環
境。第二個因素是學者發現案例在教育領域並不是一個新的教學法，師
資培育課程早已使用案例教材，這個發現促使教育領域學者接受案例教
學。第三個因素是1990年代民眾對美國學校革新與師資培育改革的高
度期待，建議師資培育課程使用包括案例教學法等的其他教學法進行師
資培育革新（Merseth, 1996）。說明如下：

一　教師知識的本質是陳述性知識

　　教師知識的本質是建構取向所主張之情境特定的陳述性知識或是理
性主義所主張之放諸四海而皆準的原理原則？有些學者主張（Brophy &
Good, 1986; Gage, 1978）教師可經由應用適當的原則或理論找到「正確
答案」。因此，教師的工作即在決定並應用一個適當的原則或理論在特

定情境中。另一些學者則主張（Calderhead, 1987; Clark & Peterson, 1986; Clark & Yinger, 1977）專家教師（expert teacher）並不是運用一套原則或理論，而是在領域特定情境中經由他們的經驗建構知識。因此，教師的知識是情境特定並持續演化的。教師的行動是歸納眾多的經驗，而非演繹理論原則。Merseth（1996）綜合上述兩者說法，指出專家教師在進行教學時應是根據他們的理論與實務經驗，有一些原則的確存在，並且與教師的工作有關。然而，這些原則無法引導教師的所有教學行為。因此，Shulman（1992）指出，學習也許更是情境特定而非抽象的原理原則。因此，以具有情境特定與地域性的案例承載事實、概念與原則，而將其作為教材，不但不是問題，甚至可能是更適合的學習媒介。Hutchings（1993）也指出，以案例及案例為基礎的教學不僅能呈現理論知識，且能提供職前或在職教師運用決策能力與分析能力的機會。亦即，案例及案例教學能提供教師所需的知識內容與運用知識的方法（Merseth, 1996）。

二　師資培育歷史包含案例教學

Doyle（1990）指出1964年就有案例教材，紐澤西州立教育學院在1920年代曾使用案例教材。1924年，哈佛教育學院院長Henry W. Holmes 看到法學院與商學院成功的使用案例教學進行專業培育，嘗試鼓勵教育學院同仁使用案例教學，他在一封給院內同仁的信中提到說：「也許商學院或法學院的問題與教育問題不同，但可運用相同的原則去培育學生的專業」（Merseth, 1996）。1990年代，教育領域對案例教學有興趣的許多學者（Merseth, 1991; Wassermann, 1993; Kennedy, 1990）更紛紛借鏡商學院與法學院，試圖找出案例教學與教育領域的雷同之處。他們發現商學院、法學院與教育學院相同，都需培育處理弱結構知識（ill-structured knowledge）現場的專業人士。案例教學能呈現複雜的真實情境，並在案例討論中，讓學生彼此問答論辯，培養其分析、歸納與應用原理原則的能力。案例教學有解決理論與實務差距的潛力，能培養高素質的專業工作者（Merseth, 1996）。

三　美國學校革新與師資培育改革對案例教學的支持

　　無論是美國1983年公布的「危機中的國家」或是1986年卡耐基發表的「準備中的國家」，都不約而同的指出師資培育改革的必要性與迫切性。師資培育的教材與方法得到了美國大眾的關切與重視，加上霍姆斯小組（1990）、美國師資培育學院協會（AACTE）與師資培育者協會（Association of Teacher Educators）也發行對師資培育改革具影響力的報告與建議。傳統重視理論與科學知識過於實際的、情境性知識的師資培育方式受到來自民意代表、教育官員與家長的批評；反之，使用案例與案例教學為改革方法之一，進行教育學院師資培育教材與教學改革則得到他們的普遍支持（Merseth, 1996）。

參　案例教學應用在臺灣花師教育學院

　　臺灣東華大學花師教育學院第一任院長吳家瑩教授於1978年到花蓮師範專科學校任教，六、七年後，一個現象常困擾他，也引起他的關注，那就是畢業同學的抱怨聲：「學那麼多的教育理論與觀念，但對實際的教學似乎沒有多少幫助？」從此以後「教育理論與教育實際落差」便成為吳家瑩的問題意識。2008年花蓮教育大學與東華大學合校後，吳家瑩院長思索：「無論哈佛商學院或法學院，為培育高素質的專業工作者，各學科皆儘量採用案例進行教學，讓學生在反覆問答論辯中，逐步培養分析、歸納、應用的能力。」由於教師也是專業工作者，那麼高校教育學院也應培育職前教師高層次的心智，才算稱職（吳家瑩，2011）。

　　教育學院與商學院、法學院及醫學院在性質上同屬專業學院，吳家瑩曾在1987年花蓮師專改制為花蓮師範學院時提出「案例教學作為師範院校教育科目教學革新的看法」；2005年花蓮師範學院於改制為國立花蓮教育大學，再度提出「教育學程科目教學改進計畫-實施以學生參與為中心之案例教學法」，但兩次都無法得到天時、地利與人和的三方面配合，所以無疾而終。2008年花蓮教育大學與東華大學合校，

成為新東華大學，擔任第一任院長的吳家瑩開始思考：教育學院應如何回應合校之新形勢？思考後得到的結論是：花師教育學院存在的大學，已從過去較強調教學的場域，轉換為較強調研究的場域；並且，也從過去以培育師資為主的單元情境，轉換以培育各類專業人才為主之多元情境，因此教育學院必須重新定位。於是花師教育學院從研究、教學及服務三方面，建構轉型的新方向，並經院務會議通過。在教學方面推動案例教學法，使學生從「聽講學理、形成知識」之學習取向，轉換為「討論實例、建構智慧」之學習取向，以激發學生的智能及高層次思考能力（吳家瑩，2011）。

　　吳家瑩在2008至2011年的三年院長任期內，透過四個計畫的執行，推動花師教育學院的案例教學。首先是2008年的「個案教學法與教師專業發展」實施計畫；其次是2009年的「優質師資培育轉型計畫」；再次則是2010年的「師資培育課程實施案例教學之行動研究」及「雲端通識教育典範課程與案例教學模式發展計畫」。三年下來，初步的成果是：1.有一群花師教育學院與通識教育教師願意實行並試驗案例教學法。2.有十幾個科目發展出案例及教學手冊。3.有幾位教師持續試驗案例教學法之教學流程，以找出適合各科之教學模式。4.有三間有品質的案例教室可作為教學實施場所（吳家瑩，2011）。

　　與此同時，2008至2012年擔任師資培育中心主任的劉唯玉教授也與吳家瑩院長合作，於2011年5月28日舉辦第一屆「案例教學學術研討會」，此為臺灣第一個以案例教學為主題的學術研討會，該研討會廣邀臺灣教育領域進行案例教學研究的學者進行主題演講與研究發表，花師教育學院亦有多位教授在本研討會發表案例教材與案例教學實驗成果；會後並出版臺灣第一本專書「案例教學與師資培育」（國立東華大學師資培育中心，2011）。同年6月29日至7月2日臺灣東華大學花師教育學院受邀至福建師範大學教育學院進行案例教學工作坊，將案例教學推廣至中國大陸。2012年5月19日舉辦第二屆「師資培育與案例教學兩岸學術研討會」，並出版第二本專書《案例教學與師資培育II》（國立東華大學師資培育中心，2012）。2012年的研討會邀稿對象除了花師教育學院與臺灣學者，亦擴展到大陸福建師範大學與北京教育大學。至

此,案例教學已成為臺灣東華大學花師教育學院教學與研究的重要特色之一,更是臺灣與大陸二地,教育領域案例教學之重要基地(張德勝,2012)。

 案例教學應用在教學原理課程的成效

案例教學是一種以案例為教材,進行討論的教學方法。本教學法有兩個核心,第一個核心是案例教材,通常是一篇詳述真實事件的敘述文,目的在使讀者能根據這些資料與內容進行分析,應用相關的概念或理論,進行思考與討論,並提出合適的解決方案。資料、情境、人物描述詳盡的真實案例價值最高,因為它提供了模擬的機會,能協助人們瞭解及處理他們將來在工作上或其他場合中可能碰到的情況。案例教學法的第二個核心是討論。團體成員針對案例的情境與可能的解決方案進行意見交換,甚至互相辯駁,通常老師會準備一些問題作為討論的基礎,但教師不會是唯一的發問者,學生也不見得是唯一的學習者(王麗雲,1999)。

研究者歸納多位學者(Wassermann, 1993;王麗雲,1999;高熏芳,2002;張民杰,2004;林育瑋,2007;趙平宜,2009;)的研究發現,師資培育機構實施案例教學的成效與哈佛大學商學院之案例教學大致相符。案例教學有以下的教學成效:1.學生有較高度的學習動機,包括學生較樂意蒐集資料,以便對於研究問題有更深度的瞭解;學生比較主動等。2.學生發展較佳的思考習慣,無法滿足於應用簡單的解決方式處理複雜的問題,包括學生較能用多元統整的觀點來觀察教室的複雜性,也較能容忍、包含並面對事物的不確定性。3.案例教學能統整理論知識與實務知識。案例內容蘊涵專業理論知識,以及這種專業知識在教學情境中的運用情形,可以讓學生進行理論與實務的辯證。4.學生轉變為問題解決者,而非只是課業學習者,包括協助師資生獲得情境知識;培養學生問題分析、解決及獨立思考的能力。5.學生較能發展自我概念、建構個人的教學信念與價值,以引導自己的教育抉擇。6.學生較能提升溝通能力與傾聽能力,也較能欣賞別人不同的意見。7.案例教學的教學者

（師資培育者）也獲得個人的獎賞，如：教學目標的達成、教學方法的改進、學生學習熱忱的感染等。

　　基於上述，研究者對於學生在接受案例教學後是否能達到：1.有較高的學習動機。2.能連結理論與實務，發展問題解決能力。3.能用多元統整的觀點來思考等特別好奇，因此在研究者在所任教的「教學原理」課程中應用案例教學法並研究其對學生的影響。教學原理第一堂課即進行讓學生適應案例教學的相關措施，包括向學生介紹案例教學的進行方法、案例教學法的優點、價值與挑戰、教學者的期望與評量方式等。其後的課程若有適當時機也會再三強調上述說明。在促進有效的學習小組部分，研究者的作法是在每次的案例教學後，會以回饋單的方式，請學生回答研究者所提出的四個問題，包括：1.今天小組運作的情形如何？2.你們運用了什麼方式來確保有效率的討論？3.討論有無偏離主題？4.對於改善下一次的討論情況有什麼建議嗎？

　　案例教學前研究者瞭解學生背景，熟讀案例，瞭解案例中的關鍵議題，並事先準備適當的問題；估計安排課堂討論活動時間、規劃環境，便於團體討論、並計畫適合的後續活動。此外，也要求學生要熟讀案例，並且事先回答案例問題於東華e學苑。

　　課堂進行時，研究者掌握案例討論的團體歷程動力，以尊重每位學生的發言，包容不同的意見與想法，鼓勵學生踴躍參與討論等原則建立信賴與課堂討論風格。案例教學的進行是先以20分鐘進行異質性小組討論，之後請學生決定其立場，再以20分鐘進行同質性小組討論，最後50分鐘進行全班討論。不論是分組討論或是全班討論都要求學生要：1.仔細聆聽每位同學的想法。2.尊重每位同學的想法。3.不要打斷別人的發言。4.包容與自己不同的意見與想法。5.踴躍參與討論。6.當有疑問時就提出問題。7.不要制止他人的言論。8.保持討論的焦點。

　　進行案例教學後，學生的反應如何？是否能達到文獻中相關學者宣稱：1.案例教學在師資培育領域能使師資生有較高的學習動機。2.能連結理論與實務，發展問題解決能力。3.能用多元統整的觀點來思考等能力。研究者以2011年所開之「教學原理」課程為例，35名師資生在上完「老師‧斯卡也答」案例後，回答「你對案例教學法的感覺和看法為

何？」的開放性問題，研究發現呼應文獻主張，分別是：1.案例教學很有趣，師資生的學習動機高；2.有助於師資生瞭解實務，發展問題解決能力；3.案例教學有助於師資生發展多元的思考能力。說明如下：

(一) 上課很有趣，師資生的學習動機高

案例教學法中的案例故事情境，以及每位學生針對案例問題所做之課前預習與參與討論案例，皆為師資生覺得上課有趣，提升其學習動機之因素。在35位師資生中有13位師資生主動提出本看法。詳見如下：

> 我蠻喜歡這樣的教學法，這樣的教學法，讓學生為了能上課討論，做到了課前預習，上課**每個人也都參與到了課程**，我想**全班是沒有人睡著的**。（S2）
> 兩方辯論**十分有趣**，會讓人十分專注在此案例上。（S3）
> **讓上課變得很有趣**，可以表達自己的想法，最後的全班討論很像在辯論。（S9）
> 我很喜歡聽故事並回饋，所以我覺得很棒。（S15）
> 感覺氣氛蠻有趣的，且可以互相分享意見。（S20）
> 很好玩，而且如果有融入案例裡，討論就會很有趣。（S35）
> 討論很有趣。（S4,S9,S13,S14,S16,S22,S24）

(二) 有助於師資生獲得情境知識，發展問題解決能力

研究發現，案例教學以案例作為教材，有助於師資生連結理論與實務，發展問題解決能力。在35位師資生中有5位師資生主動提出本看法。詳見如下：

> 運用一個案例來討論，**會有一個情境**，讓人去思考，之後這件事也比較有印象。（S17）
> 以實例做為教材，較能幫助瞭解情況，也較為生動。（S22）
> 對於這樣的教學法相當新鮮，且能投入立場、身歷其中。

（S23）

可能將來也是會遇到相同的問題，所以用了案例教學，在之後可能會遇到，就可以有很迅速的方法去思考。（S28）

比起全理論的教學和死板板的教科書要來得「實際」和「可行」，畢竟這是個現實生活，用現實案例來討論比較有「真實感」。（S36）

(三) 有助於師資生發展多元統整的思考能力

研究發現，決策型之案例討論要求師資生針對自己的決定提出觀點與證據，有助於師資生瞭解不同人的立場與看法，進而學習由各個角度去看待一件事，有助於師資生發展多元統整的思考能力。在35位師資生中有18位師資生主動提出本看法。詳見如下：

很棒，大家熱絡的說出不同看法，能引起更進一步的思考，讓自己能學習由各個角度去看待一件事。（S4）

我覺得從案例教學法中，可以瞭解到大家對於主題不同的觀點與立場，它能夠和相同的人，進行討論及分享。（S5）

覺得可以知道別人的想法很有趣，因為平常的我們可能只有一種想法，可以上完課後才知道一件事竟然可以從這麼多種不同的角度去看，是很棒的經驗。（S7）

可以從同儕中吸取別人的意見，進而調適自己的看法，由於是彼此討論，感覺比較輕鬆。（S11）

可以透過此方法互相敘述正反觀點。（S13）

很有趣，而且可以集結大家的看法，針對同一份案例，會有很多不同的觀點，是自己沒有想到的，可以找出與自己看法的異同並歸納。（S14）

大家一起討論，可以聽到很多不同的想法，且檢示自己的觀點其立足點夠不夠。（S18）

很特別的經驗，可是雙方的看法還是無法說服對方，不過思考

的層面有更廣。（S21）

有趣、新奇、**可激起思考及判斷的能力**。（S24）

藉由案例，可以清楚分析議題，使我能夠快速看到論點。
（S25）

此種教學法會使我**更去思考**，並可以聽到與自己相同或相異的
意見，可以讓思考更多元化。（S27）

藉由個人的觀點來發表自己對案例的想法，再經過全班的討論
後，來幫助自己對個人想法的重新省思和思考，我覺得很棒，可以
促進我們思考和批判的能力。（S29）

是一種很特別的體驗，在彼此互相闡述自己想法中，**找出其他
自己所沒有想到的另一種思考**。（S30）

和大家討論，交換意見時，感覺很緊張，後來覺得這樣的教學
法可讓我多思考並聆聽到很多人不同的觀點，很不錯！（S31）

我覺得很特別，有時同學們的討論（全班討論）會偏離問題，
但卻可以快速拉回，**透過他人的意見，讓我更深入瞭解內容**，還有
一些我不知道的意見。（S32）

可以和大家分享交流不同方面的想法，讓我可以更加瞭解不同
人的立場與看法，進而檢視自己的立論是否穩當。（S33）

透過案例討論能**更瞭解各方面的想法**，也能從討論中真正去思
考案例，有更深的體會，若少了討論，或許就沒辦法激盪出這麼多
良好的想法。（S34）

很好玩，而且如果有融入案例裡，討論就會很有趣，而且為了
打敗別人的想法，反而**會更努力思考，更瞭解案例**。（S35）

伍 案例教學應用在教學原理課程的挑戰

Wassermann（1993）指出，案例教學的教學者能獲得個人的獎
賞，包括教學目標的達成、教學方法的改進、學生學習熱忱的感染
等。研究者發現案例教學的確能使教師感染學生的學習熱忱，但對大學

教師是有挑戰性的。首先，它的挑戰來自於案例討論需借助上課時學生提出觀點與想法，教學者無法事先知道或控制學生提出的論點，也很難掌握學生與學生的觀點會產生何種交互作用。因此，老師會覺得自己雖已作了教學準備，卻無法掌握上課過程，會有焦慮感。例如，研究者在第一次用案例教學上課前，即感覺：「這種教學，感覺上該準備都準備了，卻對上課會發生什麼事全無把握。」（研究者省思札記，20110530）。

其次，在一定的教學時間內，如何讓師資生既能各自表述各方看法，同時又能聚焦深度論辯也是一大挑戰。要能做到上述理想，使用案例教學的大學教師需要深刻地熟悉案例內容，瞭解案例要探討的主題與相關原理原則，並且要認識每一位學生，知道不同的學生可以扮演何種團體討論角色。在案例教學中，老師不直接講述，她好像是一個樂團的指揮家，不直接吹奏某一個樂器；而是讓學生個個吹奏她／他們的樂器，彼此論辯，互相交融，成為一首好的樂曲。案例教學能真正落實以學生為中心的學習與教學，但也需要師生都全力以赴。研究者在第一次用案例教學下課後，幾乎全身癱瘓，只感覺：「好累！好累！好累！好難！好難！好難！但用這個教學法學生都活了，個個精神抖擻」（研究者省思札記，20110531）。；即使再次使用案例教學，仍發現「案例教學真是太難了！仍舊是沒有聚焦的問題」（研究者省思札記，20111117）。

陸 案例教學應用在教學原理課程尚待克服的議題

除了上述研究結果，研究者也發現影片案例與書面案例對師資生可能產生不同程度的案例理解，影片案例是否比書面案例更有助於師資生理解案例內容？值得進一步研究。本研究有兩位師資生表示影片案例比書面案例更有助於其理解案例內容。她們表示：

第一次進行這樣的教學法，一開始有點不習慣，經過討論似乎有比較融入文章，但有些感受沒辦法真實體會，用影片可能會好一

些。（S6）

　　光用文字無法充分理解主角內心的轉折和心路歷程，用影片呈現會比較好。（S12）

　　此外，如何設計發言規則才能一方面擴大學生參與發言人數，又讓發言過的學生保持高度的參與動機？亦有待進一步研究。

　　有四位師資生對此表示不同的意見。有師資生贊成不能重覆發言的規定，因為這樣能讓沒發言的同學都有機會發言。「個人喜歡案例教學法的方式，可以延伸至全班一起討論，而其中**不能重複發言，也讓沒發言的同學都有機會發言到**」（S1）。然而，仍無法解決有相同想法的同學可能喪失的發言機會。「能針對文章案例做探討，但是在班級人數**有點多的情況下，會使得有些同學沒辦法發言或其想法與他人相同而喪失了發言的機會**」（S8）。

　　另有二位師資生則不贊成不能重覆發言的規定。他們認為並不是每個人都能或都勇於發言，限制發言會使得有真正想法與意見的人無法暢所欲言，也降低了課堂討論的豐富性。例如S10即表示「感覺還不錯，但**發言人數似乎沒想像中活躍，對於重複發言的人，我想還是需多給機會的，畢竟就真的只有這些人回答**。S13也認為「很有趣。可以透過此方法互相敘述正反觀點，但不一定要限制個人的說話次數，因為有時自己想說的話，由他人來表達時，感覺未必能完全相同。」

柒　結論

　　本文首先說明案例教學的緣起與演變；其次，論述案例教學應用在美國教育學院的三個因素；再次，以臺灣東華大學花師教育學院為例，說明案例教學在教育學院的發展情形；最後，以研究者應用案例教學在教學原理課程為例，說明案例教學其成效與挑戰。研究者發現案例教學應用在教學原理課程中的成效，包括：1.師資生認為案例教學很有趣，學習動機高；2.有助於師資生獲得情境知識，發展問題解決能力；3.有助於師資生發展多元的思考能力。應用案例教學在教學原理課

程的挑戰，包括：1.課前老師即使作了充分的教學準備，仍擔心無法掌握案例討論過程，有較大的授課焦慮感。2.在一定的教學時間內，既要讓師資生能各自表述各方看法，同時又要聚焦深度論辯，考驗教師帶領案例討論的教學專業能力。應用案例教學在教學原理課程尚待克服的議題，包括：1.影片案例是否比書面案例更有助於師資生理解案例內容？影片案例與書面案例如何影響師資生的案例理解，值得進一步研究。2.不同的發言規則如何影響師資生案例討論的發言與課堂參與？亦有待進一步研究。

參 考 文 獻

一、中文部分

王麗雲（1999）。個案教學法之理論與實施。課程與教學季刊，**2**(3)，117-134。

吳家瑩（2011）。我對案例教學的體認及在花師教育學院推動的經過。載於國立東華大學師資培育中心主編，案例教學與師資培育（頁I-V）。花蓮：東華大學。

林育瑋（2007）。幼教教學案例之建立。人類發展與家庭學報，9，1-25。

高熏芳（2002）。師資培育—教學案例的發展與應用策略。臺北：高等教育出版社。

張民杰（2004）。案例教學在「班級經營」課程應用之行動研究。教育研究資訊，12(2)，129-148。

張德勝（2012）。案例教學與師資培育推薦序。載於國立東華大學師資培育中心主編，案例教學與師資培育II（頁I）。花蓮：國立東華大學。

國立東華大學師資培育中心主編（2011）。案例教學與師資培育。花蓮：國立東華大學。

國立東華大學師資培育中心主編（2012）。案例教學與師資培育II。花蓮：國立東華大學。

董秀蘭（2008）。案例教學法在國中階段多元文化教育的應用。中等教育，**59**(2)，6-21。

趙平宜（2009）。教學與學習—從哈佛的個案與參與式學習方法談起。商管科技季刊，**10**(4)，761-769。

二、外文部分

Brophy, J. E., & Good, K L. (1986). Teacher behavior and student achievement. In M. C. Winrock (Ed.), *Handbook of research on teaching* (3rd ed., pp. 328-375). New York, NY: Macmillan.

Calderhead, J. (Ed.). (1987). *Exploring teachers' thinking*. London, UK: Cassel Educational.

Clark, C. M., & Peterson, P. (1986). Teachers' thought processes. In M. C. Winrock (Ed.), *Handbook of research on teaching* (3rd ed., pp. 255-296). New York, NY: Macmillan.

Clark, C. M., & Yinger, R. J. (1977). Research on teacher thinking. *Curriculum Inquiry, 7*(4), 279-304.

Doyle, W. (1990). Case methods in the education of teachers. *Teacher Education Quarterly, 17*(1) , 7-16.

Gage, N. L. (1978). *The scientific basis of the art of teaching*. New York, NY: New York Teachers College Press.

Hutchings, P. (1993). *Using cases to improve college teaching: A guide to more reflective practice*. Washington, DC: American Association for Higher Education.

Kennedy, M. M. (1990). Choosing a goal for professional education. In W. R. Houston (Ed.), *Handbook of research on teacher education* (pp. 813-825). New York, NY: Macmillan.

Laboskey, V. K. (1992). Case investigations: preservice teacher research as an aid to reflection. In J. H. Shulman (Ed.), *Case methods in teacher education* (pp. 175-193). New York, NY: Teachers College Press.

Merseth, K. K. (1991). The early history of case-based instruction: Insights for teacher education today. *Journal of Teacher Education, 42*(4) , 243-249.

Merseth, K. K. (1996). Cases and case methods in teacher education. In J. Sikula, T. J. Buttery, & E. Guyston (Eds.), *Handbook of research on teacher education* (pp. 722-744). New York, NY: Macmillan.

Shulman, L. S. (1992). Toward a pedagogy of cases. In J. H. Shulman (Ed.), *Case methods in teacher education* (pp. 1-30). New York, NY: Teachers College Press.

Vande Kemp, H. (1980). Teaching psychology through the case study method. *Teaching of Psychology*, 7, 38-41.

Wassermann, S. (1993). *Getting down to cases: Learning to teach with case studies*. New York, NY: New York Teachers College Press.

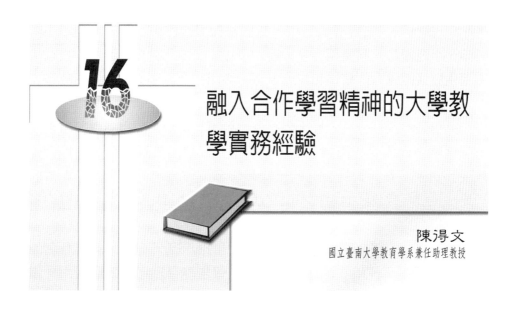

融入合作學習精神的大學教
學實務經驗

陳淂文
國立臺南大學教育學系兼任助理教授

壹 前言

　　大學生應該學什麼？許多大學院校在通識教育課程中，規劃跨領域的學習目標，其中「合作」是相當值得注意的核心概念，實務上包括發展學生合作學習、甚至組織教師團隊以尋求科際合作等，可看出在學習者和教學者之間，合作的技能和態度都受到高度重視。

　　此外，校園內的學術社群和校園外的工作職場，也都肯定團隊合作進行學習和工作的價值。商業高等教育論壇（The Business-Higher Education Forum）指出職場需要的九大能力：領導能力、團隊合作、問題解決、時間管理、自我管理、適應力、分析思考力、全球化意識、及溝通技巧；M. J. Allen分析美國各校通識教育的任務及宗旨，亦發現都包含具有共同要素，例如發展社交及合作技能、發展倫理及價值以及其相關的人際關係和環境關係（黃心怡譯，2010，頁45）。

　　合作學習（cooperative learning）由來已久，許多中小學實務研究顯示，合作學習對於合作態度的培養頗有成效（王金國，2003；李秋芳、

湯維玲，2006）。在高等教育中，也經常採用合作學習型態，例如小組討論、小組報告、團體探究等，但教授往往交由學生自主進行，無暇指導學生發展團隊合作精神和技能，也未必深究合作學習的涵義和教學設計。

　　大學雖然已經分流，且大學課程與教學具有較高的專業性，但現今大學廣納多元入學和國際學生，班級學生族群的異質性和多元性仍應該受到重視。在異質性較高的班級教導專業知識，更需要佐以適當的教學法，這些教學法的嘗試不但有助於學習，也可能使教師在實踐中獲益。

　　合作學習的精神符於全人教育所重視的團隊合作理念，合作學習的技能和原理正可運用在小組討論、小組報告等分組作業的形式中。因此，本文先介紹合作學習的基本概念，繼而提出教學上的實例討論，以供參考。

貳 合作學習的內涵

　　依照目標結構來看，學習型態可分為合作（cooperative learning）、競爭（competitive learning）、個別學習（individualistic learning）三類（Johnson and Johnson, 1999）。個別學習型態中，學生依自己的目標、速率學習，重視自己的努力和成就，與別人無關。競爭學習中，評鑑採常模參照（norm-referenced），追求只有少數人可以獲得的名次，相互抑制。合作學習中，學生有共同目標，一起學習，相互得利。三種學習型態應該視需要而交互採用，但國內教育體系以競爭型態較多；長期以來，往往因為過度競爭，養成互相猜忌、自私自利的人格。

　　然而，社會生活以及企業界觀點中，卻相當重視合作。《Cheers》雜誌的「三千大企業決策者最愛的大學畢業生」調查，即以抗壓性、可塑性與團隊合作等八個項目為指標（Cheer 雜誌，2013）。合作教育應受到更多重視，以下探討其發展背景、理論依據和重要模式。

一　合作學習的發展背景

合作學習的發展可溯自十七世紀末，近代由K. Lewin和 M. Deutsch 等人在團體動力學的研究成果，發現良好的表現和組織生產力，源自合作的互動關係，合作小組的相互依賴，比競爭產生更多互動（湯梓辰，2010）。將團體中個別成員互相影響的關係和領導方式，應用在教室教學中，發展出合作學習的概念。

近代陸續有1960s Johnson & Johnson建立的合作學習中心（cooperative learning center, CLC）、Sharan & Lazarowitz提出的團體探究法（the Group-Investigation Model, GI）、R.E. Slavin提出的小組成就區分法（Student's team achievement divisions, STAD）、以及E. Aronson的拼圖法（Jigsaw）等模式（黃政傑、林佩璇，2008）。

二　合作學習的理論依據

合作學習的理論依據主要來自接觸理論、認知理論—發展理論、動機理論、社會模仿理論等（于富雲，2001；簡妙娟，2000；黃政傑、林佩璇，2008）。

接觸理論著眼於社會互動關係，華特生（G. Watson）研究美國種族間的關係，提出增進種族間人際關係的五個條件是：積極的互賴、平等的地位、維持種族平等主義的社會規範、避免種族間的刻板印象、多接觸其他的人。G. Allport（1979）則指出，在適當情況下，敵對團體的成員，可藉由人際接觸而降低對該團體的負面態度。

接觸理論主張，當互動雙方地位相同、追求共同目標、團體間有合作必要、且背後有社會和制度性支持時，族群接觸將帶來良性關係的發展。為了增進社會次級團體的和諧，應用在教育上，則主張提供學生在學習上互動的情境，不但適用於不同的種族，也適用於不同的年齡、性別、社經地位或能力的學生在一起學習（伊慶春、章英華，2006）。

在認知理論-發展理論中，根據J. Piaget的研究，當個人參與合作時，會產生認知上的衝突，導致認知不平衡現象，此現象會回饋於激發認知的發展，尤其是社會專門知識（social arbitrary knowledge），

如語言、規則、與象徵系統（文字和符號）等，只有在互動中才能習得。個體內在的運思活動與外在的合作有關，在合作歷程中，經過參與討論、認知衝突、思考推理，將有助於發展高層次的認知（于富雲，2001；簡妙娟，2000；黃政傑、林佩璇，2008）。

Vygotsky 的認知發展理論提出「近側發展區」（the zone of proximal development, ZPD）和鷹架（scaffolding）理論，主張生手在與較有能力的他人合作互動之下，能運作內在認知發展，經由合作的學習、理解和解決問題，建構社會認知。Bandura的社會模仿理論則主張：觀察與模仿是人類習得新行為與修正舊行為模式的基本方式之一。合作學習提供社會情境，當小組組員共同學習時，會相互觀察和模仿學習過程，有助於學生由各種學習策略中發展行為模式（于富雲，2001；簡妙娟，2000；黃政傑、林佩璇，2008）。

三　合作學習的模式

合作學習已發展出許多模式，如學生小組成就區分法（STAD）、小組遊戲競賽法（Team Game Tournament, TGT）、拼圖法、團體探究法、小組協力教學法（Team Assisted Instruction or Team Accelerated Instruction, TAI）、協同合作法（Co-op Co-op）、合作統整寫作法（Cooperative integrated reading and composition, CIRC）、共同學習法（Learning Together, LT）、複合學習法（Complex Instruction, CI）等。以下僅介紹與本研究直接相關的三種教學模式。

(一) 小組成就區分法（STAD）

STAD之構成要素為：1.全班授課、2.分組學習：異質分組，學生在小組內互相指導學習精熟、3.實施測驗：每個學生個別小考來評鑑學習成果、4.計算個人進步分數：以個別程度為基礎，分別轉換每個學生進步的積分、5.小組表揚：依據小組成員進步積分的總和進行表揚（王金國，2003；石兆蓮，2006）。

STAD與傳統教學法較為接近，且其構成要素常常出現在其他合作學習模式中，常成為老師初嘗試合作學習的首選，也最常被使用。許

多研究指出，STAD有助於學生認知或學習表現、並能瞭解如何進行合作學習，學生參與會議討論等人際技能亦有進步。在情意方面，則有學習態度正向、上課更認真、增進自信心及同儕友誼等成效（王金國，2003；石兆蓮，2006）。

(二) 拼圖法（Jigsaw）

根據接觸理論，在競爭氣氛下，不同族群的接觸反而會強化緊張。E. Aronson根據社會心理學和接觸理論，以及在德州發展種族整合政策的實務經驗，提出相互依賴（mutual interdependence）作為消除偏見的關鍵，並於1971年據以設計出合作學習的拼圖法（Jigsaw）（危芷芬譯，2011，頁198-201），要求每位組員都成為專家，再回到原小組一起組合個別精熟的部分，共同學習成長。其原理主要在於提供平等的情境，增加學生間相互依賴的程度，以改善各種族間所存在的衝突問題。

R. Slavin 於1986年將 STAD 的測驗方式及小組獎勵融入拼圖法，修改為拼圖法第二代（Jigsaw II）。實施教學時，先進行異質分組，將學生分到原級小組。全班授課後，各原級小組中，負責相同子題的同學集聚，另外形成專家小組，一同討論該子題的內容，精熟後再從專家小組中返回原級小組進行研討。每個學生都要獨立接受學習評鑑，並依STAD評分系統計算進步分數，再對進步較多的小組進行表揚（石兆蓮，2006；簡妙娟，2000）。

(三) 團體學習法（GI）

團體探究法又稱團體調查法（GI），重視探究過程，主張以學生實作經驗取代教師講述教學、以多元評量方式取代單一紙筆測驗，在教學過程中，由教師進行形成性評量，並以多元成果發表活動的方式，評量學生資料整理、口頭報告等綜合能力。

團體調查法重視學生學習的內在動機，主動學習，因此著重於學生的自主性，以學生為主要探究者。首先訂定全班共同研究的大主題，設計多樣的學習任務提供選擇，學生依照興趣分成小組，自主探究，由小

組成員共同進行計畫、協調、評鑑、分析與統整等活動，且必須分工從事資料的蒐集，分析、歸納並參與討論，交換意見，共同完成主題式研究，適用於蒐集、分析、綜合資料以解決相關問題，強調高層次認知能力（石兆蓮，2006；黃政傑、林佩璇，2008；簡妙娟，2000）。

合作學習眾多教學模式中，各有不同特色、適用領域、和情境。例如STAD被認為適用於任何學科，最適合教導目標明確的教材，如數學應用題及科學概念等，以精熟教材為主要目的。GI注重學生主動學習的動機，適用於蒐集、分析、綜合資料以解決相關的學習問題。拼圖法要求每位組員都成為專家，小組共同學習成長，消除彼此的偏見（黃政傑、林佩璇，2008；簡妙娟，2000）。

STAD學習中，往往較偏向由學習成就較佳的同學教導較落後的學生。相較之下，拼圖法中，每位學生均需負擔部分課程內容的精熟，亦需學習有效溝通、教導別人學習，學習負責、以及彼此依賴和信任。

 教學實施之研究發現

本研究以選修課程的大學生為研究對象，分別進行一學期的教學和研究，連續兩學期。研究目的在於瞭解合作學習的教學模式，對於班級氣氛、以及學生之團隊合作精神和理念的影響，透過觀察、小考和心得自述進行資料蒐集，以資料飽和為原則，並結合文獻以及教師自我省思，研究過程以教師和學生二者為主要觀點，綜合分析。

為了使學生熟悉合作學習教學模式，本研究先採取STAD模式，並與學生共同對於教學方式進行討論。因為參與學生來自相關系所，學業成就和能力方面同質性較高，本研究繼而以拼圖法為主要模式。最後進行團體探究法，嘗試在一般的分組報告形式中，透過教師適時引導合作學習精神和技巧，並瞭解學生參與合作學習模式的感受和成效。以下結合教師和學生共同的團體歷程經驗、透過教室觀察、學生反應、和教師反省，進行探討分析。

一 營造合作氣氛，建立民主教室

指導合作技巧的第一步驟，是建立合作環境。接觸理論指出，族群接觸要帶來良性關係的發展，需要在互動雙方地位相同、背後有社會和制度性支持的情況下。因此，合作環境的營造相當重要。

為了讓學生安心融入合作學習的氣氛，教師透過民主參與，建構一個開放尊重的環境。首先，自第一節課教師說明課程大綱之後，就和全班同學共同討論本學期的課程內容和上課方式，並且在師生協調後修訂。進行團體探究法時，教師先決定研究主題，然後開放師生討論，以決定次主題。在自主的合作環境下，各小組不但激盪出教師意想不到的題目，學生對於後續的探究工作也較為積極，課後會主動跟老師聯絡討論。

> 「一開始對合作學習的印象是『大家一起合作完成的教學設計』，但上了課之後我才認知到，合作學習不只是單方面的教學，而是與學生、或教室情境、甚至教學策略所結合而成的不同模式。」──學民（化名，以下亦均為化名）
>
> 「我覺得老師是一位很溫馨、很尊重的老師，不會勉強同學；對於我們每次的報告，老師都很認真聆聽，一邊筆記，最後給我們的提問都能輕易地看出認真的程度。」──雅卉
>
> 「在此有更重要的一點要補充，老師每次要實行某項計畫時，總會問問所有人的意見，異質分組後，只要老師在上課進度內就會撥點時間，讓我們跟組員聯絡感情。」──雅真

採取合作學習的方式，首先教師必須致力於營造一個安全、平等的教室環境，學生才能發展出相互尊重、樂意分享的合作學習精神，而這份感受與傳統教室相當不同。這點與杜威所主張的民主教室概念若干契合（吳俊憲、黃政傑，2008），如何建立民主的教室和校園，值得進一步探究。

二 釐清學生相關正確概念

合作並不只是把學生放在小組內一起學習，必須適當教導，而且整合至課程中才能成功。指導合作技巧的第一個原則即是讓學生瞭解合作技巧的必要性；再清楚界定這些技巧，並確定學生瞭解合作技巧（黃政傑、林佩璇，2008）。

雖然學生在大學生活都有許多小組學習經驗，但經過全班授課和影片觀賞、小組討論，學生對於合作學習的基本概念確有更深的認識，也釐清他們原本的迷思。

「之前對合作學習的印象，停留在只要有學生分組，就叫作合作學習了……並不像想像中簡單，除了有一定的流程之外，還有許多需要注意的地方，是之前沒有想過的。」──雅靈

「從上大學開始，幾乎每堂課的老師都會說要『分組』、『合作學習』，但就我們的認知而言，總是把焦點放在『分組』而已，不是『合作學習』，且組員幾乎都是好朋友，從大一到大三始終是一樣的組合，分完組之後，就是依照報告的內容分配，自己負責自己的部分。」──雅香

「學生必須要能跟別人共同合作，因為現在的社會很少行業沒有接觸到人的！學生如果從小具備合作學習的技能，和不同背景的學生互相切磋，彼此分享、討論，會有不同新觀念，比傳統式的教學有幫助。」──雅娉

三 現場立即可見的改變

雖然合作學習需要長期實施，以達到學生認知、技能、情意等方面的深度改變，但課堂上的經驗和嘗試，也產生一些立即的改變，透過教學方式和教學內容的調整，師生都感受到教室立刻變得不一樣了。

「印象很深的是Jigsaw拼圖法，因為接下來要小考的關係，所

以每一位同學都很認真，也較爲有精神。」——雅箏

　　「當時大家苦思許久，不過沉默久了，總會有人發聲，接著聲音一個一個出來，爲了要向組員說明，加上老師說要考試，整個過程中，有種不知不覺就融入討論的感覺。後來讀到佐藤學的『學習的革命』，感到很不可思議，當中有些例子就像我當時經歷過的一樣，原來這就是合作學習的效果。」——雅珺

　　有機會到國小實際教學的大學生們，在可選擇的彈性範圍內，紛紛很有興趣地試用合作學習教學法，也發現成效相當明顯，甚至原班導師也有所感受。

　　「實際教學時發現，跟傳統講述法比起來，學生課堂反應差很多，學生在合作學習中非常投入，大多數的人都積極參與。我也觀察到小組成員在實驗的過程中，彼此溝通、妥協、傾聽，完成實驗與填寫學習單，而且都掛著笑容。」——雅馨

　　「發現使用STAD來教導自然科是個不錯的方法，讓小組一起作實驗、討論、研究，其實學生都能想出其中的原理，而且班級導師在課堂結束後告訴我們，他發現利用這種方式，學生都很認真參與討論，也很專心作實驗。」——學暉

　　合作學習應用社會心理學等理論，是由學者們所設計的有效的教學法，雖然長期實施效果更爲深廣，但課堂中也有立即可見的效果，例如汪慧玲、沈佳生（2013）研究指出，相較於傳統教學，經過四週的合作學習教學實驗之後，大專學生在學習成效測驗和學習態度的表現，都顯著優於傳統教學。本研究中，學生對於自己任務的負起責任、對於同組組員的相互依賴，以及面對小考，對於自己和組員們有效學習的積極態度等，都令師生同感振奮。

四　異質性分組的困難和效果

　　合作學習的教學模式大多採取異質性分組，使學生能接觸到特質多元的同儕，有利於社會學習和認知發展，並且可以練習人際溝通技能，如同眞實社會環境中，每個人都必須面對各種不同的互動對象。石兆蓮（2006）也發現異質分組中小組成員有機會相互模仿溝通表達方式，有助於社交技巧的提升。

　　在中小學的合作學習異質分組，一般以學業成就爲分組依據，然而，當以合作態度做爲課程的主要情意目標，由於高等教育教師通常沒有很多機會和時間認識同學，又缺乏學生起點行爲的評量資料或相關資訊，使得異質分組有其困難。

　　本研究中，由於異質分組是合作學習相當重要的原則，爲了深入思考異質分組的意義，花了一些時間，師生共同進行相關討論。經過集思廣益和多次討論，最後共同商議以性別和班級做爲分組依據。這個異質分組的過程令學生印象深刻，且都呈現正向反應。

　　　「異質分組剛開始覺得有點麻煩，但後來發現好處是會跟其他同學有更多接觸。同班三年，我們這次的同學都沒有同組過！彼此的專長讓我印象深刻，在組員身上我學到很多。」──雅晴

　　　「我印象深刻的是異質分組，在其他課堂都是自己找組員，同質性極高，可能無法激發出許多火花。」──雅齡

　　　「以前只要分組，我們好朋友群一定同一組，然後一人負責一部分報告內容。一開始我覺得這樣蠻好的，可是後來發現這樣的學習成效很糟，因爲我只知道我負責的那小節，根本不知道其餘章節在說些什麼，但也改變不了這樣的分組模式。」──雅香

　　　「（異質分組）這是需要適應的，就像以後出社會，還會碰到更多出乎意料的人和事，對自己都是挑戰和成長，也是學習相處的過程。」──學暉

　　異質分組因爲小組成員異質性高，爲了適應與不同的同學合作，學

生必須調適自己原本的認知基礎，初期需要彼此熟悉和較多磨合，但在分組合作的過程中，經由深入接觸瞭解之後，學生往往發現看似普通的班級同學中，其實各有獨特的專長和特質，也間接學到彼此尊重。

五　練習人際技巧需要時間和指導

合作學習法主張合作需要引導，與他人合作和討論的技巧，並非天生具備。在課堂上進行小組討論，常發生吵鬧、失序的問題，例如簡妙娟（2000）發現高中學生認為STAD和拼圖法都有「同學討論時容易離題或聊天」以及「上課秩序太亂、討論聲太大」等缺點，李秋芳、湯維玲（2006）也指出教學現場常顯得混亂，秩序難控制。

進行合作學習可先透過不同情境與方法的提供，階段性地教導學生必備的人際互動的技巧，建立觀念與習慣（黃政傑、林佩璇，2008）。指導合作技巧需要安排一個可讓學生重複練習的情境，鼓勵學生精熟這些技巧，並安排足夠的團體歷程時間，讓學生共同討論和反省（蔡永巳，1997）。

以往的教學經驗中，因為上課時間有限，小組報告通常只分配組別和任務，然後就要求學生自己找時間討論和準備，教師只依最後完成的報告進行評量。然而學生可能排不出共同時間討論，到了交作業的期限只好敷衍了事（張子貴，2010），如此一來，教師無法從旁引導學生進行合作學習和團體歷程，以至於經常產生許多弊病，例如有些學生懶散（loafing）、搭便車（free riding）、認為不公平而失去動機等（Johnson & Johnson, 1999）。

其實上課時間固然有限，如何分配還是取決於教師的價值觀。本研究中教師減少以講述法進行全班授課的時間，代之以小組討論合作學習，也挪出時間，讓學生在課堂上以團體探究法討論期末報告。學生專注力、學習興趣、小考成績、和合作態度都比往年的班級更好，而且能體會並認同合作學習的理念和做法。

「身為一個老師，我最害怕的就是學生沒有興趣，如果適當地應用合作學習教學，不僅可以提升學生的學習興趣，也可以使教師

得到成就感。」──雅娉

　　「我對於『建立積極互賴性』最有感觸。如果學生只爲自己負責，不在乎團體合作，那麼分組也是沒有意義的。但以往課堂小組裡會有少數成員依賴其他組員，讓別人努力完成作業，自己卻搭便車拿高分。」──雅齡

　　「我去國小試教，最大問題在於學生沒有拼圖法的經驗，所以要從原小組轉換成專家小組的階段時，秩序混亂，甚至有些同學產生排斥的情形。」──雅婕

　　「合作學習能促進學生團隊合作的能力、互助合作、積極互賴的精神、成員之間的感情，更能夠透過討論或遊戲等，讓學生對學科內容印象更加深。」──雅靈

　　合作學習重視學生的經驗學習，主張讓學生在同儕互動的教室情境中，習得認知知能和人際技巧，因此經驗學習的技能和情意目標本來就是合作學習相當重要的部分，教師須有更多耐心，容許學生有更多時間體驗合作學習的過程，才能達到較佳的學習效果。

　　合作技巧必須透過不斷的練習，才能熟練，完全內化後而自然表現，這也提示合作學習需要更多時間，讓學生由經驗中習得良好的人際技巧習慣。

六　教師進行合作學習的教學準備

　　許多研究都發現，教師進行合作學習往往需要設計許多相關教材，或閱覽學習單和團體歷程紀錄，會增加教師的工作負擔，學者建議可妥善運用現有教材（王金國，2003；李秋芳、湯維玲，2006；張子貴，2010）。

　　本研究教師在大學教學五年以上，較習慣採用講述法、學生個人報告、學生分組報告等教學方式。講述法需要事前準備課程內容簡報，教師可以在教學前先備課，整理出有系統而精簡的講述內容。

　　在本研究中，教師除了要準備教學內容之外，還要準備小組討論單

（STAD）、專家小組講義（拼圖法）、小考測驗卷等，並登錄和換算成績。因此，教師盡量充分運用現有教材，首先準備教學內容，製作成全班授課教學簡報，再擷取簡報內容，將之分別整理成各專家小組講義和小組討論單。最後，再由講義內容編輯成小考測驗卷。課程大綱、所有教學簡報都由教師上傳至學校教學網站，學生可自行下載列印。

除了提供講義和學習材料之外，合作技巧的引導也需要準備，教師事先須規劃課堂要提醒的工作技巧和社會技巧，並將該技巧的引導和練習視為教學重點之一。

> 「我覺得合作學習的實施前提是，老師對於班級風氣、學生的學習情況已有一定的瞭解，且操作前先跟學生介紹此教學法的流程。」——雅婕

> 「原來要設計一堂合作學習的課程，要注意很多細節，教學前、教學中、教學後，都有一些必須的步驟，就連幫學生分組都是一門很大的學問」——雅香

七　教師角色轉換調適

由傳統講述轉為合作學習，對教師的工作內容、壓力、態度都有所影響。本研究中教師進行合作學習，除了講述法必須備課之外，因為以民主的態度營造班級環境，鼓勵學生在開放的討論中共同學習，教學與學習成為有待師生共同完成的、動態的歷程，教師需要更多臨場反應和互動溝通。這種不確定性造成教師較大的心理壓力，必須調適教學方式和備課方式。

此外，課堂上進行小組討論，往往產生較多聲音，甚至場地變得凌亂，對於教師來說，教室吵鬧混亂是極大的壓力。潛在教育學（hidden pedagogy）主張教室控制（classroom control）是家長、學生、甚至教師本身評定教師能力的標準，教師大多認同「設法維持教室安靜」的必要性（王瑞賢，1996；柯禧慧，1998）。雖然合作學習能教導學生不干擾別人地進行討論，教師還是需要調適教室環境的轉變。

　　教師的角色，在傳統教室為知識的提供者，唯一的權威和評鑑者，在合作學習的教室中，教師成為環境和教材的提供者，對學生的學習由主導者轉為從旁協助者。佐藤學（黃郁倫、鍾啓泉譯，2012）並強調，在學習共同體中，平等重視每一個人，將參與民主重新定義為「審議民主」（deliberative democracy）。在建立民主教室的同時，解放權威、尊重學生，教師就必須適應自身角色的轉變。

> 「有一次上課由於時間不夠，無法讓最後一組完成報告，那時老師大可直接叫那組同學下週再報告，可是老師很願意去聽同學的感受，還好聲好氣的說出『抱歉』、『對不起』，其實當下我有點震撼到，在我的認知裡老師是不太會說出這些字眼的。」——雅卉

　　就人與人的一般對話而言，說出「請」、「謝謝」、「對不起」是再平常不過的事，但就當前大學生十幾年的受教經驗中，竟然極少聽到老師對學生說出這些字眼。在臺灣師生關係中，教師為中心乃至權威的參與結構，在任何教育階段皆相當普遍，由幼稚園課堂的教學和管教、到小學、中學的師生互動，大致都以教師為課堂教學的主導者（方德隆，2005）。Freire的民主教育則指出，教育工作者必須注意到對話的本質，「將對話理解為一種學習與認知的過程，需要有一個先決的條件，那就是它總是與一種知識上的好奇有關，想要去瞭解對話中的要素。」（方永泉，2002），並提醒教育工作者尊重每一個人的學習能動性。

> 「這件事真的讓我對老師多了一份敬佩，在號稱以學生為中心的現代教育，老師的地位、權威也許是很多人想要拋棄，但很難改變的。老師做了最好的示範，身為一位老師應該要有一定的氣度或是勇氣，去承認自己的失誤，甚至致上歉意。」——雅卉

　　其實對於研究者本身來說，放下權威的保護，只是肯定學生和自己都是同樣值得尊重的人，但這心態上的改變，在課堂上產生了微妙的

交互作用。不變的是，教師仍然必須為學習目標、課程規劃、分組、討論、報告、評鑑等作準備並負責任。但教師也必須理解，成功教學中，學習者擔負重要角色，並提供相當的貢獻，教師和學生應該互相尊重對方的貢獻和限制，合作完成教學和學習。

肆 結論

　　高等教育所培育的人才，不只要接受專業領域的基本訓練，更要在全人教育的角度上，涵養人文關懷和基本素養，學習參與公民社會事務，團隊合作正是公民社會的基本精神，也是公民素養的要素。此外，在全球化趨勢之下，未來的國際交流更加頻繁，社會組成異質性提高，公民更需要熟悉合作技能、並培養團隊合作態度。

　　大學課堂中，教師經常採用分組學習、小組報告等合作學習的形式，但往往並未將合作學習精神介紹給學生，或指引合作學習技巧，實屬可惜。大學教師若能在既有的學生學習形式上，兼採合作學習的理念和技能，融入教學實務中，或許可收事半功倍之效。

　　本研究經由課堂實作經驗，進行師生反應的探討，發現教學法的改變，具有營造合作氣氛，建立民主教室、提供學生正確觀念、現場立即可見的改變等教學上的效果，教師本身也透過學生回應進行反思，並且提出師生課堂經驗中，關於異質性分組的困難和效果、練習人際技巧需要時間和指導、教師進行合作學習的教學準備、教師角色轉換調適等方面，分別需要與傳統講述略有不同的作法。

　　由文獻探討和大學教學實務經驗，都顯示合作學習對於學生學科知識的認知、人際社交和溝通表達的技能、以及團隊合作的精神與態度，有很好的效果，可待進一步的後續研究探討。

參考文獻

一、中文部分

Cheer雜誌（2013）。2013年企業最愛大學生：臺大再奪王座，成大重回第二。**Cheer 雜誌116期**。http://www.cheers.com.tw/article/article.action?id=5047357上網搜尋日期 2013/11/10.

于富雲（2001）。從理論基礎探究合作學習的教學效益。教育資料與研究，**38**，23-26。

方永泉譯（2002）。受壓迫者教育學（**Pedagogy of the Oppressed**），保羅 弗雷勒（Paulo Freire）原著。臺北：巨流出版。

方德隆（2005）。教學。載於臺灣教育社會學學會主編，教育社會學，257-304。

王金國（2003）。國小六年級教師實施國語科合作學習之研究。國立高雄師範大學教育系博士論文。

王瑞賢（1996）。追求安靜的教室生活？教師潛在教育學之分析。教育研究資訊，**4**(4)，1-12。

石兆蓮（2006）。合作學習對兒童溝通表達能力影響之實驗研究。載於黃政傑、吳俊憲（編），合作學習：發展與實踐。臺北：五南出版。

伊慶春、章英華（2006）。對娶外籍與大陸媳婦的態度：社會接觸的重要性。臺灣社會學，**12**，191-232。

危芷芬（譯）（2011）。社會心理學概論。譯自Elliot Aronson原著，The Social Animal.（10th edition）臺北：雙葉書廊。

吳俊憲、黃政傑（2006）。合作學習的發展與前瞻。載於黃政傑、吳俊憲（編），合作學習：發展與實踐。臺北：五南出版。

李秋芳、湯維玲（2006）。國小社會科合作學習之行動研究。載於黃政傑、吳俊憲（編），合作學習：發展與實踐。臺北：五南出版。

汪慧玲、沈佳生（2013）。合作學習教學策略對大專學生之學習成效與學習態度之影響：以兒童發展評量與輔導課程某單元為例。臺中教育大學學報：教育類，**27**(1)，57-76。

柯禧慧（1998）。從Denscombe的觀點談影響教師專業成長的因素。載於中華民國師範教育學會主編，教師專業成長—理想與實際，**3-16**。臺北：師大書苑。

張子貴（2010）。合作學習應用在微積分教學之行動研究。課程與教學季刊，

13(3)，141-162。

湯梓辰（2010）。團體動力學在教學行動研究之應用探究。教育資料與研究，**6**(1)，
145-172。

黃心怡（2010）（譯）。《通識教育課程評鑑》。譯自 Mary J. Allen（2006）原著，
Assessing General Education Programs. 臺北：國立政治大學政大出版社。

黃政傑、林佩璇（2008）。合作學習。臺北：五南。

黃郁倫、鍾啓泉（2012）（譯）。學習的革命：從教室出發的改變。佐藤學原著。臺
北：天下雜誌。

蔡永巳（1997）。國二理化科試行合作學習之合作式行動研究。國立彰化師範大學科
學教育研究所碩士論文。

簡妙娟（2000）。高中公民科合作學習教學實驗之研究。國立高雄師範大學教育研究
所博士論文。

二、外文部分

Allport, Gordon W. (1979). *The Nature of Prejudice*. Basic Books.

Johnson, D. W., & Johnson, R. T. (1999). *Learning together and alone: Cooperative,
competitive, and individualistic learning* (5th ed.). Pearson.

17 英國高等教育教師教學認證課程之探討

陳琦媛
中國文化大學師資培育中心專任助理教授

壹 前言

　　我國大學生的質量及學習型態因高等教育普及化及資訊科技發展而產生轉變。大學教師面臨如何引起新一代學生學習動機及促進有效學習的挑戰，然而我國大學教師任用規定偏重學位、年資、著作及經歷等資格，雖具有豐富學科專業知識，但並未接受系統化教學方法訓練，教學知能大多由求學和教學經驗拼湊而成（王令宜，2004；李振清，2006；陳碧祥，2001；張媛甯、郭重明，2010）。教育部正視高等教育教師教學專業提升的需求與必要性，於2005年起推動「獎勵大學教學卓越計畫」，擇優補助教學卓越學校，帶動大學重視教學風氣。大學校務與系所評鑑亦將教學和學習列為重點評鑑項目，設法協助大學提升教學品質。各大學為獲經費補助及通過評鑑，紛紛設置教學專業成長機制，依據教育部評鑑指標或計畫實施要點自行辦理教學專業發展活動。然而多數學校以半天到一天的單次研習活動為主，各次主題相關性不高，較少長期且系統化的規劃（鄭博眞，2012；Chen, 2011），實施效果以獲計畫補助之大學較好，有許多學校運作效能仍然有限（吳清山，2011），全

國資源亦未能有效整合（鄭博眞，2012）。

再者，國內大學文化與酬賞體系存有重研究輕教學現象（杜娟娟，2002），教學評鑑指標計分較爲寬鬆（林政逸、楊思偉，2011）。本研究者於2013年9月間彙整五所不同類型大學（綜合大學、教育大學、藝術大學、醫學大學、技職大學）所採用之升等與評鑑指標，發現教學成效指標主要以授課時數、授課大綱、論文指導、教學評鑑結果、教學獲獎、擔任導師等爲主。雖較早期以教師基本授課時數爲教學審查重點，採取記點方式或教學評鑑等間接成績作爲教學審查資料（林政逸、楊思偉，2011；杜娟娟，2002；陳碧祥，2001）更爲全面，但仍舊難以找出統一客觀的量化標準。反觀研究指標較具有統一的標準，且現今國內大學多透過升等和評鑑辦法鼓勵教師追求頂尖期刊的研究成果。教師多認爲研究比教學更具價值，因此對教學專業成長的重視、參與意願與參與程度並不高（王保進，2012；林政逸、楊思偉，2011；杜娟娟，2002；鄭博眞，2012）。相關研究多建議設法提升教學於大學酬賞體系之重要性（杜娟娟，2002），於教師資格認定增列教育專業課程修習之規定，或完善教師任教後之教學專業知能成長規範（陳碧祥，2001）。2011年第八次全國教育會議亦建議應加強大專校院教師教學評量研習，協助發展專業教學知能，並訂定「獎勵發展成果導向的教學機制」，將教學成效納入評鑑及教師升等以提升教學品管成效（教育部，2011）。

國外近年來開始設置高等教育教學與學習全國性機構，統籌相關政策及經費補助，在歐洲和亞太地區等國推行有系統化之大學教師基礎教學訓練課程（陳琦媛，2012年4月）。其中英國爲推動大學教師教學訓練課程較早且較爲全面的國家（Gibbs & Coffey, 2004；Prosser, Rickinson, Bence, Hanbury, & Kulej, 2006），其成立專責機構認可教師教學專業並統籌高等教育教學與學習業務，設法提升教學於大學酬賞系統中的地位，鼓勵教師接受教學知能訓練並取得教學專業資格，其設法平衡教學與研究及推行教學認證課程之經驗值得進一步深入瞭解。再者，英國高等教育長期存有重研究輕教學的現象，近年因技術學院設置促使高等教育大眾化（楊瑩，2011），大學數量擴充導致研究經費緊縮，研究評鑑的推行對教學產生壓力，此與臺灣當前大學因數量擴充而轉向普及

化，及五年五百億計畫促使國內大學重研究輕教學情形越發嚴重的背景有些相似（陳怡如，2007）。緣此，本研究欲探討英國近年來推行大學教師教學認證課程之相關政策、內涵和經驗，作為我國發展高等教育教學政策之參考。

我國目前僅有少數大學推行有大學教師教學培訓課程，且國內主要的教學認證課程之研究主題著重於中學師資部分，鮮少針對高等教育師資教學培訓進行研究，而國外針對英國高等教育教學認證課程之相關研究則聚焦於課程成效的評估。顧及國內文獻的缺乏及本研究介紹英國推動高等教育教學認證課程經驗之目的，本文先針對英國推動高等教育教學認證課程之相關政策，及認可高等教育教學訓練課程之機構和標準進行說明，再針對大學所開設之教學認證課程，進行文件內容、訪談結果和研究文獻之彙整分析，呈現英國高等教育教學認證課程之內涵、推動成效和實施挑戰。最後總結英國推動高等教育教學認證課程之政策、作法、課程內涵及實施經驗，對應我國高等教育教學專業發展現況，提出若干建議供我國參考。本研究之研究目的如下：

1. 英國推動高等教育教學認證課程之政策沿革
2. 英國認可高等教育教學認證課程與教師專業資格之機構與標準
3. 英國大學所提供高等教育教學認證課程之內涵（包括高等教育教學認證課程設計、課程對象、課程內容、課程開設與評量方式、完成課程後之資格授予）
4. 英國大學所提供高等教育教學認證課程之實施成效
5. 英國大學推動高等教育教學認證課程所面臨之挑戰
6. 英國經驗可供我國參考之建議

 文獻探討

英國推動高等教育教學與學習卓越政策繁多，本研究為能聚焦於高等教育教學認證課程，僅介紹和教學認證課程相關之政策沿革，及認可教學認證課程之機構和標準，關於教學認證課程內涵及成效評估之相關研究則整合於研究結果中。

一 英國推動高等教育教學認證課程政策沿革

為大學教師進行教學培訓和準備的觀念，在1996年時英國大學教師協會（Association of University Lecturers, AUT）就極力呼籲，但英國政府至Dearing Report後始有全面性的積極作為（Trowler, Fanghanel, & Wareham, 2005）。1997年Dearing Report《學習型社會中的高等教育》（*Higher Education in the Learning Society*）建議大學應盡快為其教職員發展教師訓練課程，同時政府應成立高等教育學習與教學機構，負責認可大學所提供之教師培訓課程，所有新進教師的試用應以至少成為高等教育學習與教學機構準教師會員（associate membership）作為基本要求（Dearing, 1997）。1998年政府出版《二十一世紀的高等教育》（*Higher Education for the 21st Century: Response to the Dearing Report*）回應Dearing Report，同意建立專責機構進行教學專業認可，及所有新進教師至少須獲得該機構準教師會員資格之建議，並期望未來能達成所有大學教師皆能透過受訓或經驗累積而擁有教學專業資格的長期目標（Department for Education and Employment, 1998）。隨後積極推動高等教育教學卓越政策和補助方案，並於1999年成立高等教育學習與教學機構（Institute for Learning and Teaching in Higher Education, ILTHE），象徵大學教學應有通過認可的教育訓練課程，開啟透過教學專業資格認可建立教師教學專業地位的作為。

2003年《高等教育的未來》白皮書指出應打破高等教育升等與報償系統以研究為重的情況，設法提升教學地位，給予教學優良教師適當的報償。透過課程培訓新進教師賦予所需教學專業技能，成立國家教學品質學苑（National Teaching Quality Academy），建置教學專業標準作為認可教師教學訓練的基礎，且2006年後所有新進教師皆可獲得認可訓練取得符合專業標準的教學資格，大學亦應發展相關政策和制度確保所有教師持續參與教學專業發展（Department for Education and Skills, 200; Times Higher Education, 2003）。社會各界支持白皮書所提內容，但建議專業標準建置時應考量教學需求的多元性，以及教學方法和不同學科教學知能廣泛的特性（Oxford University Gazette, 2003）。白

皮書中關於讓所有新進教師接受教學訓練的建議也獲得認同，英國大學組織（Universities UK）指出目前很多大學都已為教師們提供認可活動，大部分新進教師都有參與訓練課程並成為ILTHE的教師會員，所錄取的新進教師也多已取得ILTHE的認可，應能回應未來新進教師應維持教學品質的呼籲，但任何關於教學資格的要求應回歸雇用機構和受雇者之間的合約關係（Universities UK, 2003）。隨即英國政府整併「高等教育學習與教學機構」（ILTHE）、「教與學支持網」（Learning and Teaching Support Network, LTSN）和「國家教學品質提升基金合作小組」（TQEF National Co-ordination Team, NCT）三個單位（陳怡如，2007），於2003年成立「高等教育學苑」（Higher Education Academy, HEA）（Higher education academy[HEA], 2011a），並賦予該學苑建置「英國高等教育教學與學習支援的專業標準架構（UK Professional Standards Framework for teaching and supporting learning in HE, UKPSF）」及主導高等教育教職員專業發展和認可的任務。2006年，HEA發展「高等教育教學與學習支援的專業標準架構（UKPSF）」，作為大學和教師專業認可的依據（HEA, 2011b, 2012a）。可知英國由高等教育學苑擔任認可機構，發展高等教育教學與學習支援專業標準架構作為認可標準，由各大學發展教學訓練課程申請認證，教師修習經認可之教學訓練課程以取得高等教育教學認證。此作法符合認證需設置專業機構、規範參照架構、申請認證機構三要件（李奉儒，2011），可推論其係採用認證制度建立大學教師教學專業資格。

　　2010年《對於高等教育補助和學生經費的獨立檢核報告：確保高等教育穩定的未來》報告書（Securing a sustainable future for higher education: An independent review of higher education funding & student finance）建議大學應善用UKPSF設計符合需求和國家標準之教學發展課程，想要獲得學生經費計畫補助的大學必須要求所有新進教師取得教學專業資格，並公布擁有教學資格教師的比例，以滿足學生對教師教學品質和資格的期待（Browne, 2010）。此項建議受到國家學生聯盟（National Union of Students, NUS）的歡迎，但對教學訓練方式、教學技能提升所需時間和目前教學的評估提出質疑，指出將教職員評鑑

和訓練當成市場壓力的對象是非常冒險的（National Union of Students, 2010）。而高等教育政策機構（Higher Education Policy Institute, HEPI）肯定公布教學相關資訊爲增加學費的重要對策（Thompson & Bekhradnia, 2010）。教師和講師協會（Association of Teacher and Lectures, ATL）則認爲過於強調在職技藝般的訓練，將降低教師的專業性，扼殺專業的反思和創意（Association of Teacher and Lectures, 2011）。2011年政府考量大學可能增加額外負擔，而回絕了所有新進教師需取得教學專業資格的建議，但仍要求大學公布擁有教學資格教師比例的資訊，以透過教學專業品質的掌控，提供學生良好學習經驗（Department for Business Innovation & Skills[BIS], 2011）。

2012年《以學生爲制度之心》（*Students at the Heart of the System*）高教白皮書鼓勵大學公布教師學歷、專長、教學專業資格及課程評鑑結果以供學生選課參考，亦希望大學能重視高品質教學，使教學和研究獲得同等聲望，讓教學恢復爲大學中心任務，教職員不僅可透過研究，也能透過教學能力獲得升等（Thompson & Bekhradnia, 2011）。社會各界的回應指出公開教學資格相關資訊很可能會誤導社會大眾，以爲所公開的資訊即代表教學品質指標，且教學資格才剛開始推行，需一段時間才能建立教學和研究同等重要的文化和風氣。英國政府的回應指出雖然政府瞭解社會各界對公開教學資格資訊的擔憂，但顧及提升高等教育教學與學習卓越的理想，政府仍鼓勵大學公開有關教師教學資格和教學專業知能的匿名資訊，及學生評鑑調查的摘要報告（BIS, 2012）。

二 英國認可高等教育教學認證課程與教師專業資格之機構和標準

(一) 認可專責機構：高等教育學苑（HEA）

高等教育學苑（HEA）爲促進高等教育教學與學習卓越之全國性獨立機構，營運經費來自四個英國高等教育撥款團體、會員會費和政府補助款。透過認可和報償卓越教學、整合人力和研究資源、傳播最佳實務經驗、協助政策發展和執行等作法支持高等教育社群提升教學與學習

的品質和影響力。其主要任務在提供學術教職員專業認可、人際網絡和開發機會，於教師職涯過程中給予忠告和支持。為英國高等教育學習和教學最主要的資源、活動和工作坊提供者，直接和大學合作，提供符合個別大學需求之客製化服務（HEA, 2012b, 2012c）。大學可透過每年負擔年費成為會員（subscribing institutions），以支持和協助HEA的運作。具會員身份的大學院校可運用HEA豐富的專業人士和資源幫助教職員持續發展教學專業（HEA, 2012d）。

(二) 認可標準：高等教育教學與學習支援的專業標準架構（UKPSF）

HEA於2006年發展「高等教育教學與學習支援的專業標準架構（UKPSF）」，提供高等教育環境中教學與學習支援角色的共通性描述，作為大學和教師進行專業認可，持續參與教學專業發展的參考，以及大學向學生及利害關係人證明其於教學及學習支援之專業品質和承諾的依據（HEA, 2011b, 2012a）。並定期諮詢各界意見修訂UKPSF內容，以確認各項標準能含括高等教育教學與學習支援事務的所有教職員（HEA, 2012e）。

UKPSF係以實踐者的觀點撰寫，包含標準說明（Descriptors）和實踐面向（Dimensions of Practice）兩大部分。「標準說明」概述高等教育教學和學習支援四個類別角色的關鍵特徵。「實踐面向」則說明高等教育中教師所參與的活動領域（Areas of Activity）、所需要的核心知識（Core Knowledge），以及要承諾的專業價值（Professional Values）（HEA, 2011b, 2012a），詳細內容如表1所示。

表1 英國高等教育教學與學習支援的專業標準架構面向

專業活動領域	1.規劃設計學習活動。
	2.教學或支援學習。
	3.評量並給予學習者回饋。
	4.發展有效學習環境和支援引導學生的方法。
	5.參與學科及教學方法的持續專業發展，整合研究、學術和專業活動的評鑑。

(續上表)

核心 知識	1.科目教材。 2.學術課程學科的教學與學習方法。 3.學生於共同學科和專業學科如何進行學習。 4.使用適當的學習科技。 5.評估有效教學的方法。 6.關於學術教學工作之品質保證和提升的意涵。
專業 價值	1.尊重個別學習者和多元學習社群。 2.促進高等教育的參與和學習者機會的平等。 3.使用有證據的方法,及學術研究和持續專業發展的成果。 4.承認高等教育認可專業活動意涵的廣泛背景。

資料來源:HEA (2011b: 3).

UKPSF主要運用於個別教師教學專業及大學教學專業發展方案的認可:

1. 個別教師教學專業認可

HEA運用UKPSF推動認可方案(recognition scheme),透過教師會員資格的授予以達成高等教育教學專業化。教師會員的類別直接對應架構的標準,依據教師的角色和經驗可分別認可成為準教師會員(Associate Fellow)、教師會員(Fellow)、資深教師會員(Senior Fellow)或首席教師會員(Principal Fellow)。獲得認可的教師等於取得對高等教育教學與學習專業化承諾的國家認證,且被證明其教學實務符合英國專業標準架構。

教師申請認可途徑有二,一是透過個人申請途徑,對自己的教學與學習支援經驗提出證明。二是成功完成HEA認可的教學專業發展課程。四種教師會員資格無需從最低階逐一向上申請,可視教師目前的角色和經驗取得適合的認可。表2為各類教師會員資格的標準和所對應的典型角色或職業階段(HEA, 2011b)。標準中所涵蓋之專業面向和人員廣泛,除教師本身教學專業外,尚擴及教學與學習工作之領導、管理及支援角色。

2. 大學教學專業發展活動認證

HEA運用UKPSF為大學所提供的專業發展途徑進行認證(accreditation),協助大學提供符合標準架構的活動。通過認證即獲

表2　UKPSF所認可之教師會員標準和角色職業階段

等級	標準說明	個人角色／職業階段的典型	教師會員
一	瞭解特定面向之有效教學、學習支援方法和學生學習，需提出下列相關證明： 1. 至少成功參與兩項UKPSF的專業活動領域。 2. 成功參與和專業活動相關的教學和實務。 3. 適當的核心知識，至少瞭解學科教材及教與學的方法。 4. 承諾促進他人學習的專業價值。 5. 和上述活動相關的專業實務、學科和教學法的學術研究。 6. 成功參與和教學、學習、評量相關之專業發展活動。	需提供和其專業相關之有效證明，至少需有教學和學習支援的職務，且此角色常需更有經驗的教師和師傅從旁協助。下列人員通常屬於此等級： 1. 需負擔部分教學工作的早期研究人員（例如博士生、約聘研究員、博士後研究生等）。 2. 新手教師（包括兼職教師）。 3. 支援學術活動的教職員（例如學習科技人員、學習發展者、學習資源或圖書館成員）。 4. 擔任和教學責任有關的示範人員或技術人員。 5. 相關專業領域中剛接觸教學或學習支援工作之資深人員，或教學檔案有限者。	準教師會員
二	對教學和學習支援的有效方法具有廣泛瞭解，且對高品質的學生學習有重要貢獻，需提出下列相關證明： 1. 成功參與所有UKPSF的專業活動領域。 2. 對所有核心知識皆具備適當的知識和瞭解。 3. 承諾所有的專業價值 4. 成功參與和專業活動領域相關之教學實務。 5. 成功整合上述活動的學科及教學研究。 6. 成功參與和教學、學習、評量及專業實務相關的持續專業發展。	需提供更獨立的教學和支援學習角色效能的證明，通常是學術團隊的創立成員。下列人員通常屬於此等級： 1. 職涯早期的學者。 2. 具有獨立教學和學習職責的學術人員或支援教職員。 3. 有經驗的學術人員，但為高等教育的新進人員。 4. 只負擔教學工作的教職員。	教師會員

（續上表）

等級	標準說明	個人角色／職業階段的典型	教師會員
三	對於有效的教學、學習支援的方法有全面性的瞭解，且對高品質的學生學習有重要貢獻，需提出下列相關證明： 1. 成功參與所有UKPSF的專業活動領域。 2. 對所有核心知識皆具備適當的知識和瞭解。 3. 承諾所有的專業價值。 4. 成功參與和專業活動領域相關之教學實務。 5. 成功整合上述活動的學科和教學研究。 6. 成功參與和教學、學習、評量、學術研究及專業實務相關的持續專業發展。 7. 在教與學方面成功協調、支援、監督、管理和指導他人。	需能提供教與學相關效能的持續性紀錄，例如活動特定面向的教與學的組織、領導和管理。這樣的成員通常會是學術團體的領導者或是成員。下列人員通常屬於此等級： 1. 能透過領導職位、課程管理及學科領域產生影響的資深教師。 2. 支援新進教學人員的資深薪傳教師。 3. 機構內負責教與學諮詢工作的資深教職員。	資深教師會員
四	在學術實務和發展方面有效策略領導的持續性紀錄，且對高品質的學生學習具有貢獻，需提出下列相關證明： 1. 主動承諾且支持架構的各個面向。 2. 於提升學生學習方面具成功且策略性的領導，特別重視強化機構的教學品質。 3. 建立有效的組織政策或策略以支持和促進他人傳授高品質的教學和支援學習。 4. 在機構中支持學術實踐整合的方法。 5. 對學術、機構和專業實務相關的持續性專業發展具持久且成功的承諾。	在機構內或是國內外環境，具有豐富的學術經驗，且能夠證明於教與學的策略方面具有持續且有效的影響，此亦為其對學術實務的承諾之一。下列人員通常屬於此等級： 1. 經驗豐富或資深的成員，擁有和教學與學習支援相關之學術策略領導職責。 2. 對機構在教與學領域的領導策略和政策制訂負有責任的成員。 3. 對機構以外的教與學具有策略性影響的成員。	首席教師會員

資料來源：HEA (2011b: 4-7).

得HEA對機構活動品質的認同，表示此活動具有國家所認可的品質和
效力（HEA, 2012f, 2012g），因此大學多依據UKPSF發展教學認證課
程。教學專業發展活動的認證申請僅提供給HEA會員大學，且機構所
取得的認證將因會員資格的存在而持續。認證的標準重視課程是否精確
符合專業標準架構，亦即課程的設計（design）、講授（discourse）、
經驗（experiences）和評量（assessment）皆能促進參與者對於標準架
構各個面向的參與、瞭解、使用和證明（HEA, 2012g）。當大學擁有通
過認證的教學訓練課程時，於該機構任職之教師可透過完成該課程取得
教學專業資格的認可，並視該課程之認證等級而被授與同等級的HEA
教師會員頭銜。

　　因HEA對專業發展活動認證的範圍很廣，小至修習學分的課程模
組，大到提供國家認證的課程，不論全機構適用，或僅供系所或學科
適用的相關活動皆可申請認證（HEA, 2012g）。因此大學亦可將此標
準架構運用到升等過程，規劃教學和學習支援相關專業與經驗的認證
架構，結合升等制度，將教學列為升等重要舉證。讓教學型的教師在
重視研究的環境中亦能受到重視，提供教職員升等的不同路徑和機會
（HEA, 2012d）。

 研究方法

　　本研究採文件分析法和訪談法蒐集所需資料。

━ 一 ━ 文件分析法

　　用以蒐集英國大學教學培訓課程之內涵。英國高等教育教學培訓
課程係由大學發展和提供，因僅HEA會員大學可申請教學培訓課程認
證（HEA, 2012g），故本研究以目前HEA會員大學為樣本母群，依據英
國時報增刊2011-2012年歐洲地區大學排名（The Times Higher Education
world university rankings 2011-2012），至英國的大學網站搜尋教學訓練
課程相關資料，選取8所於學校網站中呈現有較豐富資料之大學，下載

介紹該校高等教育教學訓練課程之相關文件，文件類型包括高等教育教學與學習學士後認證課程手冊、簡介、說明、宣傳海報、教學與學習政策計畫書、教學訓練課程說明及年度報告等正式文件，檢索時間為2011年中旬（檢索後各大學課程之變更恐無法顧及）。表3為樣本大學及其所開設之教學認證課程名稱。本研究將所蒐集之文件資料，依據教學認證課程設計、對象、內容、開設方式、評量方式和完成課程之資格授予等項目進行分類和分析以彙整研究結果。

表3　本研究樣本大學及其所開設之高等教育教學認證課程

學校	教學認證課程名稱（括弧內為簡稱）
牛津大學 University of Oxford	高等教育學習與教學學士後文憑 Postgraduate Diploma in Learning and Teaching in Higher Education (PG Dip LATHE)
倫敦大學大學學院 University College London	大學學習與教學學士後證書 Postgraduate certificate in learning and teaching in higher education (PGCLTHE)
愛丁堡大學 University of Edinburgh	大學教學學士後證書 Postgraduate Certificate in University Teaching
倫敦大學國王學院 King's college London	高等教育學術實務學士後證書 Postgraduate Certificate in Academic Practice in Higher Education (PGCAPHE)
德倫大學 Durham University	學術實務學士後證書 Postgraduate Certificate in Academic Practice (PGCAP)
薩賽克斯大學 University of Sussex	薩賽克斯高等教育教學與學習學士後證書 The Sussex Postgraduate Certificate in Teaching and Learning in Higher Education (PG Cert HE)
約克大學 University of York	學術實務學士後證書 Postgraduate Certificate in Academic Practice (PGCAP)
南安普敦大學 University of Southampton	學術實務學士後證書 Post-Graduate Certificate in Academic Practice (PCAP)

註：課程名稱係諮詢英國文化協會（British Council Taipei）及於英國求學之國內學者，並參考陳怡如（2007：149）所採用之翻譯，因教學認證課程學分數僅60學分，低於碩博士學位所需畢業學分，故翻譯為學士後課程。

二 電子郵件訪談

用以蒐集大學辦理教學認證課程之經驗。以電子郵件邀請上述8所大學教學發展單位主管接受訪談，有3所大學主管同意受訪。訪談方式以電子郵件進行，以各受訪大學所開設之教學訓練課程文件分析結果設計訪談大綱，訪談內容包括課程設計理念及過程、教師參與情形與態度、課程成效評估、課程執行困難與挑戰等。所取得之訪談結果一一翻譯成中文，並依課程設計、對象、內容、開設與評量方式、完成課程資格授予、實施成效和面臨挑戰進行彙整。此外，亦透過電子郵件詢問HEA關於教學專業認可之作法，以釐清網站資料搜尋不足之處。表4為受訪大學名稱及訪談稿編號。

表4 接受電子郵件訪談之大學教學發展中心主管名單

學校	訪談稿編號
愛丁堡大學	20120826
約克大學	20120726
南安普敦大學	20120820

肆 研究結果

彙整文件分析、研究文獻和訪談結果，說明關於英國大學所提供高等教育教學認證課程內涵、實施成效與推動時所面臨之挑戰。

一 高等教育教學認證課程設計

大學開設教學訓練課程，係由學校「每年組成核心團隊負責計畫和領導課程，團隊成員包括教育學院教師或學術發展機構成員」（20120826），並「由專家學者配合高等教育學苑的認可標準進行設計」（20120820）。設計過程中，「以高等教育研究和理論為基礎，結合個人經驗，還有和校外同儕及審查人員的討論」（20120726），

並「調查教師需求及每年教師對學校教學與學習計畫的意見」
（20120820），同時「參考學員回饋設計而成」（20120826）。此
外，「課程每年皆定期接受由教職員、主管、導師所組成的專門小組
（panel）進行檢核，並由各學術人員代表組成的工作團隊（Working
Group）對課程進行監督」（20120820）。已推行的課程每年需定期評
鑑檢核以改善內容，「需花費很多時間評鑑和重新發展課程及更新手
冊，以確認課程可於新的學年運行」（20120726），「每位領導個別
課程的教師，每年花費一至兩天更新他們的教材，新課程的設計可能需
要兩到三週」（20120826）。

　　主要由學校核心團隊教師負責開授課程和執行評量，再邀請校內
外教師協助開授部分課程或工作坊，「參與課程傳授的教師人數各大
學不同，通常核心團隊的成員會因提供個別研習或工作坊的人數而
不同，這些核心團隊成員除負擔教學工作外，尚有其他行政工作」
（20120726）。「除了核心團隊，每門課程通常會有外部學術人員參
與。在學期中，核心課程團隊開很多次會討論方法，確認一貫性和充分
性。通常客座委員參與時間較短，會快速的讓其瞭解計畫內容，然後請
教他們於學科內容方面的經驗」（20120826）。目前授課教師於開課
前並沒有接受訓練，但「之前和現在都有教授學科課程，具有教學經驗
是最重要的」（20120726）。

　　可知教學培訓課程是由學校自組專業團隊配合認可標準，結合經
驗、理論、專家意見及教師需求發展而成。課程需受校內監督並取得
HEA外部認可，課程師資需有豐富教學經驗，多由專業團隊成員和校
內外教師擔任。

二　高等教育教學認證課程對象

　　文件分析結果指出，此類課程主要提供給教學經驗未滿三年的試用
期教師，若新進教師已有三年以上教學經驗或在其他學校修習過類似課
程則可抵免，但亦開放給對於教學發展有興趣或有需要之教師。至於完
成教學培訓課程是否列為通過試用的基本聘任要件，各大學有不同規

定，例如約克大學和薩賽克斯大學於教師合約上規定完成教學培訓課程
為通過試用的基本條件，而愛丁堡大學僅要求新進教師參加大學教學簡
介和至少兩門選修課程（University of Edinburgh, 2010）。課程費用視各
學校補助而定，或校內教師免費，或需繳交部分費用。少數學校將課程
開放給博士生、教學助理和參與教學與學習工作的教職員。若大學具完
備教育師資，會開設進階課程，有興趣的教師完成基礎教學訓練課程後
可繼續進修。

　　訪談資料也指出課程對象以新進教師為主，「課程主要提供給初任
教師，以具三年經驗及未滿三年的教師為主要目標」（20120726），
「課程以新聘教學教師為對象」（201208204），「完成這個課程通
常是教學經驗未滿三年教師的聘任條件之一」（20120726），有些學
校讓「部分課程為新進學術人員合約上的要求」（20120826）。資深
教師因可用教學經驗抵免而較少參與，「除了於課程中擔任顧問，目
前資深教師很少參與」（20120820），「偶爾會要求資深教師義務參
與，通常是從大學校外體系聘請擔任資深職位的教師，例如公司企業或
缺乏任何教學經驗者」（20120726），「也有一些不需參與的教師願
意來參加，通常是一些具有教學活動的研究教職員」（20120726），
目前有些大學「設法擴展課程參與至副教授層級」（20120820），或
「發展更非正式更具彈性的持續專業發展課程，提供給資深教師自願參
加」（20120726）。

　　可知新進教師為課程主要培訓對象，研究文獻指出以新進教師為
主要培訓對象是奠基於改變因果理論，參與培訓的新進教師將成為反
思實踐者，扮演創新和新概念帶原者，為系所帶來改進的觀點和教學
方法。教學認可政策假定新一代受過良好訓練的教師將會逐步改善高
等教育教學與學習及學生經驗的品質（Trowler, Fanghanel,& Wareham,
2005）。

三　高等教育教學認證課程內容

文件分析結果顯示教學訓練課程以培養教師具備高等教育教學

和學習基本知能爲目標，總學分數60學分，屬於學士後認證課程
（Postgraduate Certificate），符合UKPSF第二層級標準，教師需以在
職研究生身份修習一至二年，學校間學分可相互抵免。課程內容通常包
含約20-30學分的必修核心課程，及約30-40學分的選修課程，多以模組
（module）方式開設，一個模組中包含10至20學分的幾門課程（英國
一學分credit通常指一學期每週花費於該課程的小時數，但各大學規定
不盡相同）。必修課程通常以高等教育教與學的理論與實務爲主，選修
課程則含括教學方法、課程設計、評量方式等基礎教學技能及專業學科
教學課程，有些學校會納入博士生論文指導課程。

　　課程內容規劃方式各校不同，或結合必選修課程，或交由教師自行
規劃修習計畫再經個人導師認可。課程開設管道多元，主要由學校自行
開設數門課程模組供學員選修，其次是讓學員選修校內外機構或HEA
所開設之研習課程。例如倫敦大學大學學院和德倫大學開設固定核心和
選修課程模組供學員修習（University College London, 2010; University of
Durham, 2010）。愛丁堡大學除必修核心課程模組外，尙開設9組選修課
程模組（University of Edinburgh, 2010）。薩賽克斯大學安排教師和課程
團隊成員討論，規劃專屬個人課程內容，再由個人導師認可。課程學分
包括校內外機構所開設之教學與學習相關研習課程和活動，學校負責提
供專業諮詢以確保教師的課程計畫可達到學校要求的評量重點及學習成
果（University of Sussex, 2010）。訪談資料顯示，「教師多依個人情況
和教學承諾選擇課程內容」（20120820），且「教師們參與課程並沒
有明顯脈絡可尋，通常學術實務概念課程會比只是教學與學習會有更好
的參與情形」（20120726）。此外，爲配合教師工作繁忙，而「提供
不同時段重複的工作坊，及事先學習需求的確認，皆增加了課程團隊和
行政人員明顯的工作量」（20120726）。表5爲各大學教學訓練課程的
內容與架構。

　　課程內容強調工作本位（work-based），以教師實際教學工作爲基
礎，要求學員運用所學概念於學科教學中。課程內容主要爲所有學科皆
適用的共通教學知能，教師再以此爲基礎自行發展專屬學科的教學實
務，這樣的做法「用以鼓勵學科間的互動」（20120726），「教師能

表5　各大學教學訓練課程內容與架構表

學校	年限	總學分	課程學分和內容規劃	
德倫大學	2年	60學分	必修核心課程（20學分） 高等教育的教學和學習	選修課程（1門選修課程20學分，需選修2門40學分） 1.反思學習為基礎的學生學習 2.特定學科教學和學習計畫 3.指導研究生
倫敦大學國王學院	2年	60學分	必修核心課程（30學分） 增強學術事務	選修課程（1門選修課程15學分，需選修2門30學分） 1.高等教育評量和回饋 2.教學專家的辨別 3.數位時代支援學習的科技
倫敦大學大學學院	2年	60學分	必修核心課程（模組D，30學分） 模組D：發展高等教育的課程 1.多元、平等和教育價值 2.學科知識 3.發展學習、教學和評量概念 4.教學和研究的關係	選修課程（模組A、B中選擇1門修習，30學分） 模組A：探索高等教育的學習 模組B：成人學習與專業發展
愛丁堡大學	2年	60學分	必修核心課程（20學分） 發展我的教學方法	選修課程（1門選修課程10學分，需選修4門40學分） 1.評量學生 2.課程組織和管理 3.瞭解學習和研究 4.和大學生一起工作 5.設計課程 6.線上學習和教學 7.學科面向的教學 8.學生的多樣性 9.促進學生主動學習
牛津大學	1年	60學分	1門課程30學分，需選修2門達60學分 1.牛津大學術教學介紹 2.測驗馬科博士生 3.指導科學類科博士生 4.科學類科的教學 5.指導人文與社會科學類科博士生 6.人文和社會科學類科的教學 7.學習和教學：運用科技工具 8.評鑑你的教學 9.設計課程 10.處理模稜雜的議題 11.連結教學和研究	
南安普敦大學	1年	60學分	皆為必修課程（1門30學分，修習2門共60學分） 模組一：高等教育的教學與學習 1.高等教育好的教學和學習 2.教學設計 3.學習成果	模組二：增強學生的學習經驗 1.模組和課程設計 2.增強學生的學習經驗 3.評鑑 4.持續學習和教學技術專業發展
薩賽克斯大學	2年	60學分	專人協助學員規劃課程計畫，課程需修滿60學分 1.評量和回饋 2.國際化課程 3.學習科技和創新 4.多元文化教學 5.博士生的指導 6.專業發展和增強	選修修習下列校內課程或至校外選修

（續上表）

學校	年限	總學分	課程學分和內容規劃		
約克大學	2年	60學分	學校開設三種模組供教師選擇，各模組皆需完成20學分核心必修課程，及2門20學分選修課程 模組一：高等教育的學習、教學和評量		
			核心課程 1.PGCAP簡介 2.協助約克大學的學生 3.課程設計的原則 4.評量原則 5.有效回饋的原則 6.檢視和評量教學的原則 7.體驗評鑑（線上） 8.學生如何學習（線上） 9.微型教學	選修課程 1.講課的技巧 2.增強小團體的教學 3.國際學生 4.博士論文的指導 5.有效發揮你的聲音 6.在數位時代發展資訊能力 7.發展多元文化課程 8.課程中的職業運用 9.約克大學的數位學習	自願修習課程 CEA評量支援
			模組二：發展學術實作 核心課程 1.PGCAP課程模組二簡介 2.體驗評鑑二（線上） 3.重要閱讀活動（線上） 4.教學和學習學術化（線上）	選修課程 1.連結教學與研究 2.發展研究職涯 3.處理學術的倫理問題 4.學術執行相關議題	自願修習課程 模組二教學檔案支援
			模組三：職業晉升的計畫 核心課程 1.PGCAP課程模組三簡介 2.學術人員的晉升 3.體驗評鑑三（線上）	自願修習課程 模組三策略計劃作業的支援	

從和其他學科教師間的討論中獲益」（20120820）。「此課程沒辦法簡化為個別學科或主題教學，因很可能會隔離其他主題和學科。因此課程內容聚焦於一般議題或趨勢，讓教師以此為基礎再去發展教學實務」（20120726）。但有部分學員反應共通教學知能的設計方式，和特定學科教學間有距離，使課程難以發揮實質功效，「有些學員並沒有於跨學科學習時發現價值，且認為此種預備工作應該具有學科專屬性」（20120726），此問題和Hanbury等人（2008）的研究結果相符，其針對32所英國大學完成教學專業課程的教師和主管們進行面談和焦點團體座談，發現課程中教學共通能力和學科專屬教學能力如何分配為需解決的問題。本研究受訪者指出學校解決此問題的作法為「透過核心訓練課程、年度評估系統、和類似教學與學習週的活動，來滿足學術教職員較廣泛的教學和職業需求」（20120820），或「提供一定範圍的課程選擇和多元觀點，將評量聚焦於個別參與者的教學經驗和學科」（20120826），或「採用不同形式的工作坊，嘗試迎合人文和科學學科的需求」（20120726）。

可知教學培訓課程為符合認可標準，設計為60學分之學士後認證課程。內容偏重不同學科共同適用之教學知能以促進跨領域教師互動，較難符應個別學科教學需求，目前大學設法提供多元專業發展活動以滿足特定學科教學知能需求。

四　高等教育教學認證課程開設與評量方式

課程以工作坊為主要開設形式，並加入薪傳導師、教學觀摩、研討會、小組討論、講授課程等作法。8間大學中有5間學校安排資深教師擔任學員薪傳導師（mentor），每學期定期會面，討論課程修習計畫、教師職涯規劃及教學問題解決策略等。有4間學校採用教學觀摩，安排學員觀摩資深優良教師或同儕學員的教學，或由導師及課程主任觀摩學員的教學。例如倫敦大學國王學院要求學員完成課程後，需彼此進行微觀教學（King's College London, 2010, 2011）。約克大學則安排學員觀察任教系所外教師的教學，且設計觀察前、後會議。有些學校強調小組討論和線上活動，像牛津大學加入小組討論，提供教師和其他學員討論教

學所面臨挑戰和未來職涯發展的機會（University of Oxford, n.d.a），約克大學則要求學員完成數次線上課程及評鑑，讓教師實際體驗學生的感受和想法（University of York, 2010）。

　　學員修習完學分後，須通過評量始能獲得認證。各校所設計的評量方式多元，包括書面報告、論文發表、整合型測驗、教學檔案、教學觀察報告等。因評量通過與否將決定教師教學認證及HEA教師會員資格的取得，因此有些學校規劃有評量通過的標準或指標作為評量依據。8間學校中有4間學校以教學檔案（portfolio）作為評量方法，有些大學以準備HEA教師會員申請所需繳交的教學檔案作為課程內容和評量方式，學員完成課程即有一份可送交HEA申請教師會員資格的檔案書，例如牛津大學發展學術實務（Developing Academic Practice, DAP）認證課程中「計劃檢視和整合（planning review and integration, PRI）」系列的工作坊，即是提供個別教師思考個人教學信念，並協助教師完成HEA認可所需專業教學檔案的課程（University of Oxford, n.d.b）。有3間學校採用書面報告，類型和內容包括個人教學理念的說明（statement）或對教學的反思分析（reflective analysis）等，多半是讓教師透過報告的撰寫反思本身教學理念和做法。例如南安普敦大學以反思分析報告為主要評量方式，包括同儕對教學的觀察分析、學生支援分析、評量和回饋反思分析、課程模組設計反思分析和持續專業發展反思分析報告等（University of Southampton, 2010a, 2010b）。

　　至於薪傳導師、教學觀察和反思報告的作法是否有效，訪談結果指出「薪傳制度和教學觀察的成效具有價值性且是我們期望的」（20120820），「若執行方式設計得宜將會有良好成效」（20120726），一位受訪者說明該學校實際執行作法「我們每年支付指導者250磅，安排其和學員會面三次並參與學員評量，此作法效果很好。第一年課程主任觀察每位學員的教學並撰寫試用報告，第二年學員需對同儕進行15分鐘微型教學。學員需繳交反思報告並接受兩位課程研究會成員口試，此作法有效且有用。人文社會學科學員反思的品質和能力比理工學科好，非英文母語的國際學者以英文進行反思時會有困難。再者，教師反思內容空泛乏味也是常見的問題」（20120726）。

可知培訓課程為能結合教師實際教學需求，多以工作坊搭配薪傳導師及教學觀摩，並採用教學檔案和反思報告等評量方式。

五　完成高等教育教學認證課程之資格授予

教師完成課程可取得學士後教學認證及高等教育學苑教師會員資格。文件分析結果顯示完成課程的學員可獲得學士後認證（postgraduate certificate），因為大學所提供之教學培訓課程多通過UKPSF第二層級標準的認可，因此每位學員將可視其完成課程的程度被授予HEA不同層級的教師會員資格。若僅是完成部分課程，沒有參加或通過課程評量，僅可註冊成為HEA準教師會員（associate status），若完成所有課程且通過評量，則可註冊成為教師會員（fellow status）。

訪談結果指出「參與者將可獲頒一個大學PG 認證和國家認可的HEA教師會員」（20120820），「完成課程者成為HEA的教師會員」（20120826），「此認證具有由大學所頒發的60個研究層級的學分，此學分具有國家認可的資格，如同大學所認可的學位。其亦符合HEA認可的英國專業標準架構第二層級，使每位成功完成課程的學員成為HEA教師會員。其中一個課程模組也被英國護士和助產士協會所認同，因此參與者也可具有教導學生護士的資格」（20120726）。

六　英國大學所提供高等教育教學認證課程之實施成效

教學培訓課程成效的評估，除每年由外部品質保證評鑑委員提出課程評鑑報告外，學校亦會設法瞭解課程的實施成效，受訪者表示「要評估這類課程的影響並不容易，因為這些課程強調工作本位，要將課程所產生的學習從工作和經驗中抽離出來是很困難的，而且這些影響包含有意識和無意識的影響」（20120726）。多數大學仍設法建置相關資料蒐集機制，以瞭解課程所產生的影響，例如「對課程執行長期性縱向影響評估，瞭解學員於課程開始前、第一年、第二年及課程結束後一年的簡要印象」（20120726），或「蒐集學員對課程的反應、教職員報

告、教職員需求調查等資料」（20120820）。

　　至於課程實施成效，受訪者指出「年度檢核會議的課程效能和品質報告對課程的評價非常正向，也有很多實例顯示課程對學員的教學實務和創新產生直接影響」（20120826），且「課程最明顯的好處在建立教師人際網路，讓不同系所教師彼此認識，這些關係會超越課程且延繫很久。當此課程於學校中實施多年，教學訓練的概念會穩固地嵌入大學中，被接納為所有新進教師發展的一部分」（20120726）。

　　可知外部評鑑報告和課程學員反應肯定培訓課程實施成效，尤其是教師人際網路的建立。學術研究結果亦顯示，課程對教師教學有正面和持續的影響，包括教師教學方法從教師中心轉移至學生中心（Gibbs & Coffey, 2004；Hanbury, Prosser & Rickison, 2008；Knight, 2006；Light, Calkins, Luna, & Drane, 2009；Prosser et al., 2006；Warnes, 2008），學生對參與過課程的教師給予更高的評價，且受到教師教學方法轉變的影響，學生學習方法也從淺層學習方法移轉至更多深層學習方法，對學生學習成效具有正向影響（Gibbs & Coffey, 2004）。課程的正向影響除來自課程內容外，教師參與課程時和其他學員互動及關係的建立，及參與課程期間於工作上所獲得的經驗也是促成教師教學成長的重要因素（Knight, 2006；Warnes, 2008）。目前英國163間高等教育機構（Higher education statistics agency[HESA], 2013）中，有143間所辦理的134個課程通過認可（HEA, 2012d）。從2003年HEA設立至今約十年，此措施雖獲得肯定但仍尚未普及，其尚未普及之原因需進一步深入探討，始能確認此制度整體上是否具有較為正向的影響和效果。

七　英國大學推動高等教育教學認證課程所面臨之挑戰

　　推動課程主要的挑戰為教師因參與課程而增加的工作負擔及教師以研究為優先的心態，訪談結果顯示，「新進教師因參與此課程而增加的工作負擔是英國大學共同面臨的問題」（20120826），且「課程規劃為碩士層級課程，參與學員須被要求完成碩士層級的學習，但學習成員卻是被聘任的員工，如果他們沒有完成課程，理論上將意指會失去

他們的工作」（20120726），換言之，課程關係到學員是否能通過試
用而保有工作，因此兼顧教師工作負擔及嚴格執行課程要求間，有時
會面臨兩難的局面，「特別是擁有混和合約（教學和研究）的教師掙
扎於繁重的工作量，是需設法解決的」（20120820）。各校處理此問
題的方式不一，或規定「只有部分課程內容是新進教師必須參加的」
（20120826），讓試用期教師僅需義務參與部分課程內容，不必完成
全部課程以減輕教師負擔。或建議延後受訓時間，「教學訓練課程可考
量在試用期之後或進入教學三分之二年後進行」（20120820），設法
降低新進教師前兩年的工作量以協助其適應工作環境，但亦有受訪者
指出「即使減輕工作負擔，教師們是否用心參與課程仍舊因人而異」
（20120726），主因教師以研究為優先的心態，「在研究密集型大學
中，學者最重要的角色是進行學科研究以順利通過升等，因此教師大部
分時間只想進行研究，僅分配少數時間於教學」（20120726），「要
說服學員此課程值得參與為挑戰之一」（20120820），但「目前教師
已逐漸瞭解進行研究的同時，需進行教學並瞭解學生學習的觀念，因此
參與課程的意願有逐漸增加的趨勢」（20120726）。至於是否結合教
學認證和教師升等以鼓勵教師參與課程，受訪者回應，「目前課程為未
有三年教學經驗新進教師試用期的基本要求，教師得完成課程通過試
用才會開始思考升等的問題，因此尚無將課程和升等結合的考量。某些
大學嘗試發展結合升等及報償制度的學習與教學架構，建構教學能力
和教學參與的證明途徑，但此做法是用於升等時的討論而不是升等的前
提要求」（20120726），「我們需設法滿足不同職涯階段、不同經驗
和不同學科教師的需求，結合年度檢核、升等和報償系統，發展符合教
師、課程組織者和博士指導教授角色需求的課程」（20120826），並
認為「學校開始執行這項課程的前幾年會面臨很劇烈的反彈，但當此課
程逐漸深植於校園文化且被接納為新進教師學術生涯的一部分後，抱
怨有逐年遞減的趨勢」（20120726）。至於將教學訓練提前至博士生
階段以減輕新進教師負擔的作法是否可行，受訪者指出「除提供新進
教師教學培訓，學校亦設有20學分博士生教學培訓課程。但並非所有
博士生皆有意願且能順利踏上學術工作，且很多英國學費贊助團體會限

制博士生參加研究以外活動的時間，而自費學生則因兼職工作賺取學費而沒有足夠時間兼顧研究和教學訓練課程，博士生亦沒有足夠的教學時數，因此新進教師教學訓練課程仍有其必要性。日後成功任職於大學後博士階段所修習的教學訓練學分可抵免新進教師教學訓練相關學分」（20120726）。

依據英國高等教育統計局（Higher education statistics agency, HESA）的資料顯示，在2004-2005年間，大約有25%的大學學術人員係以「教學合約（teaching-only contracts）」聘任，有23%以「研究合約」（research-only contracts）」聘任，有51%以「教學研究混和合約（teach and research contracts）」聘任。且整體大學學術人員中，只有55%以無限期合約（open-ended contracts）或永久合約（permanent contract）聘任，有三分之二的教學合約學術人員是以限期合約（fixed-term contracts）為基礎聘任的，而91%研究合約是限期合約（fixed-term contracts），相反的，只有16%教學和研究混合合約的學術人員為限期合約（fixed-term contracts）（Universities UK, 2013）。英國大學學術人員的聘任方式是否會影響教師參與教學專業認證的意願需再進一步瞭解和探究。

伍　結論與建議

一　英國以認證制度建立大學教師教學專業資格，由高等教育學苑認可大學所發展之教學訓練課程，教師修習課程以取得教學認證

英國以認證制度建立大學教師教學專業資格，由專責機構「高等教育學苑」發展「高等教育教學與學習支援專業標準架構」認可各大學所提供之教學訓練課程，教師修習經認可之教學訓練課程以取得高等教育教學認證。我國大學目前推行之教學專業發展機制，無國家級專責機構統籌高等教育教學與學習相關業務，多由各大學依據教育部評鑑指標或計畫實施要點自行辦理，雖可收彈性自主之優點，但較難掌控實質辦理

品質，各校辦理成效參差不齊，全國資源亦未能有效整合，英國設置專責機構，以認證制度和專業標準架構建置高等教育教學專業化的作法可供我國參考。

二 由認可機構「高等教育學苑」發展「高等教育教學與學習支援專業標準架構」作為認可教學訓練課程與教師教學專業資格之依據

由認可機構「高等教育學苑」發展「高等教育教學與學習支援專業標準架構」作為教師教學專業資格、大學教學專業發展方案，及教學和學習支援專業經驗升等認可標準之依據，其內容概述高等教育教學和學習支援的角色關鍵特徵，並說明高等教育活動領域、核心知識和專業價值的實踐面向。所涵蓋之專業面向和人員廣泛，除教師本身教學專業外，尚擴及教學與學習工作之領導、管理及支援角色。我國目前對於大學教師教學專業能力的評估多集中於其課堂中教學呈現的部分，較少顧及教學領導及管理角色，英國標準架構對於教學面向的廣泛定義，可供我國規劃教學評鑑及升等指標時之參考。再者，我國多由各大學自行以研習證書或計點等方式證明教師參加教學專業發展活動次數或時數，對活動內容及教學相關經驗並未有全國共同的認可標準，因此於教師評鑑和升等過程中，教師教學方面的努力無法像研究般提出具公信力的佐證資料，英國以專業標準認可教學相關經驗的作法或許做作為解決此問題之思考方向。唯需慎重考量標準設置如何才能充分涵蓋教學與學習經驗，且不會產生舉證不公、偏頗追求，或因認證繁瑣之行政作業程序徒增教師困擾卻無助於教學專業提升等問題。

三 教學認證課程係由大學自組專業團隊，依據認可標準發展而成，以新進教師為主要對象，各學科共同適用之教學知能為內容，教師完成課程後可取得教學專業認證及高等教育學苑教師會員資格

教學培訓課程係由大學組成專業團隊配合認可標準，結合經驗及理論，諮詢校內外專家學者規劃而成，每年持續評鑑更新，為符合

UKPSF第二層級標準60學分的學士後認證課程。課程內容多結合必選修課程，以各學科共同適用之教學知能為主，課程開設和評量方式多元，重視與教學實際工作的結合。新進教師為主要培訓對象，教師完成課程且通過評量後可取得大學認可的學分和證書，及國家認可的HEA教師會員資格。我國大學所辦理之教學專業發展活動以單次短期為多，較少進行長期系統性規劃，要說服活動內容的專業性較為困難，英國嚴謹的設計過程，重視課程內容和教學實務的結合，及推動時需兼顧各學科共同適用之共通教學知能和特定學科需求之專業教學知能的實施經驗可供我國參考。

四　高等教育教學認證課程對教師教學、學生學習、教師人際發展等產生正面影響，但實質的成效仍須進一步蒐集客觀數據加以探究及證實

外部評鑑報告、學員反應和學術研究結果肯定教學培訓課程之實施成效，包括教師教學方法和學生學習方法的轉變，及教師因參與課程而建立的人際網路，亦有助於大學教學文化和風氣的營造。唯目前英國高等教育機構推行教師教學認證課程尚未普及，其未全面普及之原因需進一步瞭解，並設法取得實施成效之客觀數據，始能證實其正向影響之程度。我國大學目前鮮少提供教師系統化教學方法訓練，所提供之教學專業發展活動多僅具有傳達教學資訊和經驗的效果。英國教學認證課程重視課程和實際教學工作的結合，設法轉變教師教學方法和學生學習方法，幫助教師建立教學人際網絡，其實施經驗可供我國參考。

五　推動高等教育教學認證課程之挑戰主要為教師工作負擔的增加，及教師重研究輕教學的心態影響其對課程的投入

教師工作負擔的增加及重研究輕教學的心態為英國推動課程之主要挑戰。60學分研究所層級的課程設計，及早期要求所有新進教師皆須取得專業資格的政策，造成新進教師負擔過重。目前英國政府僅鼓勵大學教師取得資格，大學亦設法減輕課程內容或延後修習時間。英國教師

的聘任方式和我國不同，有單以教學或研究聘任的教師，其教師聘任的制度是否會影響教師參與教學專業認證的意願可再進一步探究。目前我國職級越低教師負擔越高授課時數，近年又因追求客觀量化研究指標，促使大學透過教師評鑑和限期升等驅策教師力圖研究產出，教師常面臨教學研究之間的衝突與壓力。因此，教學培訓課程的推動必須搭配減輕教學負擔和評鑑升等壓力的配套措施，課程內容規劃需考量教師承受能力。重研究輕教學的心態成為推動教學認證課程的阻礙是可預期的，但英國實施經驗發現當教學認證課程逐漸成為大學校園文化的一環，此種反抗的情況有逐年降低的趨勢。目前英國設法運用UKPSF建置升等過程中教學和學習支援專業經驗的認可標準，打通教學升等進路，提升教學於酬賞系統中的地位，可見其於平衡高等教育教學和研究重要性的努力。我國高等教育亦長期存有重研究輕教學的現象，英國設法提升教學於高等教育重要性的作為可供我國參考。

　　根據以上研究結論，本研究建議成立全國性高等教育教學與學習專責機構，負責統籌相關資源及推動高等教育教學與學習相關政策。開通教學升等進路，提升教學於酬賞系統中的重要性，嘗試從教學領導、管理和支援等更廣義面向思考教師教學能力和經驗於升等評鑑項目的採用。並設法增進教師於教學議題互動的機會，以提高教師對於教學的重視。再者，本研究之結果可作為初步探究英國高等教育教學專業認證及教師教學培訓課程探討之楔子，未來再進一步瞭解英國高等教育教師聘任制度、教師酬償系統及學術界價值觀等，以探究英國此種高等教育教學認證制度設計之背景和原因，並設法蒐集教學認證課程實施成效之客觀數據，以作為我國未來發展高等教育教學專業之參考。

參考文獻

一、中文部分

王令宜（2004）。大學教師教學專業發展理論與實務。教育研究月刊，**126**，61-72。

王保進（2012）。100年校務評鑑之回顧與前瞻。教育評鑑雙月刊，**38**，10-17。

杜娟娟（2002）。教學與研究：大學教師的工作投入時間。屏東師院學報，**17**，135-174。

李奉儒（2011）。英國師資培育認證制度之探究。教育研究與發展期刊，**7**(1)，23-81。

李振清（2006）。建立有效教學機制—教師發展是高等教育評鑑的核心議題。評鑑雙月刊，**9**(3)，9-12。

吳清山（2011）。我國高等教育革新的重要課題與未來發展之分析。長庚人文社會學報，**4**(2)，241-280。

林政逸與楊思偉（2011）。我國公立大學教師人力資源管理之研究。臺中教育大學學報，**25**(2)，85-110。

教育部（2011）。第八次全國教育發展會議實錄。臺北：作者。

陳怡如（2007）。高等教育教學卓越之追求，以英國經驗為例。教育研究月刊，**157**，143-156。

陳琦媛（2012年4月）。高等教育教學認證課程之研究。「大學品質保證機制—學生學習成效之提升」學術研討會發表之論文，淡江大學臺北校區。

陳碧祥（2001）。我國大學教師升等制度與教師專業成長及學校發展定位關係之探究。國立臺北師範學院學報，**14**，163-208。

張媛甯、郭重明（2010）。大學教師專業發展之初探。學校行政雙月刊，**71**，194-213。

楊瑩（2011）。英國2011年高等教育白皮書—以學生為制度之心。教育研究月刊，**212**，117-129。

鄭博真（2012）。我國大學教師專業發展之現況、困境與展望。教育研究與發展期刊，**8**(1)，61-92。

二、外文部分

Association of Teacher and Lectures (2011). *ATL response to the future of higher education review.* Retrieved from http://www.atl.org.uk/Images/ ATL%20response%20to%20Futu re%20of%20Higher%20Education%20Review.pdf

Browne, J. (2010). *Securing a sustainable future for higher education: An independent review of higher education funding & student finance.* Retrieved from http://www.bis. gov.uk/assets/biscore/corporate /docs/s/10-1208- ecuring-sustainable-higher-education-browne-report.pdf

Chen, C.Y. (2011).*The Application of Teaching Quality Improvement Strategies in Higher Education.* Presented at Asia-Pacific Association for International Education 2011 Conference.

Dearing, R. (1997). *The National Committee of Inquiry into Higher Education.* Retrieved from http://www.kcl.ac.uk/study/learningteaching/ kli/pc/pgcaphe.aspx

Department for Education and Employment (1998). *Higher Education for the 21st Century: Response to the Dearing Report.* Retrieved August 10, 2012, from http://www.lifelong-learning.co.uk/dearing/

Department for Education and Skills (2003). *The Future of Higher Education.* Lodon: Author.

Department for Business Innovation & Skills (2011). *The Government's response to Lord Browne's Review.* Retrieved from http://discuss.bis.gov.uk/hereform/

Department for Business Innovation & Skills (2012). *Government response to 'Students at the heart of the system' and 'A new regulatory framework for the HE sector.* Retrieved from http://www.bis.gov.uk/assets/biscore/higher-education/ docs/g/12-890-government-response-students-and-regulatory-framework-higher-education

Gibbs, G., & Coffey, G. (2004). The impact of training of university teachers on their teaching skills, their approach to teaching and the approach to learning of their students. *Active Learning in Higher Education, 5*(1), 87-101.

Hanbury, A., Prosser, M., & Rickinson, M. (2008). The differential impact of UK accredited teaching development programmes on academics' approaches to teaching. *Studies in Higher Education, 33*(4), 469-483.

Higher education academy(2011a). *Higher education academy annual report 2010-11.* Retrieved from http://www.heacademy.ac.uk/assets/documents/aboutus/ HEA_Annual_Re p_low_res_160212_1142.pdf。

Higher education academy (2011b). *UK Professional Standards Framework for teaching and supporting learning in HE 2011*. Retrieved from http://www.heacademy.ac.uk/as-sets/documents/ukpsf/ukpsf.pdf。

Higher education academy (2012a). *UK Professional Standards Framework (UKPSF)*. Retrieved from http://www.heacademy.ac.uk/ukpsf

Higher education academy (2012b). *About us.* Retrieved from http://www.heacademy.ac.uk/about.

Higher education academy (2012c). *The Higher Education Academy Strategic Plan 2012-2016.* Retrieved from http://www.heacademy.ac.uk/ strategic-plan.

Higher education academy (2012d). *Benefits of subscription: Higher education institutions 2012-13*. Retrieved from http://www.heacademy.ac.uk/assets/ documents/ subscription/ HEA-subs-benefitsHEI.pdf.

Higher education academy (2012e). Recognising excellence in teaching and learning：Report from the consultation on the UK Professional Standards Framework (UKPSF) for teaching and supporting learning in higher education. Retrieved from http://www.heacademy.ac.uk/assets/documents/ukpsf/ recognising-excellence.pdf

Higher education academy (2012f). *Framework Guidance Note 6: In what ways can the Framework be used?* Retrieved from http://www.heacademy. ac.uk/assets/documents/ ukpsf/framework-guidance-6.doc.

King's College London (2010). *Postgraduate Certificate in Academic Practice in Higher Education.* Retrieved from http://www.kcl.ac.uk/study/learningteaching/ kli/pc/ pgcaphe.aspx

Higher education academy (2012g). *Framework Guidance Note 7: Accreditation* Retrieved from http://www.heacademy.ac.uk/assets/documents/ ukpsf/framework-guidance-6.doc.

Higher education academy (2012h).*Subscribing institutions*. Retrieved from http://www.heacademy.ac.uk/subscribing-institutions.

Higher education statistics agency (2013). *Patterns and trends in UK higher education.* Retrieved from http://www.universitiesuk.ac.uk/highereducation/ Pages/ PatternsAndTr endsInUKHigherEducation2013.aspx#.UqaOwdHxt9A

King's College London (2010). *Postgraduate Certificate in Academic Practice in Higher Education.* Retrieved from http://www.kcl.ac.uk/study/learningteaching/ kli/pc/ pgcaphe.aspx

King's College London (2011). *King's Learning Institute Teaching Prospects 2011-12.*

Retrieved from http://www.kcl.ac.uk/study/learningteaching/kli/aboutus/kliprospectus2011-12.pdf

Knight, P. (2006). *The effects of post-graduate certificates. A report of the project sponsor and partners*. Retrieved from http://kn.open.ac.uk/public/document.cfm? docid=8640

Light, G., Calkins, S., Luna, M., & Drane, D. (2009). Assessing the impact of a year-long faculty development program on faculty approaches to teaching. *International Journal of Teaching and Learning in Higher Education, 20*(2), 168-181.

National union of students（2010). *Initial Response to the Report of the Independent Review of Higher Education Funding and Student Finance (the Browne Review)*. Retrieved from http://www.nusconnect.org.uk/asset/news/6001/ Browne_Response_FINALFFF.pdf

Oxford University Gazette（2003）.*The University Response to the Government's White Paper, The Future of Higher Education*. Retrieved from http://www.ox.ac.uk/gazette/2002-3/supps/1_4660.htm

Prosser, M., Rickinson, M., Bence, V., Hanbury, A., Kulej, M. (2006). *Formative Evaluation of Accredited Programmes*. Retrieved from http://www.heacademy.ac.uk/assets/documents/research/formative_evaluation_of_accredited_programmes_may_2006.pdf

Thompson, J., & Bekhradnia, B. (2010). *The Independent Review of Higher Education Funding: an analysis*. Retrieved from http://www.hepi.ac.uk/files/49%20Browne%20Review%20full.pdf

Thompson, J., & Bekhradnia, B. (2011). *Higher Education: Students at the Heart of the System. An Analysis of the Higher Education White Paper*. Retrieved from http://www.hepi.ac.uk/files/White_paper_response_ 08_15c.pdf

Times Higher Education (2003). *New academy to raise status of teaching*. Retrieved from http://www.timeshighereducation.co.uk/story.asp? storyCode= 174320&sectioncode=26/PGCLTHE%202010-11.pdf

Trowler, P.,& Fanghanel, J.,& Wareham,T. (2005）. Freeing the chi of change: the Higher Education Academy and enhancing teaching and learning in higher education. *Studies in Higher Education, 30*(4), 427-444.

University College London (2010). *Postgraduate Certificate in Learning and Teaching in Higher Education*. Retrieved from http://www.ucl.ac.uk/calt/key-documents/PGCLTHE%202010-11.pdf

University of Durham (2010). *Centre for Learning Teaching and Research in Higher*

Education (CLTRHE) Postgraduate Certificate in Academic Practice (PGCAP). Retrieved from http://www.dur.ac.uk/resources/education/ctlrhe/ PGCertInformationleaflet2009-10.pdf

University of Edinburgh (2010). *Postgraduate Certificate in University. Teaching Programme Handbook*. Retrieved from http://www.docs.hss.ed.ac.uk /iad/Learning_teaching / Academic_teaching/PgCert/ PGCertHandbook2010final_sept2010.doc

University of Oxford (n.d.a). *Developing academic practice*. Retrieved from http://www. learning.ox.ac.uk/support/teaching/programmes/dap/

University of Oxford (n.d.b). *Planning, review and integration*. Retrieved from http://www. learning.ox.ac.uk/support/teaching/programmes/pri/

University of Southampton (2010a). *Postgraduate Certificate in Academic Practice (PCAP) Programme & Module 1 Handbook (2010/11 Academic Year)*. Retrieved from http:// www.soton.ac.uk/lateu/professional_development/PCAP/PCAP_M1_Handbook_2010_ 11.doc

University of Southampton (2010b). *Postgraduate Certificate in Academic Practice (PCAP)*. Retrieved from http://www.southampton.ac.uk/lateu/professional_development/PCAP/ index.html

University of Sussex (2010). *The PGCerHE outline program*. Retrieved from http://www. sussex.ac.uk/tldu/documents/pgcert-outline-programme

Universities UK（2003）. *Universities UK's response to the The Future of Higher Education*. Retrieved from http://www.universitiesuk.ac.uk/Publications/ Documents/ResponseToTheHigherEducationWhitePaper.pdf

Universities UK (2013). *The changing academic profession in the UK: setting the scene*. Retrieved from http://www.universitiesuk.ac.uk/highereducation/Pages/ ChangingAcademic.aspx#.UqaOKtHxt9A

University of York (2010). *The Postgraduate Certificate in Academic Practice (PGCAP) Academic year 2010/11*. Retrieved from http://www.york.ac.uk/admin/hr/academic-practice/pgcap/pgcap-handbook-2010 -11.pdf

Warnes, M. (2008). *The effects of post-graduate certificates*. Retrieved from http://www. medev.ac.uk/news/2861/view/

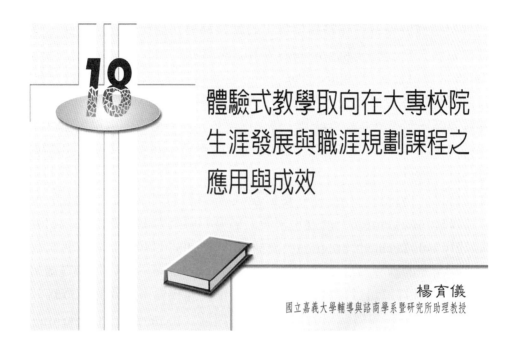

體驗式教學取向在大專校院生涯發展與職涯規劃課程之應用與成效

楊育儀
國立嘉義大學輔導與諮商學系暨研究所助理教授

壹 緒論

　　近年來高等教育擴張後，「學用落差」現象一直是社會輿論關心議題，除了政府部門積極推出政策作為（蔣偉寧，2012），社會輿論亦提出了甚多批判與建言（教改總體檢，2013）。在這樣的時空脈絡下，大專校院無不積極推動學生進入職場前的「最後一哩」職涯輔導工作，著重於強化專業所學和職場世界中特定職業領域工作訊息之間的連結，具體化為多樣形式的就業力促進與生涯支持活動（career support activities），同時促成了過去曾為通識課程其中一門的生涯發展與職涯規劃課程（以下將簡稱為「生涯課程」）再度被重視，成為現階段許多大專校院在專業課程以外推動參訪、見習和實習前積極展現生涯教育工作之具體作為。

　　雖然，在過去十數年，生涯課程被視為是大專校院通識設計中的一門課程存在已久，而各校作法和開設課程內涵或有些差異，但理想上此

門課程應提供媒合、謀職到位爲主的就業輔導功能，兼顧以發展、深度探索爲主的心理內涵（Andrews & Higson, 2008; Fallows & Steven, 2000; Knight & Yorke, 2013; Watts, 2006），方能輔助高等教育現階段積極推動正式課程以外的潛在或非正式課程以及具整合性的導師、各專業領域職涯導師培訓等職涯輔導機制，齊力提供多元發展機會促進學生面對從學校跨入職場（school-work transition）所需的生涯探索與職涯規劃準備。

有鑑於此，本文目的不在於論述高等教育如何導入生涯介入（career intervention）或近年來廣泛倡導的就業力促進方案（employ-ability enhancement program，簡稱EEP），亦非聚焦在生涯發展或職涯規劃所需的課程設計主題及其內涵（請參見金樹人、田秀蘭、吳芝儀、王玉珍、侯志瑾，2013），而是著重於以正式課程爲主體的教學策略，探討適用於生涯課程教學的體驗式學習理論（Experiential Learning Theory，簡稱ELT）（e.g. Kolb, 1971, 1984），同時藉由分析作者近年在國立嘉義大學任教此門課程時蒐集所得實證資料，以呈現、討論與體驗式學習歷程直接有關的教學實踐行動和實務議題，期待拋磚引玉促成後續討論，共同致力於建立生涯領域以實證爲基礎的課程設計和教學發展機制（evidence-based practice，簡稱 EBP）（Kidd, 2006），在面臨青年失業現象逐年升高的當下能藉由此門課程發揮更佳自我探索和就業力促進功能。

貳　生涯課程特性與教學取向

雖然生涯發展、職涯規劃相關課程存在高等教育通識類科（liberal curriculum）已久，長年以來被視爲是博雅教育（liberal arts education）培養人才所需課程之一（Law, 1996），但是，檢視國內常見的生涯課程實施，除了課程設計較具理論架構（經常依循自我探索、職業工作世界試探、生涯決定和行動相關議題等三大面向）之外（例如吳芝儀，2000；金樹人等，2013），有關此類課程的教學歷程經常缺乏理論基礎，尤其缺少以經驗爲本位（experience-based）並能

兼顧自我探索歷程（非僅著重於工作經驗）的理論架構（e.g. Watts, 1996）。現行教學取向有時仍著重於知識性學習，尤其是愈來愈被當前大專校院強調應發揮的「職涯」規劃功能（而非「生涯」）及特定專業領域職涯課程內涵。若進行生涯課程時流於結構性知識之學習，或過於講究形式化的活動內涵，則較難期待課程發展得而採納更多彈性、開放式素材，真能朝向以實證為回饋基礎、敏感地反映社會需要的教學及課程發展方向（陳伯璋，1983；陳麗華，2005；蔡清田，2004）。

　　十數年前，歐洲生涯學者（e.g. Law, 1996; Kidd, 2006）即主張生涯探索及發展的本質即為體驗式學習歷程，在人際互動、回饋、反思中建構出以個人經驗為底的自我概念（self-concept）（Law, 1996），以探討實際發生經驗為主軸在自我發展與生涯發展之間建立強而有意義的連結，據此作為職涯規劃和面對未來生涯管理的基礎，體驗式學習取向有助於產生足以付諸實際行動的生涯動力來源。

　　對於高等教育課程規劃而言，強調體驗取向的生涯課程在課程設計及教學方法上需要的不同於專業課程著重在知識性內容，生涯課程必須致力於促進學生個人生涯經驗的反思（reflection）（Kolb, 1971, 1984; Kidd, 2006），並能以在課程中具體經驗到的內省、自我覺察作為基礎開展出面對職涯選擇和生涯發展的職涯自我概念（occupational self-concept）、生涯自我效能（career self-efficacy）以及進行個人生涯管理（career self-management）與生涯決定（career decision-making）所需的前瞻性行為（proactive behavior）。符應生涯課程應具備此特性，以體驗式學習（experiential learning）為取向的教學設計較能讓學習參與者在反思歷程後展現生涯管理和實踐行動。

　　若從教學過程所應重視的學習遷移（transfer of learning）觀點來看（例如，謝甫佩、洪振方，2003），傳統教學情境現場經常受制於既定教學素材及經特定設計過的內容，然而，以生涯課程為例，這些結構化教材中的學習情境與描述可能與學習者本身的生涯經驗有著相當大落差，不見得適用於涵蓋範圍甚為廣泛、身處不同高等教育環境的學習者，包括了一般以學術能力為導向的大學生以及強調特定技能發展的技職校院學生，而且不同專業類別之間的學習、職涯和生涯發展經驗也可

能存在著甚多差異。若僅聚焦在偏結構化的生涯知識或資訊，則他們可能需要的是在內容和路徑發展上有著相當大差異的結構性素材，不同專業領域間可能存在著不同需要，為符合差異化專業職涯路徑對應而需探討的內容和援用來自職場資源也隨之會有甚多差異。

不少生涯學者觀察到此現象（e.g. Kidd, 2006; Law, 1996），因而強調教學歷程之重要，主張採用「非結構式」的教學取向進行大學生涯探討或決定議題之相關課程，讓學生得以在探索生涯議題的課程中融入個人生涯經驗、展現差異化特色，而教學者隨之在教學進行中適當地彙整這些經驗，以彈性、開放式課程活動框架化這些來自不同學習者的生涯經驗進而形成教學歷程所應探討主軸；意即，藉非結構式教學途徑讓參與者「共構」課程內容並得以提供反映個人化的學習素材，在融入生涯探索或選擇者本身個人化生涯經驗歷程當下發展課程基礎，並能以此基礎衍生而來的焦點議題作為彙聚學生共同經驗的課程主軸，讓參與者在學習歷程中彼此分享、討論，如此方能落實學習成效。

在生涯課程以外，我們可以看到各大專校院頃刻正積極推動就業力發展活動，尤其近年來特別著重於職涯決定和規劃，舉凡職場參訪、履歷撰寫、面試準備等均為這幾年國內常見的職涯實務工作。在現今高等教育脈絡下，屬於正式課程規劃中的生涯課程更應突現其定位與功能上的差異特性，生涯課程應與一般著重於職涯選擇為焦點的職涯輔導或就業力促進活動有所不同；強調具體實踐方案的同時更應將生涯發展重點回歸至足以影響職涯決定關鍵所在的內在心理基礎，深究攸關能力發展和態度培養的個人經驗（Kolb, 1984; Kolb & Kolb, 2005）。生涯課程應進行深度自我探索，讓大學生能在課程中思考從過去迄今一脈發展而來的生涯故事（career stories）（McMahon, Patton, & Watson, 2004），藉此連結來自個別事件的經驗、在串聯事件經驗中開展出對個人有意義的生涯主題（career themes）（Gysbers, Heppner, & Johnston, 1998），並能綜合這些探索經驗重寫生涯經驗、賦予既存經驗的當下意義，隨之定位適當視框、發展有意義角度看待自己與生涯之間的關係，建構以價值意涵和意義主軸（value-laden）為架構的個人生涯故事，提出有所主張的生涯（e.g. Law, 1996）。

從另一方面來看，生涯課程作爲正式課程中的一門應能發揮與專業課程有所不同的功能，重點不在於教導有助於生涯發展所需的知識，而是在教學歷程中支持學生以個人生涯經驗爲本而深究這些來自內在的生涯資源，兼能檢視個人面對生涯發展應有的態度和能力，藉由生涯課程支持大學生以具個性化的生涯主張探討如何因應實踐生涯過程中必須面對的關鍵議題，包括個人議題、與他人之間的關係議題，以及社會結構或職場環境等外在條件議題（Collin, 1997; Collin & Young, 1986），進而開展出富涵個人意義、提供行動力量來源的職涯管理規劃藍圖。

 體驗式學習的發展背景與演變

　　「體驗式學習」（experiential learning）逐漸成爲臺灣教育領域中經常被討論的新興學習模式之一（例如：王秀津、顧翠琴、張筱玉、黃淑娜，2003；林旖旎、陳凱婷，2009；謝智謀、吳崇旗、謝宜蓉，2007；羅寶鳳、白亦方，2002）。如同過去研究歸納分析，受到實用主義強調「做中學」（learning by doing）啓發（Dewey, 1938）及隨後Lewin（1951）場地論（Field Theory）和體驗學習圈（experiential learning cycle）概念、Piaget（1970）認知發展論、Vygotsky（1978）社會建構主義等影響，體驗式學習理論融入了建構主義知識論（Constructivist Epistemology），強調人境互動和具體發生的實際經驗，逐漸發展成爲兼顧學習者風格及學習者能力發展歷程的完整理論體系。

　　若檢視建構主義觀點的教學主張，許多心理學家認爲智力發展及知識獲得乃來自於人與環境互動之結果。Piaget（1970）主張知識發生在失衡狀態中尋求再平衡的適應過程，在失衡的辯證歷程中藉由同化（assimilation）納入新經驗，或者改變既有基模（scheme）以解釋新經驗，亦即調適（accommodation）；而Vygotsky（1978）則特別強調社會環境和文化對於知識發展之重要性。這些建構觀點解釋了人類知識與學習發生歷程，均影響了以體驗形式爲取向的教學理論主張。

　　此外，體驗式學習理論模式之發展受到早期行爲科學理論Lewin（1951）場地論的影響甚大（可簡化爲B = f(p,e) 此公式），其理論

強調主動參與式學習（active participatory learning）、體驗學習圈
（experiential learning cycle）、回饋（feedback）、行動研究（action
research and laboratory training）對於學習之影響，亦可追溯至早期
Dewey（1938）經驗理論（a theory of experience）強調「做中學」、
「經驗」的重要性。從實用主義強調「經驗」發展而來，此派教育觀
點提倡教學理論必須以實務應用爲重，與隨後「新學習科學」之形成
（the new science of learning）有著密切關係（Kolb & Kolb, 2005）。

　　除了上述這些探討「經驗」在學習歷程扮演角色的教育學者以外，
Kolb & Kolb（2005）指出體驗式學習理論也受到了Carl Jung、Paulo
Freire、Carl Rogers 等人的心理或教育理論影響，他們倡導尊重個體、
發揮人性、著重在學習歷程中的自由和個性發揮，以及以全人發展爲關
懷的教育主張，致力於發展足以呈現完整體驗學習歷程之整體模式（a
holistic model of the experiential learning process）。

　　檢視體驗式學習理論的發展歷史，自70年代，Kolb（1971）開始
提出系統性論述提倡體驗式學習對教育領域之重要，而後逐漸吸引了
來自各學科領域學者應用體驗式學習觀點探究特定領域的學習議題，
包括：心理、管理、醫護、會計、法律等領域，其中有量化也有質性
取向（Boyatzis & Kolb, 1991; Kolb & Kolb, 2005）。體驗式學習理論在
發展初期即鮮明提倡其學習觀點與當時主流行爲主義教育觀點有所不
同，體驗式學習反對行爲主義否定意識或主觀經驗在學習歷程中扮演角
色，而主張學習歷程就是人們面對環境時的適應與發展歷程（詳見Kolb,
1984）。而後，新興認知心理學觀點影響了體驗式學習理論之發展；除
前述心理學家以外，例如Gagné（1972）研究「認知策略」（cognitive
strategies）對學習的重要性，強調學習者必須在適當時間運用心智能
力和已有的知識解決學習上所面對的問題，學習者必須有效運用策略類
化新知識及促進解決問題程序，認知策略對於強化記憶所需的學習歷程
也很有幫助。不過，Kolb（1984）不斷強調體驗式學習理論不僅著重認
知運用，也關注情感、知覺和行爲層面的體驗對於學習之重要，更鼓勵
學習者發展「整體性」（holistic）學習風格取向。

　　近年，結合神經科學（Neuroscience）研究取向興起，亦有學者開

始在理論研究上探討大腦神經運作歷程與體驗式學習之間的關係（Kolb & Kolb, 2005），此發展趨勢相當值得關注。

 肆 體驗式教學法的理論基礎及應用原則

一 教學基本主張

體驗式學習本身即為建構知識之過程（Kolb & Kolb 2005）。體驗式學習理論強調學習的過程而非結果，並主張學習是來自於不斷地經驗過程；呼應了許多生涯理論主張「學習」（learning）為生涯探索歷程之核心任務（Atkinson & Murrell, 1988），尤其在當今趨於「無疆界生涯」（boundaryless career）的職場中日益強調就業力（employability）、持續學習（continuous learning）為生涯管理之關鍵能力（King, 2004; London & Smither, 1999; Watts, 2006）。

與傳統教學方式以教師為中心有所不同，運用體驗式學習為主的教學取向強調以學生為中心的教學理念（Estes, 2004），教學者在學生經歷體驗式學習歷程中不斷示範的是對不同社經背景學習者的尊重及看重多元文化價值，導入體驗式學習取向的教學者在乎的是教學歷程中所發生的人際互動，重視課程規劃以外「此時此刻」（here and now）呈現的立即經驗（e.g. Lewin,1951; Kolb, 1984）；運用同儕間形成的團體動力讓學習者在自然、被尊重氣氛中分享個人經驗，平等地討論自己和別人差異所在，在頻繁互動的回饋歷程中產生深度反思並接續延伸出更多人際互動與討論。

除此以外，此派教學觀點認為學習者在體驗式學習歷程中經驗到的多元觀點有助於釐清自己對特定議題之想法，同時有益於思索自己與他人經驗之間的差異所在，在討論彼此差異中更加確認自己的想法，或提供了調整個人想法的機會；在付諸行動的實踐階段，體驗式學習歷程中持續發生的討論和分享也有助於學習者綜合多元、不同觀點，研擬出符合現實、適於行動的規劃方案和可具體採行的試驗行為（Arthur & Achenbach, 2002）。

367

二　理論核心概念

　　構成體驗式學習理論的主要概念，包括：體驗式學習歷程的四個階段、學習風格、學習技能、適應風格等，以及衍生對應而來的評量工具和教學實務作為，以下逐一說明之。

　　在學習歷程方面，Kolb（1984）指出體驗式學習乃由：「具體經驗」（concrete experience，簡稱CE）、「反思性觀察」（reflective observation，簡稱RO）、「抽象概念化」（abstract conceptualization，簡稱AC）及「試驗與應用」（active experimentation，簡稱AE）等四個程序所構成，亦即「體驗學習圈」之循環歷程（experiential learning cycle or spiral）（見圖1）。

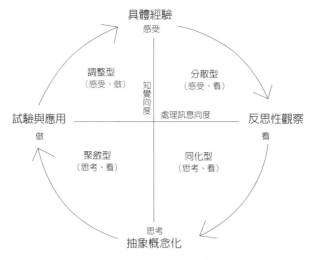

具體經驗
感受

調整型
（感受、做）

分散型
（感受、看）

知覺向度

試驗與應用　　　　處理訊息向度　　　　反思性觀察
做　　　　　　　　　　　　　　　　　　看

聚斂型
（思考、看）

同化型
（思考、看）

思考
抽象概念化

圖1　體驗學習理論架構

　　首先，在具體經驗階段，著重於獲得實際可接觸到的經驗，直觀地感受在特定情境中的個人反應與狀態（CE），接續，基於觀察而發展出多種可試驗的選擇（RO），繼之整合觀察到的個別經驗進行認知評價並發展出個人觀點（AC）。最後，將這些形成的抽象概念和想法付諸於實際行動，再次應用於參與式學習，同時承擔、經歷試驗過程中的可能風險（AE）。

Kolb & Kolb（2005）指出，體驗式學習即為運用此學習歷程或四種學習方式（modes）建構知識的過程。就整體的體驗式學習歷程來看，經驗（experiencing）提供了觀察和反思基礎，觀察和反思（reflecting）有助於形成個人理論觀點，而這些新發展出的想法（thinking）可接續在學習歷程中被試驗（acting），同時也提供了學習者獲得、運用新經驗來源的導引依據。除了用於說明體驗式學習歷程和學習方式以外，Kolb（1984）也以此分類架構闡釋不同特性的知識結構。

體驗式學習理論之核心在於學習者如何從具體經驗轉換為抽象概念，而抽象概念形成又如何影響了學習者選擇新經驗並從中學習（Atkinson & Murrell, 1988）。在體驗式循環歷程中，大體上可以「具體vs. 抽象」（the concrete-abstract continuum）及「反思 vs. 行動」（the reflective-active continuum）兩大垂直向度解釋學習者在學習情境中的體驗式經驗，前者用於說明學習者如何「獲得」經驗或來自外在訊息（modes of grasping experience），而後者用於說明學習者如何「運用」這些所得訊息（modes of transforming experience）。這兩大向度對立點之間的關係是辯證式的，而學習發生在獲得具體和抽象經驗之間，學習發生在反思與行動之間運用經驗；在學習情境中，學習者持續不斷選擇和運用來自外在的訊息以因應學習歷程所經驗到的困難和衝突所在，在獲得與運用經驗中體現學習（the combination of grasping and transforming experience）（Kolb, 1984; Kolb & Kolb, 2005）。

對於體驗式學習理論而言，「學習風格」（learning styles）是區分不同學習者之間個別差異的主要概念，從體驗式學習兩大向度區分出九種在學習風格上有所差異的學習者特質（詳見Kolb, 1984）；學習風格概念與近年認知心理學家提出的學習策略（learning strategies）、執行控制過程（executive control processes）、策略知識（strategic knowledge）、認知策略（cognitive knowledge）有關（Boyatzis & Kolb, 1995），此類學習特質也與人格特質有著一定程度的關係（Kolb & Kolb, 2005）。

具體而言，不同學習風格的學習者在學習方面獲取和運用經驗方式

有所差異，他們需要的教學或學習環境刺激隨之而有不同；在教學實務上可運用「學習風格量表」（Learning Style Inventory，簡稱LSI）評估學習者在學習特性上的差異。而在學習者的發展歷程中，若著重具體經驗（CE）則會增加情感複雜性（affective complexity）、觀察式反思（RO）增加知覺複雜性（perceptual complexity）、抽象概念化（AC）增加象徵複雜性（symbolic complexity）、試驗與應用（AE）增加行為複雜性（behavioral complexity），諸如此類影響效應對教學實務甚有啓示。Kolb & Kolb（2005）指出在人生發展前期習慣於使用某特定學習風格，但伴隨著個人在學習和工作經驗的增加，學習風格之運用趨於整合，逐漸能以彈性策略獲取、運用外在訊息與經驗。

　　Kolb（1984）曾提出「體驗式學習發展理論」（the ELT developmental model）將發展歷程區分成獲取（acquisition）、專業化（specialization）、整合（integration）三個階段：獲取階段從出生開始到青少年，著重在基本能力和認知結構之發展；專業化階段則跨處在從完成學校學業到進入職場工作階段，著重成年初期的工作與個人發展經驗，期間涉及社會社會化、教育社會化與組織社會化歷程，乃建立個人學習風格之關鍵階段；整合階段起始於中年或成年晚期，強調多重學習風格之整合，無論在工作或個人生活皆能不受限於某特定學習風格。簡言之，體驗式學習發展理論主張，伴隨人生階段之發展，個體的學習從單一趨於複雜化且更具功能地發揮影響以符合現實需要，在「具體 vs. 抽象」以及「反思 vs. 行動」兩對立之間的辯證關係中趨於調和，能彈性且具整合性地運用各種學習模式。

　　體驗式學習理論進一步論述這個議題，強調體驗式學習關心的不僅為單一或個別的學習經驗，同時也探討學習和短期表現以及長久發展之間的關係。如同Boyatzis & Kolb（1991, 1995）指出，除了「具體 vs. 抽象」及「反思 vs. 行動」兩大垂直向度以外，體驗式學習理論提出學習經驗的第三個向度，此向度與知識的特殊化與整合程度有關（the degree of specialization and integration of knowledge），呈現在表現（performance）、學習（learning）和發展（development）三個層次的不同。在表現層次，知識是個別特殊的、以內容為主，時間上是有限

的；在學習層次，知識可被應用在相似情境，無論在時間或應用空間上均有相對較高延展性；而在發展層次的知識，此類知識最為長久並可被學習者策略性地運用於因應個人學習和適應發展議題。

Kolb（1984）除了以學習風格說明在學習層面的差異以外，延續此種個別差異觀點，也以「學習技能」（learning skills）用於解釋不同學習者在短期、特定學習情境中的能力特性，強調學習者在課程內容的學習方面有所差異。除此以外，體驗式學習理論也發展出評量工具用於分析學習者在發展層次上整合知識程度的不同，藉此說明學習者因應不同情境時的適應彈性（adaptive flexibility）。

總括來說，對應這三種不同層次的個別差異（表現、學習和發展三個層次），體驗式學習理提出了學習技能檔案（Learning Skills Profile）、學習風格量表（Learning Style Inventory）、適應風格量表（Adaptive Style Inventory）作為教學實務現場評估學習者特性所用，這些工具在實務上依序各評估學習者在表現、學習及發展層次的個別差異（詳見Mainemelis, Boyatzis, & Kolb, 2002）；綜合多層次個別差異指標說明了不同學習者之間在投入體驗歷程上的差異不僅來自於個人學習風格，也受到學習技能、適應彈性之影響。

三　體驗式教學法特色及應用原則

綜合國內外學者觀點（王秀津等，2003；徐正芳，2005；謝甫佩、洪振方，2003；謝智謀等，2007；羅寶鳳、白亦方，2002；Kolb, 1984; Kolb & Kolb, 2005），以體驗式學習為基礎的教學取向相對於其他傳統教學取向有著以下特性：

1. 強調在體驗中學習，經驗是學習的根本，因此教學者必須對經驗的多元現象具備高度敏感。
2. 學習者為建構知識的主動者，學習並非被教導而來，教學歷程必須引發學習者建構自我知識體系。
3. 學習歷程涉及不斷反思過程，強調實務應用、做中學，教學應以實用兼具反思性的素材為重。

4. 學習發生在人際互動中，教學者必須藉由社會互動促使學習者獲得回饋、發現解決問題的方法。

從這些特性可以得知，以體驗式學習為基礎的教學取向看重的是整體式（holistic）學習，而非特定技巧或零碎知識之獲得。當下發生的體驗式經驗是深刻、直觀的，以此時此刻的具體經驗為焦點引發更深入且兼具反思性的學習歷程（Kolb, 1984; Lewin, 1951），同時由於此種學習歷程與曾發生在學習者的過去經驗有所連結，因而促使學習者在真實社會情境中易於體驗與調整、採取實踐行動。基於這些特性，這個教學取向特別適用於人際溝通、創造與思考、解決問題、團隊合作及規劃行動等基本能力之發展，也特別適用於邁入成年階段的學習者（e.g. Kolb & Kolb, 2005）。

再者，教學方法之導入應充分考量如何促成學習遷移發生，方能有效地提升教學成效（例如，謝甫佩、洪振方，2003）。從教育心理學觀點來看，學習遷移的發生可以藉由三種形式呈現，包括：特定性遷移（specific transfer）（將學習到的技能與經驗運用於類似情境）、非特定性遷移（non-specific transfer）（將學習之技能視為一認知概念，在解決問題時成為思考基礎）以及隱喻性遷移（metaphoric transfer）（雖然遷移內容與原先學習經驗有差異，但在遷移過程中藉由概念化效果以運用於更廣泛層面）（請參見徐正芳，2005；謝甫佩、洪振方，2003）。對應於體驗式學習經驗所應有之教學歷程著重在真實情境中實際操作或模擬，學習者主動學習動機被激發，在教學情境中提供了立即應用機會，從個別而特定的案例中說明及體驗，同時強調學習歷程中的反思和概念化；若就這些教學特性來看，體驗式學習取向相當有助於訓練遷移之發生（楊育儀、王以仁、傅弘毅，2011ab）。

此外，此教學取向在教學情境中融入了學習者本身的能力及先前經驗，若能輔以個別案例中的實際演練臻於「精熟」學習狀態，強化在演練或模擬情境中的多樣性，則有助於讓學習者接觸到看似相同但稍有差異的各種情況，這些體驗經驗對於訓練遷移之發生以及落實學習成效均有所助益。

另一方面，從教學歷程中的情意層面來看，學習者在學習態度上

有時是學習動機相對較弱、沒有學習意願的，或呈現消極反應和防衛心態，因而影響了學習歷程及學習遷移的發生（Arthur & Achenbach, 2002）；換言之，教學設計應建立在需求評估（needs assessment）基礎之上。尊重學習者不同學習需求並能具體評估（learning needs assessment）是體驗式學習理論另一特色（Boyatzis & Kolb, 1991, 1995），以學習者在學習上的需要和心理狀態為前提，兼能思考如何有效地設計課程讓學習者帶入個人經驗，在教學歷程中創造出生動有趣的學習氣氛、探討符應個人關切議題，實為教學者必須致力於導引的教學方向。以現階段大專校院生涯課程為例，若能以正發生在個人生涯經驗中的實際情境為導向，採用參與式體驗活動為教學設計，則應有助於激發學習動機及在學習過程中展現利於學習遷移發生的正向態度。

與前述教學特色有關，Kolb論述體驗式學習理論時曾指出應用於教學實務時宜參考如下原則（e.g. Kolb, 1984; Kolb & Kolb, 2005）：

1. 體驗式學習理論強調學習比較適合以「歷程」（a process）來呈現，而非學習結果（outcomes）。學習建立在不斷經驗的過程，因此教學者宜致力於提供學習者得到回饋機會（feedback），在學習歷程中不斷重組經驗（a continuing reconstruction of experience）。

2. 所有學習都是「再學習」（all learning is relearning），在學習歷程中應將學習者對某議題的內在觀點與想法外顯化、獲得檢視機會，同時必須與新學習經驗有所激盪，在體驗歷程中融合和發展出新的想法。

3. 學習之發生仰賴於辯證機制，衝突（conflict）、差異（differences）和不同意（disagreement）乃驅動學習歷程之動力來源。以當下呈現實際經驗為素材，學習者在相對兩端對比差異的呈現中發展出最有功能、最足以適應生活或社會所需的關鍵作為，在衝突的對立觀點中感受、思考、反思並具體實踐。

4. 學習並非單一「認知」（cognition）而得的結果，學習需要的是人的整體功能運作以因應環境需要（learning is a holistic

process of adaption to the world），除了認知以外的思考
（thinking）、感受（feeling）、知覺（perceiving）和行為
（behaving）共同構成了學習的整體歷程。

5. 學習來自於人與環境交互作用後的結果，此兩者相互影響導致
失衡、新平衡之發生，學習源自於人與環境互動而得。

6. 學習是創造知識的過程，學習者在個人知識體系中創造與再創
造知識，隨之開展學習歷程。也就是說，學習是仰賴於建構歷
程而來，而非輸送既定知識結構或將特定抽象概念移轉至個人
知識體系。

伍 體驗式教學法運用於嘉義大學生涯課程之經驗與成效分析

一 國立嘉義大學「生涯發展與規劃」課程設計與教學方式

因應高等教育任務特性，大專校院生涯課程經常有三大目標，包
括：獲得自我知識（self knowledge）、認識工作世界（world of work
knowledge），以及做出符合現實所需的合理決定（true reasoning）；
這些目標發源於Parsons（1909），提供現今從事生涯教育輔導工作的
主要架構。因應開設課程時間點不同，期待生涯課程達到這些目標的程
度可能稍有差異，例如：對大一、大二學生而言，生涯課程之安排經
常與生涯發展有關的自我探索議題為重點，認識工作世界為輔，以及配
合這些主題討論對應而來的決定議題（包括專業學習課程之規劃、如
何安排課外活動或打工等）；而對於即將進入職場的大三和大四學生
而言，生涯課程宜著重於認識工作世界和從學校到職場所需的生涯決
定。顯然地，身處不同年級的大學生其生涯發展任務及面對議題有所不
同，因此，教學者在生涯課程中引導方向和課程焦點隨之而有差異。

Atkinson & Murrell（1988）指出，生涯探索（career exploration）
之重點在於獲得與自我（self）和工作世界（the world of work）有關

的生涯資訊（career information）促成生涯選擇；而過去在討論生涯探索現象時往往過於偏重探索內容或結果而非探索歷程（the process of career exploration）。因此，他們建議在教育實務工作中必須正視生涯探索歷程之重要，檢視現存理論在探討生涯探索歷程時涉及的核心議題，而體驗式學習理論應可綜合這些理論觀點發展成為解釋生涯探索歷程之整合模式（a meta-model for career exploration）。由於本課程開設在大學二年級下學期，此階段大學生在專業學習上邁入關鍵時期，專業領域課程逐漸成為學習重點，而大二學生在進入大學接近兩年後對於在校所學和職場工作所需之間的關係開始有著較直接思考，逐漸能連結未來工作所需、參考職場和學習資訊決定選修課程方向，因此，開設在這個年級的生涯課程應以發展整體自我概念為主，彙整進入大學一年多時間以來的生涯經驗，同時著重於未來學習規劃、討論未來可能的職業選擇和專業發展方向，在生涯課程中擬定初步規劃，以提供後續兩年修課和專業學習重點之參考。

　　關於課程設計，本課程主要依循吳芝儀（2000）書中架構，從自我探索和自我認識主題開始，進入人與家庭、環境之間的關係，認識工作世界，而後聚焦在生涯決定議題等單元主題。若套用體驗式學習理論進行生涯課程教學（e.g. Atkinson & Murrell, 1988），自我探索主題經常起始於和具體經驗有關的活動設計（concrete experience activities），藉由回顧過去經驗和重要決定、職業生活史（vocational life history）討論學習參與者的生涯特性以及這些特性如何影響個人生涯決定和生涯發展歷程，通常以具象化、看得到方式規劃課程活動，例如繪製生涯曲線（life line）；而在設計此類活動喚起學習參與者鮮活經驗並經討論之後，跟隨著表達陳述經驗、觀察思考而來者是聚焦在探討這些曾發生經驗當中的個人意義及其主觀性（Kolb, 1984），可能涉及個人價值觀、興趣和需要等，進行課程時宜以催化反思性觀察的活動設計（reflective observation assignments）（例如：生涯幻遊）用於協助學習者從內在形成解釋過去這些生活經驗、生涯決定的一致性型態，整體評估個人強項和弱勢所在以及個人能力如何受到重要他人（significant others）之影響。

生涯課程中的抽象概念化活動（abstract conceptualization exercises）則應致力於協助學習者從描述具體經驗和討論反思性觀察細節中開展出具個人意義的完整論述並形成生涯觀，接續作決定進而付諸行動（active experimentation tasks）影響他人、選擇隨後可能發生的生涯事件，對個人生涯抱持高度承諾同時願意承擔實踐過程中必須面對的風險。

對照Atkinson & Murrell（1988）的觀點，以大二學生為對象的本課程在整學期教學歷程中有著重點不同的進展，期初課程著重於具體觀察、反思性觀察的引發，而後逐漸偏向對個人生涯理解的概念化形成，最後產生具個人意義之生涯藍圖，期能初步提出對應在修課、參與課外活動、關係發展上的行動計劃；而持續發生在課程發展中的是貫穿不同課程主題，在教學過程一致強調的回饋歷程（Kolb, 1984）。

在教學方法上，進行本課程時則依循前節所提體驗式學習取向的教學原則，在每週課程進行時盡可能促成體驗式學習循環的發生，尤其特別著重在引發個人生涯經驗、同儕間互動討論和讓發現學習自然發生，讓課程參與者有機會與其他同儕頻繁互動、分享個人生涯經驗，在討論共通和差異經驗中評估自我特性以釐清、確認、提供規劃接續專業發展方向之參考。以第一次上課為例，先喚起參與者的生涯經驗，在開放式學習單（「生涯就像……」、「生涯規劃是……」）呈現出曾發生過的「具體經驗」，而後兩次小組討論分享這些個人經驗（第一次兩人一組，15分鐘後合併兩組成為四人一組接續討論）從同儕間得到回饋，形成「反思性觀察」。接續討論和回饋之後，藉由引導參與者靜思沉澱、再次思考「生涯就像……」、「生涯規劃是……」以形成「抽象概念化」，教學者接著帶入生涯理論說明生涯發展現象和規劃管理，提供參與者對照個人抽象概念化之回饋。最後，以另一學習單（想想自己現在認為的「理想生涯」是什麼？）帶入「試驗與應用」階段（以簡單的幾句話描述自己的理想生涯）完成課程後的作業（設計十年後的名片）。類此方式，每週課程以兩個小時課程及課程後作業，實踐體驗學習圈之循環歷程。

除了在課程中的直接經驗、參與和反思歷程以外，課程參與者必須

在課程後立即撰寫課程後的反思筆記，由教學者提出開放式問題（例如，請在綜合本週課程體驗與討論後，描述自己對於「理想我」的想法為何？自己對於未來希望成為的樣子有何具體想法？……你認為你所描述的「真實我」、「理想我」與你的未來生涯之間有什麼關係？）讓課程參與者延伸該週課程討論主題，彙整課程參與經驗以提出自己在反思後的整體想法，為當週參與經驗做結束同時能將這些想法帶入下週課程，提供了接續教學發展之重要經驗來源。如此，有助於課程參與者概念化個人生涯意義、發展具體實踐計畫。

整體而言，在本課程的教學歷程中，教學者致力於創造出以經驗為主的學習歷程（e.g. Kolb & Kolb, 2005），帶入學習者個人經驗同時經由同儕互動（peer feedback）促成發現學習和反思歷程的體驗式經驗（Kolb, 1984; Lewin, 1951; London, 2003）；雖然進行課程時有課程架構可依循，但課程主題內容被視為是半結構式（semi-unstructured）教材，在教學歷程中更為強調運用團體動力（group dynamics）發展出關注此時此刻經驗的體驗式學習歷程。

二　課程成效分析之設計、資料來源及分析方式

如同前述，Atkinson & Murrell（1988）指出在討論生涯探索現象時有必要區分生涯探索內容和生涯探索歷程之間的差異，他們認為生涯探索歷程遠比生涯探索素材更為重要。因此，進行本課程時所蒐集資料不僅有量化評量工具評估參與前後的改變，同時也蒐集了質性資料作為分析歷程性現象之參考。

在資料分析規劃方面，作者採取多重來源的資料蒐集（multiple sources of evidences）（Creswell, 2009），除量化數據提供前後改變訊息以外並著重歷程性資訊呈現，以更全面地評估學習者的體驗式學習經驗。具體而言，使用到的量化工具包括：「知覺社會支持量表」（修改自汪慧君，2008）、「生涯決定狀態量表」（劉姿君，1994），而受限於本文篇幅，在此僅以學習者最後一次參與課程後填寫的反思紀錄提供質性評估之用，呈現歷程性現象。

準實驗設計（quasi-experimental design）被採用為分析設計，屬於「單組前測─後測設計」（one-group pretest-posttest design）。此設計乃在課程前後進行多次測量，藉成對樣本t檢定分析兩個測量點間的差異以評估課程效果。雖然Creswell（2009）指出，受限於缺乏對照組及無後續追蹤，此一研究設計可能難以評估成效是否來自於課程介入的影響，然而，顧及研究嚴謹與實務可行性僅能作此折衷權衡。此外，本文呈現資料係來自2010年起兩年總計修課學生66人，在學期初、學期中和學期末進行評估所得量化資料；受限於有效樣本數量較小，因此以較具堅韌性（robustness）之統計分析方法 t檢定進行假設考驗，顯著水準設定為$\alpha = .05$。

三　評估工具和資料分析品質

本研究使用的量表：「知覺社會支持量表」及「生涯決定狀態量表」，經過信效度分析，前者信度Cronbach's α係數為.96，由家人社會支持和同儕社會支持兩個因素所構成，總解釋變異量為78.95%；後者信度Cronbach's α係數為.63，包括生涯已決定、生涯未決定等因素，總解釋變異量為54.56%（詳見楊育儀、徐琬翔，2012；楊育儀、徐琬翔、蔡秀娟，2013）。選擇使用此兩個量表的原因為知覺社會支持量表可能反映出在體驗式學習歷程中的同儕互動所產生的社會支持效應，因此採用其中的知覺同儕支持分量表作為評估指標，而後者被預期呈現出參與者在參與課程前後面對生涯議題時的改變狀態。

在質性分析方面，則由兩位協同研究者編碼並以「三角檢定法」（triangulation）檢驗研究可信度以提升資料分析品質，進行編碼者的三角檢定（analyst triangulation）：

首先，編碼者依循由下而上分析歷程先行個別編碼，隨後檢核編碼者間的一致性（inter-rater reliability），據之形成正式編碼所採用的「樣版」（template）並重新編碼、形成最後質性分析結果，而後經部分課程參與者檢核分析結果以確認編碼的符合程度。

四 量化成效分析：參與課程前後在知覺社會支持、生涯決定狀態的改變

由表1可知，無論是知覺同儕支持或生涯決定狀態，本課程參與者在學期初、學期中以及學期末呈現的平均數雖有改變，但均未達到統計上的顯著差異（多個成對樣本t檢定，p < .05）。

表1　課程參與者在學期初、學期中與學期末改變之差異檢定

變項名稱		平均數	標準差	t檢定	顯著性
知覺同儕支持	學期初	4.26	.75	.08	.94
	學期中	4.25	.72		
	學期中	4.34	.66	1.21	.23
	學期末	4.27	.62		
	學期初	**4.28**	**.76**	**.58**	**.56**
	學期末	**4.24**	**.73**		
生涯決定狀態	學期初	3.87	.73	−.53	.60
	學期中	3.90	.66		
	學期中	3.93	.67	−.47	.64
	學期末	3.96	.77		
	學期初	**3.90**	**.72**	**-.35**	**.73**
	學期末	**3.92**	**.76**		

附註：表中所列同次測量平均數（例如：學期初）在多個差異檢定之間可能存在差異乃因採成對樣本t檢定分析時計算樣本數不同所致（受到遺漏值人數影響）。

　　整體而言，參與生涯課程前後在知覺同儕支持、生涯決定狀態平均數上的改變並不明顯。影響此結果的原因可能來自於課程時間有限，參與者在短暫一學期內所能發生的生涯決定狀態改變並不明顯，課程中的體驗式學習與真正進入職場做中學、獲得真實體驗式學習經驗有別；此外，也有可能因為樣本人數少而容易讓研究結果受影響，發生於課程以外的生活事件亦可能影響同儕支持感受。本研究中的體驗式學習課程對於生涯發展之影響不如預期明顯，在缺乏對照組作為比對參考的狀況

下，目前難以形成具體結論，仍有待未來規劃更嚴謹的研究設計進行深入探究。

五　質性成效分析：參與歷程的體驗式學習經驗

質性分析結果指出，即使這些參與者的生涯決定狀態甚爲多元，但他們在此門課程中經驗的體驗式學習歷程共通地呈現出相當豐富現象，包括：頻繁感受到被肯定、在提問中澄清、經驗「共同感」，可被具體化爲「釐清自己的想法」、「從人際回饋得到內省和反思自我」、「在彼此分享中看到自己的不足」、「因檢視過去經驗而看見自己或自己的改變」、「產生自我覺察並開始思考未來及理想生涯」、「在參與經驗中看到自我成長和轉變」以及「重新肯定自己的優勢所在」等經驗主題。

以下，摘取自楊育儀、陳奕安、蔡玉萱（2013），逐一呈現分析結果中對應各項經驗主題之例（爲保護參與者隱私已修改例中人名）：

(一) 頻繁感受到被肯定

> 今天我和阿華一起進行小組討論，它給予我的生涯目標正向的回饋，這對我來說是一個非常棒的鼓勵。（07-1-1）

> 而也因爲這門課的討論很多，也讓我吸收到許多不同的意見、看法，甚至是肯定，而這種正向的感覺對我來說很棒，連我現在打到這裡都一直感到不可思議，因爲我真的找到我的目標了。（12-2-2）

(二) 在提問中澄清

> 這堂課真的讓我花費很多心力去思考有關未來的理想生涯，讓我終於釐清自己在工作上想要的到底是什麼，我覺得透過不斷地去思考是真的有幫助到我。（08-2-3）

> 在和翔伶討論的時候，就有發現到這點，嘴上雖然說著有興趣，但又好像不是自己真正想要的。以商業來講，我的確對賺錢有興趣，因爲我還蠻喜歡物質的，喜歡買東西的感覺。但是，對於商

業的部分，翔伶就會提出一個疑問：金錢背後重要的是什麼？如果以我自己來講，我會想創作然後賣出，這背後的因素不僅僅只是錢，而是我也喜歡在眾人面前展現我的才華。（70-1-1）

(三) 經驗「共同感」

這一堂中，我一直不斷的在探索自己的興趣，以及自己真正想要去做的事情。透過和不同樣的人討論與互動，我覺得自己很幸運，因為大家都會很認真的去聆聽我的聲音並且很真切的給予我許多支持與回饋。（14-2-2）

今天算是最後一次的討論了吧，我又和阿妮分在同一組，我其實蠻開心的，因為阿妮跟我的夢想是一樣的，她也想當一名老師，她給我的感覺也很像一名老師，且她說話自信的感覺是我很羨慕的。（20-1-1）

(四) 釐清自己的想法

今天我是和阿萱一起討論的，在和阿萱討論我自己的生涯目標時，其實同時也在幫助我自己確定我想要的是什麼。（28-1-1）

往事慢悠悠浮略倒轉，未來輕慢慢將現眼前，下一階段的啟程，至少我不再是那麼的迷惘無助了。（01-2-8）

(五) 從人際回饋得到內省和反思自我

另外，我想謝謝在小組討論裡給予我回饋的同學們，因為你說的話，才讓我看到自己的優點，對自己更有信心，也讓我更能瞭解自己到底是個怎麼樣的人，因為我從來看不到自己的某些特質，也沒有真正去思考過我到底是怎麼樣的人。（08-2-2）

其實和小娟在討論的時候我一直在想一個問題，就是該不該幫自己多留幾條未來的路？但是那幾條路都不是自己喜歡的，甚至有點排斥那應該要留嗎？但是不留了又擔心自己的未來會沒有任何一條路，這樣的心情真是矛盾無比！（31-1-1）

(六) 在彼此分享中看到自己的不足

但是在這樣繁複的學習過程中，我已經看清了大多數的特質，最讓我感到特別的是別人眼中的我，從前我都認為自己很瞭解自己，並且認為我不用特別接受別人的評判，只要對得起自己就好，但是聽過別人的論述之後，優點會顯得更讓人開心，缺點則會是值得改進檢討的地方，自己的看法固然很好，但是客觀接受評論各能夠發現自己的不足，也能夠繼續維持優良的特質。（23-2-2）

所有與我同一組過的同學們，他們真的都很大方地和我分享經驗和想法，從他們身上我看到了很多我沒有的特質。（36-1-1）

(七) 因檢視過去經驗而看見自己或自己的改變

我覺得經過這門課的洗禮後，我更深入的瞭解自身的內心世界，從一年級的默默，到現在的活潑，一切都要歸因於朋友的影響……（21-2-1）

雖然每個禮拜要花時間坐在電腦面前，敲敲打打完成作業，但是經過幾個禮拜的累積後，發現資料夾裡面都是自己回顧以前及瞻望未來的文字，就感覺到很有成就感，也替未來的自己默默喝采著，同時也很感謝當時的自己，願意有勇氣跨出自己的第一步。（01-2-2）

(八) 產生自我覺察並開始思考未來及理想生涯

這門生涯規劃課讓我自己學到很多，也在這堂課下訂了自己的目標，我希望我能夠依著這個目標前進，不要再輕言放棄，改掉自己的怠惰和3分鐘熱度的壞習慣。（05-2-1）

我想這個暑假我應該會做很多事來慢慢踏上我的目標，縱然會有辛苦，但我願意給自己機會去挑戰，為我自己也為我辛苦的家人努力，希望有天成功在望。（20-2-2）

(九) 在參與經驗中看到自我成長和轉變

回顧整學期的課程中，我覺得自己似乎成長了不少，而這裡所指的成長是自己不會再是覺得想要甚麼就會得到，而是會開始考慮到現實因素、自己的能力因素、其他因素等等，再好好考慮自己是否真的適合。（06-2-1）

不管是自己內心的思考，或者是和同學的討論，都開啓了新的世界，等著我去探索，感覺好棒！我有好多好多的可能性，就像水一樣！相信未來，多彩多姿的世界等著我探索！「創意生涯」！這就是我！（33-3-1）

(十) 重新肯定自己的優勢所在

另外我在談話的過程中，我可以更加確定我要做甚麼，或是說甚麼，我很開心的感覺到，我好像真的在這方面能夠獲得自信，並且真的實踐，也很清楚我目前需要的改變以及努力，也是因爲有這次的作業才讓我更加確定。（12-1-2）

在我與我朋友的討論之中，我漸漸的也發現其實自己也滿喜歡餐旅相關的職業，那麼自己現在可以補強的能力就是英文，因此在我和朋友的討論與互動之中，我決定我還要去報考導遊，而我的朋友也給我很大的回饋，他認爲我的個性與人格特質十分的適合去從事這樣子的職業，也很支持我的想法。（14-1-2）

陸 反思體驗式教學取向的限制及應用在生涯課程之原則

當前，無論是高等教育或中等教育階段，皆強調應在專業課程和普通課程中融入生涯教育與職涯規劃概念，強化課程設計與生涯議題之結合（參見楊育儀，2012），期待藉此促進學生對於工作世界的瞭解，在發展自我的同時能與現實職業世界有所連結，做出相對合理、有現實感的職涯規劃和生涯決定。

在正式課程框架下，以體驗式學習爲基礎所進行的教學取向有助

於改變學習者對傳統教學的刻板印象，由於在學習歷程中需要持續討論、與同儕分享經驗及觀點，在平等互動氛圍和人際關係中共同建構學習歷程（Estes, 2004），因而得以滿足生涯探索和決定歷程中所需的自主性（autonomy）、勝任感（competence）與關聯感（relatedness），讓學習者成為生涯管理的主宰者（Niemiec & Ryan, 2009），同時發展出有利於生涯發展的交友（networking）或生涯人際能力（interpersonal competencies for career），對生涯支持網絡（career support networks）之建立有所幫助（楊育儀，2013；楊育儀、許茂雄，2013；Kidd, Jackson, & Hirsh, 2003; Wolff & Moser, 2009）。

再者，Patton（2005）指出，相對於多數現階段生涯介入重點主要聚焦在從學校轉換至工作職場所需的生涯資訊（例如：與職場工作有關的觀察、職業調查、實地參與的見習和實習等工作經驗及相關自我學習活動），當前大學校院生涯教育較少探討脈絡因素（contextual influences）如何影響個人生涯發展歷程。生涯課程所需探討的重要他人影響、人際議題、生涯支持等，均有賴於以此教學取向引導出在課程中持續發生的體驗式學習經驗。

雖然體驗式學習運用於生涯課程之教學有些傳統教學方式無法取代的優勢所在，但是，經檢視前節量化成效分析結果後可發現，短期成效未能立即呈現、反映在直接影響學習者的社會關係以及生涯決定狀態；綜合本研究分析結果無法指出課程具體效應，因而不宜過度樂觀推論或推崇體驗式學習功效，僅能從參與者主觀經驗中描述他們參與課程歷程中呈現的豐富現象。另外，體驗式學習理論主張學習並非單純來自行為或認知，Kolb（1984）論述其理論與主流教育觀點不同時（包括行為學派和認知學派）強調體驗形式的整體性、多元性以及融合經驗、知覺、認知和行為等，因而發展出統合性的學習理論架構（a holistic integrative perspective on learning），然而，這樣的理論精神如何落實在正式課程的教學實務現場仍有待討論。

角色扮演（role-playing）或許是一個在教學實務操作上可考慮採用方法，非僅侷限於回饋、討論、反思歷程，學習者在參與角色扮演過程中讓來自經驗、知覺、認知和行為等更為全面的經驗得以被接

觸、感受到。楊育儀等人（2011ab）曾以某軍警單位主管爲對象進行單次的體驗式教育訓練，著重在發展第一線主管的生涯支持能力以強化其轉換型領導（transformational leadership）所需的個人關懷行爲（individualized consideration），同時採用質性和量化取向蒐集前後改變及歷程資料。他們發現由於在角色扮演中進行體驗式演練、觀察和反思，且隨後立即實際試驗，因此，即使在不以結構式知識作爲訓練素材的情境下，這些參與訓練的主管亦能從角色扮演經驗中學習到與關懷領導有關的知識和行爲，且更能直接類化至工作情境，以個人經驗爲基礎擴大化既有的領導概念。也就是說，在角色扮演摹擬的眞實情境下，藉由暖身、分派角色、設置情境、安排觀眾、演出、討論與評鑑、再次扮演、討論與評鑑、綜合（分享與結論）等循序漸進步驟（Shaftel & Shaftel, 1967）應能強化體驗形式的整體功能，在體驗、回饋與討論中接受多元觀點刺激以融合經驗、知覺、認知和行爲等各來源回饋訊息，落實體驗式學習循環，綜合這些經驗產生在認知或態度層次方面的覺察和改變。除了角色扮演以外，更爲強調與職場直接銜接之最後一哩職涯輔導工作，不受限於正式課程之框架，而致力於促使大學生進入職業世界從中獲得實際職場體驗的學習經驗，例如：跟隨學習（shadow learning）（蕭錫錡，2009），應更能彰顯體驗式學習理論所強調的做中學、反思以及具體實踐行動。

　　導入體驗式學習進行生涯課程教學其成效能否發揮仍有待追蹤，需要縱貫性設計（a longitudinal design）持續蒐集來自多元訊息以確認學習遷移是否發生在影響更爲深遠的層次。相對於未達顯著差異的量化分析結果，雖然無法藉由質性分析結果論斷此課程具有生涯助長功效，但前節質性資料分析結果的確呈現出體驗式學習歷程中可能發生的豐富學習現象，呼應Atkinson & Murrell（1988）主張生涯研究者必須探究生涯探索歷程之重要，並能與體驗式學習經驗加以結合。作者進一步參考相關文獻後（Arthur & Achenbach, 2002; Kolb, 1984）建議未來在應用此教學取向進行生涯課程時必須掌握以下教學原則：

1. 以生涯情境中的眞實經驗爲教學重點，而非抽象形式的知識內涵。

2. 在生涯課程進行中發展出自然、適於分享的學習氣氛，讓學習者經歷充分被尊重的學習氣氛。

3. 在進行課程中持續提供機會，不斷示範對個別差異的尊重，支持學習者的適性生涯發展。

4. 善用發生於同儕間的團體動力，持續促進討論，發展學習者之間對彼此經驗的尊重和好奇。

5. 重視「此時此刻」呈現的訊息，適時連結至學習者個人生涯發展歷程中的關鍵決定和重要生活事件，敏感於學習者呈現語言訊息和表達行為底下深層的核心關切議題，引導學習者討論彼此間在生涯發展歷程中共通與差異的經驗及其來源。

6. 著重於引發體驗歷程中的反思，讓反思歷程建立在具體、深度的觀察經驗之上，才足以引發試驗和付諸生涯實踐的行動力量。

7. 在生涯課程教學實務中開展導入體驗式學習的個人教學風格，以學習者特性為基礎提出多元途徑、適合不同學習者的體驗途徑，以多樣化的體驗式策略支持學生學習和發展。

8. 必須清楚體驗式學習的限制所在，輔以其他利於完整知識結構之教學取向，為學習者在生涯發展歷程所需的專業學習、正向態度與核心能力發展謀求最大效能。

柒 結語

　　本文旨在闡述體驗式學習理論及如何應用在生涯課程，探討之背景脈絡為正式課程，缺少職場體驗式的參與學習經驗，僅侷限於大學二年級生涯發展課程，而非強調從學校到職場「最後一哩」的稼接式職涯輔導介入。文中呈現國立嘉義大學實例並進行初探性分析其成效，此教學取向不盡然適用於社會人文領域以外科系或其他大專校院，而在有限篇幅下未能論述實務課程規劃和具體教學策略，關於如何運用體驗式學習理論具體規劃提出與生涯有關的課程（例如：如何同時包含體驗學習圈各階段的課程設計）及其具體教學策略（例如：如何在教學實務中促進

同儕回饋進而引發深層反思），諸如此類議題仍有待未來深入探究。

　　體驗學習與生涯發展歷程之間存在著密切關係，兩者均與終身發展所需的能力及其發展有關（Atkinson & Murrell, 1988）。在教學上，運用體驗學習歷程架構有助於促進學生發展終身受用的能力，例如：觀察、反思、概念化、實踐行動等，這些能力相當有助於大學生面對生涯議題及開展生涯所需的決定歷程。

　　教學者在教學歷程中應對課程教材保持適度彈性，運用密集的分享與討論，不斷地給予引導並讓學習者適時澄清、連結與探問，在體驗案例演練刺激之後激盪多元想法，讓教學情境中探討議題與過去生涯經驗結合，同時深化自我省思歷程，從其他人的經驗中學習，讓體驗、觀察與省思、歸納與應用接續在體驗學習歷程中發生。

　　最後，當運用體驗式學習理論時，對教學者而言最大挑戰應來自於對教學情境中團體動力的掌握。如何善用催化與心理技巧促成當下的「此時此刻」經驗頻繁地在課程中出現，這些問句、回饋、澄清、連結、摘要、同理等心理互動技術之運用影響了教學情境能否朝向更為深層、更聚焦方向且具整體學習體驗功能方向發展。

參考文獻

一、中文部分

王秀津、顧翠琴、張筱玉、黃淑娜（2003）。談體驗學習──以一個跨校性學校文化交流活動為例。載於國立海洋大學教育研究所（主編），創新教學理論與實務（頁145-178）。臺北：師大書苑。

吳芝儀（2000）。生涯探索與規劃：我的生涯手冊。嘉義：濤石。

汪慧君（2008）。臺北縣某高中學生知覺生活壓力、自尊、社會支持與自殺意念之相關研究（未出版之碩士論文）。國立臺灣師範大學健康促進與衛生教育研究所，臺北。

林旂旎、陳凱婷（2009）。女性諮商輔導碩士生於研究所生涯的學習與成長經驗。中

華輔導與諮商學報，25，213-250。

金樹人、田秀蘭、吳芝儀、王玉珍、侯志瑾編譯（2013）。生涯發展師學習手冊。臺北：測驗出版社。

徐正芳（2005）。體驗式教學訓練成效之因素探討（未出版之碩士論文）。國立中央大學人力資源管理研究所，臺北。

教改總體檢論壇（2013）。http://taiwaneducation.km.nccu.edu.tw/xms/

陳伯璋（1983）。課程研究的第三勢力—美國再概念化學派課程理論的評介。教育研究所集刊，**25**，179-226。

陳麗華（2005）。課程發展與設計：社會行動取向。臺北：五南。

楊育儀（2012）。前期中等教育階段適性輔導及生涯發展教育工作之檢視。國家教育研究院教育人力與專業發展，**29**，75-82。

楊育儀（2013）。追求就業安全與幸福感的優質勞動力運用—實踐差異化服務策略之職涯理論及實務作法（勞動力運用議題引言論文）。臺南：全國勞動力發展會議分區會議。

楊育儀、許茂雄（2013）。半導體工程師的生涯人際能力及其生涯成功分析。多國籍企業管理評論，**7(2)**，111-126。

楊育儀、王以仁、傅弘毅（2011a）。體驗式學習取向教育訓練效果之評估研究：以軍警基層主管心理支持能力的發展為探究主軸。新北市：2011年提升競爭力與經營管理研討會。

楊育儀、王以仁、傅弘毅（2011b）。基層主管參與體驗式教育訓練之滿意度及其歷程分析：以軍警心理支持能力發展為訓練主題。屏東：2011年國際商管教育論壇。

楊育儀、徐琬翔（2012）。「臉書」有助於大學生的生涯定向嗎？—初探網路社會支持、現實社會支持及生涯決定狀態之關係。彰化：臺灣輔導與諮商學會2012年會暨學術研討會「革新與行動—多元文化視野之輔導與諮商」。

楊育儀、徐琬翔、蔡秀娟（2013）。大學生的理想生涯及其社會支持和生涯決定狀態之研究—兼論探索性發現對國際人力資源管理領域新進人員甄選工作的啟示。臺中：2013全球化經貿管理與實務研討會。

楊育儀、陳奕安、蔡玉萱（2013）。大學生參與體驗式學習歷程對知覺社會支持、生涯決定之影響—以生涯發展與規劃課程為例。臺中：臺灣諮商心理學會2013年年會暨學術研討會。

劉姿君（1994）。大學生自我認定狀態與其生涯決定程度及自我分化水準之關係研究（未出版之碩士論文）。國立臺灣師範大學教育心理與輔導研究所，臺北。

蔡清田（2004）。課程發展行動研究。臺北：五南。

蔣偉寧（2012）。立法院教育及文化委員會第 8 屆第 2 會期專案報告：人才培育與發展（我國當前人才養成、學用落差、青年就業與生涯發展系列問題）。取自 https://www.google.com.tw/url?sa=t&rct=j&q=&esrc=s&source=web&cd=1&cad=rja &ved=0CDAQFjAA&url=http%3A%2F%2Fnpl.ly.gov.tw%2Fdo%2Fwww%2FFileVi ewer%3Fid%3D1137&ei=ZN1MUYLdL8erkwXIi4HIAg&usg=AFQjCNEML5ZU4E _15rBia2ILdLFBHarqeQ &sig2=iSUwtQkg6D_xCxuY8Ig2zg

蕭錫錡（2009）。從學校觀點談推廣證照的規劃與發展。訓練與研發，**5**，50-57。

謝甫佩、洪振方（2003）。反思的學習策略對電磁概念學習遷移的成效。師大學報：科學教育類，**48**(2)，141-164。

謝智謀、吳崇旗、謝宜蓉（2007）。體驗學習融入休閒教育課程之實施成效研究。運動休閒餐旅研究，**2**(4)，39-50。

羅寶鳳、白亦方（2002）。經驗學習理論在九年一貫課程教學策略上的應用。課程與教學，**5**(4)，89-106。

二、外文部分

Andrews, J., & Higson, H. (2008). Graduate employability, 'soft skills' versus 'hard' business knowledge: A European study. *Higher Education in Europe, 33*(4) , 411-422.

Arthur, N., & Achenbach, K. (2002). Developing multicultural counseling competencies through experiential learning. *Counselor Education and Supervision, 42*(1) , 2-14.

Atkinson, G., & Murrell, P. H. (1988). Kolb's experiential learning theory: A meta-model for career exploration. *Journal of Counseling & Development*, 66(8) , 374-377.

Boyatzis, R. E., & Kolb, D. A. (1991). Assessing individuality in learning: The learning skills profile. *Educational Psychology*, 11 (3-4), 279-295.

Boyatzis, R. E., & Kolb, D. A. (1995). From learning styles to learning skills: The executive skills profile. *Journal of Managerial Psychology, 10*(5) , 3-17.

Collin, A. (1997). Career in context. *British Journal of Guidance and Counselling, 25*(4) , 435-446.

Collin, A., & Young, R. A. (1986). New directions for theories of career. *Human Relations, 39*(9) , 837-853.

Creswell, JW (2009). *Research design: Qualitative, quantitative and mixed methods approaches*. Thousand Oaks, CA: Sage.

Dewey, J. (1938). *Experience and education*. New York: Macmillan.

Estes, C. A. (2004). Promoting student-centered learning in experiential education. *Journal of Experiential Education, 27*(2), 141-160.

Fallows, S., & Steven, C. (2000). Building employability skills into the higher education curriculum: A university-wide initiative. *Education and Training, 42*(2) , 75-83.

Gagné, R. M. (1972). Domains of learning. *Interchange, 3*(1) , 1-8.

Gysbers, N. C. , Heppner, M. J., & Johnston, J. A. (1998). *Career counseling: Process, issues, and techniques*. Boston: Allyn & Bacon.

Kidd, J. M. (2006). *Understanding career counselling: Theory, research and practice*. London: Sage.

Kidd, J. M., Jackson, C., & Hirsh, W. (2003). The outcomes of effective career discussion at work. *Journal of Vocational Behavior, 62*(1) , 119-133.

King, Z. (2004). Career self-management: Its nature, causes and consequences. *Journal of Vocational Behavior, 65*(1) , 112-133.

Knight, P., & Yorke, M. (2013). *Learning, curriculum and employability in higher education*. London: Routledge.

Kolb, A. Y. & Kolb, D. A. (2005). Learning styles and learning spaces: Enhancing experiential learning in higher education. *Academy of Management Learning and Education, 4*(2) , 193-212.

Kolb, D. A. (1971). *Individual learning styles and the learning process*. Working Paper #535-71, Sloan School of Management, Massachusetts Institute of Technology.

Kolb, D. A. (1984). *Experiential learning: Experience as the source of learning and development* (Vol. 1). Englewood Cliffs, NJ: Prentice-Hall.

Law, B. (1996). Career education in a curriculum. In A. G. Watts, B. Law, J. Killeen, J. Kidd, & R. Hawthorn (Eds.). *Rethinking careers education and guidance: Theory, policy and practice* (pp. 210-232). London: Routledge.

Lewin, K. (1951). *Field theory in the social sciences*. NY: Harper & Row.

London, M. (2003). *Job feedback: Giving, seeking, and using feedback for performance improvement*. London: Routledge.

London, M., & Smither, J. W. (1999). Career-related continuous learning: Defining the construct and mapping the process. In G. R. Ferris (Ed.), *Research in human resources management* (Vol. 17, pp. 81-121). Stamford, CT: JAI Press.

Mainemelis, C., Boyatzis, R. E., & Kolb, D. A. (2002). Learning styles and adaptive flexibility: Testing experiential learning theory. *Management Learning, 33*(1) , 5-33.

McMahon, M., Patton, W., & Watson, M. (2004). Creating career stories through reflection: An application of the Systems Theory Framework of career development. *Australian Journal of Career Development, 13*(3) , 13-17.

Niemiec, C. P., & Ryan, R. M. (2009). Autonomy, competence, and relatedness in the classroom: Applying self-determination theory to educational practice. *Theory and Research in Education, 7*(2) , 133-144.

Parsons, F. (1909). *Choosing a vacation*. Boston, MA: Houghton Mifflin.

Patton, W. A. (2005). A postmodern approach to career education: What does it look like?. *Perspectives in Education, 23*(2) , 21-28.

Piaget, J. (1970) *Structuralism*. New York: Harper and Row.

Shaftel, F. R., & Shaftel, G. (1967). *Role-playing for social values: Decision-making in the social studies*. NY: Englewood-Cliffs.

Vygotsky, L. S. (1978). *Mind in society*. Cambridge, MA: Harvard University Press

Watts, A. G. (1996). Experience-based learning about work. In A. G. Watts, B. Law, J. Killeen, J. Kidd, & R. Hawthorn (Eds.). *Rethinking careers education and guidance: Theory, policy and practice* (pp. 233-246). London: Routledge.

Watts, A. G. (2001). Career education for young people: Rationale and provision in the UK and other European countries. *International Journal for Educational and Vocational Guidance, 1*(3) , 209-222.

Watts, A. G. (2006). *Career development learning and employability*. New York: Higher Education Academy.

Watts, A. G., & Herr, E. L. (1976). Career (s)education in Britain and the USA: Contrasts and common problems. *British Journal of Guidance and Counselling, 4*(2) , 129-142.

Wolff, H. G., & Moser, K. (2009). Effects of networking on career success:A longitudinal study. *Journal of Applied Psychology, 94*, 196-206.

Wonacott, M. E. (2001). *Career portfolios*. Columbus, OH: ERIC Clearinghouse on Adult, Career and Vocational Education.

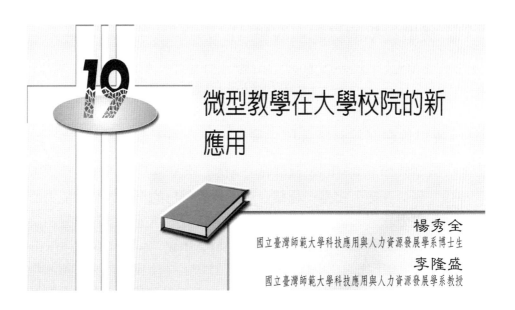

微型教學在大學校院的新應用

楊秀全
國立臺灣師範大學科技應用與人力資源發展學系博士生

李隆盛
國立臺灣師範大學科技應用與人力資源發展學系教授

　　微型教學（microteaching, MT）是一種將教學演練（或稱「試教」）先化整為零再化零為整以利漸進精進教學能力的程序，在化整為零時採用顯微技術將物件切片、照相再檢視的概念，教學演練經分段、錄影再檢討改進的過程。這種程序用在中小學的師資教育由來已久。近幾年來，國內大學校院為協助教師（尤其新進教師）精進教學能力以提高教學效能，也廣泛採用微型教學促進教師教學能力，但常只著重錄影和檢討的梗概。本文闡述微型教學的緣起與演變、現況與取向、應用與困境，在闡述中介紹與評論對應的實務，並歸納大學校院值得持續透過微型教學精進教師教學能力，同時精進對微型教學的了解與善用。

微型教學的緣起與演變

一 微型教學的緣起

(一) 微型教學起源於職前師資培育，旨在精實教學演練

「微型教學」（microteaching, MT）也被稱為「微縮教學」或「微觀教學」等等，它是一種結合現代教學科技的小規模教學能力訓練模式。微型教學起源於美國1960年代的教育改革運動，最早是由美國史丹佛大學師資培育中心的教授Dwight Allen、Robert Bush和Kim Romney在1960年代的「史丹佛師資教育計畫」中所發展出來，原本用在中小學師資職前培育課程，目的在簡化複雜的教學歷程，使職前教師將焦點放在特定教學能力的演練上（Allen & Ryan, 1969）。

當時微型教學的出現是為了回應當時社會大眾、教育人員與師資培育人員對傳統師資培育模式的失望與不滿。當時的學校及教師飽受批判，被指責無法協助學童精熟讀、寫、算，也無法勝任其他學科的教學（簡紅珠，1993），並歸咎於傳統師資培育偏重在語言與認知上的灌輸，而且理論學科無法與實務經驗結合，以致造成教學效果大打折扣。因此在1970年代師資培育強調能力本位取向時，微型教學曾盛行一時（Altman & Ramirez, 1971）。然而1980年代由於行為主義學習理論的式微，以及認知主義和建構理論的興起，微型教學在這段時期隨之褪色，直到近年隨著資訊科技的進步，教學演練過程很方便全程錄影、藉由網路上傳影片，並開放資訊平台促進交流、分享和討論，使反思批判取向的師資教育人員，可以將微型教學做為省思式實習（reflective practicum）的媒介。由於微型教學不只可專注於某一特定教學技巧的演練和熟悉，還可以透過指導教師和同儕的回饋及教學者本身的自我省思，力求檢討和改善，晚近才又逐漸受到師資培育界的重視。

(二) 微型教學的特性在透過錄影重現及多面向的檢討與改進

微型教學是實際教學的縮影，能被應用在職前與在職師資培育階

段，主要是在教學時，把簡短的教學片段用簡易的錄影器材拍攝下來，之後再放映給教學者以及指導教師或加上同儕觀看，然後透過仔細觀察及深入分析，加上客觀地檢討和具體的修正意見，以便再次教學時，能達到及時改進缺點、充分演練教學方法以及提高教學技巧與效果的預期目標。

目前，我國部分大學校院在傳習制度（mentorship）下，正透過資深或同儕教師輔導，協助新進教師或有教學困難教師改進教學（林思伶，2009），即常運用「微型教學」讓教師能在模擬的教學情境中獲得錄影重現後的回饋。Fakomogbon, Bada, Omiola和Adebayo（2012）認為微型教學結合現代化的教學媒體設備、理論與技術，在可控制的教學環境中，訓練演練者的課堂教學技能，透過數位攝影設備記錄教學演練過程，展現教學者對某項知識或技能的理解、掌握及運用情況，而且又能獲得回饋，學習他人的授課技巧，共同參與對教學效果的自評與他評，而不斷地總結、強化課程與教材之間的連結經驗。除此之外，這種教學機動靈活，並可穿插其他教學方法，建立自己的教學風格（Donnelly & Fitzmaurice, 2011）。因此，綜整謝水南（2011）和黃永和（2012）所述，微型教學的特徵如下：

1. 通常在教學實驗室中實施，並將教室教學的規模予以縮小，學生數減少到僅3-5名；每次授課演練時間僅用5-10分鐘；課程內容僅擷取一個小單元。

2. 強調細部教學技巧由簡至繁，由部份而統整的學習階梯，每次演練僅聚焦在一、二種特定的教學技巧，以方便將這些教學技巧的細部加以放大。

3. 在模擬的教學情境，可加以控制且無壓力的環境中演練。

4. 採用立即增強的學習原理，重視多種回饋的提供（如錄影機、同儕觀察表或檢核表、回饋會議）。圖1微型教學流程顯示每次微型教學演練僅聚焦某教學技術，透過5-10分鐘短時間與重複程序，教學者可以透過攝影機的影片回顧和專家教師的指導及同儕意見，立即獲得教學演練優缺點與改進意見方面的回饋，直到對標的技術達到精熟為止。

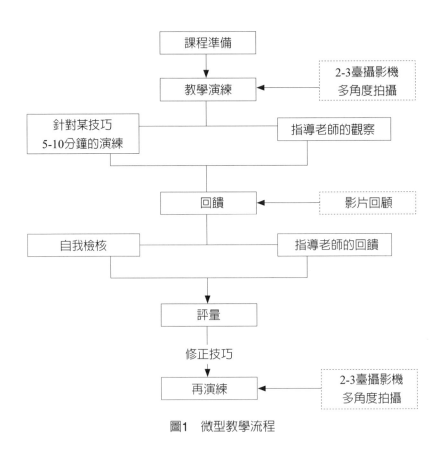

圖1　微型教學流程

5. 強調信賴與心理安全的學習氣氛，以及相互觀摩與學習的態度。微型教學常採用自願式的自我改進學習歷程。教學者可反覆觀看教學錄影帶或光碟片，練習改進教學技巧，符合職前教師或教師教學自主之心理需求，成為最佳的自我改進方式之一。

　　微型教學活動確實能提供職前教師在真正從事教學前一個安全的學習教學環境（李咏吟、單文經，1997），藉由簡化複雜性的教學情境，職前或在職教師都得以在安全練習與大量回饋的情境中，透過準備、演練、回饋與再演練的循環歷程，將焦點放在特定教學技能的學習與精熟上。Uzun, Keles和Saglam（2013）認為微型教學的演練有助於職前教師進行環境教育教學，除了提高職前教師學習成效之外，也提升了他們的環保意識。此外，在配合其他人員的建議與回饋之下，讓職前教師

有機會檢討自身的教學設計，進而了解教學活動複雜且多變的特性，因此，微型教學具有下列「角色扮演」、「聚焦演練」與「立即回饋」的功能特色（Clifford, Jorstad, & Lange, 1977）：

1. **在角色扮演下進行安全的練習**：許多職業在職前訓練時，皆有安全練習的機會，如演員的預演、飛行員的模擬駕駛艙訓練等。微型教學教室提供了一個模擬的情境，讓職前教師在模擬的情境下，藉由縮小的學生人數、上課時間、上課內容，進行安全的練習。

2. **聚焦於特定教學技能的訓練**：微型教學將教學過程分析為各種具體的技能成分，如點名、發問、舉例、講述技巧等，被抽取出的技能成分就成為學習的重點。對職前教師而言，微型教學模式提供了一個具體而微的方法，讓他們能夠持續改善，精進教學技巧。不過，微型教學也不只適用在教學技巧，例如黃永和（2004）認為微型教學可和精熟教學法、價值澄清法和創造思考教學法等結合，也可以用來聚焦演練。

3. **短時演練後與立即取得回饋**：在課程中進行微型教學，能讓教學者立即獲得多種來源的回饋（包括指導者的建議、同儕觀察者的回饋、錄影資料的紀錄），借重這些資料可以進行再演練。

微型教學可以透過觀察楷模教師的錄影示範，也可以透過教學影片自我回顧，持續聚焦於解釋、提問或示範等特定教學技能的練習。因此，黃永和（2004）提出微型教學該包含下列五個基本前提：

1. **微型教學是真正進行的教學**：雖然微型教學的情境是刻意營造的，但是教學過程須確實進行。

2. **微型教學簡化原本複雜的教學情境**：真實的教學情境是複雜的，微型教學則將班級大小、課程內容與教學時間等複雜變異因素加以簡化或縮短。

3. **微型教學將焦點放在特定任務的訓練上**：這些任務可以是教學技能或技術的練習或特定教材的精熟，也可以是教學方法的示範。

4. **微型教學允許高度控制的練習方式**：在微型教學的練習情境

中，時間、學生、回饋方式，以及其他許多因素都能被操弄控制，使訓練方案得以在高度控制的情境中進行。

5. **微型教學擴大教學表現的回饋層次**：在進行微型教學之後，受訓的教師立即獲得多種來源的回饋，這些回饋可立即被轉化應用於下次的重新教學中。

二　微型教學的演變

微型教學係從教育科技發展到認知歷程的改變。Benton-Kupper（2001）提到，過去數十年來，已有許多不同的師資培育方法課程活動與策略相繼問世，目的是為了增進課程與師資培育方案的整體效果，而將微型教學經驗導入職前師資培育方案，在二十一世紀的當下，更顯得活躍。自1969年，Allen和Ryan創立了微型教學的實驗室訓練程序後，微型教學已形成了獨立的學科體系，並成為不少國家師資培育教育中的一門重要課程。英國的教育學士課程中有4學分的微型教學課程；在澳洲的高等師範院校，亦採用微型教學培訓教師的教學技能；在美國設有師資培育班制的大學，如美國肯達基州立大學（The University of Kentucky, 2013）、密西根州立大學（Michigan State University, 2013）以及威斯康辛大學麥迪遜分校（University of Wisconsin-Madison, 2013）等校院都將微型教學做為師資培育相關課程的教學輔助模式。

隨著時空的轉換與省思教學的實用價值獲得肯定，微型教學在師資培育與教師專業發展的教學與研究的互相驗證與修正中，持續出現理論的修正而展現新的面貌與研究方向。1960年代，Allen所提出的微型教學是師資培育的一項創舉，由於此種模式的訓練對於職前教師教學技術能力提升，在短時間內便有立竿見影的效果，很快獲得許多師資培育者與研究者的歡迎，美國師資教育校院學會（Association of American Colleges of Teacher Education, AACTE）與英國等師資培育機構中紛紛運用Allen所提出微型教學訓練模式用於師資教育的實習課程以及在職進修課程中（單文經，1992），微型教學乃形成一股潮流運動。但是這股潮流經歷了下列演變：

(一) 著重系統化教學科技方案的行為主義微型教學

　　史丹佛大學微型教學小組的微型教學模式著重在教學技巧的演練，認為可以把教學知能分析為各自獨立的教學技巧，是一種過程與結果導向的訓練課程。該小組研究曾提出下列14項教學技巧來作為微型教學的訓練內容：變化刺激、引發學習心向、總結、使用沈默與非語言的提示、增強學生參與、流暢地問學生問題、使用探問性的問題、提出較高層次的問題、提出擴散性的問題、讚許專心的行為、示範與舉例、講述的技巧、有計畫的複述和完整的溝通（簡紅珠，1993）。因此，若能夠將這些教學技巧加以演練，就可以有效地完成教學工作，使微型教學披上一層濃厚的機械論與行為主義色彩。Perlbreg（1987）指出微型教學剛開始發展時只是Allen和Ryan（1969）的想法，並沒有任何堅實的理論基礎與研究佐證，可讓未來的研究者或教學者依循模式進行修正，而是以「由做中學」和「密集訓練」作為訓練模式的主要原則，將有效教學的整個過程被分割成許多細小的行為步驟。而McDonald（1973）則以調整的概念主張微型教學應奠基於行為調整理論（behavior modification theory），單文經（1992）曾以調整及行為理論基礎描述微型教學運動的主要理念有下列七項：

　　1. 能觀察的教學行為乃是教學系統中的重要事件；

　　2. 教師行為可以被分析為分立的教學技巧；

　　3. 有可普遍應用在各學科領域、各年級及其他情境因素的教學技巧；

　　4. 有一套關於有效教學的知識體系，足夠開發微型教學的課程；

　　5. 教學表現可以技巧訓練模式加以改進；

　　6. 教學表現的增進可以量化的方法決定；

　　7. 可以推廣與執行根據研究發展的模式所研發的教師訓練方案，引導教育的進步。

　　雖然行為主義的微型教學方案很快吸引了許多師資培育人員與研究人員的興趣，但隨著教學研究的演進，這些理念也逐漸顯露缺失，教師除了精熟分立的教學技巧外，還需將這些分立的技巧統整成為系統的教

學策略。而教學技巧的學習遷移成效益備受考驗，更遑論教師教學成效的可能來自於某種經常性使用的教學策略，這剛好與量化方法背道而馳。Dunkin（1987）更指出「技術性技能的教學取向導致教－學歷程的機械化，教師被鼓勵遵從過度簡化的程序，忽略了脈絡的歧異性與師生的個別差異」，且其「著重於教學的行為層面，損及了智能與創造性層面」。這一派人文通識學者認為機械式的切割及訓練可能造就模版教師（Beyer & Zeicher, 1987; Bowers & Flinders, 1990）讓教師無法達到變化氣質、以身作則、柔性說理以及善用事例的教學藝術（單文經，2001）。

(二) 強調教師對課堂教學之詮釋的認知主義微型教學

從認知心理學的角度看，教學在將學習者原有的認知結構、知識經驗及其組合不斷地引起原有認知結構的分化。在微型教學中，教師要根據學生原有的教學基礎和經驗適當地加入新材料，不斷實踐，達到同化的目的。MacLeod與McIntyre（1977）則關心複雜的教學環境所需求的訊息處理，以及教師用來因應這些複雜訊息的策略，他們認為應該把教學技能重新界定在「思維的表現」，而不是「行為的表現」（簡紅珠，1993）。MacLeod與McIntyre（1977）歸納微型教學的相關研究，指出微型教學過程中受訓者的認知歷程具有下列七項特徵：1.在進入微型教學活動之前，每個受訓者（包括職前或在職教師）對於教學都有明顯不同且複雜的概念基模，而且這些基模都包含強烈的價值關聯。2.雖然這些概念基模具有很大的個別差異，但若與其它事物基模相比較，仍然可以找到這些概念基模的許多共通性。3.雖然這些概念基模具有高度的穩定性，但是經由教導與經驗，這些概念基模也會因吸收新結構與新原則而逐漸產生改變。4.受訓者的概念性基模是支配教學行為的主要來源，而且行為的改變乃是基模改變的結果。5.教學概念與方法的改變大多是教導的結果，但是評價教學的原則與方法則不只從教導中獲得，而且也從微型教學活動的實際經驗中獲得，而當這兩種影響力產生衝突時，後者總是占有較大的影響力。6.由於受訓者在演練教學之前大都已具有特定概念來理解他們演練的課目，因此那些機械性或描述性的回顧很難影響他們對教學的理解方式，以及他們的教學行為。7.由於受訓者對其教

學行為效果的解釋與對其教學的評價，乃受其課目中所發生之事件的影響，因此他人對其課目教學的詮釋、判斷與提供的建議，都是影響受訓者學習的可能因素。這種認知觀模式不僅使師資培育人員將微型教學的訓練焦點放在受訓者之認知結構的改變上，而且也促使教學的理論性概念得以被結合到實務的需求之中，有助於填補教學理論與實務之間的鴻溝。

(三) 促進有效教學與教師專業發展已成為微型教學的核心價值

有效教學（effective teaching）是當前各種教學的共同願景與核心價值，並將教學主體從教師教學轉化學生學習成效。有效教學理念源於20世紀上半葉西方的教育科學化運動，特別是受美國實用主義哲學和行為心理學的影響。最早分析研究結果並歸納有效教學特質的學者首推Rosenshine（1971），他指出有效教學的特質有：清楚的學科焦點、清楚的學習目標、學習內容完整、評量學生表現、學生有較高的反應率、給予學生立即回饋、給予學生立即矯正、高效率教學速度，但當時有效教學探討的焦點以教師教學表現為主。提升教學品質所強調的重點在於教師是否能做到有效教學，因為有效教學方能導向有效學習，使每個學生都能成功學習。

在世界各國，為了確認教師的有效教學，許多大學校院開始設立以「教師發展與協助」及「新進教師養成與輔導」的機制。新加坡國立大學於1996年成立教學發展中心，陸續規劃多項教學提升活動，以扮演提升大學教與學第一線角色。其中，針對教師教學發展的部分，除教學助教培訓方案及其他不定期舉辦的教學工作坊及研討活動，更規劃教學專業發展計畫（Professional Development Programme-Teaching, PDP-T）與持續專業發展計畫（Continuing Professional Development Programme, CPDP）兩項教學提升方案，其中核心課程規劃為3天8個小時的密集課程，4個小時的實作課程，3-4小時的期末演示課程，選修課程則為16個小時，新加坡國立大學希望透過這樣的方案持續提升教師教學能量。美國哈佛大學的波克教學與學習中心（Derek Bok Center for Teaching and Learning）將教師發展與輔導制度化（李振清，

2006），在學期初，新進教師可以和教學教授（teacher fellow）學習其教學經驗，透過影片回顧了解教學現況，提供友善且保密的諮詢給教師，並協助教師進一步思考如何改善教學。除了傳授新進教師基本的教學方法與理念、師生互動策略、多媒體科技運用外，並由具有卓越教學經驗的教師，擔任新進教師的教學顧問。從美國與新加坡的作法看，新加坡強調教學品質的重要性，以及其對大學評鑑及社會貢獻的直接影響。而美國則從教學成效能造就好學生的理念出發，以校內的卓越教學經驗教師以及外校的菁英教師來幫助新進教師提升「教學藝術」，當中可見到微型教學的應用。

我國目前大學院校推動的教師發展活動方式，大致包括：辦理新進教師研習營或工作坊、辦理教師專業成長專題講座、討論會、工作坊、成立專業社群、傳習或薪傳制度、教學輔導與諮詢、教師創新教學或編輯教材、獎勵教學優良教師等，比較偏向參加技巧焦點、互動性低的發展活動，被動吸取講述者的經驗，較少雙向交流、討論與實作（鄭博真，2012），與國外致力於改進教師專業發展，並將教學成效與教師評鑑做柔性連結的作法較不同。因此，國外的經驗實可作為我國教師專業發展的借鏡。

貳 微型教學的現況與取向

教師專業發展是一種終身學習概念，促使教師必須不斷成長的原因是「專業」的快速發展與多變性，大學過於強調教師研究績效，除了欠缺新進教師導入階段之輔導之外（林思伶，2009），也間接抑制教師對於教學之熱情和付出（陳琦媛，2007）。隨著各國大學教育的改革以及因應世界貿易組織（World Trade Organization, WTO）規範，我國的大學教育正邁向教育服務業市場全球化體系，面臨世界各國高等教育機構的強勢競爭，致力提昇大學教育品質將是我國爭取生存發展的必要策略，而改善教學品質是提昇教育品質的決定性因素。2004年教育部設置獎勵大學教學卓越計畫，主要目的是一改大學研究取向，引導大學將自身定位為教學型大學，在獎勵大學教學卓越計畫的共同性審核指標

中，為了強化教師專業成長，訂定了「強化教師專業成長單位之功能與特色。協助教師改善教學方法、提升教學成效之具體措施。例如發展教學診斷與輔導之工具及機制、建立微型教學實驗室、鼓勵分享成功教案、提升教學設備。」的指標，因此許多大學校院便在申請計畫中涵蓋了微型教學的應用，透過微型教學、薪傳制、同儕學習或教學助理等方式來提升教學成效。在獎勵大學教學卓越計畫中同樣也訂定了相關的教師評鑑及教學評量評估指標。隨著2005年大學法修正通過，明確規範「各大學必須實施教師評鑑，以作為教師升等、續聘、長期聘任、停聘、不續聘及獎勵之參考」，各大學便開始規劃教師評鑑制度，希望透過評鑑能確保大學教師之教學、研究、輔導及服務品質。2007年訂定發布大學評鑑辦法，從大學評鑑項目中看，從「通識」類別中「教師素質與教學品質」、系所以及學院評鑑類別中的「教師教學與學習評量」、在師資培育學校評鑑中「教師教學與學習評量」等項目看，都希望教師依據課程所要培育之核心能力，進行教學設計與應用多元教學方法；而在科技大學評鑑中的「課程與教學」以及技職學院評鑑中的「教學品保」項目中，同樣也希望能提升教師課程設計、教學能力，讓教學方式能夠符合專業特性、學生特質、社會發展與需求。在上述計畫與評鑑引導中，教師專業發展受到高度重視，因為專業發展的活動有助於教師專業知識與能力的正向成長（楊深耕，2003）。至此，許多大學紛紛設立教師發展相關單位，規劃推展教師專業發展的相關事宜，例如淡江、東華、政大、輔仁、臺大、臺師大、高師大等校陸續設立了教學發展中心，以提升教學成效，同時提供新進教師輔導及在職教師研習教學法的場域。

一 微型教學在國內大學校院的實施現況

國內在上述計畫與評鑑引導中，微型教學漸漸被應用大學校院，應用策略包含建置微型教學實驗室、辦理教學技巧工作坊、訓練教學助理以及師資等。微型教學實驗室方面有臺灣師大發展師資培育卓越計畫、中正大學教育學院教學卓越計畫以及聯合大學教學卓越計畫等，除

訂定教室使用辦法之外，也進行教材研發，高雄醫學大學以及中山醫學大學則應用微型教學程序做為醫學培訓臨床講師教學技巧的輔助。在教學技巧工作坊則以臺灣大學教學技巧工作坊（Instructional Skills Workshop, ISW）最為著名。而培訓「兼任講師」或「教學助理」（teaching assistant, TA）則有臺灣師範大學、政治大學、淡江大學等校進行推動，在師培機構方面，包括臺灣師範大學、高雄師範大學、東華大學花師教育學院等都有導入微型教學，用作師資生的專業科目或分領域教材教法與教學實習等科目之教學輔助模式。

臺灣師範大學於97年度發展師資培育卓越計畫（洪仁進、吳淑禎，2008），為提升師資生之臨床教學能力開始建置微型教室，微型教室設有錄影、錄音、電子白板、虛擬電子白板等教學設備，提供近300名師資培育課程中師資生教學、試教等演練之使用，藉以提升師資生、實習生、儲備教師或初任教師，在課程發展與教學精進上之培育。臺灣師範大學在教師專業發展方面，則配合100-101年度教學卓越計畫，以「計畫七、教學精進研發創新－微型教學發展教材」（臺灣師範大學教學卓越計畫，無日期）為主軸，推動優質化課程教材及教具產出，並在2012年修訂「領航教師教學諮詢實施辦法」以及「協助新進專任教師專業發展作業要點」，遴聘校內教學卓越教師、三學年內課程意見調查級分均為全校前五分之一之專任教師或三學年內曾獲教育部頒發教學相關獎項之專任教師擔任領航教師，提供之教學專業諮詢與輔導內容包含課程設計、教學方法、教材研發、教學媒體製作與運用、班級經營、教學評量、學習輔導、教學倫理等諮詢服務。服務類別可採微型教學分析，由申請教師需於每學期開學二週內，向中心提出申請並安排一次隨堂攝影（一節課為原則），並由微型教學領航教師提供診斷分析及教學建議。微型教學的結果分析以課程設計、教學內容、教學技能、教學態度以及班級經營等五類向度進行，演練教師可針對自身需求選擇觀察重點並進行診斷及諮詢，輔以前後施測及教師自評，經由兩次施測評量且進步者可獲獎勵。演練教師透過觀看自我授課實況光碟，觀察自我教學技能，檢核課程設計與教材教具等的適當性，藉以改善課堂教學，亦可透過領航教師觀看授課光碟，並給予演練教師專業教學意見，以鼓勵演練

教師規劃並改進教學策略，進而提升教學品質。

臺灣大學以內容中心及學習中心爲核心，輔以有效教學中有效果、有效率以及有效益作爲教學策略要點，成立「教學技巧工作坊」（ISW），並以BOPPPS模組作爲教學模組策略（李紋霞，2012）。BOPPPS包括：導入（bridge-in）、學習目標或結果（objective or outcome）、前測（pre-assessment）、參與式學習（participatory learning）、後測（post-assessment）以及總結（summary）。在教學流程中，包括演練者與帶領者先進行5-10分鐘的課室安排（room setup），然後演練者進行10分鐘的迷你課程（mini lesson），在課程完成後，演練者、帶領者與參與者進行7分鐘的書面回饋（written feedback），最後全體成員則進行13分鐘口頭回饋（verbal feedback」，從歷程中可以看出回饋在ISW的重要性。台大教學技巧工作坊（ISW）回饋重點在於「教學基本結構」（包括前述BOPPPS六步驟）以及表達技巧（自信、目光交流、音量、舉止、熱忱）爲主，輔以二點稱讚和二點改進建議並具體評論BOPPPS相關因素在教學中呈現的有效性。

教育部從2005年開始獎勵大學校院建立教學助理（TA）制度（鄭雪娥，2000）。TA制度的目的，不僅在減輕教師教學的負擔，也可以提升學生學習成效。在國外高等教育體制中，TA制度已行之有年，一般認爲TA是教師授課之輔助者與溝通者，但事實上，TA可以是教師教學的輔助者、教師與學生之間的溝通者、學生的楷模以及朋友。在淡江大學的悅活TA教學助理教學手冊（淡江大學學習與教學中心，2010）中訂定了TA任用、培訓、管考、獎勵四階段，其中培訓部分以微型教學作爲主要的培訓策略，在微型教學部分除了於教學知能培訓室增設微型教學設備外，並透過模擬實務的活動帶領、TA演練、經驗分享等方式增進TA教學能力。

二　微型教學的應用取向

孫志麟（2007）認爲大學教師的任務至少應包括教學、研究、服務等三項，也該是終身學習者、行動研究者以及同儕輔導者。「教學」是

科學，也是藝術，不論科學或藝術，都沒有一蹴可幾的捷徑，唯有不斷地嘗試與練習，才能精進這門科學與藝術。因此，「教學專業發展」必然是一場不斷解決問題的過程，也唯有不斷地歷經問題解決，才能成為專業教師。大學校院教師的責任，在有效教學的潮流中，在相關計畫與評鑑要求下，必須精進教學。因此傳統教學型態已不符合需求，微型教學正可以作為大學教師專業發展的一項新取徑。例如：普渡大學教學卓越中心的研究生教師證書（Graduate Teacher Certificate, GTC）方案導入微型教學，透過諮詢與回饋提升教學者的教學、省思及溝通技巧（Purdue University, 2013）。微型教學應用取向，從「教師即終身學習者」看，有史丹佛大學原創模式、教學技巧工作坊、錄影呈現模式以及迷你教學模式，是透過演練、省思與回饋來提升教師專業能力；而同儕視導及傳習工作坊則是以「教師即同儕輔導者」角度來提升教師專業能力。亦即，從教師即終身學習者以及同儕輔導者看，一方面教師本身透過自我認識、自我評鑑、自我省思及自我成長發展，體認自己的長處與弱點，另一方面學校適時提供適切有效的資源（如微型教學），以協助教師專業發展，是大學校院教師專業發展的重要課題。

(一) 教師即終身學習者取向

1. 史丹佛大學原創模式（The Stanford model of microteaching）

由美國史丹佛大學師資培育中心教授Allen和Ryan在1960年代初期所發展出來的教學技巧訓練模式。本模式之特色以學校中真正的學生是上課中的學生，並強調「教學—檢視反省—再教學」之過程。Allen和Ryan原先主張的典型微型教學之進行過程包括訊息提供、演練、回饋及再演練等四個階段，如圖2。

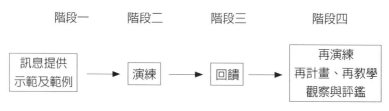

圖2　史丹佛大學微型教學原創模式

2. 教學技巧工作坊（The Instructional Skills Workshop, ISW）

由加拿大英屬哥倫比亞（即卑詩省／BC）教育廳於1970年代所發展出來的教學技巧訓練模式。原來是用於大學和師資培訓機構，漸漸推廣到全加拿大、美國和世界其他國家。本模式之特色是以各系所相關任教領域之教師同僚為聽眾，並強調「教學─檢視反省─自我改進」之過程。臺大教學發展中心所推行微型教學主要也是結合24小時「ISW」的課程訓練，參與教師必須經歷本文前述「BOPPPS」以及進行10分鐘迷你課程教學，全程參與並完成課程單元要求者才能獲頒ISW研習證書。

3. 錄影呈現模式（videotaping microteaching, video presentation）

此模式由教學演練者自行提供其10-15分鐘教學過程錄影帶或光碟，在教學小組放映後檢討改進。例如：英國華威克大學（Warwick University）醫學院應用本模式輔助訓練各科臨床講師。國立臺南大學和國立清華大學教學發展中心也有提供教師教學錄影的服務，其性質與本模式相近。本模式有別於傳統的「現場演示模式」（live demonstration），教學錄影時較沒壓力，因此教師的接受度較高。近年來採用此一模式的大學有越來越多之趨勢。

4. 迷你教學（miniteaching）

是一種改良式之微型教學，將聽課學生數由3-5人增加至20-25人，或將教學演練時間由5-10分鐘延長至15-20分鐘。由於本模式較接近一般教學型態，因此教學演練後之實際應用性較大。

二　教師即同儕輔導者取向

1. 同儕指導（peer supervision）

「微型教學」原先需求一位資深優秀的「師傅」（mentor，指導員／傳習者／薪傳者）在現場做教學示範和指導，後來發現教師同僚回饋意見之價值幾乎不亞於師傅的回饋，因此同意不必然要有師傅在場示範和指導。增強措施是在回饋機制中採用「2加2評論約定」（2+2 evaluation protocol），亦即要求在同僚評論時要包括「二點稱讚和二點改進建議」，且都須聚焦在該次演練所強調的教學技巧，以避免因同

事情誼而流於敷衍。

2. 傳習工作坊

國內大學教學發展中心的「傳習工作坊」（或稱領航教師教學諮詢）常將微型教學結合教師傳習制度（mentorship），由資深優良教師引導新進初任教師，設計的主要目的在協助新進教師順利適應教學與研究工作。由教學發展中心安排資深傑出的教授前輩協助有此需要的新進教師，藉以提供新進教師教學、研究及服務等各方面的引導與建議。

綜合而言，微型教學經過長時間的應用，為符應各機構和場合的特性，已經發展出數種變通取向。這些模式既能維繫微型教學的原有功能，其實施方式更靈活，而且較沒外在的干預和壓力，因此漸漸被國內外大學所接受。

微型教學在大學校院的應用困境

我國大學校院近年來在急速擴充的情況下，教育品質的議題備受各方關注。教學品質是教育品質的核心，而教師是決定教學品質與學生學習成效的關鍵人物，須藉由大學教師教學專業發展，提升學生的學習品質（張媛甯、郭重明，2011）。因此大學校院的職前教師與在職教師，都應建立從課程規劃、教學的實施及學生學習三位一體且確保學生學習品質的機制，讓學生能夠有效且有用地學習。但臺灣大學校院教師養成以學科研究能力為主，鮮少有機會與其他教師進行討論或觀摩，形成一種「隱藏在大學講堂後面的是教學的孤寂」（Hutchings, 2011）。此外，即使許多教師謀求積極教學改進，但先天上缺少專業培訓，忽略了課程與教學的複雜性，大多常以測驗來評量學生學習，然而測驗只能測到學生學習了什麼，卻無法瞭解學生複雜的學習表現（黃月美、歐用生，2013）。2007年大學評鑑制度施行以來，對於評鑑被用來作為績效品保或是專業發展一直受到熱烈討論，孫志麟（2007）認為教師專業發展是一個持續的過程，教師評鑑是一個動態的循環歷程，不能僅以一次的評鑑就決定了教師績效表現，更重要的是專業發展是教師評鑑的核心目的，要為教師提供改進表現的回饋訊息，協助教師省思與行動和辨清

專業發展需求。不過，從現場看，楊瑩（2012）認為國內很多大學教師對教師評鑑都感到厭煩，對教師評鑑更因攸關個人考評及未來之續聘與待遇，負面批評迭起。因此全國145所大學校院雖然均已訂定有教師評鑑辦法，但仍有41%學校未在教師評鑑相關辦法中明訂未通過評鑑教師的相關輔導措施。顯示在大學中，教學表現不佳的教師的後續輔導仍有待加強，也有微型教學著力空間。但無可諱言，微型教學在大學校院的應用，仍有一些困境如下列：

一 微型教學在提升較高層次思考能力方面的成效受到質疑

典型的微型教學大多集中注意如何運用技巧的問題，忽略使用時機、情境及氣氛的問題，且將教學技巧單獨分析，並未考慮其他外在的影響因素。教學是一項複雜的工作，單文經（1992）曾從教學即藝術、教學即文化以及教學即關照等三種隱喻來檢視典型微型教學作法的理念，並指出教師若要成功扮演其教學的角色，不只是要技巧精熟，更需要有鑑賞與批判的教學藝術。謝水南（2011）則指出微型教學目的在於協助教師熟練教學技巧，而無法發揮教學的藝術與創意和啟發學生的創新思考能力，因而其適用範圍和運用效能有其侷限。因此，將微型教學運用在教育實習或教育專業科目的教學上，更應小心的反省思考，才能彰顯和提升其價值。

二 微型教學難以被保守封閉人員和課堂所接受

謝水南（2011）指出「學術自由」和「大學自治」是二個相互關聯的理念和原則，是大學追求高效能校務發展和學術研究卓越的必要條件。「教學自由」是「學術自由」的重要內涵，有些大學教師即認為在大學推動微型教學是對「學術自由」的侵犯。陳信助（2010）認為教師被視為個人自主的教育工作人員，然而，自主常伴隨著孤立，就教學的實際情況而言，教師很少有機會共同討論，教學過程經常孤軍奮鬥，缺乏團體的支持與分享，相對的就對教師專業發展有負向的影響。在國內還有些許多校院連一場教學觀摩都沒有舉辦過，甚至大多的教育工作者雖然學過教學理論，可是還是嚴重地閉門複製自己的學習經驗，顯

示出專業孤立、個人主義、技術心態。教育部獎勵的計畫雖努力推動教師專業發展、領航教師、傳習制度，但多數教師卻以缺乏共同時間成長、以研究爲主要工作及抗拒心理等方式卻步，除了專業成長團體付之闕如，更讓許多教學發展中心斥資設置的微型教學教室功能不彰。因此，落實專業教師社群發展，協助教師從自學成長擴大至群體成長，增進社群資源共享與互濟共榮功能，是微型教學成功導入教師專業發展的重要課題。

三　微型教學常缺乏真實的模擬教學情境

微型教學引以自豪之處就是將教學情境切割爲小單元，透過不斷地演練與回饋來模擬眞實教學情境，但常因爲教學過程不自然、矯揉造作或刻意安排，在眞實教學情境時，先前模擬學習效果的遷移便大打折扣。黃永和（2004）指出微型教學常被視爲等同於試教，而忽略了「微縮」（micro）的眞義與特定能力的訓練目的，且教學「擬眞」的「虛假」情境也可能產出負面的學習效果。因此，即使是師資培育機構也很難如實地安排眞實學生於模擬情境中，常以同儕充當學生進行演練，即使同儕如何努力，也很難模擬出眞實情境中學生各種複雜交錯的突發狀況，這些都是微型教學提供者和參與者應該事先審愼考量之處。

四　大學「重研究、輕教學」的氛圍不利微型教學之推展

大學教師被賦予教學、研究以及服務的專業任務。不同於中小學教師，有其特殊的歷史與社會地位，除了從事教學外，大學教師須明顯從事學術研究及社會服務活動（孫志麟，2007），有一定數量的研究產能。陳琦媛（2007）指出大學強調教師研究績效，間接抑制教師對於教學之熱情和付出，「重研究、輕教學」的氛圍使教學專業發展仍只是大學校院的非主流活動，常缺乏技術與行政支持、評鑑與獎勵制度、有效資源整合等，間接影響了教師進行微型教學的意願。事實上，微型教學有可能是有效精進教師教學的利器。

微型教學的展望——課目研究可能是新契機

　　微型教學立基於有效教學和教師專業發展的基礎上，日本在中小學實施的課目研究（lesson study；日文爲「授業研究」；一般而言，單元／unit和課目／lesson有上下位的關係，一個單元由兩個以上課目組成，所以課目是小單元或次單元）是教師專業發展的實踐活動，教師們協同合作發展小單元的課目教學計畫觀察，並蒐集學生學習的相關資料，最後使用觀察結果修正課目教學計畫。課目研究透過協同教學計畫、共同教學觀察、討論、修正、再觀察的程序，成就學生的學習。因此，歐用生（2011）認爲在教學現場中，日本課目研究是一項值得借鏡的模式，除了能有效提升教師的教學效能及學生的學習品質，也適合用於大學的教學研討。例如，臺灣首府大學爲讓教師們共同成長，已參酌日本和美國大學實施的課目研究經驗，從2012學年度上學期開始，邀請人文教育學院全體教師共同組成教師專業成長社群，舉辦教師共同備課討論暨教學觀摩活動，藉由備課及觀課，讓老師們能相互學習成長（李文生，2013）。黃月美和歐用生（2013）指出，2003年Bill Cerbin等在威斯康辛大學進行「課目研究」實驗和試辦後，加以推廣，現在已成爲美國大學教學改革的一個新典範。歐用生（2011）也指出佐藤學對課目研究的推展貢獻很大，他建立課目研究的理論架構，奠定課目研究實施的良好條件；並將課目研究和課程、教學改革和教師專業發展的理念結合起來。高松景（2013）從佐藤學出發，營造有利教師公開授課的組織文化，透過教師打開教室大門，公開上課內容以及授課後的研究會議讓教師們創造能夠快樂學習的場所；潘慧玲（2013）則指出日本的課目研究與學習共同體有其相通之處。例如：課目研究主要訴諸對象是教師，均是教師群體專業發展的一種形式，而佐藤學的學習共同體，著重學校成員均是學習的一員，所以除了行政人員、教師外，學生、家長亦是學習共同體之成員，透過建立支持性的結構，提供學習共同體的參考範例、具有專業且獲成員信任的學習帶領者及或外部專業支援等，此等結構與資源皆有助於學校建構學習共同體所需的專業指引。

　　未來，我們或可從課目研究來重新檢視微型教學在大學校院的應用。佐藤學期待教師成爲「學習專家」，在校內用「省察」的態度，透過觀察其他教師的上課內容及交流，培養自己能力。微型教學目標的達成並不是教師專業能力培訓的終點站，而只是學習「實踐知能」的起站。眞正的教學實踐智慧只能在現實的課堂透過教學事件的處理不斷形成、發展並逐步完善。因此，將教室的門打開，構成教師們的學習圈，是教師專業發展的重要工作。爲了解決微型教學在大學校院中的困境，在教學法及學習輔導上的品質除了透過領航教師或傳習制度，最重要的還是要改進教師的教學態度、教學技巧及教學效能，讓微型教學的應用能夠更加純熟，更完善地實踐在實際教學中。

參考文獻

一、中文部分

李咏吟、單文經（1997）。教學原理。臺北市：遠流。

李文生（2013）。國內大學首創臺首大教師共同備課及觀課相互學習成長。**Yahoo！奇摩新聞**。取自tw.news.yahoo.com/國內大學首創-台首大教師共同備課及觀課相互學習成長-103251132.html

李振清（2006）。建立有效教學機制：教師發展是高等教育評鑑的核心議題。評鑑雙月刊，**3**，9-12。

李紋霞（2012）。有效教學結構：BOPPPS模組。教師龍虎榜。取自http://ctld.ntu.edu.tw/_epaper/news_detail.php?nid=96

林思伶（2009）。大學教師專業發展的人際途徑—教師同儕輔導歷程與管理模式。教育研究月刊，**178**，24-37。

洪仁進、吳淑禎（2008）。「強化教育專業課程，增能準教師基本能力」計畫共同主持人。教育部補助辦理發展卓越師資培育計畫。

孫志麟（2007）。績效控制或專業發展？大學教師評鑑的兩難。教育實踐與研究，**20**（2），95-128。

高松景。臺北市：「學習共同體」下校長「學習領導」的新議題。取自http://topic.
parenting.com.tw/issue/learning3/taiwan/article05-2.aspx

張媛甯，郭重明（2011）。大學教師教學專業發展之初探。校行政雙月刊，**71**，
194-213。

淡江大學學習與教學中心（2010）。淡江大學的悅活**TA**教學助理教學手冊。http://
www2.tku.edu.tw/~ai/download/TA0622.pdf

陳信助（2010）。大學教師的學習風格及其對專業發展之啓示。學校行政雙月刊，
66，104-125。

陳琦媛（2007）。大學教學評鑑的新途徑—同儕評鑑。評鑑雙月刊，**9**，21-23。

陳麗玉、呂俊毅、李隆盛（2010）。大學校院實施教師傳習制度的現況與問題。高等
教育，**5**（1），37-67。

單文經（2001）。教學引論。臺北：學富。

單文經譯（1992）。師範教育中微型教學運動的回顧與前瞻。學術講演專集，**8**，
64-107。

黃月美、歐用生（2013）。美國大學教學改革的新典範—日本「單元教學研究」的應
用。課程與教學季刊，**16**（2），57-88。

黃永和（2004）。微縮教學的再思及其實施成效初探。國立臺北師範學院學報，**17**
（1），135-166。

黃永和（2012）。精益求精‧共創教學新視野～微觀教學的理論、實務與應用。國
立臺北護理健康大學教師發展中心校內教學資源目錄。取自http://cfd.ntunhs.edu.
tw/ezfiles/6/1006/attach/54/pta_4644_3848693_60963.pdf

新加坡國立大學教學發展中心PDP-T與CPDP簡介（無日期）。取自http://www.cdtl.
nus.edu.sg/programmes.htm

楊瑩（2012）。臺灣的大學教師評鑑制度。臺灣教育雙月刊，**678**，2-14。

楊深耕（2003）。以馬濟洛的轉化學習理論來看教師專業成長。教育資料與研究，
54，124-131。

歐用生（2011）。建構校本教師研修制度—十二年國教的配套措施。新北市教育，
17-21。

潘慧玲（2013）。「教育領導與學習共同體國際研討會」紀實。人文與社會科學簡
訊，**14**（4），109-117。

鄭雪娥（2000）。大學教學助教師資訓練發展—以淡江大學微積分課程助教為例。淡
江大學教育科技學系碩士班論文，未出版，臺北。

鄭博真（2012）。我國大學教師專業發展之現況、困境與展望，教育研究與發展期

刊，**8**（1），61-92。

簡紅珠（1993）。認知理論在微縮教學上的應用。新竹師院學報，**6**，85-104。

二、外文部分

Allen, D., & Ryan, K. (1969). *Microteaching*. Reading, MA: Addison-Wesley.

Altman, H. B., & Ramirez, A. G. (1971), Beyond micro-teaching: Some first steps in individualizing preservice training for foreign language teachers. *The Modern Language Journal, 55*(5), 276-280.

Beyer, L. E., & Zeichner, K. (1987). Teacher education in cultural Context: Beyond reproduction, In T. S. Popkiwitz (Eds.). *Critical studies in teacher education* (pp.289-334). London, UK: Falmer.

Benton-Kupper, J. (2001). The microteaching experience: Student perspectives. *Education, 121*(4), 830-835.

Bowers, C. A., & Flinders, D. J. (1990). Responsive teaching: *An ecological approach to classroom patterns of language, culture, and thought*. New York, NY: Teachers College Press.

Clifford, T., & Jorstad, H. L., & Lange, D. L. (1977). Student evaluation of peer-group microteaching as preparation for student teaching. *The Modern Language Journal, 61*(5/6), 229-236.

Dunkin, M. J. (1987). Teachnical skills of teaching. In M. J. Dunkin (Ed.), *The international encyclopedia of teaching and teacher education* (pp. 703-706). New York, NY: Pergamon.

Donnelly, R., & Fitzmaurice, M. (2011). Towards productive reflective practice in microteaching. *Innovations in Education and Teaching International, 48*(3), 335-346.

Fakomogbon, M., Bada, A., Omiola, M., & Adebayo, R. (2012). Effect of videodisc instructional package on the performance of student teachers in microteaching course. *Interdisciplinary Journal of Contemporary Research in Business, 3*(10), 493.

Hutchings, P. (2011). Foreword, In B. Cerbin, *Lesson study: Using classroom inquiry to improve teaching and learning in higher education* (pp. 5-7). Sterling, VA: Stylus.

Kohen, Z., & Kramarski, B. (2012). Developing self-regulation by using reflective support in a video-digital microteaching environment. *Education Research International, 2012.*

MacLeod, G. R., & McIntyre, D. I. (1977). Towards a model for microteaching, In D. I.

Mcintyre, G. R. MacLeod, & R. Griffiths (Eds.), *Investigations of Microteaching*. London: Croom Helm.

Macleod, G., & McIntyre, D. (1977). Towards a model for microteaching. *British Journal of Teacher Education, 3*, 111-120.

McDonald, F. J. (1973). *Behavior modification in education*. Chicago, IL: NSSE. Mergler, A., & Tangen, D. (2010). Using microteaching to enhance teacher efficacy in pre-service teachers. *Teaching Education, 21*(2), 199-210.

Michigan State University. (2013). *Microteaching labs*. Retrieved from http://langed.wiki. educ.msu.edu/Microteaching+labs

Perlberg, A. (1987). Microteaching: Conceptual and theoretical bases, In M. J. Dunkin (Ed.). *The international encyclopedia of teaching and teacher education* (pp. 715-720). New York, NY: Pergamon.

Purdue University, Center for Instructional Excellence. (2013). *Graduate Teacher Certificates*. Retrieved from http://www.purdue.edu/cie/certificates/gtc.html

Rosenshine, B. (1971). Teaching behaviors and student achievement. *London: National Foundation for Educational Research*.

The University of Kentucky. (2013). *Resources & Activities for Graduate Teaching Assistants*. Retrieved from http://www.research.uky.edu/gs/StudentDevelopment/micro. html

University of Wisconsin-Madison. (2013). *Orientation Workshop for New Language Instructors*. Retrieved from http://www.languageinstitute.wisc.edu/content/language_tas/2013_workshop.htm

Uzun, N., Keles, Ö., & Saglam, N. (2013). The effect of microteaching applications in environmental education. *Çukurova University. Faculty of Education Journal, 42*(1), 13.

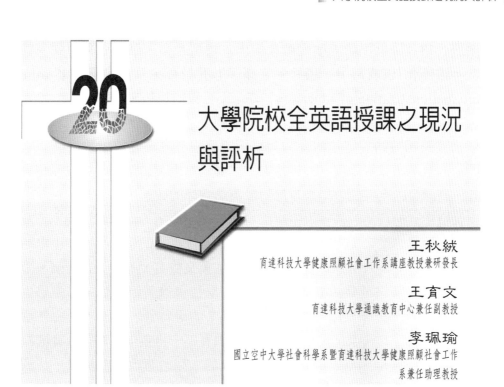

大學院校全英語授課之現況與評析

王秋絨
育達科技大學健康照顧社會工作系講座教授兼研發長

王育文
育達科技大學通識教育中心兼任副教授

李珮瑜
國立空中大學社會科學系暨育達科技大學健康照顧社會工作系兼任助理教授

壹 緒論

隨全球化時代來臨，人與人的溝通更便利。全球化係為相對自主的過程，其核心包括「普遍性的特殊化」和「特殊性的普遍化」此一雙重過程，對人們的影響頗大。全球化強大的時代，促使關心世界「真實意義」的運動崛起，彼此相互關聯，相互影響（Robertson 1992: 177-178）。它對於世界的意義為何？Held（2000）強調，全球化可以被定義為全世界社會關係的強化，一地發生的事情可以影響幾千里之外的事件，此關係因為時空界限的距離縮短，加深人與人互動頻率。由於人與人更容易溝通，及強調世界上的每一份子相互分享自己的觀點，語言能力在這個時代就顯的更加重要，多一種語言能力，即比別人多一份競爭力。跨國企業亦成為趨勢，越來越多廠商至國外投資商業，

擴展企業及降低風險，改變產業結構，轉型企業，賺取更多利潤。其次，國際化[1]也成為另一趨勢，它深深影響教育，教育的國際化（the internationalization of education）亦是不可擋的趨勢。

近年來，臺灣之大學院校積極地推動全英語教學，有許多相關的補助措施及相關的規定，如元智大學規定學生在畢業之前，須修滿「六門」的全英語教學課程，方可畢業。回顧臺灣全英語教學的實施理念可知，臺灣目的全英語教學源自於對於英語教學的改進，以前的英語教學常採取中式的英語教學，學生無法自然地使用英語。自幼教階段，許多父母將孩子送至全美語補習班，使其從小適應英語的學習環境，小學階段的學生，許多人至補習班補英文，參加英文檢定，考取英文證照。國高中階段，英文成為重要的主科，一些學校會借其他科目，加強學生的英文能力。許多父母會讓孩子參加英文的研習營，讓孩子至海外留學。高等教育的國際化更是備受重視，教育部一再重申，高等教育國際化的必要與需求，例如西元2001年完成的大學教育政策白皮書，強調國際間交流及合作是大學進步的動力之一（教育部，2001：9）。其次，亦指出「國際化程度不足」為臺灣大學教育主要問題之一，應強化大學教育的國際競爭力（教育部，2003）。在該報告書中指出，大學競爭力為國家競爭力的重要指標。此外，大學的國際化程度相當重要，若學生國際化程度足夠，將更具競爭力，學校亦可獲得更多補助資源（楊巧玲，2004：102）。是故，目前的高等教育階段及政府機構藉相關政策或機制，推動國際化，例如：教育部設立國際及兩岸教育司除負責兩岸相關教育事物外，亦包含海外留學、外賓邀訪談拜會、海外臺灣學校等，加強國際交流；大專院校除招收國際學生及帶領學生至國外參觀及學習外[2]，要求教師應參加國際學術研討會，強調教師有發表國際學術期刊的能力，更要求教師應有全英語授課的能力，以因應國際生的需

---

[1] 近年來，全球化及國際化的議題常受關注。全球化並不完全等同於國際化，本文主要論點為探討全英語授課；是故，不論述彼此之間的相同處與差異處。

[2] 許多學校，如臺灣師範大學教育學系每年帶領學生至UCLA參加國際交流及修課，國立臺北教育大學教育學系，亦開設國際教育課程，帶領學生之海外參觀。

求及加強臺灣學生的競爭力。由此可知，國際化是不可抵擋的**趨勢**及**潮流**，全英語教學有其必要。羅雅芬（2009：1）指出，英語授課在高等教育國際化中扮演必要角色，它可提升教師與學生在國際間的流動力，亦可擴展視野及競爭力。在國際化的程度部分，語言能力扮演不可或缺的角色，亦可符應國際交換學生的需求。目前，臺灣大學許多院校開始推動全英語授課，在徵聘教師之際，要求教師有全英語授課的能力，學生須參加及通過英文檢定，若未達標準，需參加相關的補救教學；然而，在推動之際，由於諸多原因，亦面臨一些問題，如師資來源不足、教學品質欠佳、降低學習成效等。

回顧過去的全英語教學之研究可知，目前的相關研究大部分聚焦於反思教學現場，教師於實施全英語教學時實施的過程之情形與面臨的問題，類似的研究有陳雅齡及廖柏森（2012）的〈以溝通式翻譯輔助大學全英語教學之探討〉；鄭愛倫（2012）的〈多元化訓練模式英文口語教學成效之探究——以輔仁大學大一英文課程為例〉。亦有研究係針對英語教學法進行反思，如謝欽舜（1998）的〈創造全英語教學的情境——從教室英語談起〉；陳冠吟（1998）的〈如何進行幼兒全英語教學〉。歸結前述分析，過去的研究針關於全英語教學的主題，大部分的研究採用實驗研究法及觀察法，彰顯全英語授課的重要性及本研究的重要性。由此歸納，過去較少有研究針對實施全英語教學的現況做分析，也未評析在實施過程遭遇到之困難，而此議題又具有其重要，目前未有相關研究針對此進行分析，相當可惜。是以，本文探討臺灣大學院校全英語授課的現況及分析優缺點。

全英語授課理念及意義

一 全英語授課之理念

如前所述，人們的英語能力愈來愈重要，現今英語能力不再只是讀與寫的能力，「聽」與「說」的能力成為重要主軸，並期望人們可自然的使用英語，透過該能力，可以使世界各地的人溝通，並善用該媒

介，蒐集相關資料；使其具備國際化的素養。回顧該理念與全球化有關，Torres（2002）指出，全球化造成國界的模糊，縮短國界。卻也造成認同的危機，因此，造成國民教育與愛國教育的困難。此外，Waters（1995）則認為，全球化是社會過程之一，其中地理對社會和文化安排的束縛降低，而人們也逐漸意識到這種束縛正在降低，開始加強英語能力。因此，全球化雖無法立即看見，但它卻是隨時間而漸漸改變，觸及的面向相當廣。

全英語授課的理念為何它的目標及教學信念為何？其主要目標在幫助學生開拓國際的視野，落實全球化與地球村的理想。隨國際化的趨勢之來臨，英語能力愈來愈重要。全英語授課程為目前大學校院的重要趨勢，它又稱為全英語教學，主要希望藉全英語授課，加強學生的英文能力，落實國際化的理念。最初，全英語教學的理念和英語的學習有關，提升學生的英語能力，使學生自然的使用英語。

二　全英語授課之意義

語言是人與人之間溝通的橋樑，也是個體與外在世界傳遞訊息的媒介，它更是國與國之間溝通的管道，多一份語言能力，即多一份競爭力，亦可幫助人們擴展世界觀。然而，語言能力差異的因素也造成了人們之間的隔閡，影響其溝通及認知的能力。就時代而言，英語是邁向國際社會、掌握資訊科技及汲取新知識必備的工具。若可幫助加強學生的英文能力，亦可拓展他的視野。

何謂全英語授課？它的意義為何？全英語教學係指，讓學生沉浸在英語的環境，讓學生對可自然的面對英文情境。全英語之概念主要強調語言是「整體的」，注重聽、說、讀、寫的能力，學生在學習英語之際，應由自然情境的方法學習。Raines及Canady（1990）提及，全英語授課並非一種教學方法，其是教學信念或觀點，對語言、學習、課程之重新思考，教師須依據全語文授課信念及對教學的熱誠，發展符合精神的特色課程，使學生自然的使用英語，非中式英語的學習。在進行全英語授課之際，教師對教材應有一定程度的瞭解，除具備必備的語言

能力外，應將教材融會貫通，非聚焦教導英文能力。它是教學方法的革新，亦是改善過去學生缺乏聽及說的英語能力。

張武昌、陳秋蘭及羅美蘭（2008）指出，許多學校或英美語補習班爲推動全英語教學，引進外籍師資，希望學生可完全在全英語的教學環境學習，在教學過程，不重視文法結構，只強調英文應用的核心能力。此外，陳淑琴（1998）表示全英語教學是一種逐漸發展，自然累積的教學觀念，並非單純的根據某一家學說而成，是綜合各相關領域多年的研究成果，所發展出來的一套完整的教學觀。最初，用於英美語教學，認爲藉此訓練學生的英文能力，爾後，隨全球化及國際化潮流來臨，各大學院校制定相關方針，推動全英語授課。對於高等教育的學生而言，實施全英語教學的意義爲加強學生的英文能力，加強競爭力與或擴展國際視野。

 臺灣大學院校全英語授課之現況及分析

臺灣之大學院校實施全英語授課有一段時間，最初的理念係對於英語教學的反思，認爲英語教學不能只以中文的教學，應讓師生透過全英語的方法自然的學習英語（陳秋蘭，2010）。因此，全美語的學習扮演英語學習的重要因素。隨國際化日趨重要及全球化的來臨，英語比以前更重要。臺灣之各大學院校開始積極的推動全英語授課，它也成爲大學國際化辦學績效之一。以下就臺灣全英語授課的政策源起面向及實施方法分別闡述如下：

一 全英語授課的政策源起

由前述可知，全英語授課最初的理念在於提升學生的英語程度，使學生可自然的學習英語，非學習中式的英語；爾後，隨國際化的趨勢加強，及爲提升國民競爭力及招生外國學生，全英語授課成爲臺灣大學校院的重要政策與國家的施政方針。回顧其實施的理念可知，Saginova及Belyansky（2008:341）提及，就Knight而言，高等教育國際化是目前的潮流，面對全球化的時代，人們須致力於國際面向或是文化面向的教

學、研究及服務的整合，致力於變革，朝國際化邁進。全球化的意義為何？Giddens將全球化定義為：「對全球化社會關係的強化，即本地發生的事件將影響其他各地，形成當地的事件，反之亦然。」他進一步指出，全球化與人們生活息息相關，若可達到全球化，更容易達到地球村時代的理想（Giddens,1990:4）。全球化使人與人的距離更近，人與人及國與國更密切，溝通的管道與機會越來越多。在此過程，英語常成為共同語言之一，許多會議及電視頻道等，常以英語進行[3]。

隨著國際之間，及人與人的交流更方便，國際化越來越重要，其是國家競爭力的重要指標，亦代表國民的素養與競爭力。為提升國內大學國際化程度，教育部研議與國外頂尖大學合作，共同在國內開課，由外國學者授課，增加臺灣學生國際互動機會，增加學生的互動及自然的使用英語；或者，商請具備英文能力的教師，進行全英語授課。此外，教育部高等教育司表示，國內推動國際化有幾項策略，包括推動「彈性薪資方案」，爭取國際學術人才，邀請相關人員至臺灣授課；未來將規劃適合大學的薪資制度。在教學方面，教育部鼓勵學校推動全英語學程、全英語授課園區、國際學院等，打造臺灣成為東亞的高等教育重鎮，使學生在國內就可自然的透過英語表達自己的想法，不須至國外才可學習英語能力。舉例而言，政治大學便為教師開設「全英語授課」研習班，提升授課技巧和知能，使教師除了具備英語能力外，亦具備英語授課的技巧與方法（陳怡君，2012）。此外，據曾憲政（2012）之研究可知，在大學，全英語授課係因應國際化的潮流、大學評鑑制度招收外籍生。臺灣的許多學校在規劃課程之際，全英語授課會成為固定的比例，亦要求教師有英語的基本能力，包含聽、說、讀、寫的能力，在應聘教師時，成為重要的評比之一。此外，學生亦須具備應有的英語能力，學生在修讀全英語課程時，方可吸收課程內容，提升學習品質。

---

3 國際間若要彼此進行溝通，常常以英語為共同語言，若無共同語言，溝通時會發生相當大的困難；然而，值得省思的是，若過度強化，而忽略非英語系國家的語言，有時會陷入英語霸權的疑慮。

二　全英語授課的實施方法分析

在臺灣，有越來越多的學校招收交換學生，爲因應他們的需求，有些學校開設全英語教學的專班，以符應外籍學生的學習需求，將課程修讀的資格者限制爲外籍人士。針對此方法，雖然，可幫助外籍學生學習專業科目的學習，卻也帶來一些問題，如不利不同國籍學生的文化交流、影響學生學習中文的機會、失去全英語授課的眞正意義。此外，有越來越多的一般大學或技職校院規定，大一新生專業必修課程全以英文授課，提升學生英語能力。或者，全校性四分之一課程採用全英語授課，提高鐘點費、給予相關補助，另有其他作法，如幫助教師減課及成爲教學評鑑的評比之一。除此之外，爲鼓勵教師採全英語授課，辦理相關英語及教材教法方面的研習，帶領教師至海外研習，提升教師與學生的能力，並加強國際交流（蕭宜倫，2008：93）。是故，各學校使用許多獎勵、補助及規劃的方法推動全英語授課。舉例而言，有學校藉由金錢補助教師聘請教學助理之用，幫助教師教學及帶領學生討論之用，且有規定修課人數。茲將國立中正大學之作法舉例如下：

> 「本辦法所稱「全英語授課」係指本大學專任教師所開授課程內容全程以英語教學方式授課，其方式包括採用英語教材、講授、研討及成績評量皆採用英語方式爲之。每位教師每學期以全英語授課之課程至多以二門爲限。爲鼓勵本校教師開授全英語課程，若爲學士班課程修課人數10人（含）以上，碩博士班課程修課人數5人（含）以上者，每門全英語授課之課程至多補助二萬元，做爲聘任教學助理之用，協助老師進行課程」（引自國立中正大學，2013）。

除了公立學校之外，其他的私立學校也致力加強學生的英文能力，將英語列爲必修課程，或者開設英語學習營，積極地推動全英語授課，並要求教師具備全英語授課的能力。舉例而言，爲提升學生英語能力，元智大學推動新生英語營，透過全英語上課及活動及課程並行，讓

新生習慣全英語學習環境，並且瞭解英語對於其而言相當重要。元智大學國際語言文化中心主任表示，新生英語營的10天中，讓學生像集訓一般，接受全英語上課及生活訓練，使學生不須出國，即可學習英語，並可將它應用在生活的情境，非紙上談兵。此外，營隊並提供兩學分的通識英語課程，內容包括生活英語、校園英語、英語學習歷程、課堂英語、學術英語及文化學習，最後由學生用英語簡報呈現學習成果，使學生可充份地運用英語（中央社，2013）。是故，教師在實施全英語授課時，所有的教材須使用英語，授課大綱、考試、作業及上課內容，皆以英語呈現。在上課時，鼓勵學生多發問，與教師對話，不害怕英語；有時，會帶學生至海外研習，進行實地交流，及學習英語。與此有關的科目如國際教育、比較教育、多元文化等科目。然而，目前，國人在學習英語時，面臨不敢開口說英語之問題，讀與寫的能力尚可，聽說能力卻是一大問題，雖然臺灣開始推動全英語授課，實施的成效仍有待省思。是故，英語的能力不應為限制傳統的書寫，應可自然的運用於生活情境。若實施全英語教學，有助於改善上述提及的問題；然而，其面臨的挑戰是，假使教師或學生的英語能力不足，反而會影響教學品質及學習品質，有時，學生的先備知識不足，再加上英語程度有待加強，實施全英語教學會影響其學習品質。

三　全英語授課分析—以北部某國立H大學為例[4]

由前述可知，由於全球化及國際化趨勢，非英語系國家亦越來越重視英語，如透過在幼年與國小階段，實施英語課程；至國高中階段，帶領學生至海外研習，參加英語檢定；爾後，至大學階段，推動全英語教學，逐步提升學生的英語能力；然而，至今，仍有學校對於全英語教學實施落實的程度有待加強。本文選取北部某國立H大學相關師生進行

4　據研究者蒐集資料發現，H大學針對全英語授課並未有具體的做法，但有提升學生英語能力的方法，未避免洩露H大學的校名，研究者於本文不呈現該資料。研究者係透過實徵性的資料，探討全校性的全英語授課。

訪談，選取的主要原因為雖然該校為北部的國立大學，擁有許多的資源；然而，根據研究者初步蒐集資料[5]發現，該校實施全英語教學並未相當完善，如該校時實施全英語教學並未相當的積極；此外，該校的全英語教學對於本國籍的學生，並未有相當大的幫助。

　　H學校位於臺灣北部，擁有許多的資源及經費，H學校有許多的科系，該校有許多留學歸國的教授，研究成果相當豐厚，發表多篇SCI、SSCI、TSSCI等級文章，亦有許多國科會之計畫。然而，在實施全英語授課時，有待於進一步反思及提出相關的研議方案。因此，選取該校師生進行訪談[6]，受訪者有四位分別為相關單位的主任及教授，及兩位該校的學生。在選取受訪對象時，考量代表性，受訪者皆具備全英語授課的理論或實務參與的經驗。以下分別由「實施現況及理念」、「實施過程及其問題」「實施時應注意的問題」討論及分析：

(一) 實施現況及理念

1. 實施理念

　　經由訪談發現，H大學實施全英語授課，最初的理念在於英語相關系所教學授課之用，培養本科系學生的專業能力。隨著國際潮流，英文能力越來越重要；再加上，許多學校招收外籍生，及符應外籍生的需求，開設全英語教學。

　　　「學校目前實施全英語教學的情況是還好，並沒有非常的多，主要針對外籍生，對臺灣的學生幫助其實還好」（E,20131017）。

　　　「我相當贊成學校實施全英語教學，那是邁向國際化的重要方法。本校實施全英語教學有一段時間，對我們學校的招生有幫助。

5　研究者藉由在各校的網站蒐集有關於全英語教學實施的相關措施及補助，及對於學校的老師或是學生做初步的訪談後，選取H大學為例。未來，研究者將針對不同的校院做相關的分析及比較。

6　本文受訪的對象有「主任」、「教授」及「學生」。

主要是幫助國際生，給予其充份的受教權。並且加強國際文化交流」（訪A,20131017）。

「實施全英語教學最初的理念是希望可以招收更多的外籍生，也可與更多的姐妹校交流」（訪D,20131017）。

「我們學校的外籍生說學校實施全英語教學的情況不多，他們面臨選課的困難，而我們學校實施全英語教學主要是希望可招收更多的外籍生。那也列爲國際化的評比之一。如果我們學校開的全英語課程少，會比較招不到學生。他們有可能會跑到其他國家或是跑到別的學校」（E,20131017）。

「本校實施全英語教學的理念是因應國際化」（訪F,20131020）。

由前述可知，該校在實施全英語授課的理念除加強相關系所應有的專業能力外及落實國際化的程度，亦爲了招收外籍學生，增加學生的來源。開授相關全英語課程，滿足學生的選課需求。若可招收更多的外籍學生及締結姐妹校。對學校的評鑑會更有幫助。

2. 實施現況

經由訪談發現，H大學實施全英語授課目前不是非常積極，大部分的原因係爲因應國際生的選課需求，爲外籍學生開設專班，顧及其受教權，此增加外籍生的師資來源。然而，H學校推動全英語教學時，目前並沒有具體的方案推動。

「我相當贊成學校實施全英語教學，那是邁向國際化的重要方法。本校實施全英語教學有一段時間，對我們學校的招生有幫助。主要是幫助國際生，給予其充分的受教權。並且加強國際文化交流」（訪A,20131017）。

「剛開始在實施全英語教學時，我覺得很緊張。因我怕不懂老師在說什麼。不過老師課後都會再和我們做互動，讓我逐漸跟上腳步，我覺得全英語教學很重要，這樣更敢講話」（訪B,20131018）。

目前相關的英語能力政策為學生須通過相關的英文檢定方可畢業，假使未通過，須修讀相關的英語課程方可畢業。

> 「學校現在會給我們學生一些壓力，如須通過相關檢定，畢不了業就無法畢業。我們也會給學生相關的英語會考」（訪D,20131017）。
>
> 「學校全英語教學的課程不多」（訪C,20131018）。

經由訪談發現，H學校之後會更積極實施全英語授課，而該課程系屬於營隊的課程，尚未針對全學年的全英語課程提出具體規劃；而且，之前有全英語課程的補助措施；現今，亦取消。

> 「我們學校之後會做相關的英語營隊，在暑假的時候實施。針對對於英語有興趣的學生來學習英語，會參加的學生有可能比較多是外國學生」（訪D,20131017）。
>
> 「學校在實施全英語教學其實沒有非常的積極。有實施全英語教學的系所其實非常少。我們學校的某個系，那邊的外籍生很多，但卻全部使用中文教授課程。」（訪D,20131017）。
>
> 「學校實施全英語教學有相當久的時間了，以前都有補助，可是現在沒有了。以前是讓全英語教學的授課老師可以獲得比較高的鐘點費，現在確沒有了，誘因真的降低許多了」（E,20131017）。

(二) 實施過程及其問題

1.對於本國學生及教師的衝擊

> 「在實施全英語教學時對於本國的學生可能會不太習慣，因為語言能力不足。我覺得全英語教學應由大一開始就實施」（訪A,2013117）

「我覺得實施全英語教學時要考量教師的英語能力」（訪
A,20131006）。

經由訪談發現，H學校在實施全英語教學時，面臨的問題為對本國
的學生及教師帶來衝擊，如學生的英文能力若不足，對於課程的吸收
有限，且對他們而言，會有相當大的壓力。此外，有些教師英語能力
不足，或者無法將專業課程用全英語的方法表達，在實施之際，有落
差，造成理想與現實的差異。

「我感覺學校實施全英語教學時，有時是為了外籍學生」（訪
B,20131018）。

「我們學校在實施全英語教學時，本國籍的學生壓力相當大」
（訪D,20131017）。

2. 是否有針對課程需求設立仍須探討

「實施全英語教學最重要的地方就是該課程是否真的需要用全
英語教學」（訪B,20131003）。

經由訪談發現，H學校在實施全英語教學面臨的問題之一為是否針
對課程的屬性實施全英語教學，有受訪者提及，有些課程不須採用全英
語教學；而若針對外籍學生採用全英語教學之際，應思考該課程是否適
合全英語教學，亦有可能造成本國文化的流失。

「我覺得在實施全英語教學時應給外籍生一些文化上的教導，
不要只是教英語」（訪A,20131017）。

「有些課其實不需要全英語教學，要看是哪種課程耶」（訪
B,20131018）。

「實施全英語教學造成中文文化的流失。我反對大學校院
許多課程實施全英語教學，此舉本末倒置，棄長取短」（訪

F,20131020）。

(三) 實施時應注意的問題

1. 顧及臺灣學生的程度及課程屬性

經由訪談發現，H學校在實施全英語教學時，應顧及學生的程度，針對英語程度較不好的學生，提供課後輔導。

> 「我們班有蠻多人英語程度不是很好，上課很吃力，後來就放棄了」（訪C,20131018）。
> 「希望學校在開設類似課程，考量英語能力不好的學生，可請助教給我們課後輔導」（訪B,20131018）。
> 「英語只是瞭解英語世界，國際化涉及到許多層面，無法僅賴英語來完成」（訪F,20131020）。

此外，有受訪者認為在實施全英語教學時，應視課程的屬性開課，如一些技術性的課程，並不適合採用全英語授課。若未深思課程的屬性開課，為落入為全英語教學而全英語教學之嫌。

> 「我們學校在實施全英語教學時應看科系的屬性，如果是英語系、管理系，我覺得很適合。如果是中文系，我覺得還好。如果是學鋼琴方面的課程，我覺得不需要」（訪E,20131017）。

2. 可研擬相關的具體措施

> 「我覺得我們學校在實施全英語教學時的積極度不太夠，應push學生學習，也要加強老師的英語能力，我們學校太人文了」（訪E,20131017）

經由訪談歸納，H學校在實施全英語教學時，應訂立相關的具體方

法，如規定學生必須要修滿幾門固定的全英語課程，在實施之際，須顧及學生的英語能力，並提升教師全英語授課的能力。針對學生而言，除規定其修讀全英語課程時，可提供學生相關的獎勵。

> 「學校在實施英語教學時可階段性實施，因實施時會面臨一些困難及需要瞭解學生的反應，也要提升老師及學生的英語能力，要全面馬上實施會有一些困難」（訪D,20131017）
>
> 「希望學校用鼓勵的方法讓學生修全英語課程，不要用強迫的方法」（訪B,20131018）
>
> 「學校在制度的部分可再加強，如透過相關辦法，讓學生修讀全英語課程，如可規定他們須修幾門課。某私立學校規定學生畢業前須修滿六門全英語課程」（訪D,20131017）

自許多年前，臺灣之大學院校已實施全英語教學，許多系所，已進行課程的規劃及執行。此外，規定學生須通過相關的英文檢定，並修讀修讀相關的全英語課程及將英語列為必修課程，新聘的教師也須擁有一定的全英語授課能力。據前述可知，全英語教學成為各大學辦學的重要方針，有些學校亦招收國外學生，落實國際化程度，或者，促使不同學校與國籍的學生可彼此交流，並促進學校之間的相互合作與跨國際選課。以下針對大學院校實施全英語教學有一段時間，以下針對其問題進行相關的評析。

肆 臺灣的大學院校全英語授課問題評析

一 全英語授課並非國際化的全部，有時會陷入英語及文化霸權之疑慮

Bernstein（1971;1975）認為，語言具有符碼的功能，語言符號影響社會結構，若擁有精密型語言的能力，除可透過語言宰制他人外，亦可施以知識霸權及語言霸權。據前所述，語言是人際間溝通的媒介，

是邁向國際化的重要工具；然而，語言能力並非國際化的全部。隨英語成為世界的強勢語言後，許多人花費許多時間學習英語，除學校的學習外，課後常至補習班學習，參加英文檢定或海外遊學研習。英語成為國高中的主科及大學的熱門科系，大學院校也實施全英語授課。英語程為強勢語言，成為官方語言，以及國際化的趨勢。Crystal在二十一世紀之前即指出，在12,500個國際組織中，有85%使用英文，「亞洲」與「太平洋地區」更有高達90%以上的國際會議使用英文進行溝通。同時，三億三千七百餘萬人是將英語視為第一語言，二億三千五百萬到三億五千萬是以英文為第二語言，把英語當成外來語言是一億到十億，英語的重要性比其他語言重要許多。然而，有些國家或是學校機構，有時，為了強化英語的重要性而使用英語，忽略在此種情況下，會造成英語霸權的疑慮，影響文化的交流，有時，使原有的文化流失，也造成知識霸權（Crystal, 1997: 107）。此外，莊坤良（2002：1）在反思全球化的問題提及，全球化過份強調其普世性及強調英文的重要，反而忽略了在地性的重要。現今，每個人都必須學習英語，在臺灣，許多人將孩子送至全美語補習班學習。至高等教育階段，家長及學校更重視英語，致力推動政策與設計課程。由此可知，許多學校在設計課程及教學時，有時，過度的重視英語，所有的一切，皆以英語為重，許多非英語的科目，有時為符合國際化及英語的要求，未經過深思而直接以英語的方法教導。

據王秋絨（2003）之研究可知，實施語言政策與教育之際，應思考是否會有語言霸權問題外，亦有可成造成知識霸權及文化的流失，形成另一種意識型態。隨時代轉變，英語透過另個虛擬新帝國─網際空間─繼續稱霸世界，許多網站所使用的語言為英語，即使非英語的網站，許多的網站皆有英語翻譯的網頁。由此可知，英語的重要性不容小覷。英國文化協會的報告指出，全世界有八成以上的電子化資料是英文，而且66%的科學家習慣以英文來閱讀，它也成為期刊及學術資源的重要評比。許多學生也同意英語相當重要，其認為電腦書籍都是用英文書寫，若英語能力不好，有時遭遇許多困難，如知識獲取困難或交易困難，亦會有謀職的困難。英文成為網路世代吸收知識的關鍵能力，也讓

愈來愈多政府開始警覺，英語能力，將會決定下一代擷取知識的深度與廣度。英語的重要性，或許不是新聞，但是，英語教育往下延伸，卻是非英語系國家共同的新經驗。在亞洲，不少非英語系國家都將英語教育當作教育改革的首要目標之一，也努力提高學生的英語能力，有時，採用英語授課（吳怡靜、何琦瑜，2007）。然而，誠如經由蒐集H學校後的資料更可突顯，全英語授課會面臨一些問題，如忽略全英語是邁向國際化的方法之一，而非全部。若過度重視，有時會忽略自己國家的語言及文化，陷入英語及文化霸權的疑慮，被外來的文化及語言殖民，造成另一個文化流失危機，更是知識霸權之一。

二　並非每個科目皆適合全英語授課，若使用不慎，會影響學習結果

據前述歸納H學校的資料發現，受訪者皆認為，並非每個科目皆適合全英語授課，若完全採用全英語授課，有降低教學品質的疑慮。現今，據教育部（2013）調查，大學校院非英語系所學校亦開推動全英語授課，在實施之際，除對教師帶來衝擊外，學生須花費許多的精力才可瞭解教師的授課內容，有時因為自己的語言能力不足，再加上對原本科目的先備知識不足，造成完全無法瞭解教師授課內容。此外，有些科目須透過母語學習專門科目的知識，方可達到最佳效果。舉例而言，中文系所[7]、臺文系所或歷史系等，若完全採用全英語教學對學生的幫助並不大，因該科系的導向與本土化有關，系所的授課科目並不適合採用全英語教學，假使採用全英語教學，對學生學習會有很大的衝擊，且和系所的目標不符合；其次，其他科目，如中國教育史、中國史、中國哲學、統計學、音樂、美術及體育等其他科目，並不適用於全英語教學。中國教育史、中國史、中國哲學課程的取向，主要為本土取向，若使用全英語教學，會適得其反。

---

[7] 本部分的中文系所未將華語文列入討論範圍，且目前的華語文系所大部分都採用全中文的教學。

此外，在統計學的部分，主要偏重於數理方面的理解能力，假使學生統計學的先備知識不足，透過全英語教學實施課程，反而影響學生的學習。針對音樂、美術及體育等技術的科目，它屬於「創作」及「技術」導向，學習成果的好與壞和英語程度較無關係，它和「技術」及「創造力」有關。學生的英文程度再好，亦與其本國語言程度有很大的差異。若鼓勵大學教師多採用原文書，但兼採母語教學，效果比全英語授課佳。有些學校開設全英語教學目的爲是提升學生的英語能力，若使用不當，會本末倒置（曾憲政，2012：39）。對於大學生或其他高等教育階段學生而言，批判思維及創造力相當重要。學校應培養學生具市場競爭能力與創造力，除英語的聽、說、讀、寫等基本能力外，邏輯思維的建構亦相當重要。此種問題已是超乎「英文」此一工具語言所能駕乎操弄的。若只突顯英語教學、英語能力及全英語授課的思維，學生會缺乏整全的素養，失去其他能力。最後，學生有可能僅僅是會擁有流利的英語，但卻無個人見地思維的知識分子，反而令人憂心（王順民，2002）。由此可知，臺灣大學院校在實施全英語教學之際，有時，常爲達到辦學績效或招收外籍學生，商請所有的系所及許多教師採用全英語教學，卻未考量系所的定位及教師的授課取向。有爲全英語教學而全英語教學之疑慮，也使學生失去現代公民應具備的涵養與缺乏整全性的思維。

三　全英語授課規劃不周全，師資亦不足，學生吸收的能力也有待加強

　　近年來，政府持續鼓勵國內大學以全英語授課，而大學院校落實的程度成爲辦學的評比好壞之一，實施成效良好的學校，相關單位會給予補助，許多學校視此爲辦學主軸之一。但是，在目前資源短缺及缺乏全面規劃下，英語授課似乎未能達到協助大學校院轉爲國際化的目的。有時，只是因應時代趨勢推動，缺乏完善的配套措施，實施過於快速，反而造成負面效果（羅雅芬，2009：1）。若以「全面性」與「多樣化」爲前提，檢視臺灣高等教育的英語授課情形，可發現臺灣的高等教

育院校，在英語授課的課程實施，大多缺乏規劃，如師資的來源、學生的英文能力是否足夠、哪些科目適合用全英語教學。許多學校及科系只是一窩峰的實施全英語教學，未考量其背後的原因及意義。檢視現況，多數學校皆使用補助方式，鼓勵教師申請課程以英語授課。有意願的、英語能力足夠的老師趨於少數，願意開課的教師，大部分是留學歸國的教師。而這些老師常以個人、個別課程開課，與全面性和多樣化的國際化目標差異頗大，也引起國際化是否表面虛有化的質疑（周茂林，2008；羅雅芬，2009：3）。在臺灣實施全英語授課有一段相當長的時間，97學年度共計有50所學校，開設117個全英語授課學程，其中36門為11所獲5年5百億補助大學所開設，其他開設全英語學程之學校亦多數獲得教學卓越計畫之補助。2009年，教育部委託財團法人高等教育國際合作基金會進行外國學生學習環境訪視，發現並非所有「全英語學程」之課程皆使用英語，這些「全英語學程」開設最大的困難為師資質與量的維持，學生的學習品質亦受質疑；有時，為幫助學生瞭解教師上課內容，或者，教學者的英文能力不足，教師只好加入中文講解。大部分大學具備全英語授課能力之外籍或本國籍師資數量不足，且與品質參差，學生的英語程度差異相當大。此間接影響整體課程品質，若學生無具備英語的基本能力，無法吸收教師的授課內容，不利學習（財團法人高等教育國際合作基金會，2011；轉引自侯永琪，2013）。而經由蒐集臺灣北部某國立H大學的資料發現，該校在實施全英語授課之際，面臨教師的全英語授課的能力有待加強，課程規劃亦不周全。是故，若要實施全英語教學，學校須審慎規劃，如哪些科目適合採用全英語教學？學生須具備哪些的英文程度方適合上全英語教學課程？教師須具備哪些的英語能力？若學生無法吸收全英語授課內容，教師有哪些補救措施。事實上，相關問題非常複雜，有殆於各單位做通盤的規劃。

對於全英語授課部分而言，有學生認為，國內很多高中畢業生並不具備全英語學習的能力，假使一窩蜂鼓勵大學科系都改用英語授課，會降低學習品質，亦會造成學生感受到相當大的壓力。學生上專業課程時聽得一知半解，降低學習興趣，恐怕只是「付得更多，學得更少，影響學習品質與效能，有時，適得其反（薛荷玉，2011）。舉例而言，因應

國際化趨勢，某校[8]一直都有英語授課之課程，然而過去採取「強制」的手法，反而讓原本英語能力基礎不足的學生，無法提升專業知識；其次，因爲學生的英語程度不同，造成教師無法以全面性英語來教授課程，假使眞正的對本國籍的學生採取全英語授課，會使其對該課程的吸收能力不足，影響專業能力（劉昱余，2013）。是故，臺灣雖然實施全英語教學有一段時間，幾乎各個大學皆有實施全英語教學；然而，在實施時，規劃並未完善，許多教師仍無法融合將英語融入於專業科目，或者學生的英語能力有待加強，使學生的吸收能力不足[9]。

伍 結論與建議

根據前述資料蒐集與分析，茲將研究結論與建議陳述如下：

 一 結論

(一) 全英語授課的源起背景

據前述分析可知，全英語教學的理念源自於對英語教學的改進。許多父母，爲培養孩子的英語能力，至小將孩子送至全英語或全美語補習班補習，校內的教師亦開始改善自己的教學方法。各級高中、國中及小學也致力於英語教學改革的推動。大學院校實施全英語教學的源起亦與英語相關科系爲加強學生的專業能力，在教室採用全英語授課，使學生勇於用英語表達自己的想法。隨時代轉變，世界邁向國際化，英語能力日趨重要。

8　本文基於研究倫理原因，未指出該校的名稱。
9　此部分亦可由訪談H學校的資料發現，臺灣大學院校在實施全英語授課時，確實面臨該問題。

(二) 全英語授課的實施是因應國際化及招生需求，面臨的困境
　　為推動的積極度、教師的全英語授課能力及學生的吸收能
　　力有待加強

　　由前述可知，臺灣大學院校在實施全英語授課的原因與因應國際化
潮流、加強學生競爭力及為順利招收更多的外籍生有關。臺灣大學許多
院校開始加強學生的英語能力，訂立相關規範。為增加學生的競爭力及
落實國際化的程度與符合國際學生的需求，大力推動全英語授課。然
而，本文中所提的H學校，擁有大量的資源及有許多留學歸國的教師，
可惜的是，該校並未積極推動全英語教學，H學校實施全英語教學的正
面影響為增加外籍生的比例。經由相關資料的蒐集與訪談發現，臺灣大
學院校在推動之際，確實可提升的能力及增加競爭力；然而，亦面臨一
些困境，如教師無法將英語融入於專業科目、學生的英語程度有待加
強、全英語授課科目的屬性、可能會造成「英語」、「文化」及「知
識」霸權的疑慮；此外，並非所有的科目適合全英語教學。唯本研究係
選取臺灣北部某H大學進行訪談，該實務資料的分析結果並不能推論於
臺灣整體的大學院校，此為本研究的限制之一。

二　建議

(一) 教育及學校相關單位宜審慎的規劃全英語授課的師資培育

　　據前述可知，全英語授課師資不足是目前臺灣面臨的困境之一。針
對臺灣之大學院校在實施全英語授課時，相關單位在規劃之際宜有審慎
的規劃，如給予教師相關的培訓，除加強他們應具備的英語能力外，亦
可培養其可將全英語融入於專業科目，非流入於教導英語之嫌。

(二) 學校相關單位宜訂立補助措施及討論全英語授課的屬性

　　據前述可知，H學校面臨的困境為全英語授課補助措施不足。是
故，對於H學校而言，該學校的單位宜訂立配套措施及改善計畫，針對
教師及學生，制定有關的獎勵及補助辦法，對於英語能力較為落後的學

生，給予相關的輔助。此外，目前臺灣大學院校面臨針對全英語授課的屬性有再釐清之疑慮；是故，針對課程的屬性部分，學校有關單位宜召開相關會議，商請相關專家座談，討論哪些課程適合採用全英語授課。

參考文獻

一、中文部分

中央社（2013）。元智新生營 全英語教學助學習。2013/9/12取自http://tw.news.yahoo.com/%E5%85%83%E6%99%BA%E6%96%B0%E7%94%9F%E7%87%9F-%E5%85%A8%E8%8B%B1%E8%AA%9E%E6%95%99%E5%AD%B8%E5%8A%A9%E5%AD%B8%E7%BF%92-062910429.html

王秋絨（2003）。語言政策的意識型態與弔詭的文化認同。社教雙月刊，**116**，5。

王順民（2002）。全球化的普同趨勢**VS.**受教者的主體意義：從大學倡議全面性英語化教學談起。2013/9/24取自http://mag.udn.com/mag/edu/storypage.jsp?f_ART_ID=350071#ixzz2g0SdHUoI

吳怡靜、何琦瑜（2007）。英語力敲開全球化大門。2013/9/20取自http://www.cw.com.tw/article/article.action?id=5009283&page=3

周茂林（2008）。A study of ESP-based international programs. **2008** 專業英語學工作坊論文集，121-132。高雄：國立高雄應用科技大學。

侯永琪（2013）。高等教育國際化品質保證與跨國學習成果。2013/9/20取自http://www.chinesege.org.tw/geonline/html/uploads/epaper/38/CV38_4-2.htm

國立中正大學（2013）。國立中正大學補助教師全英語授課實施要點。2013/9/12取自http://oaa.ccu.edu.tw/file_law/20130912001.doc

張武昌、陳秋蘭、羅美蘭（2008）。引進外籍教師協助英語教學之成效探討。教育資料與研究，83，201-226。

教育部（2001）。大學教育政策白皮書。臺北：教育部。

教育部（2003）。我國高等教育素質與亞洲鄰近國家之比較。臺北：教育部。

莊坤良（2002）。在地性的政治：全球化、新興英文與英語教學的文化反思。英語教學，**27**(2)，1-16。

陳怡君（2012）。【僑社新聞】推大學國際化 教部擬跨國開課。2013/9/11取自 http://tw.news.yahoo.com/%E5%83%91%E7%A4%BE%E6%96%B0%E8%81%9E-%E6%8E%A8%E5%A4%A7%E5%AD%B8%E5%9C%8B%E9%9A%9B%E5%8C

陳冠吟（1998）。如何進行幼兒全英語教學。敦煌英語教學雜誌，**16**，26-28。

陳秋蘭（2010）。大學通識英文課程實施現況調查。長庚人文社會學報，**3**(2)，253-274。

陳淑琴（1998）。語文教學的另類選擇－全語言教學觀。國教世紀，**179**。

陳雅齡、廖柏森（2012）。以溝通式翻譯輔助大學全英語教學之探討。輔仁外語學報，**9**，45-65。

曾憲政（2012）。國際化與全英語授課的迷思。臺灣評論教育月刊，**1**(6)，39。

楊巧玲（2004）。高等教育國際化的意義與趨勢。教育政策論壇，**7**(1)，101-110。資料來源：2013/9/22取自http://homepage.ntu.edu.tw/~ntusprc/announce/20121207.html

劉昱余（2013）。**183**班採全英語授課國際化更精進 虞國興：建構良好語言環境再提升學生競爭力。2013/9/12取自http://wenews.nownews.com/news/60/news_60407.htm

鄭愛倫（2012）。多元化訓練模式英文口語教學成效之探究——以輔仁大學大一英文課程為例。輔仁外語學報，**9**，127-154。

蕭宜倫（2008）。在臺灣高等教育英語教學環境下的中外籍英文教師。遠東學報，**25**(1)，91-101。

薛荷玉（2011）。全英語授課 學雜費可彈性調漲。2013/9/20取自http://mag.udn.com/mag/edu/storypage.jsp?f_ART_ID=350071#ixzz2g0SdHUoI

謝欽舜（1998）。創造全英語教學的情境——從教室英語談起。敦煌英語教學雜誌，**16**，23-25。

羅雅芬（2009）。從高等教育國際化的觀點探討以英語授課的挑戰。高雄應用科技大學學報，**39**，1-14。

二、外文部分

Bernstein,B. (1971). "On the classification and framing of educational knowledge". In Michael F. & D.Young (Ed). *School and society: A sociological reader*, 107-112. London: Routledge &Kegan Paul.

Bernstein,B. (1975). *Class,codes and control (III). Towards a theory of educational transmission*. London: Routledge

Crystal, D. (1997) *English as a Global Language*. Cambridge: Cambridge University Press.

Giddens A. (1990). *The Consequences of Modernity*. Stanford University Press: Stanford, CT.

Held, D (2000). *Models of Democracy*. Cambridge: Polity Press.

Robertson, R. (1992). *Globalization: Social theory and global culture*. London: Sage.

Saginova,O.&Belyansky,V. (2008). Facilitating innivations in higher education in transition economies. International *Journal of Educational Management, 22*(4) ,341-351.

Torres, C. A. (2002). Globalization, education and citizenship: solidarity versus markets? *American Educational Research Journal, 39*(2) , 363-378.

Waters, M. (1995). *Globalisation*. London, Routledge.

附　件

附件1　訪談大綱[10]

敬愛的教授您好：

　　全英語授課是目前重要趨勢，有助於培養國民的能力及加強國際交流。不只是中小學，臺灣大專院校積極推動全英語授課，也面臨一些正面及負面的問題。由於您對這方面具相關經驗備理論及實務方面的專精，懇請您接受我們的訪談。您的意見對我們的幫助相當大。感謝您撥冗接受訪談。茲將相關問題陳述如下：

一、貴校實施全英語授課現況爲何？有哪些具體措施？

二、您認爲貴校實施全英語授課的核心理念及緣由爲何？

三、您認爲貴校在實施全英語授課有助於落實國際化嗎？爲什麼？

四、您認爲貴校在實施全英語授課時有哪些可在改進之處？

五、您贊成大學校院有許多課程實施全英語授課嗎？爲什麼？

六、您對貴校全英語授課的其他看法爲何？

附件2　訪談大綱[11]

親愛的同學您好：

　　全英語授課是目前重要趨勢，有助於培養國民的能力及加強國際交流。不只是中小學，臺灣大專院校積極推動全英語授課，也面臨一些正面及負面的問題。由於您對這方面具備相關經驗，懇請您接受我們的訪談。您的意見對我們的幫助相當大。感謝您撥冗接受訪談。茲將相關問題陳述如下：

一、請您描述您修讀全英語授課的情況。你（妳）認爲實施全英語教學對你

10　本文的貴校係臺灣北部國立某H大學。

11　本文的本校係指臺灣北部國立某H大學。

（妳）的影響爲何？

二、您修讀貴校實施全英語教學的緣由爲何？

三、您認爲貴校在實施全英語教學時有哪些可在改進之處？

四、您贊成大學校院有許多課程實施全英語教學嗎？爲什麼？

五、您對貴校全英語教學的其他看法爲何？

附件3　受訪者資料編碼及訪談方式

受訪者代碼	受訪者身份	受訪者性別	相關資歷時間	受訪方法	受訪時間
A	某處主任	男	半年內	電話訪談	2013/10/17
B	某系學生	男	三年三個月	電話訪談	2013/10/18
C	某系學生	女	三年三個月	電話訪談	2013/10/18
D	某處主任	女	二年半	電話訪談	2013/10/17
E	某系系主任	女	二年	電話訪談	2013/10/17
F	某系教授	男	四年	網路訪談	2013/10/20

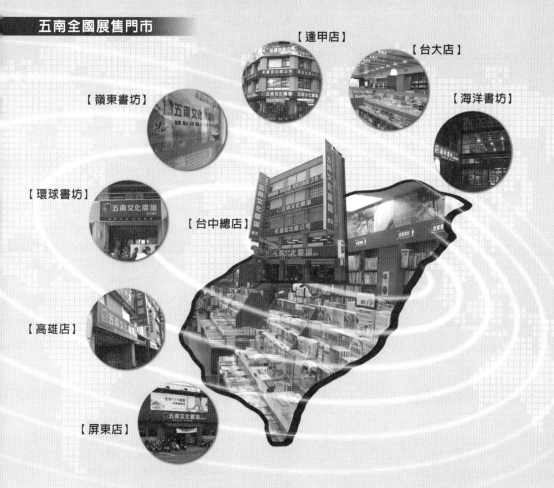

國家圖書館出版品預行編目資料

大學課程與教學的改革與創新／李隆盛主編.
--初版.--臺北市：五南，2014.01
　　面；　公分
　　ISBN 978-957-11-7497-6（平裝）
　　1.課程改革　2.教學研究　3.高等教育
　　525.3　　　　　　　　　　103000418

4656

大學課程與教學的改革與創新

主　　　編 ─ 李隆盛
作　　　者 ─ 黃政傑　吳麗君　王　海　曾　錚　王嘉陵
　　　　　　　李紋霞　陳毓文　林弘昌　高台茜　林于揚
　　　　　　　鄧鈞文　涂雅玲　戴國政　陳慧蓉　張仁家
　　　　　　　蕭錫錡　吳俊憲　吳錦惠　張逸民　李淑貞
　　　　　　　楊坤原　張賴妙理　鄧宗聖　劉唯玉
　　　　　　　陳得文　陳琦媛　楊育儀　楊秀全　李隆盛
　　　　　　　王秋絨　王育文　李珮瑜
發 行 人 ─ 楊榮川
總 編 輯 ─ 王翠華
主　　　編 ─ 陳念祖
責任編輯 ─ 李敏華
封面設計 ─ 童安安
出 版 者 ─ 五南圖書出版股份有限公司
地　　　址：106台北市大安區和平東路二段339號4樓
電　　　話：(02)2705-5066　傳　　　真：(02)2706-6100
網　　　址：http://www.wunan.com.tw
電子郵件：wunan@wunan.com.tw
劃撥帳號：01068953
戶　　　名：五南圖書出版股份有限公司
台中市駐區辦公室/台中市中區中山路6號
電　　　話：(04)2223-0891　傳　　　真：(04)2223-3549
高雄市駐區辦公室/高雄市新興區中山一路290號
電　　　話：(07)2358-702　傳　　　真：(07)2350-236
法律顧問　林勝安律師事務所　林勝安律師
出版日期　2014年1月初版一刷
定　　　價　新臺幣800元